普通高校“十三五”规划教材·营销学系列

营销策划

理论与实务

（第2版）

黄聚河 ◎ 主 编

清華大學出版社
北 京

内 容 简 介

全书包括“市场营销策划导论、市场营销调研策划、市场营销战略策划、企业形象策划、产品策划、产品定价策划、分销渠道策划、整合营销传播策划、营销策划的执行与控制、营销策划书通用模板及范文”几大模块。分别从营销策划的基本概念、基本思维方法、基本流程、注意事项等方面进行了详细阐述。每章有开篇案例，结尾有案例思考与讨论。全书深入浅出，循循善诱、有理有据、说服力强，易懂易操作。最后一章给出了企业常用的各种营销策划的模板及范文，不仅是本科及研究生层次的合适教材，更是企业策划人员的掌中宝。

课程与职业：

市场营销策划是市场营销专业的核心课程，是营销管理从业者及有志于从事经商、创业人员打造职业能力而必修的主要课程之一。通过本课程的学习，使读者掌握营销策划的基本概念、基本知识、运用方法及基本操作技巧，培养营销策划的创新思维方法，具备基本的发现市场投资机会、撰写商业计划书、制定具体营销实施方案及活动执行的专业能力。

图书在版编目（CIP）数据

营销策划：理论与实务/黄聚河主编. —2版. —北京：清华大学出版社，2017（2024.2 重印）
（普通高校“十三五”规划教材. 营销学系列）
ISBN 978-7-302-48124-9

Ⅰ. ①营…　Ⅱ. ①黄…　Ⅲ. ①营销策划－高等学校－教材　Ⅳ. ①F713.50

中国版本图书馆CIP数据核字(2017)第205945号

责任编辑：杜　星
封面设计：汉风唐韵
责任校对：宋玉莲
责任印制：刘海龙

出版发行：清华大学出版社
网　　址：https://www.tup.com.cn, https://www.wqxuetang.com
地　　址：北京清华大学学研大厦 A 座　　**邮　　编**：100084
社 总 机：010-83470000　　**邮　　购**：010-62786544
投稿与读者服务：010-62776969，c-service@tup.tsinghua.edu.cn
质量反馈：010-62772015，zhiliang@tup.tsinghua.edu.cn
课件下载：https://www.tup.com.cn，010-83470236
印 装 者：三河市龙大印装有限公司
经　　销：全国新华书店
开　　本：185mm×260mm　　**印　　张**：23　　**字　　数**：529 千字
版　　次：2013 年 1 月第 1 版　2017 年 8 月第 2 版　　**印　　次**：2024 年 2 月第 6 次印刷
定　　价：58.00元

产品编号：072988-03

前言（第2版）

岁月的时光已进入2017年，中国已成为世界经济的引领者和发动机。越来越多的中国大企业进入世界100强行列，似乎营销大师米尔顿·科特勒当年“21世纪将是中国人的世纪”的预言已成为现实。但我们也不得不承认，中国品牌在国际市场上的竞争力和溢价能力仍相当低下，2016年全球品牌100强里只有华为一个中国自有品牌。连国务院副总理张高丽在2017中国发展高层论坛上都认为任重道远。与此同时，笔者在给企业做培训时发现，仍有许多企业至今没有跳出“市场营销=推销”的误区，企业依旧只重视推销工作而忽视市场营销的其他环节，我们依然要面对“中国企业最需要营销，却又最不会营销”的尴尬局面。我深感作为一名营销教育工作者肩上的重任，恨不得一夜间培养出无数掌握现代营销的人才来彻底扭转这一局面。

笔者曾为几十家企业主持过营销项目的策划或诊断工作，也曾为数百家企业举办过现代营销理论及实务方面的培训。每当方案实施后听到企业老总发出的“营销就是比推销厉害”的感慨，心中也是由衷地欣慰。但许多企业老总也向笔者建议能向他们推荐更具可操作性的营销策划参考书目。特别是近年来企业的营销环境、营销理念、营销技术等也发生了巨大变化，急需补充最新的理论、方法和工具。另外，采用本书第一版作为教材的高校同行们也向笔者反馈了不少需要补充或修正的具体建议，在此对他们表示衷心的感谢。

本着准确、前沿、务实和高标准的要求，笔者用近一年的时间对书稿进行了修订。修订后的第二版具有以下特点：①科学严谨。本教材不仅理论体系完善、科学严谨，而且论述深入浅出、循循善诱、有理有据、说服力强，是高校市场营销专业和MBA的合适教材和参考书。②操作性强。本教材不仅详细介绍了各种常见的营销策划的思维方法、过程和步骤，更为广大读者提供了各种常用的营销策划的规范模版，并针对性提供了经典的案例和范文。让人看了就想做、就会做，是企业策划部门的好参谋、好工具。③借鉴性强。本教材凝结了笔者近年来研究和实践中积累的很多成果，特别是书中引用了许多笔者亲自为企业策划的营销案例，并分享了自己的策划过程和体会，具有很强的可借鉴性。

由于部分内容是创造性地著书立说，书中难免有不完善之处，敬请广大读者和各位专家批评指正。书中参考了部分作者公开发表的成果及案例，在此一并表示感谢和敬意。同时也感谢清华大学出版社的老师们对该书的出版付出的辛苦。

黄聚河

2017年4月于天津

前 言（第1版）

现代市场营销理论和方法引进中国虽然仅30余年的时间，但在全球化、信息化两大潮流的冲击下，中国企业已不得不同国际市场接轨，同营销实战经验丰富的国外企业站在同一平台上兵戎相见。虽然目前我国不少企业已基本跳出了“营销=推销”的简单“点”式思维，也体验到了现代营销的“整合”功能所发挥的巨大威力和取得的辉煌成就，但对大多数中国企业来说，对现代营销方法的运用仍然处在“邯郸学步”的状态。应该说，在20世纪70年代末现代营销被重新引进我国后，在经历了初期“对营销的盲目依赖和狂热”到20世纪90年代中期的“营销无用论”，再到今天“对营销的理性信赖”，中国企业对市场营销的重视程度达到了空前。但我们也很尴尬地面对“中国企业最需要营销，却又最不会营销”这一不争的事实。与此同时，国内有关市场营销方面的专著和教材让人目不暇接，但遗憾的是，系统的、实际使用效果显著的营销策划规范性教材却不多。为此，我们急需一看就懂、一用就会、一做就可能见效的，“实际、实用、实效”的营销策划学著作，使我们企业的策划人员在最短的时间内学会如何操作，使我们的广大学生和初学者能尽快入门并学会举一反三。这样的著作不仅是一本书，更是一位师傅、一个向导。

本着尽早推出这样一部著作的目标，本人在长期的理论研究和实践操作基础上，不断总结和完善，终于完成了本书。该书不仅详细介绍了各种常见的营销策划的思维方法和过程、步骤，更为重要的是，为广大读者提供了各种常用的营销策划的规范模板，并针对性地提供了经典的案例和范文。不仅科学严谨、深入浅出、循循善诱、有理有据、说服力强，而且让人看了就想做、就会做。它是高校市场营销、工商管理、广告学等专业的实用教材，也是广大企业策划人员的必备“助手”。由于部分内容是创造性地著书立说，书中难免有不完善之处，敬请广大读者和各位专家批评指正。书中参考了部分作者公开发表的成果及案例，在此一并表示感谢和敬意。

黄聚河

2012年10月于天津

教 学 建 议

教学目的：

本门课程主要是培养营销人以创新思维的方法，运用现代市场营销知识与方法统筹解决企业市场营销问题的能力（含策划能力和执行能力）。具体包括：市场调查策划、市场营销战略策划、企业形象策划、产品策划、产品定价策划、分销渠道策划、整合营销传播策划（广告策划、推销策划、公关策划、销售促进策划等）以及创业营销策划和商战策划等能力等。通过本课程的学习，使学生掌握以上策划的具体过程和技巧，为适应企业的营销策划工作打下坚实的基础。

前期需要掌握的知识：

管理学原理、市场营销学、广告学、整合营销等课程相关知识。

课时分布建议：

教学内容	学习要点	课时安排		案例使用建议
		MBA	本科	
第1章　市场营销策划导论	（1）了解市场营销策划的含义及其特点； （2）了解营销策划的基本流程与内容； （3）掌握营销策划常用的创新思维方法，了解用推销思路和营销思路开拓市场有何不同； （4）了解运作好一个策划方案应注意的方面	2	3	开篇案例结合案例讨论（材料）
第2章　市场营销调研策划	（1）掌握市场调研计划书的格式及撰写方法； （2）了解市场调研的主要内容和方法； （3）掌握调查问卷的设计以及调查数据的统计分析方法； （4）掌握市场调研报告的格式及撰写方法	3	3	开篇案例结合案例讨论（材料）
第3章　市场营销战略策划	（1）了解营销战略的概念及其特征； （2）了解企业发展战略策划的内容及方法； （3）了解企业营销战略策划的内容及方法； （4）掌握市场细分及其市场定位的基本方法	4	3	开篇案例结合案例讨论（材料）
第4章　企业形象策划	（1）了解企业形象（CIS）系统的主要内容； （2）掌握企业的视觉形象（VI）的内容及设计方法； （3）掌握企业的理念形象（MI）的内容及设计方法； （4）掌握企业的行为形象（BI）的内容及设计方法	4	2	开篇案例结合案例讨论（材料）
第5章　产品策划	（1）了解产品定位策划的主要内容和方法； （2）了解产品品牌策划的主要内容和方法； （3）熟悉产品包装策划的主要内容和方法； （4）了解新产品开发策划的主要内容和方法； （5）掌握新产品上市策划的主要内容和方法	4	4	开篇案例结合案例讨论（材料）

续表

教学内容	学习要点	课时安排		案例使用建议
		MBA	本科	
第6章　产品定价策划	（1）了解产品定价策划的步骤； （2）掌握企业常用的几种定价方法以及策略； （3）熟悉企业价格调整的策略和技巧	4	4	开篇案例结合案例讨论（材料）
第7章　分销渠道策划	（1）了解影响分销渠道设计的因素； （2）了解分销渠道方案的评估； （3）熟悉渠道成员的选择； （4）把握渠道控制与管理方法	3	3	开篇案例结合案例讨论（材料）
第8章　整合营销传播策划	（1）了解整合营销传播（IMC）理论及其运用； （2）掌握广告促销的具体策划和运用； （3）掌握公共关系（宣传）的具体策划和运用； （4）掌握销售促进（营业推广）的具体策划和运用	4	4	开篇案例结合案例讨论（材料）
第9章　营销策划的执行与控制	（1）熟悉营销策划组织机构确立的方法； （2）熟悉营销策划方案完成的过程； （3）掌握策划案执行前的准备及执行步骤； （4）熟悉营销策划控制的方法	3	2	开篇案例结合案例讨论（材料）
第10章　营销策划书通用模板及范文	（1）熟悉商业（创业）计划书通用模板； （2）熟悉市场调研计划书模板； （3）熟悉市场调研报告模板； （4）熟悉企业形象策划模板； （5）熟悉品牌策划模板； （6）熟悉新产品上市策划模板； （7）熟悉公关策划模板； （8）熟悉销售促进策划模板； （9）熟悉整合营销策划模板	4	4	每种模板的范文
课时总计		35	32	

说明：

（1）在课时安排上，对于MBA可以是35个学时至48个学时，管理专业本科生和非管理专业本科生可按32个学时至48个学时安排，标注课时的内容建议要讲，其他内容不一定讲，或者选择性补充。

（2）讨论、案例分析等时间已经包括在前面各个章节的教学时间中。

目录

第 1 章

市场营销策划导论

本章提要

市场营销策划不是什么高深莫测、神秘缥缈的创造活动，就本质而言，它是对营销管理过程的规划实施，包括在调研基础上对企业的经营环境进行细致的分析、选择准确的目标市场、进行科学的市场定位、制定合理的营销组合方案以及方案的计划实施和管理控制等过程。但一个好的策划方案需要优秀的创意，需要采用一定的创新思维方法，也需要对企业业务运作的熟练和市场现状的准确把握。

本章是营销策划的导论部分，重点介绍了学习营销策划的必要性，营销策划的基本内涵、特点，营销策划常用的创新思维方法，营销策划的种类，运作好一个策划方案应注意的方面以及营销策划的基本流程与内容等，使读者初步了解营销策划的相关基础性问题。

学习目标（重点与难点）

1. 市场营销策划的含义及其特点。
2. 用推销思路和营销思路开拓市场有何不同。
3. 营销策划常用的创新思维方法及其训练。
4. 运作好一个策划方案应注意的方面。
5. 营销策划的基本流程与内容。

框架结构（图 1-0）

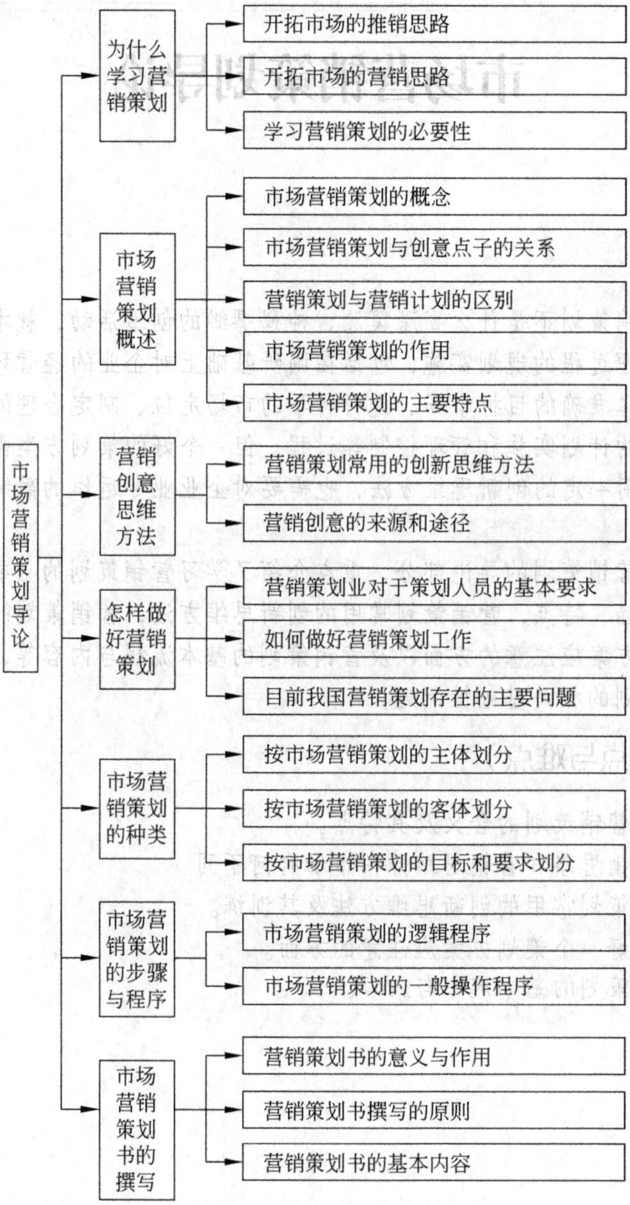

图 1-0　框架结构

开篇案例

如何打开白酒市场

背景介绍：安徽砀山县造酒厂研制生产出的系列白酒，口感较好，且已通过了有关部门的质量鉴定。当地有闻名的古迹“宴喜亭”，李白当年到此，县令在宴喜亭备酒款待。诗仙喝得大醉，留下诗句：“令人欲泛海，只待长风吹。”（李白于天宝三年携杜甫、高适同游砀山，留下了“明宰试舟楫，张灯宴华池。文招梁苑客，歌动郢中儿。月色望不尽，空天交相宜。令人欲泛海，只待长风吹。”——《秋夜与刘砀山泛宴喜亭池》的不朽诗篇。李白赋诗其下的宴喜亭池坐落于砀城河畔，宋代碑刻“宴喜台”立于亭侧，至今仍是文人雅士吟咏怀古之所）因而厂家将品牌命名为“宴喜台”。当地老百姓不仅爱喝酒，而且会品酒。他们在传统节日（如春节、中秋等）期间有走亲戚的习俗，礼品中必有白酒，招待客人也必须有白酒。临近中秋，厂家决定在中秋前夕上市，目标市场定位为当地老百姓。但如何打开市场，厂家有些发愁，最后决定聘请专业的营销专家来负责。

思考：若你承担该任务，你将怎么办？（你需要做哪些工作？）

1.1 为什么学习营销策划

我们看到很多企业总在招聘推销员，而推销人员又在大量地流失，企业又再大批招聘新的业务员……不断重复着这一循环。可为什么销售和利润并没有上去，企业的营销主管们，您考虑过这一问题吗？

许多企业的产品没有明确的卖点，推销员磨破了嘴也卖不出去，因为他们不知道用什么说服顾客。老总就批评销售部门不努力，可销售经理满肚子的委屈。还有的产品凭空臆造卖点（如宣称奶粉里含有母乳成分），不仅不能赢得市场，反而成为天下笑柄。企业的老总们，您知道这是为什么吗？

营销是由“营”和“销”构成的，只有先做好“营”，才能实现有效的“销”，可见“营”有多么的重要。如何“营”，是需要进行精心谋划的，胸有成竹才能泼墨成画。

比如建造一幢大楼，我们表面看到有很多工人在建造它，却看不到建造大楼的那些工人背后有大量的建造策划方案。所以在这里建造大楼是因为有某个策划认为在这里建造大楼会有怎么样的好处，最后这个策划得到了必要的商业支持，于是就开始实施这个策划。

对企业来说，市场营销的最终目的是成功将产品、服务或观念销售给顾客。什么方式开拓市场最为有效呢？操作中主要有两种方式：一是传统的推销思路；二是现代营销思路（如上面的案例就存在这两种思路开拓市场）。下面我们比较一下这两种思路。

1.1.1 开拓市场的推销思路

推销是以工厂为出发点，以现有产品为中心，招聘一批业务人员，通过大力说服顾客而达到销售的目的。其过程如图 1-1 所示。

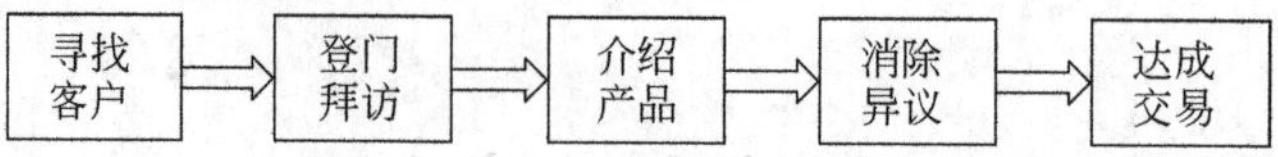

图 1-1　推销开拓市场的流程

目前国内许多企业仍采用这一古老的思路开拓市场，但效果不尽理想。其主要特征是重视产品推广，忽视企业形象；重视宣传炒作，轻视售后服务；重视业务员收入，忽视业务员培训；重视价格竞争，忽视品牌战略等。如 2012 年 8 月国内电商燃起的价格战烽火就是生动的实例。

1.1.2　开拓市场的营销思路

市场营销开拓市场是以目标市场为出发点，以顾客的需求为中心，重在通过市场调研找准顾客需求，做好市场定位（提炼卖点），制定针对性的卖点诉求方案（沟通方式），推拉结合（活动支持），通过满足顾客需求（物质、精神）达到成功销售的目的。所以企业的市场营销是一个分析、规划、执行和控制的过程，具体包括五个主要步骤，如图 1-2 所示。

图 1-2　营销开拓市场的流程

从两者的流程来看，其开拓市场的思路有明显的不同。它们在出发点、围绕的中心、开拓方法和达到目的的手段上有本质的区别，如表 1-1 所示。

表 1-1　推销与营销开拓市场的区别

开拓市场的思路	出发点	围绕的中心	开拓方法	达到目的的手段
推销	工厂	产品	大力推销	通过销售获得利润
市场营销	目标市场	顾客需求	整合营销	通过满足顾客需求获得利润

1.1.3　学习营销策划的必要性

从以上对比可见，市场营销是以市场为向导，以满足顾客需求为中心，而推销则是以产品为中心。市场营销首先是做市场机会分析，划定细分市场，确定自己的目标市场，根据目标顾客的需求来开发产品或服务，并确定合理的定位，然后通过整合营销将产品或服务销售出去，满足客户的需求从而获利。后期还提供一些产品的服务，使产品形象深入人心，树立自己的品牌形象，便于企业长期发展。简言之，市场营销就是先探寻顾客需求，谁是目标顾客、目标顾客要的是什么，然后根据顾客需求制定产品，通过多种渠道销售出去。

而推销只是瞄准现有产品和服务，挖空心思用语言技巧来说服顾客，有时会促使顾客买来根本不需要的产品，很难赢得顾客满意，更别说顾客忠诚了。甚至有些素质不高的推销员不惜采用欺骗、忽悠等手段诱使顾客购买，使顾客产生反感。

美国营销学权威菲利普·科特勒认为，营销最重要的内容并非是推销，推销只不过是营销冰山上的顶点，如果营销者把认识消费者的各种需求，开发适合的产品，以及合理的定价、分销和促销等工作做得很好，这些产品就会很容易地销售出去。

推销，为了卖出找技巧（推销术）；营销，依靠诚信获满意（忠诚度）。术者，挖空心思不可长；诚者，顾客满意能持久。

所以，市场营销是解决产品销售的根本手段。通过科学、合理地制定营销方案，从营销全局来解决销售局部问题，用营销管理来解决营销技巧。营销策划不仅能对整个营销运作过程提前进行规划控制，有效防范可能出现的风险，而且能充分整合企业的各种资源，从而产生较好的实施效果。

1.2　市场营销策划概述

1.2.1　市场营销策划的概念

在中国古代，策划的名词性较强，与现在的计划、计谋、谋略、对策的意思比较接近。例如，辛弃疾在《议练民兵守淮疏》中说："事不前定不可以应猝，兵不预谋不可以制胜。"他把策划定义为提前考虑要从事的计谋。又如《史记·汉高祖本记》中说："夫运筹帷幄之中，决胜千里之外。"这里将策划定义为决定千里战事的谋略。策划一词按《辞海》的解释为：计划、打算；按《现代汉语词典》的解释为：筹划、谋划。中国古代著名兵书《孙子兵法》中的"多算胜，少算不胜"及"凡事预则立，不预则废"等名言，都表达了处于竞争性环境中的活动，都需要事先进行谋划和计划。"预"就是全面考虑各种情况，充分估计每一种可能性，判断事物发展变化的趋势，设计、选择能产生预订效果的行动方式。简言之，就是策划。

在日本，通常把策划称为"企划"。小泉俊一在《企划书实用手册》中指出："在一定意义上，凡是人的思维都可以看作广义的企划。但是，今日所指的企划，则是其中的特殊内容，即高度计划的有目的的企划。"长期从事于企业经营策划调研的专家和田创认为策划的定义从不同的角度来看可以有多种，和田创对策划的定义是：策划是通过实践活动获取更佳成果的智慧或智慧创造的行为。日本有一定规模的公司、企业几乎都有自己专门的企划部，并十分重视企划工作。例如20世纪日本汽车大举进入中国市场时，考虑到中国人民有抗日情绪，丰田汽车公司就策划了一个借鉴中国古谚语的广告词："车到山前必有路，有路必有丰田车。"从此，日本丰田车的形象连同这句广告词在中国各大城市的街头广泛宣传、家喻户晓。

在西方市场营销学体系中，几乎没有出现过"市场营销策划"一词。现代市场营销理论的开创者、美国西北大学教授 Philip Kotler 将现代营销定义为"分析、计划、执行和控制"的一个过程。其中，分析主要是指找到有利可图的营销机会；计划则是指为争取和利用这样的营销机会进行事前的谋划，并形成在执行时用于对行动过程进行控制的营销计划。可见，在英语中与市场营销策划相近的词就是"Marketing Planning"，即营销计划。

美国有不少机构将营销策划的理念和方法进行了有效的实施，比较著名的有兰德公司、麦肯锡公司等策划咨询公司。20 世纪末，美国麦肯锡公司为中国今日集团的发展战略进行了全面策划。其策划报告是《造就一个非碳酸饮料市场的领导者》。这个策划报告长达 300 页，今日集团为此出资 1 200 万元人民币。今日集团认为，麦肯锡报告的特点在于实用。今日集团按照这份策划书来操作，1998 年销售额达到 30 亿元，比往年销售额上升了 100%以上。

国内学者张利痒先生提出了“企业策划”的概念，他认为，“由于各国民族文化、语言文化、管理咨询的发展阶段及其他条件的不同，对策划、咨询、管理咨询的概念名称也不尽相同。……企业策划一词接近英文‘Strategy Planning’。”[①]从他这一观点出发，“策划”就是“计划”的意思，但不一定是只有 Strategy 才需要策划。许多战术性问题或活动，只要事先进行规划、安排，就需要策划。

学者陈放认为：“策划侧重于‘策’，它是在外部竞争的情况下，为了取得绝对的胜利而出谋划策、运筹帷幄。……计划侧重于‘划’，是安排的意思。任何一件事情都可以拟订一个计划去执行、按部就班去完成。”[②]

学者吴灿认为：“策划就是对某事件、某种项目有何计划、打算，用什么计谋，采取何种谋划、计策，然后综合实施运行，使之达到较好的效果。”[③]

学者于建原认为：营销策划就是对企业营销活动在事前进行科学分析，并基于这种分析，创造或制订出具有独特性的计划或安排，并对以后活动或某个活动环节制订计划或安排，并依据这些计划和安排，对活动过程进行控制。[④]

以上种种定义和策划实例说明了一个道理：策划是一种非常复杂的活动，它不同于一般的建议，也不是单纯的“点子”，它其实是一种包含创造性的策划。就字面来理解，“营”就是经营、运作，“销”就是销售；“策”就是计谋、谋略，“划”就是规划、安排。因此，营销策划是为了解决企业经营中现存的问题，为实现特定的销售目标提出新颖的思路对策，并制定出具体可行的规划方案，达到预订效果的一种综合性创新活动。

综合前人的论述，我们在长期理论研究及实践操作的基础上，对市场营销策划的概念界定如下：

市场营销策划是指策划的主体（策划人）为达到预定的市场营销目标，运用新的营销思维和方法，对整体市场营销活动或某一方面的营销活动进行分析、判断、推理、预测、构思、设计和制定具体营销方案的活动过程。

1.2.2 市场营销策划与创意点子的关系

（1）市场营销策划是一个整体的系统的规划过程，而创意点子只是其中某个具体营销方案有效实施的谋略。

① 张利痒. 构建企业策划的新型理论体系[J]. 企业研究，2004（2）.
② 陈放，谢弓. 营销策划学[M]. 北京：时事出版社，2001：20.
③ 吴灿. 策划学[M]. 北京：中国人民大学出版社，2004：3.
④ 于建原. 营销策划[M]. 成都：西南财经大学出版社，2005：3-4.

市场营销策划是一个复杂的系统工程，包括许多环节，如调查研究、目标定位、理念设计、资源整合、运作切入、形象塑造、文化底蕴、政治糅合。还有实战操作、过程监理、微调修整、总结提高等。显然，不只是出点子那么简单。

（2）创意点子是营销策划方案的闪光点，但不能代替营销策划。

在战争年代，有时一个点子就可以制敌于死地，市场中一个点子也有可能挖到一桶金。然而，策划是按照一定逻辑程序进行创意的系统方法。因此，营销策划并不等于点子，也并非几个点子那么简单。自从 1999 年“点子大王”何阳被抓之后，人们对策划产生了更深的误解，对点子产生了恐惧感。还有一些人对点子、策划也分不清了。因此，我们一定要正确看待营销策划与创意点子之间的区别、关系。营销策划是一种高智慧的创意，诚然要出一些点子，但作为策划方法来说，它要按照一定程序，经过严格的逻辑思维设计之后才能完成，营销策划要复杂得多。

1.2.3　营销策划与营销计划的区别

营销策划与营销计划不同。营销计划是按经验和常规对企业营销活动涉及的人、财、物率先所做的安排和平衡，而营销策划更强调创造性、主动性、针对性和可操作性，它不拘泥于以往的经验。面对一个将要解决的问题，总是先策划后计划。如针对西铁城手表要解决“如何扩大西铁城手表的影响”这一营销问题，智囊部门首先进行营销策划。经过一段时间的研究，选择了飞机空投手表这一举动，并选择在澳大利亚这块神奇的土地上作为空投点，并拟定出营销策划方案，至此营销策划完成了，接下来的工作就是营销计划了。有关人员根据营销策划方案进行策划方案实施过程中每一细节的处理，如第一步的工作是和澳大利亚官方商谈，获准在澳大利亚首都的某广场空投；第二步是在某机场租借几架直升机；第三步是委托澳大利亚报纸登载有关空投手表的广告。可见，这里的计划是营销策划之后具体性的工作，也就是如何把策划的结果一步步地落实到行动中去。而策划则是把握方向性，把创意汇总、整理，形成书面策划并予以实施的过程。

1.2.4　市场营销策划的作用

概括地说，策划的作用主要有以下几方面。

1. 策划可以用来整合各种资源

必须靠策划来转动生产力的魔方，整合各种资源，“造一个市场出来”。在日益残酷的市场竞争中，竞争靠的是软件，是文化，是服务。对企业的策划是跳出企业看企业，跳出市场看市场的高水平的策划。

2. 一个好的策划可以使企业有“五出”的效果

（1）出成果，使企业获得实实在在的利润和项目的成功。

（2）出机制，促使企业逐步形成更高效率的管理机制。

（3）出品牌，建立或者提升企业的品牌形象。

（4）出人才，在合作的过程中锻炼出一批高素质的策划人才。

（5）出网络，使企业建立属于自己的营销网络。

3. 好的项目不是找来的，是策划出来的

“好的项目是策划出来的”，这是著名策划人王志刚先生的名言，也是无数事实验证的真理。

策划需要方案，策划人要达成目标就需要对未来的事务提早规划。但这只是策划的一部分，策划的真正意义在于将确定的方案落实，从而产生生产力。实践，实践，再实践，唯有如此才能避免策划沦为纸上谈兵。策划人要在实践过程中对项目进行动态的把握，要对项目的实施过程进行有效的监控。

策划的核心是理念设计。策划是对未来即将达成的目标制定系统性的解决方案的过程，策划就好比是帮助我们抵达彼岸的一张航海图。而这张航海图的指南针就是理念设计。所谓理念设计，就是告诉别人看待问题的角度、看待问题的方式，就是引导或者改变别人的看法。人只要清醒着，就会被无数的理念包围着。而你不策划别人，就会被别人策划。就理念设计的具体落实而言，策划方案的各个细节都是围绕着一个体现基本理念的主题展开的。主题是统御全局的思想，是灵魂。局部细节与主题的关系越紧密，策划的个性化特征就越明显。细节表现主题的方式是多样化的，不同的策划人仁者见仁、智者见智，八仙过海，各显神通。

科学技术是生产力，策划也是生产力。“好项目是策划出来的”，策划人通过对超常思维的掌握和运用，可以使将近破产的项目起死回生；通过对资源的有效整合，人弃我取，让闲置和无用的资源得到最大程度的开发和利用。策划不是赶时髦，也不是锦上添花，它的兴起和风行是因为策划的确为企业创造和带来了巨大的利润；策划也不是神话，它不可能为企业解决非策划方面的问题。

一份好的策划方案通常具备下面几个特点，在评价一份策划方案的时候，也需要依据下面的几个因素。

（1）独创性：方案必须言他人所未言，发现他人所未发现，提出自己的主张。没有思想的策划就是爬行的策划。

（2）可操作性：制定策划方案必须充分考虑到各个执行部门的运作实际，如果执行部门难以操作，将影响到策划方案的执行效果。

（3）科学性：针对市场策划而言，策划方案的制定必须建立在数据分析的基础上，策划效果的评估必须用数据表达。

策划是时代的产物，它是为适应一个特定的时代需要而产生的。因为策划拥有充分的科学性，所以它不会没落，它将随着时代的发展而向前发展。未来的社会将在很长一段时间里是买方市场，营销必定是市场的主旋律，营销思想的发展将对策划产生极大的影响。在未来，策划将更加被细分，策划的一部分职能将被分解在其他职位中，成为专职的事务。而专职策划的群体会减少，但更加专业。总的来说，未来的策划将更加注重团队合作的形式，分工更加科学，合作更加紧密。

1.2.5 市场营销策划的主要特点

1. 市场营销策划是创新思维的学科

市场营销策划是一门复合型的学科，它是由多门类知识综合、交叉、碰撞而形成的

新的应用知识体系。它秉承市场营销学的特点，是综合思维的科学与精湛的管理艺术的结合。市场营销策划既是一门科学，又是一门经营艺术。

俗话说，思路决定出路。出人意料的创意结果往往来自出人意料的思路，创意点子能否闪光在很大程度上取决于其采用的思维方法。营销策划常用的创新思维方法将在下一节详细介绍。

2. 市场营销策划是市场营销工程设计学科

市场营销策划实质上是运用企业市场营销过程中所拥有的资源和可利用的资源构造一个新的营销工程系统，根据新的经营哲学和经营理念设计对这个系统中各方面进行轻、重、缓、急的排列组合。在这个市场营销系统工程的设计中，经营理念的设计始终处于核心和首要地位。

在市场营销策划中，营销理念设计是其他一切营销活动设计的前提，是市场营销活动的影子，而市场营销活动则是营销理念的原型。营销理念设计是统率、指导和规范其他市场营销系统工程设计的核心力量，并渗透于整个市场营销策划过程中。

营销理念设计是整个市场营销策划的灵魂，它赋予策划对象的不仅是丰富多彩的外部形象，更重要的是为其注入骨骼的精髓和现代社会文化的灵魂。例如，在市场营销策划的经典案例——“碧桂园神话”中，王志刚先生就明确指出：“房地产≠钢筋＋水泥”，而是营造一种新的生活方便、居住舒适和有利于其消费者发展的社区生活方式和社会人文环境，使钢筋和水泥等的堆砌物具有活生生的灵魂，这就是市场营销策划的理念设计。它以消费者的满足为目标，提出新的社会价值观念和新的生活方式，唤起消费者的需求和购买欲望，并充分满足这种需求和欲望，营造出一个新的市场空间。

3. 市场营销策划是具有可操作性的实践学科

市场营销策划是一门实践性非常强的学科。市场营销策划不是空洞的理论说教，它要回答企业在现实的市场营销活动中提出的各种疑难问题，不仅仅要回答这些问题出现的原因，而且还要回答为什么、是什么。企业最需要的市场营销策划不仅仅是回答企业应该开拓市场、应该赚钱，更重要的是回答如何开拓市场、营造市场以及如何在激烈的市场竞争中获取丰厚的利润。市场营销策划就是在创新思维的指导下，为企业的市场营销拟定具有现实的可操作性的市场营销策划方案，提出开拓市场、营造市场的时间、地点、步骤及系统性的策略和措施，使企业的工作人员能够根据方案独立进行操作实施，而且还必须具有在特定资源约束条件下的高度可行性。市场营销策划不仅要提出开拓市场的新思路，更重要的是在创新思维的基础上制定市场营销的行动方案。

4. 市场营销策划是系统分析的学科

市场营销策划是一项系统工程，其主要任务是帮助企业利用开放经济中各种丰富的资源，如区域性资源、国内资源和全球性资源，显性资源和隐性资源，可控资源和不可控资源等，用系统的方法将其进行新的整合，使其在市场营销过程中产生巨大的“核裂变”效应。市场营销策划就是用科学、周密、有序的系统分析方法，对企业的市场营销活动进行分析、创意、设计和整合，系统地形成目标、手段、策略和行动高度统一的逻辑思维过程和行动方案。因而，作为智慧火花的市场营销点子，不能说是市场营销策划，它只是市场营销策划中的创意。

营销策划强调对既有资源和可利用资源进行整合，整合则是系统论的一个基本范畴和重要原理。系统论是20世纪中期发展起来的一种科学理论，它认为：凡是由相互联系和相互作用的诸因素所组成并具有特定功能的整体，都是一个系统。任何系统都不是它的组成因素的简单加总，而是这些因素在特定联系方式和数量配比下形成的有机总体，具有不同于组成因素组成的子系统的新功能，总体是“大于”各组成成分的物质属性的简单集合。市场营销策划就是依据系统论的整合原理，寻求市场营销活动的1+1>2的投入产出比。市场营销策划是这一系统点子、谋略的整合，是建立在点子和谋略之上的多种因素、多种资源、多种学科和多个过程整合而成的系统工程。因此，作为理论，市场营销策划是一门系统科学；作为实践，市场营销策划是一项系统工程。

5. 营销策划不是神话，而是整合、雕塑

营销策划不是神话，而很多人都把策划当成神话，以为只要有策划，朽木也能成栋梁、石头也能变成金。事实上，策划万能论、神奇论是错误的看法。

在现实中，一般有两种情况。一是属于“酒香巷子深”这种情况。按照常规，酒香应该是能吸引很多客人的，但是，由于巷子太深，酒再香人家也不知道，因此，人家想买好酒也因为找不到地方而放弃。因此，“酒香也怕巷子深”就提出了这样一个要求：如何来克服“巷子深”这个短处？当然，方法很多，比如在巷子口做个指示牌，指引客人来购买；或者在巷子口直接摆摊设点，直接进行贩卖；再或者将酒拿到闹市区卖；再或者直接进入商店……那么，究竟哪种方法更管用呢？或者是否有更好的办法呢？这就需要策划了。二是属于“酒不香巷子也不深”的情况。“酒不香”的意思就是质量不怎么样，而这样的酒却又想卖出去，因此，策划就显得非常必要了。为了使不香的酒也能卖出去，就必须想一些有效的办法，想什么办法呢？比如在包装上做些文章，或者让酒跟某个名人产生关系……也就是通过一系列的做法，转移视线，或者混淆视听，将短处掩饰起来，从另外一个方面来凸显其被包装出来的优点。

上述两种情况，都需要策划，尤其是在竞争日趋激烈的市场上。产品好就一定能在市场上畅销吗？不一定。如果产品质量差距很大，那么，质量差的产品在市场上的畅销只是昙花一现，很可能在畅销之后陷入困境：因为每一个销售出去的产品就成为一个负面的宣传。质量好的产品则可能在缓慢的市场培育之后，进入快速稳健的增长期。但是，当产品质量和技术差距不明显的时候，策划的作用就显现出来了。也就是说，在上面的两种情况下，第一种情况下的策划才可能导致健康的结果，而第二种情况下的策划只能导致短暂辉煌后的恶果，并留下骗子的骂名。

对于策划，不应该想得太神奇。策划就是根据自身资源与市场实际，确定更有效的实施路径，以期获得可观的效果。竞争激烈才使策划受到空前的重视，正是这样，策划才需要保持清醒与客观，否则，不仅会使企业陷入困境，还会使个人受到法律的制裁。某些策划人最终被人们戴上骗子的帽子，甚至身陷牢笼，也很说明问题。

策划是应对竞争的需要，而不是实现欺骗的需要。因此，策划需要理性与清醒，并在此基础上进行资源的整合和战略、策略的雕塑，从而实现最大化的效应。我们为什么需要策划？需要强调的是，策划不是为了欺骗谁，也不能点石成金，更不能无中生有，它是关于智慧和智力的正常较量，是使产品和企业本身的优势得到更好的体现、使自身的潜力得到更好的发挥的一种有效方法，这才是核心。如果要保证长久，就必须保证一个根本：酒要香，否则，一切都是徒劳。

1.3　营销创意思维方法

创意来自创造性思维，而创造性思维通常被人们看成一种非常神秘的东西，认为只有天才才能具备，非常人所有。其实创意并非我们想象的那样难以捉摸，它有一定的思维规律。只要你掌握了这些思维方法，并刻苦训练，你也能提出耳目一新的创意。

1.3.1　营销策划常用的创新思维方法

1. 形象思维

1）形象思维的概念

形象思维是指用直观形象和表象进行思维活动、解决问题的思维方法，其特点是具体形象性、完整性和跳跃性。形象思维不仅以具体表象为材料，而且也离不开鲜明生动语言的参与，根据思维目的的要求对一些储存在记忆中的形象材料进行加工改造，并塑造出新的形象。

2）形象思维的类型

（1）无意想象。事先没有明确目的，不由自主地想起某事物形象的过程，叫无意想象，也称为不随意想象。它常发生于注意力不集中或半睡眠状态。如看天上的云、远处的山，想象它们像某种事物或动植物。无意想象中最典型的是梦。梦也有离奇性和逼真性两个特点。无意想象是最简单、最初级的想象。有意想象是高级想象，是依据一定的目的自觉地进行的想象。这两种想象常常是互相交叉，相互促进和转化，它们在人的创造活动中都起着重要作用。如有的调查报告说，在数学家和科学家中，有70%左右的人承认，自己有些问题的解决是在梦中得到启示和帮助的。

（2）再造想象。有意想象是有明确的目的、任务，是自觉的，有时还要做出一定努力的想象。想象不是已有表象的简单再次出现，而是经过加工改造后的新形象的出现。

再造想象就是根据语言文字的描述或根据图样、图形、符号记录等的示意，而在头脑中构造出来的相应的新形象的过程。例如，当读到“天苍苍，野茫茫，风吹草低见牛羊”的词句时，就在头脑中形成一幅草原情景的图画。又如，看小说《红楼梦》时，脑海中便随之产生了宁、荣两府中的各种人物形象及其活动的情景等。这些就是再造想象所产生的结果。虽然再造想象的事物形象不是本人独立创造出来的，但是再造想象仍然带有本人的创造性成分。

为了有效、正确地进行再造想象，必须注意以下三点：一要善于正确地理解语言文字所表达的内容；二要善于精细准确地观察有关图片、标本、模型等；三要善于在头脑中积累广泛丰富的表象材料或感性知识。

再造想象是学生接受知识、理解教材不可缺少的条件。学生在校学习的许多科学知识，主要是前人的间接经验，这些知识经验又多半是通过教师、书本以语言或标志实物的图表、模型等介绍给学生的。学生要通过再造想象去接受或理解教师的讲授和课文的描述，在头脑中再造出没有感知过的、与教材内容相适应的具体鲜明的新形象。如果教师语言不生动或学生缺乏想象力，就会影响教学效果。

（3） 创造想象。不依据现成的描述，而是根据一定的目的，在头脑里独立地创造新形象的过程，就是创造想象。创造想象，其形象特点是新颖、独创、奇特。如文学艺术创作、科学发明、技术革新等都是创造想象。

创造想象与再造想象都是在感知的基础上，根据自己对表象重新加工改造进行结合的新形象。虽然两者都含有创造性，但创造想象的创造水平高得多，因而创造想象在创造性活动中的作用比较大。创造想象和再造想象也是相互交错、相互促进的。创造想象虽然以再造想象为基础，但它要比再造想象更富有创造性，更为复杂，更为新颖，更为困难。如在《阿 Q 正传》中的阿 Q 是一个独特的典型的新形象，鲁迅先生经过千锤百炼，综合了许许多多的人物形象，创造性地构思了这一独特形象，要比读者根据作品的描述，再造出阿 Q 形象复杂得多和困难得多。

创造想象是人类创造性活动必不可少的重要因素之一，在学习活动中的作用也很重要。没有创造想象就没有发明创造，没有新型的建筑，也没有艺术创作。学生在学习中，如创造想象薄弱，就很难有独到见解，对事物表象分析加工能力低，恐怕连作文也很难写好。他很可能缺乏激励人们奋发向前的革命理想和丰富想象力。

有效的创造想象必须具备两个条件：一要储备丰富的表象；二要善于分析和综合。据研究指出，创造性活动一般分为四个阶段：a. 准备阶段，主要是搜集资料，详细、全面地占有材料。b. 孕育阶段，主要是对资料进行分析和综合，开展积极的思维和想象活动；有时也借助于原型启发，不断地酝酿新概念和新形象。c.灵感阶段，即人的全部精神力量，处于高度积极性和集中的状态，突然产生出创造性的新形象。要记住，谁要获得灵感，就必须付出辛勤劳动的代价。柴可夫斯基说："灵感不喜欢拜访懒惰的客人。" d.整理阶段，是指整理研究结果，如写出论文或获取新成果。

（4） 幻想。幻想是一种与人的愿望相结合，并指向于未来的想象。幻想是创造想象的一种特殊形式。它的特点在于：一是幻想中的形象体现着个人的愿望；二是指向未来，不能立即实现。幻想有积极和消极之分。凡违背客观发展规律，不能实现的幻想，叫作空想。空想是一种有害的幻想。凡在科学理论指导下，符合客观发展规律，能够实现的幻想，就是积极的幻想，叫作理想。一切理想都是有益的，是激励和鼓舞人们学习、工作和创造发明的巨大动力。

形象思维的过程是：形象感受（体验）→形象储存（记忆）→形象判断（识别）→形象创造→形象描述。

2008 年北京奥运会会徽"中国印"，如图 1-3 所示，就是形象思维的产物。设计者在创作过程中，几乎走遍了举办前 28 届奥运会的所有城市，大量搜集奥运会会徽诞生的背景资料，然后结合北京奥运会的主题口号和中国文化的特点，设计出了该标志。

图 1-3　2008 年北京奥运会会徽"中国印"

形象思维的训练要求如下。

（1） 深入生活是提高形象思维能力的基础；

（2）善于选择典型形象是提高形象思维能力的重要方法；

（3）刻苦训练，是提高形象思维能力的重要手段。

如，以“深山藏古寺”为题，画一幅画（如何利用所掌握的素材表现深山藏古寺的意境），如图 1-4 所示。

2. 联想思维

1）联想思维的概念

联想思维是指人脑记忆表象系统中，由于某种诱因导致不同表象之间发生联系的一种没有固定思维方向的自由思维活动。主要思维形式包括幻想、空想、玄想。其中，幻想，尤其是科学幻想，在人们的创造活动中具有重要的作用。

图 1-4　深山藏古寺

2）联想思维的类型

（1）接近联想。是指时间上或空间上的接近都可能引起不同事物之间的联想。比如，当你遇到大学老师时，就可能联想到他过去讲课的情景。再如，由天空联想到大地、大地联想到水、水联想到喝、喝联想到茶等。

（2）相似联想。是指由一个事物外部构造、形状或某种状态与另一种事物的类同、近似而引发的想象延伸和连接。如由照片联想到本人和照猫画虎等。

（3）对比联想。是由事物间完全对立或存在某种差异而引起的联想。其突出的特征就是背逆性、挑战性、批判性。例如看到白色想到黑色以及温水与凉水、丑女与美女、原价与促销价的对比等。

（4）因果联想。是指由于两个事物存在因果关系而引起的联想。这种联想往往是双向的，既可以由起因想到结果，也可以由结果想到起因。如看到蚕蛹就想到飞蛾，看到鸡蛋就想到小鸡。再如下面地质队员找水的思路：干旱→渴→萎靡不振→看到狒狒（活跃）→给狒狒喂咸菜→跟踪狒狒→找到水。

3. 组合思维

1）组合思维的概念

组合思维又称“连接思维”或“合向思维”，是指把多项貌似不相关的事物通过想象加以连接，从而使之变成彼此不可分割的新的整体的一种思考方式。

例：电视+电话=可视电话，多媒体=数据+文字+图像+声音，集成电路=电子管+电阻+电容，台秤+电子计算机=电子秤，飞机+飞机库+军舰=航空母舰，手枪+消音器=无声手枪，自行车+电机+蓄电池=电动自行车。

2）组合思维的类型

（1）同类组合。同类组合是若干相同事物的组合。参与组合的对象在组合前后基本原理和结构一般没有根本的变化。往往具有组合的对称性或一致性的趋向。

例：双向拉锁、三合米、鸡尾酒、双排订书机、多缸发动机、双头液化气灶、双层文具盒、三面电风扇、双头绣花针、3 000 个易拉罐组合在一起的汽车、1 000 只空玻璃瓶组合在一起的埃菲尔铁塔等。

（2） 异类组合。异类组合是指两种或两种以上不同领域的技术思想的组合、两种或两种以上不同功能物质产品的组合。组合对象（技术思想或产品）来自不同的方面，一般无主次关系。参与组合的对象从意义、原子、构造、成分、功能等任一方面和多方面互相渗透，整体变化显著。异类组合是异类求同的创新，创新性很强。

例如，我国云南哀牢山彝族将火药、铅块、铁矿石碴、铁锅碎片等物放入一个掏尽籽的干葫芦里，在葫芦颈部塞入火草作为引火物，把葫芦装进网兜。这就是一个异类组合创造——“葫芦飞雷”，“葫芦飞雷”被称为世界上最早的手榴弹。被组合的东西（火药、铅块、铁矿石碴、铁锅碎片等物）是旧的，组合的结果（“葫芦飞雷”）是新的。把旧变新，由旧出新，这就是创造。其基本思路如图 1-5 所示。

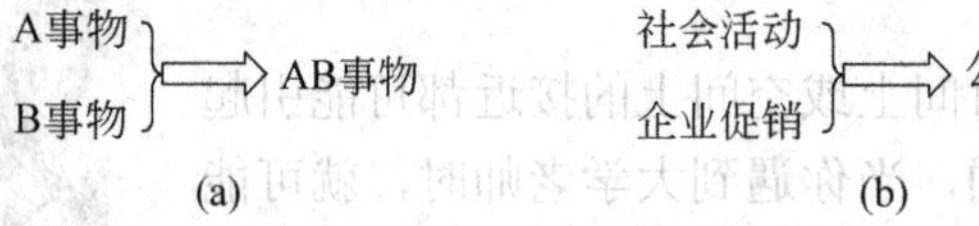

图 1-5　创造的基本思路

（3） 重组组合。重组组合就是在事物的不同层次分解原来的组合，然后再按照新的目标重新安排的思维方式。

重组作为手段，可以更有效地挖掘和发挥现有技术的潜力。如飞机的螺旋桨装在尾部就是喷气式飞机，装在顶部为直升机。企业的“资产重组”等说明重组可以引发质变。

例如，积木、变形金刚、七巧板等玩具，都有利于儿童建立重组意识，培养重组能力。

（4） 共享组合与补代组合。共享组合是指把某一事物中具有相同功能的要素组合到一起，达到共享的目的。例如，吹风机、卷发器、梳子共用同一带插销的手柄。

补代组合是通过对某一事物的要素进行摒弃、补充和替代，形成一种在性能上更为先进、新颖、实用的新事物。如拨号式电话改为键盘式、银行卡代替存折等。

（5） 概念组合。概念组合就是以词类或命题进行的组合，如绿色食品、阳光拆迁、阳光录取、音乐餐厅等。

（6） 综合思维。综合是指为了完成重大课题，在已有的学科、原理、知识、方法、技术不能解决时，创造出新的学科、新的原理、新的方法和新的技术，并对其进行重新组织和安排的思维过程。

例如，1961 年肯尼迪召集美国各有关部门头脑们商量对策，宣布：“美国最终将第一个登上月球。”1961 年 5 月 25 日，肯尼迪在题为“国家紧急需要”的特别咨文中，提出在 10 年内将美国人送上月球。他说：“我相信国会会同意，必须在本 10 年末，将美国人送上月球，并保证其安全返回”，“整个国家的威望在此一举”。于是，美国宇航局制订了著名的“阿波罗”登月计划。

4. 发散思维

（1）发散思维的概念。发散思维，又称辐射思维、放射思维、扩散思维或求异思维，是指大脑在思维时呈现的一种扩散状态的思维模式，它表现为思维视野广阔，思维呈现出多维发散状。如“一题多解”“一事多写”“一物多用”等方式。不少心理学家认为，发散思维是创造性思维的最主要的特点，是测定创造力的主要标志之一。

（2）发散思维的类型。

① 立体思维。思考问题时跳出点、线、面的限制，立体式进行思维。例如，

立体绿化：屋顶花园增加绿化面积、减少占地、改善环境、净化空气。

立体农业、间作：如玉米地种绿豆、高粱地里种花生等。

立体森林：高大乔木下种灌木、灌木下种草、草下种食用菌。

立体渔业：网箱养鱼充分利用水面、水体。

立体开发资源：煤、石头、开发产品。

② 平面思维。以构思二维平面图形为特点的发散思维形式。如用一支笔一张纸一笔画出圆心和圆周，这种不连续的图形是难以一笔画出的。

③ 侧向思维。从与问题相距很远的事物中受到启示，从而解决问题的思维方式。

例如，19 世纪末，法国园艺学家莫尼哀从植物的盘根错节想到水泥加固的例子。

当一个人为某一问题苦苦思索时，在大脑里形成了一种优势灶，一旦受到其他事物的启发，就很容易与这个优势灶产生相联系的反映，从而解决问题。

④ 横向思维。相对于纵向思维而言的一种思维形式。纵向思维是按逻辑推理的方法直上直下的收敛性思维。而横向思维是当纵向思维受挫时，从横向寻找问题答案。正像时间是一维的，空间是多维的一样，横向思维与纵向思维则代表了一维与多维的互补。最早提出横向思维概念的是英国学者德博诺。他创立横向思维概念的目的是针对纵向思维的缺陷提出与之互补的对立的思维方法。

概括地说，发散思维是从一个信息源导出多种不同结果的思维方法，如图 1-6 所示。

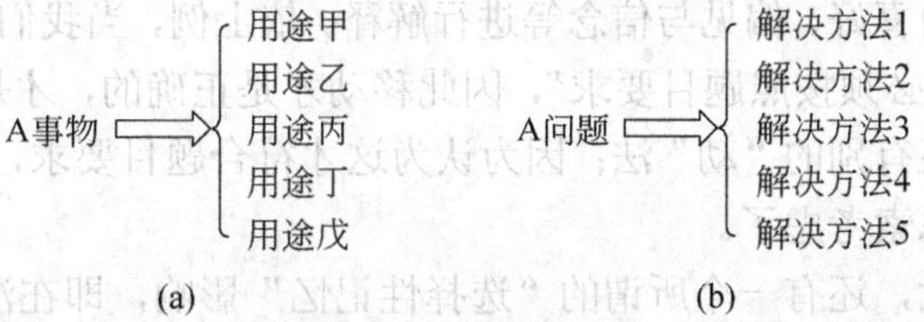

图 1-6　发散思维方法

这种思维方法有助于策划人充分挖掘企业现有内外部资源的作用，并最大限度地整合和发挥其效用，或用多种途径表现和完成策划主题。

读者思考：

① 报纸有哪些作用？

② 若让某一药店的经理了解某一药品的信息，都有哪些途径？

5. 创造思维

创造思维是一种新颖而有价值的、非结论的，具有高度机动性和坚持性，且能清楚地勾画和解决问题的思维活动。表现为打破惯常解决问题的程式，重新组合既定的感觉体验，探索规律，得出新思维成果的思维过程。

简单地说，也叫打破现状思维，就是突破思维框框，冲破原有的思维定式，跳出原

来习惯思维方法去寻求解决问题的方法。

我们首先看一个例子[①]。

在图 1-7 中，有 10 只杯子，其中前 5 个有酒，后 5 个没有酒。现在要求只能动其中的任何两只杯子，使有酒的杯子和无酒的杯子被一一相隔交错排列。

图 1-7　酒杯排列

这个问题的解法，如果按照移动杯子来做，是肯定解不出来的。这是因为题目中限制了只能“动”两只杯子。看过题目后，许多人首先想到的“动”就是“移动”。实际上，如果将第 2 只杯子的酒倒进第 7 只杯子，将第 4 只杯子的酒倒进第 9 只杯子，就完成了题目要求。如将“动”认为就是“移动”——这就是思维框框！

那么，思维框框是如何形成的呢？

首先，人们对客观事物的认识，是在接触事物时，将事物个别和具体属性传递过来的信息进行综合后产生的。对事物的整体认识，也称为“知觉”（perception）。在形成知觉的过程中，首先会有“选择性注意”的影响，即人们一般不会注意所有的传递过来的信息，而只会注意那些符合自己兴趣爱好或有新奇感的信息。“选择性注意”实际上是要简化人们处理信息的时间。从上例看，“动”本来是有许多方式的，拿起来是“动”，翻过来也是“动”……但我们的选择性注意在这个场合，只注意了“位移”这种“动”。

其次，形成知觉时，还有一个“选择性歪曲”的影响。选择性歪曲一般是将得到的信息尽量按照个人的喜好、偏见与信念等进行解释。依上例，当我们将“动”想到是“位移”时，是认为“我必须按照题目要求”，因此移动才是正确的，才是符合题意的，因此就不会再去想是否还有别的“动”法；因为认为这才符合题目要求，因此，对别的“动”法可能就不会再去思索考虑了。

最后，形成知觉，还有一个所谓的“选择性记忆”影响，即在注意的信息中，去掉那些不合自己偏好、信念与态度的信息，只记忆符合自己的偏好、信念与态度的信息。在上例中，我们因为已经过滤或阻挡了其他“动”的方式，已经不会再去想是否还有别的“动”的方法能解决问题了。

知道了思维框框形成的原理或原因，突破思维框框的方法就容易找到了。

首先，营销策划人员应该养成一种对于任何要解决的问题，先考虑所有可能解决方法的习惯，避免“选择性注意”的影响！

其次，营销策划人员对于所有解决问题的方法，在没有建立评判标准之前，都不要轻易下结论认为哪种方法好、哪种方法不好，即消除“选择性歪曲”的影响。只有在建立了评判标准后，才根据标准来决定哪种是真正好的解决方法，这样就不会因为成见、

---

① 千高原. 创新就这么几招[M]. 北京：中国纺织出版社，2003：314-315.

偏见或经验限制，将真正有价值的想法丢掉了！

最后，对于解决问题的方法，必须坚持用事实作为标准来衡量，不要用简单类推的方法。这样可以得到对事物的正确认识，而不是以偏概全的错误认识。假如在上例中，如果不是我们轻易能够拿得动的杯子，而是大铁桶的时候，用“倒”的方法，就解决不了问题。那我们就可以想想，如果用吸管抽或用瓢舀水到另外的铁桶如何呢？

我们再看下面这个例子。

一次，某公司进行招聘，应聘者甚众。在进行书面考试时，考试者提出的要求是只有两分钟做题时间，过时不交卷或没有按照要求做完试题，都不能通过。应聘者拿过试题一看，都是如下一些简单的常识性问题：

（1）写出三种热带植物的名称________

（2）写出三座中国历史文化名城的名字________

（3）写出三座外国历史文化名城的名字________

（4）写出三位世界著名科学家的名字________

…………

像这样的题目，试卷上共有 100 道，要在两分钟内写完，任何人都不可能做到。许多应聘者想，谁都写不完，那么多写的肯定是优胜者，于是在两分钟内奋笔疾书……到了交卷时间，绝大多数人肯定都没有做完试卷上的题目，但有两个应聘者被当场宣布合格，其余在现场就被淘汰了。当宣布时，被淘汰的人不服气，说这两个人肯定是有“关系”，走后门。公司负责人将考试过关者的卷子当场给落聘者看，结果看到这两个通过考试的人，只写了一道题的答案。公司负责人提醒说，请你们看看最后做题的要求。结果在试卷的最后所写的做题要求是：“在上述各题中，请任选一题回答！”这些落聘者才恍然大悟！

这就是非常典型的受思维定式影响的案例：因为一般的试题都是将做题要求写在最前面，而这份试卷，答题要求前面有，后面也有，而这些应聘者就想当然地认为要回答完所有的问题。

突破思维定式，有两个思维方法：

第一，在思考任何问题时，先不要做任何结论，在你对问题做了彻底的了解和研究之后，再下结论不迟。

第二，从任何人处或以其他方式得到的信息，都只能作为参考。一定要想想，在这个问题上，如果没有那些信息，或我没有听到别人这样说的时候，我的第一反应是什么？如果你的第一反应与别人告诉你的情况或给你的各种提示或暗示存在较大差异的话，就请按照上述要求，不要轻易认为自己是错的，别人是对的；也不要轻易否定别人的意见或肯定自己的意见。这时，就需要进行更多的思考分析，收集更多的信息。也就是说，在没有探讨所有可能之前，一定不要认为只有一条路可走。

在营销策划中，当进入创意阶段时，按照前面已讲的，将想象力充分发挥、充分运用。在营销策划中，最初的任何想法都要被看成是合理的、可能的、允许的，没有所谓的“荒唐”可言，这样才能有效突破思维定式。

6. 逆向思维

（1）逆向思维的概念。逆向思维是指为实现某一创新或解决某一以常规思路难以解决的问题，而采取反向思维寻求解决问题的方法。即反向思维的方法，主要有逆正常思维、逆传统思维、逆流行思维、逆一般思维。

（2）逆向思维的类型。

① 逆正常思维。大多数人都处于一种正常的，俗称“四平八稳”的思维之中，如果将这些思维逆反，即一反常态，可能就是绝妙的促销策略。

② 逆传统思维。在继承了历史传统的基础上形成的习惯思维。改变这种传统的思维不是很容易，它常常会受到习惯势力的阻碍。但一旦逆反成功，将会取得意想不到的收获。

③ 逆流行思维。亦即“爆冷门”思维。目前许多人在追逐或跟随这种思维，商家若采用这种思维进行促销策划，会使顾客“意想不到”，从而也会产生“意想不到”的效果。如一般商家播放的音乐都是流行音乐等。若逆反这种流行思维，播放的是“过时”的名曲，反而能够独树一帜，体现企业与众不同的哲学思维，取得“意想不到”的促销效应。

④ 逆一般思维。这是一种多数人一般都想不到的促销思维，是一种极其特殊、奇特、与众不同、别具一格的促销思维。

此外还有超前思维、新异思维等。

材料阅读并思考

如何把梳子卖给和尚

从前，有两名梳子生产厂家的营销人员张三和李四，每天走街串巷，到处推销梳子。有一天，二人结伴外出，无意中经过一处寺院，望着人来人往的寺院，张三大失所望，“唉，怎么会跑到这个地方，这里全是一群……哪有和尚会买梳子呢？”于是打道回府。

刚刚看到寺院的招牌，李四本来也是心内一凉，非常失望，但长期以来形成的职业习惯和不断挑战自我的精神又告诉自己“既来之，则安之，不行动怎么会有结果呢？事在人为嘛！”于是，径直走进了寺院，待见到方丈时心内已想好了沟通的切入点。见面施礼后，李四先声夺人地问道“方丈，您身为寺院主持，可知做了一件对佛大不敬的事情吗？”方丈一听，满脸诧异，诚惶诚恐地问道“敢问施主，老衲有何过失？”

“每天如此多的善男信女风尘仆仆，长途跋涉而来，只为拜佛求愿。但他们大多满脸污垢，披头散发，如此拜佛，实为对佛之大不敬，而您身为寺院主持，却对此视而不见，难道没有失礼吗？”

方丈一听，顿时惭愧万分，“阿弥陀佛，请问施主有何高见？”

“方丈勿急，此乃小事一桩，待香客们赶至贵院，只需您安排盥洗间一处，备上几把梳子，令香客们梳洗完毕，干干净净，利利索索拜佛即可！”李四答道。“多谢施主高见，老衲明日安排人下山购梳。”“不用如此麻烦，方丈，在下已为您备好了一批梳子，低价给您，也算是我对佛尽些心意吧！”

经商讨，李四以每把 3 元的价格卖给了老和尚 10 把梳子。

李四满头大汗地返回住所，恰巧让张三看到，“嗨，李四，和尚们买梳子了吗？”张三调侃道。

“买了，不过不多，仅仅十把而已。”

“什么！十把梳子？卖给了和尚？”张三瞪大了眼睛，张开的嘴巴久久不能合拢，“这怎么可能呢？和尚也会买梳子？向和尚推销梳子不挨顿揍就阿弥陀佛了，怎么可能会成功呢？”（成功者找方法，失败者找借口）

于是李四一五一十将推销过程告诉了张三，听完以后，张三顿觉恍然，“原来如此，自愧不如啊，佩服佩服！”嘴上一边说，心里一边想：“为什么我会放弃这个好机会呢？老和尚真是慷慨啊，一下子就买十把梳子，还有没有机会让他买更多的价格更高的梳子呢？”脑筋一转，计上心来，当天晚上便与梳子店老板商量，连夜赶制了 100 把梳子，并在每把梳子上都画了一个憨态可掬的小和尚，并署上了寺院的名字。（点评：个性化的新产品会引起客户更多的需求）

第二天一早，张三带着这 100 把特制梳子来到了寺院，找到方丈后，深施一礼，“方丈，您是否想过振兴佛门，让我们的寺院名声远播、香火更盛呢？”（点评：营销策划的关键是点中顾客需求的穴位）

“阿弥陀佛，当然愿意，不知施主有何高见？”

“据在下调查，本地方圆百里以内共有五处寺庙，每处寺庙均有良好服务，竞争激烈啊！像您昨天所安排的香客梳洗服务，别的寺庙早在两个月前就有了，要想让香火更盛，名声更大，我们还要为香客多做一些别人没做的事情啊！”

“请问施主，我院还能为香客们多做些什么呢？”

“方丈，香客们来也匆匆，去也匆匆，如果能让他们空手而来，有获而走，岂不妙哉？”

“阿弥陀佛，本寺又有何物可赠呢？”

“方丈，在下为贵院量身定做了 100 把精致工艺梳，每把梳子上均有贵院字号，并画可爱小和尚一位。拜佛香客中不乏达官显贵，豪绅名流，临别以梳子一把相赠，一来高僧赠梳，别有深意，二来他们获得此极具纪念价值的工艺梳，更感寺院服务之细微，如此口碑相传，很快可让贵院名声远播，更会有人慕名求梳，香火岂不越来越盛呢？”

方丈听后，频频点头，张三遂以每把 5 元的价格卖给方丈 100 把梳子。

张三大功告成，兴致勃勃地回来与李四炫耀自己的成功推销，李四听完，默不作声，悄悄离开。

当晚李四与梳子店老板密谈，一个月后的某天清晨，携 1 000 把梳子拜见方丈。双方施礼后，李四首先问了方丈原来购买张三梳子的赠送情况，看到方丈对以往合作非常满意，便话锋一转，深施一礼：“方丈，在下今天要帮您做一件功德无量的大好事！”

待方丈询问原因，李四将自己的宏伟蓝图向方丈描绘：寺院年久失修，诸多佛像已破旧不堪，重修寺院，重塑佛像金身已成为方丈终生夙愿，然则无钱难以明志，如何让寺院在方丈有生之年获得大笔资助呢?李四拿出自己的 1 000 把梳子，分成了两组，其中一组梳子写有“功德梳”，另一组写有“智慧梳”，比起以前方丈所买的梳子，更显精致大方。李四对方丈建议，在寺院大堂内贴上如下告示：“凡来本院香客，如捐助 10 元善款，可获高僧施法的智慧梳一把，天天梳理头发，智慧源源不断；如捐助20元善款，可获方丈亲自施法的功德梳一把，一旦拥有，功德常在，一生平安”等，如此一来，按每天3 000香客计算，若有1 000人购智慧梳，1 000人购功德梳，每天可得善款约3万元，扣除我的梳子成本，每把8元，可净余善款1.4万元，如此算来，每月即可筹得善款四十多万元，不出一年，梦想即可成真，岂不功德无量？

李四讲得兴致勃勃，方丈听得心花怒放，二人一拍即合，当即购下1 000把梳子，并签订长期供货协议，如此一来，寺院成了李四的超级专卖店。（以客户需求为导向，紧紧抓住客户的消费心理，大胆设想，小心求证，逐步引导，最终实现目标）

古人老子曾曰：天下万物生于有，有生于无。深思其语，得之结论一言：营销策划最高境界——用创造性思维实现有效营销。

思考：以上两名营销人员采用了什么创新思维方法？

1.3.2 营销创意的来源和途径

在营销实战中，创意是竞争对手间比拼的焦点，也是难点。对多数人来说，营销创意是高不可攀的智力比拼，神秘又玄妙。它看似在天边，其实就在我们的眼前。只要你把握了这些规律，你也能提出精妙的创意方案。正如某企业的新产品设计师所言：“其实我设计新产品的奥妙就在于经常深入消费者中间，很多构思源于民间。”

1. 创新思维是营销创意的根本方法

正如前面提到的，大多数情况下由于我们采用了传统的思维方法，当然会得到大众的思维结论。要想使设计方案与众不同，就必须打破传统的思维定式和框框。正如前面提到的，出人意料的创意结果往往来自出人意料的思路，创意点子能否闪光在很大程度上取决于其采用的思维方法。我们在进行营销策划的过程中，要善于使用创新思维的方法来考虑问题，平时也要注意加强这方面的训练。

2. 日常生活是营销创意的主要源泉

营销活动是企业与广大消费者的互动，能否吸引消费者，产生共鸣，就看你的卖点设计是否贴近生活，是否抓住顾客的心。生活是丰富多彩的，它能为创意提供大量的有价值的素材，而且能引发我们创意的灵感，很多优秀的创意都是源于对生活深入细致观察的结果和对生活中生动事例的借鉴和发展。如相声、小品的幽默技巧，真情流露的生活片段，民间高手的绝技绝活，甚至一切生活中有趣的事情，都有可能成为我们营销创意的重要素材。

3. 善于积累是营销创意的重要方法

我们每个人都可能走过同样的路，经历过同样的事情，看到过同样的事物，但收获或感受却各不相同。俗话说：“机遇只垂青于有准备的头脑”，创意的发生也是这样。如果我们平常没有对知识、经验的广泛积累，那么要有好的创意几乎是不可能的。灵感的获得也许只是一瞬间的事，然而在灵感到来之前却是需要有大量的思考和准备过程来铺垫的。著名的营销实战大师米尔顿·科特勒有个习惯，他每天出门口袋里一定装着纸笔，一旦遇到新奇的事情就马上记下来，每年都会积累上百个“奇事”，这些积累的素材多数成为他营销创意的重要源泉。

4. 敢于幻想是营销创意的重要途径

没有嫦娥奔月的美丽神话，人类也不可能有飞天的创举。可见，幻想是我们人类特有的一种思维能力。想象力的发挥，能使我们突破各种思维定式以及条件、环境的阻隔，使我们的创造性思维得到最大程度的发挥。很多看似不可能的事情，正是由于大胆合理的想象才成为现实。当然，幻想有可能会被人误解，甚至讥笑。因此，在进行营销创意时，一要尊重现实生活；二要敢于承受误解和嘲讽。

5. 兴趣是营销创意的重要动力

我们常说，兴趣是最好的老师。只有对某个问题产生了兴趣，我们的思维才能够兴奋和活跃，我们的想象力和创造力才能充分得到发挥。兴趣会驱使我们深入研究、持续工作，会促使我们熟能生巧、巧能生变。

1.4　怎样做好营销策划

1.4.1　营销策划业对于策划人员的基本要求

1. 策划人是一专多能的复合型人才

策划，是一个融高度知识、智慧以及现代高新技术以及信息于一体的事业，因而策划从业人员不仅是某个领域的专家，还应该是拥有多学科、多门类的专业知识以及计算机技术、信息整理的人才，也就是要一专多能。

因此，策划业还必须注意跟踪当今世界新理论、新技术，注意培养一大批高水平的复合型的具有强烈创新意识、敬业精神的高级人才。策划人要有采天地之灵气，集日月之光华的能力，也就是要对信息有高度的敏感性。策划师首先是一个社会人。

2. 策划家的基本素养

丰富的阅历、深厚的功力（理论基础）、博智的头脑、灵敏的感官、锐利的眼光、奇特的联想、悬河的口才。

3. 策划家必须具备的思维和素养

（1）超常思维：超越常规、反常规的思维方式。只有建立在客观物质基础上的有科学依据的超常思维才是可取的有价值的思维。包括逆向、超越、超前、新异、非传统等。

（2）系统思维：特别强调整合的重要性。策划中的整合多样，如时间组合、空间组合等。

（3）科学思维：要强调唯实思维，就是从实际出发，离不开调查研究。

（4）辩证思维：强调策划工作过程中必须因时、因地、因事制宜。

1.4.2　如何做好营销策划工作

做好营销策划工作，必须注意以下几个方面。

1. 系统的操作

一个系统化的策划过程包括调查研究、目标定位、理念设计、资源整合、运作切入、形象塑造、文化底蕴、政治糅合。还有实战操作、过程监理、微调修整、总结提高等。

2. 协同作战

策划要破译复杂社会现象的密码就需要多学科的结合，形成新的方法，就可以找到认识问题的最佳切入点，协同作战的战术运作是策划成功的保证。

3. 要考虑三个背景

（1）第一，企业从哪里来，今天处于什么状态，准备向哪里去。

（2）第二，它有哪些资源，除了有形资产，更注意它有什么无形资产，比如公共关系、优惠政策、上级扶持和保障等。

（3）第三，企业的老板怎样，因为企业家是企业的人格化，企业是企业家的物化，实现任何一个好的思路、好的政策、好的运作方式，都离不开这个掌门人。

4. 市场定位原则

精确的市场定位是成功策划的核心。对社会大趋势的精妙把握是能否定位准确的前提。

5. 思路要开放

首先是要大胆设想，然后是小心求证。求证是对客观规律的深刻把握和认识，使主观和客观有机地结合。策划要变传统的量入为出的观念为量出为入的观念，变封闭性思维为开放性思维。凡是可以为我所用的资源都可以大胆发掘、尽量为我所用，将单线思维变为复合性的思维。

6. 注重创新

策划不管是企业还是个人，最主要的是为它或者自己定位，即找出自己的优势。要做到人无我有、人有我先、人先我变，突出自己的优势，才能以最小的投入取得最大的收获。

7. 审时度势

策划要讲究审时度势，太超前不会被市场接受，太滞后又没有效益，与市场同步又没有新意，不能很快引爆市场。适度超前是策划的精妙之处。策划既要防止“左”倾，即冒险主义，同时又要防止右倾，即机会主义。

8. 战略至上

策划最讲究的是战略，目前的广告是主攻战术运作的，多数只是施工队。如果将战略和战术完美结合将是无往不利的。在战略方向没有确定之前，任何战术都无所谓好坏。正如英国谚语所说：“对于一艘盲目航行的船来说，任何方向的风都是逆风”。

9. 因时、因地、因人制宜

（1）因时：审时度势，在地区目前的状态下，我们怎样看待它的昨天、今天、明天，从宏观上把这种趋势把握清楚。

（2）因地：在这个地区的空间里面和目前这个状况下，怎样能够独占鳌头，引起社会的广泛关注，从而聚人气、地气、财气。

（3）因人：企业的目前现状，企业老板的实际操作能力以及老板的个性、心态。

10. 用中医思路构思

西医的思路是把人当成机器一样按零部件来考虑。中医是把人当作一个整体、一个网络来考虑，因此，只要你有丰富的临床经验，然后望、闻、问、切，把握整个根本所在，辨证施治。例如，用办学的方式拯救房地产、用文化运作的方式复兴旅游业等。

1.4.3 目前我国营销策划存在的主要问题

目前我国广大企业处于最需要营销又最不会营销的时期，一方面企业对营销策划人才的需求巨大；另一方面是由于理念、水平或操作的问题，一些营销策划方案没有取得预期的效果。这些问题如果不及时解决，不但会影响企业的营销效果，造成资源浪费，同时也会损害策划行业的形象。

1. 认为策划是“扭亏为盈”的救命稻草

笔者在与企业接触过程中，发现有不少企业由于经营状况不佳，企业领导非常着急，恨不得靠营销策划一夜间把库存产品全变成现金。甚至有些企业提出，如果全卖出去，利润可以对半分。这里我们必须强调，企业营销的重点应放在“营”上，做好了“营”就不愁“销”。相反，没做好“营”，把宝全押在“销”上是非常危险的。企业自身苦练内功是最重要的，把希望寄托在策划上不是解决企业长期发展的最根本问题的方法。比如产品质量不过硬、售后服务不到位，怎么策划也很难立于不败之地。当然，也有个别策划人一味迎合企业的要求，在产品质量和品质都存在严重缺陷的情况下，一味靠概念炒作和广告声势来换销量，一旦被媒体曝光后，企业立即陷入瘫痪。事实上，营销策划是为企业开展营销找到一个最佳的操作方案，但不是包治百病的灵丹妙药。策划万能论、神奇论是错误的看法，我们必须理性看待营销策划。

2. 有些人把营销策划看成“忽悠”

这是策划无用论的表现，从另一极端错误地看待营销策划。我们不排除有些策划人为了赚钱什么方案都敢接，为了企业短期利益什么手段都敢用。甚至不惜采用欺骗的手段虚构卖点、牵强定位、虚假广告等蒙骗顾客。但这样的做法能持续多久，又有哪个知名品牌是靠这种手段成功的？

如前所述，营销策划是运用新的营销思维和方法，对整体市场营销活动或某一方面的营销活动进行分析、判断、推理、预测、构思、设计和制定具体营销方案的活动。其核心是理念设计，任何营销策划活动都必须把顾客利益放在第一位，否则，其策划方案就失去了灵魂。

3. 认为自己头脑灵活、点子多就能做好策划

头脑灵活、点子多是从事营销策划的良好条件，但策划与出点子并不是一回事。营销策划实质上是运用企业市场营销过程中所拥有的资源和可利用的资源构造一个新的营销工程系统，根据新的经营哲学和经营理念设计对这个系统中各方面进行轻、重、缓、急的排列组合。只有点子，不懂策划科学的规律和方法是无法完成高水平的策划方案的。

4. 认为营销手段都是一样的，可以嫁接其他方案的内容

这是不懂营销策划的典型体现，也是对营销策划的严重歪曲。企业采用什么样的营销技巧和手段取决于多方面的因素，如企业资源与卖点定位等，而卖点定位又取决于各个企业不同的 SWOT。策划的核心是创意，不同的策划方案有不同的创意。也就是说，每一个策划方案都是一种新的思维的表现，是赢得竞争胜利的先决条件。所以，策划方案是不能一味嫁接和模仿的，一定要根据企业具体的情况出发来构思创意。

但作为营销策划的初学者，还必须从策划的基本格式和规范入手，循序渐进、熟能生巧并逐步创新。本书在第 10 章为读者提供了常见营销策划方案的基本格式和模板，以方便大家实践操作。

1.5 市场营销策划的种类

经济活动领域里的策划还有很多，如创业策划（创业计划）、融投资策划等。本书对这些不作论述，而重点论述市场营销策划。而市场营销策划从不同的角度看又有不同的种类。

1.5.1 按市场营销策划的主体划分

按市场营销策划的主体，划分成企业内部自主型策划和外部参与型策划。

1. 企业内部自主型策划

企业内部自主型市场营销策划，是指企业内部专职营销策划部门（例如，策划部、企划部、营销部、市场部、公关部或销售部等）从事的市场营销策划活动，也有的企业把营销策划的职能放在总经理办公室综合管理。企业内部自主型市场营销策划的特点是熟悉企业内部的资源状况和条件制定的策划方案，可操作性强，但方案的创意和理念设计受企业文化或管理体制的约束，否定意识差或不敢否定，因而大多数策划缺乏开拓创新精神，市场冲击效果差。

2. 外部参与型策划

外部参与型市场营销策划，是委托企业以外的专门从事营销策划的企业（例如，营销策划公司、管理咨询公司、市场研究公司、广告公司或公关公司等类企业）从事的市场营销策划活动，有的企业委托高等院校、科研院所或个体的专家、教授参与企业的市场营销策划。外部参与型市场营销策划的特点是显性投入高，隐性投入少，起点高，视角不同，创意新奇，理念设计战略指导性强，方案制定逻辑系统性强，但可操作性不强，特别是没有严格的商业契约约束的策划方案，可行性较差。

1.5.2 按市场营销策划的客体划分

营销策划的客体，就是策划的具体对象和内容。主要有以下几种。

（1）整合营销策划。环境分析、机会判断、对手分析、资源评估、战略规划、战术设计。

（2）市场营销战略策划。较长时期的企业营销实施步骤，分几个阶段、分别达到什么目标、如何监控和修正营销过程等。

（3）市场调研策划。调研方法、手段、工具、费用、实施、效果、进度等的设计。

（4）新产品开发策划。包括原则方法、构思创意、创意筛选、概念形成、设计论证、试制试销等。

（5）价格策略策划。含样本（目录）价的制定及依据，各种定价策略的实施方案及论证。

（6）营销渠道策划。渠道成员的选择、分销政策的制定、渠道管理方法等。

（7）促销策划。广告、公关、销售促进、人员推销的具体实施方案及可行性论证。

（8）CIS、CS 策划。企业识别系统的整体内容设计、顾客满意体系的具体内容及操作系统。

（9）商战策划。市场登陆（切入）策划、市场扩展策划、市场防御策划、主动竞争策划、应对竞争策划等。

1.5.3　按市场营销策划的目标和要求划分

（1）根据企业提出的市场营销策划的目标，可以将策划分为全局性市场营销策划、战略性市场营销策划、战术性市场营销策划和战役性市场营销策划等。

（2）根据企业对市场营销策划的不同要求，可以将策划分为创意策划、经营理念设计策划、市场营销方案策划等。它们各有不同的规范，例如，市场营销创意策划，主要为企业提供营销创意；经营理念设计则要求提供营销创意、营销设计等内容；市场营销方案策划则包括的内容较为丰富，它要向企业提供营销创意、理念设计、营销方案的制定，甚至还包括市场营销活动的监理和营销策划方案的滚动调整。

对市场营销策划进行分类研究，便于认识营销策划的本质和各个不同的侧面，并根据企业的实际需要和策划人的条件，设计、委托或接受不同的市场营销策划任务。

1.6　市场营销策划的步骤与程序

企业的营销管理分为战略层面与战术层面的管理，因此，营销策划也涉及两个层次：营销战略层次的策划与营销战术层次的策划。

现代营销管理理论对营销战略计划，给出了图 1-8 所示的步骤。通常在中国，无论是理论界还是企业界，均将战略层次计划称为营销战略计划，而不使用“营销策划”一词。

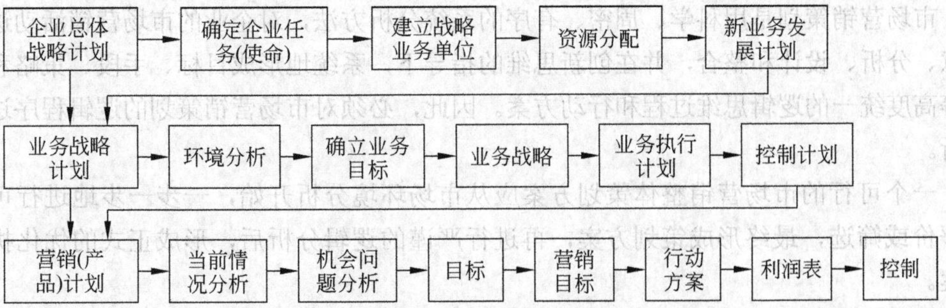

图 1-8　营销计划结构与程序

如果对营销战术行动进行谋划，在中国营销理论界，有些学者称其为“营销策划”；有些学者否定有“营销策划”概念。而企业界几乎普遍都接受和采用“营销策划”的概念。

对营销战术层次进行计划，如果使用营销策划称谓，它应该没有固定的程序或步骤。这主要是因为面对战术性问题的营销策划，在不少情况下，都需要有创新性思维，需要对涉及的或要解决的营销问题进行独特的创意与构思，而对于如何激发或寻找到创意的灵感，不可能给出一个固定程式或方法。并且，在绝大多数情况下，营销策划都有时间限制，从接受策划委托到完成策划方案，需要在规定的时间内完成，往往也难以按照一个所谓固定不变的程序按部就班进行。

但是，也可以说，战术层次营销策划也可就其规律性而给出一定的步骤。这里所谓的步骤，有以下两种含义。

一是指任何营销策划，都包含有相同的工作内容，都有相同的方法。所谓相同的工作内容，就是指无论面对要解决的具体营销问题是什么，为之进行营销策划时，都有一些属于策划的带有普遍性的工作形式。所谓相同的方法，是指在进行营销策划时，无论涉及的具体营销问题是什么，在基本方法上都有相同的地方。在不同的营销策划中，采用的具体做法肯定有差异，但是，仅就方法而言，它们具有共性。

二是如果将营销策划放在管理科学性的范围讲，它具有一定的内在规律。做营销策划时，只有按照这样的规律进行，才能做出符合科学要求的策划，并使营销策划对于营销活动起到“计划”作用。

因此，对于营销策划，在步骤上可以有一定的灵活性，但科学的营销策划，还是有一些基本步骤的。这些步骤既反映营销策划的规律性，也是做好营销策划所需要的基本技能。当一个营销策划人员具有比较熟练的策划技能时，他完全可以在符合科学营销管理原理的前提下，采用更为灵活的步骤来完成不同的营销策划。

特别是对于刚迈进策划之门的人，通过认识和掌握营销策划基本步骤，就得到了策划需要的基本技能的培养和训练。

1.6.1 市场营销策划的逻辑程序

市场营销策划是用科学、周密、有序的系统分析方法，对企业的市场营销活动进行创意、分析、设计和整合，并在创新思维的指导下，系统地形成目标、手段、策略和行动等高度统一的逻辑思维过程和行动方案。因此，必须对市场营销策划的逻辑程序进行分析。

一个可行的市场营销整体策划方案应从市场环境分析开始，一步一步地进行可行性评价或筛选，最终形成策划方案，再进行严谨的逻辑分析后，形成正式的优化执行方案。

具体逻辑分析过程，如图 1-9 的市场营销策划的逻辑程序所示。

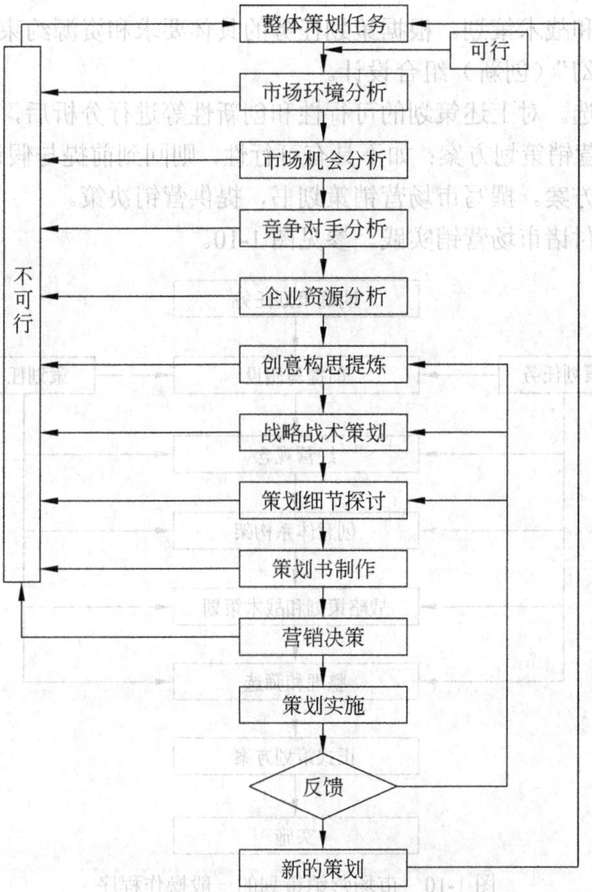

图 1-9　市场营销策划的逻辑程序

1.6.2　市场营销策划的一般操作程序

市场营销策划是市场营销活动的重要组成部分，因而不管哪一种类型的市场营销策划，都有规律性可循，其规律性就是市场营销活动各个环节、各个部分的内在逻辑联系。所以，市场营销策划也就必须根据这一规律性特点所形成的一般操作程序进行策划，但对具体的个案，可以根据时间、空间和策划对象的特殊性做适宜的调整与修正。市场营销策划的一般操作程序分为以下步骤。

（1）明确策划任务。策划任务是否可行，策划人是否有能力完成该项策划任务。

（2）前提与假设。主要根据企业的经营管理经验和策划人的经验、市场信息等对市场环境等前提条件进行分析，并对目标、竞争对手、企业竞争能力等进行假设分析。

（3）经营观念。以消费者最大限度的满意为目标，在新的经营哲学指导下，提出新的社会价值观念、新的生活方式，唤起消费者新的需求和购买欲望，并创造充分满足这一需求和欲望的手段，营造出一个新的市场。

（4）创意体系构架。按创新思维的要求对策划对象进行系统设计，并分析创意的可行性。

（5）战略策划和战术策划。根据策划任务的具体要求和资源约束条件进行营销战略和营销策略的“梦幻”（创新）组合设计。

（6）整理和筛选。对上述策划的可行性和创新性等进行分析后，可行则进入下一步骤，制定正式市场营销策划方案；如不具有可行性，则回到前提与假设，重新启动策划。

（7）正式策划方案。撰写市场营销策划书，提供营销决策。

（8）实施。即付诸市场营销实践。参见图1-10。

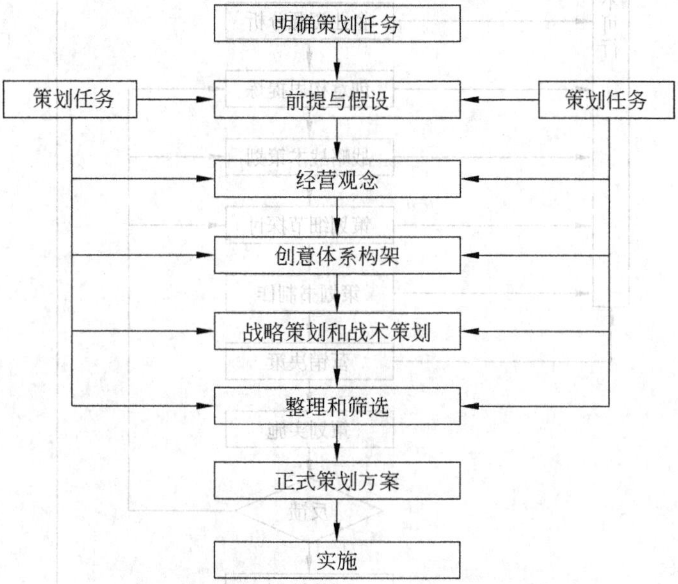

图1-10　市场营销策划的一般操作程序

1.7　市场营销策划书的撰写

1.7.1　营销策划书的意义与作用

完成创意以后，对营销策划的关键问题的解决思路已经清楚。这时，就需要将创意与围绕此创意形成的方案形成可与别人进行交流的文字——这就是编写营销策划书。

就战略性或一项业务的整体安排和构想进行的策划，通常用营销计划或商业计划书的形式编制出来。一般而言，商业计划书有一定的编排格式和内容要求。

对属于战术性质的营销策划，也需要编制营销策划书。营销策划书需将营销策划解决问题的方法、行动安排、执行方法、控制要点等的想法与内容，用一种书面载体形式表达出来。营销策划书就是对一项营销行动方案做出的计划性文件。与通常所说的营销战略或商业计划书不同的是，它是就一个策略性的行动编制的计划，因此，与营销计划和商业计划书相比，它的性质是对营销行动做局部指导，也是对行动的关键点做出的创意的表达。同时，还有一些对创意和构思进行说明的内容，目的在于使营销策划者拿出来的营销策划能够起到说服客户或领导采用该策划方案的目的。

因此，营销策划书要具有两个鲜明特点。

（1）有吸引力。这个特点是指营销策划书不仅要做到让其读者能够看懂，而且还要将策划方案的特点、策划思想的亮点、创意的新颖性与独特性——这些都是一项营销策划最有价值的内容或思想——突出出来，引起策划书读者的注意和兴趣。

（2）易接受性。就是说，营销策划书应该起到将策划人员的创意诉诸别人的作用。就这个特点而言，编写营销策划书时，策划人员一定要考虑将会是谁看这份营销策划书，并且将会是谁最终对你的策划是否采纳做出决定，即这个策划的命运将会是由谁掌握。因此，在编制营销策划书时，就有一个需要它的读者——决定营销策划命运的人能够读懂的要求。如果做不到这点，那么这项营销策划就难以被采纳。别人根本没有办法理解你的创意和策划思想，当然也就不可能看出其中的妙处所在。

营销策划书除了要以策划能被采用为直接目的进行编写以外，就营销策划的意义而言，营销策划书也是计划文件，它是将要被执行的行动的指南，因此，也必须按照计划书的一般要求进行编写。也就是说，一项营销策划一经采用，并进入执行阶段，营销策划书就是执行人员行动的依据和纲领。所以，编写营销策划书，还要考虑执行人员能否很好地理解并掌握。

营销策划人员需要知道的是，一项营销策划是否好、是否能解决问题、策划是否成功，是用执行以后的效果来说话的。不被采纳的营销策划方案，与成功肯定无缘；但被采纳了的策划，如果没有被执行人员有效地执行，也不能取得成功。成功的营销策划，既能解决营销策划委托人的营销问题，也是营销策划人员的真正成就所在。

1.7.2 营销策划书撰写的原则

为了提高策划书撰写的准确性与科学性，应首先把握其编制的几个主要原则。

1. 逻辑思维要强

策划的目的在于解决企业营销中的问题，按照逻辑性思维的构思来编制策划书。首先是设定情况，交代策划背景，分析产品市场现状，再把策划中心目的全盘托出；其次是进行具体策划内容详细阐述；最后是明确提出解决问题的对策。

2. 一定要简洁朴实

要注意突出重点，抓住企业营销中所要解决的核心问题，深入分析，提出可行性的相应对策，针对性强，具有实际操作指导意义。

3. 必须具有可操作性

编制的策划书是要用于指导营销活动的，其指导性涉及营销活动中的每个人的工作及各环节关系的处理，因此其可操作性非常重要。不能操作的方案，创意再好也无任何价值。不易于操作也必然要耗费大量人、财、物，管理复杂、成效低。

4. 新颖的创意是策划的灵魂

要求策划的“点子”（创意）新、内容新，表现手法也要新，给人以全新的感受。新颖的创意是策划书的核心内容。

1.7.3 营销策划书的基本内容

营销策划书按道理没有一成不变的格式，它依据产品或营销活动的不同要求，在策划的内容与编制格式上也有变化。但是，从营销策划活动的一般规律来看，其中有些要素是共同的。因此，我们可以共同探讨营销策划书的一些基本内容及编制格式。

1. 封面

策划书的封面可提供以下信息：

（1）策划书的名称；

（2）被策划的客户（委托方）；

（3）策划机构或策划人的名称；

（4）策划完成日期及本策划适用的时间段。因为营销策划具有一定的时间性，不同时间段上市场的状况不同，营销执行效果也不一样。

2. 策划书的正文部分

（1）策划目的。要对本营销策划所要达到的目标、宗旨树立明确的观点，作为执行本策划的动力或强调其执行的意义所在，以要求全员统一思想，协调行动，共同努力保证策划高质量地完成。

营销策划任务的提出和策划目的概括地说有以下几个方面。

① 企业开张伊始，尚无一套系统营销方略，因而需要根据市场特点策划出一套行销计划。

② 企业发展壮大，原有的营销方案已不适应新的形势，因而需要重新设计新的营销方案。

③ 企业改革经营方向，需要相应地调整行销策略。

④ 企业原营销方案严重失误，不能再作为企业的行销计划。

⑤ 市场行情发生变化，原经销方案已不适应变化后的市场。

⑥ 企业在总的营销方案下，需在不同的时段，根据市场的特征和行情变化，设计新的阶段性方案。

（2）分析当前的营销环境状况。对同类产品市场状况、竞争状况及宏观环境要有一个清醒的认识。它是为制定相应的营销策略、采取正确的营销手段提供依据的。“知己知彼方能百战不殆”，因此这一部分需要策划者对市场比较了解，这部分主要分析以下内容。

① 当前市场状况及市场前景分析。

a. 产品的市场性、现实市场及潜在市场状况。

b. 市场成长状况，产品目前处于市场生命周期的哪一阶段上。对于不同市场阶段上的产品，公司营销侧重点如何，相应营销策略效果怎样，需求变化对产品市场的影响。

c. 消费者的接受性，这一内容需要策划者凭借已掌握的资料分析产品市场发展前景。

如我国台湾地区一品牌的漱口水《“德恩耐”行销与广告策划案》中，策划者对德恩耐进入市场风险的分析和产品市场的判断颇为精彩。如对产品市场成长性分析中指出：

a. 以同类产品“李施德林”的良好业绩说明“德”进入市场风险小。

b. 另一同类产品“速可净”上市受普遍接受说明“李施德林”有缺陷。

c. 漱口水属家庭成员使用品，市场大。

d. 生活水平提高，中、上阶层增多，显示其将来市场成长。

② 对产品市场影响因素进行分析。主要是对影响产品的不可控因素进行分析：如宏观环境、政治环境、居民经济条件，如消费者收入水平、消费结构的变化、消费心理等，对一些受科技发展影响较大的产品，如：计算机、家用电器等产品的营销策划中还需要考虑技术发展趋势方向的影响。

（3）市场机会与问题分析。营销方案，是对市场机会的把握和策略的运用，因此分析市场机会，就成了营销策划的关键。只要找准了市场机会，策划就成功了一半。

① 针对产品目前营销现状进行问题分析。

② 一般营销中存在的具体问题，表现为多方面：

- 企业知名度不高，形象不佳，影响产品销售。
- 产品质量不过关，功能不全，被消费者冷落。
- 产品包装太差，提不起消费者的购买兴趣。
- 产品价格定位不当。
- 销售渠道不畅，或渠道选择有误，使销售受阻。
- 促销方式不当，消费者不了解企业产品。
- 服务质量太差，令消费者不满。
- 售后保障缺乏，消费者购后顾虑多等都可以是营销中存在的问题。

③ 针对产品特点分析优、劣势。

从问题中找劣势予以克服，从优势中找机会，发掘其市场潜力。分析各目标市场或消费群特点进行市场细分，对不同的消费需求尽量予以满足，抓住主要消费群作为营销重点，找出与竞争对手的差距，把握利用好市场机会。

（4）营销目标。营销目标是在前面目的任务基础上公司所要实现的具体目标，即营销策划方案执行期间，经济效益目标达到：总销售量为×××万件，预计毛利×××万元，市场占有率实现××。

（5）营销策略（具体营销方案）。

① 营销宗旨。一般企业可以注重这样几方面：

- 以强有力的广告宣传攻势顺利拓展市场，为产品准确定位，突出产品特色，采取差异化营销策略。
- 以产品主要消费群体为产品的营销重点。
- 建立起点广面宽的销售渠道，不断拓宽销售区域等。

② 产品策略。通过前面产品市场机会与问题分析，提出合理的产品策略建议，形成有效的 4P 组合，达到最佳效果。

- 产品定位。产品市场定位的关键主要在顾客心目中寻找一个空位，使产品迅速启动市场。
- 产品质量功能方案。产品质量就是产品的市场生命，企业对产品应有完善的质量保证体系。

- 产品品牌。要形成一定知名度、美誉度，树立消费者心目中的知名品牌，必须有强烈的创牌意识。
- 产品包装。包装作为产品给消费者的第一印象，需要能迎合消费者使其满意的包装策略。
- 产品服务。策划中要注意产品服务方式、服务质量的改善和提高。

③ 价格策略。这里只强调几个普遍性原则：

- 拉大批零差价，调动批发商、中间商的积极性。
- 给予适当数量折扣，鼓励多购。
- 以成本为基础，以同类产品价格为参考。使产品价格更具竞争力。若企业以产品价格为营销优势，则更应注重价格策略的制定。

④ 销售渠道。产品目前销售渠道状况如何，对销售渠道的拓展有何计划，采取一些实惠政策鼓励中间商、代理商的销售积极性或制定适当的奖励政策。

⑤ 广告宣传。

原则：

a. 服从公司整体营销宣传策略，树立产品形象，同时注重树立公司形象。

b. 长期化：广告宣传商品个性不宜变来变去，变化多了，消费者会不认识商品，反而使老主顾也觉得陌生，所以，在一定时段上应推出一致的广告宣传。

c. 广泛化：选择广告宣传媒体多样化的同时，注重抓宣传效果好的方式。

d. 不定期地配合阶段性的促销活动，掌握适当时机，及时、灵活地进行，如重大节假日、公司有纪念意义的活动等。

实施步骤可按以下方式进行：

a. 策划期内前期推出产品形象广告。

b. 销后适时推出诚征代理商广告。

c. 节假日、重大活动前推出促销广告。

d. 把握时机进行公关活动，接触消费者。

e. 积极利用新闻媒介，善于创造利用新闻事件提高企业产品知名度。

（6）具体行动方案。根据策划期内各时间段特点，推出各项具体行动方案。行动方案要细致、周密，可操作性强又不乏灵活性。还要考虑费用支出，一切量力而行，尽量以较低费用取得良好效果为原则。尤其应该注意季节性产品淡、旺季营销侧重点，抓住旺季营销优势。

（7）策划方案各项费用预算。这一部分记载的是整个营销方案推进过程中的费用投入，包括营销过程中的总费用、阶段费用、项目费用等，其原则是以较少投入获得最优效果。费用预算方法在此不再详谈，企业可凭借经验，具体分析制定。

（8）方案调整。这一部分是作为策划方案的补充部分。在方案执行中都可能出现与现实情况不相适应的地方，因此方案贯彻必须随时根据市场的反馈及时对方案进行调整。

3. 附件

附件是有关本次策划的一些原始材料或文件，主要包括：

（1）调查报告及重要调查原始材料；

（2）主要参考文献；

（3）专家顾问情况；

（4）其他材料（照片、录像带、录音带、实物等）。

营销策划书的编制一般由以上几项内容构成。企业产品不同，营销目标不同，则所侧重的各项内容在编制上也可有详略取舍。

复习思考题

1. 营销思路开拓市场与推销思路开拓市场有何不同？
2. 什么是营销策划？营销策划有哪些作用？
3. 营销创意常用的思维方法有哪些？
4. 营销策划的一般操作程序是什么？
5. 营销策划书的基本内容有哪些？

案例讨论

他们为什么营销失败

2001 年，云南一家大型工业品公司（上市公司），准备进入一个国内尚空白的市场领域：核桃油生产。企业做出这个重大决策的依据，只是凭一份几个技术人员在办公室里写成的“可行性分析报告”，他们确定，由于核桃油具有不饱和脂肪酸和有效降低血脂、提高人体大脑发育等独特优势而成为市场娇子，但事实并非如“报告”中分析的那么乐观，首先，核桃油的价格定位太高，每 500 克售价 80 元，这几乎是普通食用油的 20 多倍！其次，核桃油的产品定位：究竟是调味品还是日常食用？如果是调味品，如何才能达到企业的销量目标？如果是日常食用，哪类人会去花高价购买？还有，核桃油本身的香味，对日常的炒菜产生什么样的效果？以及国内消费者的消费习惯是什么？最大的一个疑问是，食用油老大金龙鱼为什么没有发现这一市场机会？当时该企业根本没有考虑过这些问题，但策划人员不得不考虑。可即便是考虑也已经为时过晚，该企业已经为此投资了 3 000 多万元，购置了设备，建立了新厂房，也就是说，他们在没有经过周密详细的市场研究的基础上已经做出了重大的决策。

在后来的实际运营上，该企业也是按照工业品营销的思路来运作这个市场，由于核桃油采用的是核桃萃取工艺，所以产生了相对质量较高的核桃粉，所以企业又决策：同时推出核桃粉产品，向智强发出挑战。但是，根据对当时该企业的了解，他们根本不具备快速消费品市场营销的力量。当然企业也认识到这个问题，所以找营销策划公司帮忙。但是奇怪的是，公司出了 30 万元的营销策划费，最后的营销策划报告却都被企业的营销部部长锁进了文件柜里——他们根本不懂得如何执行，也没有力量去执行，但奇怪的是，他们的产品依然按部就班地在源源不断地生产出来……

由于缺乏有效的营销战略，实际的营销力量又非常薄弱，对策划公司提交的方案又难以有效执行，半年后，这个项目不幸流产，企业依靠自己在工业品方面的销售经验，独自操作这个项目，结果市场反应平平，核桃粉产品由于已经有强大的智强在先，还有一些其他品牌在市场上运作，同时核桃粉产品也已经成了价格低廉的代名词，5 元就能买到一袋 500 克的核桃粉；消费者对核桃粉能有效提高智力发育的信任度正在减弱。试想一个 5 元就能买到 500 克的核桃粉，它的营养价值和提高智力发育功能又有多少可信度？而核桃油产品由于定位模糊根本难以销售，产品积压严重，寻求出口未遂，想与金龙鱼合作 OEM 也未能成功，企业陷入了空前的困境。

讨论题：请分析该企业营销失败的原因。

第 2 章

市场营销调研策划

本章提要

没有调查就没有发言权，做营销策划最忌讳根据过去的经验来简单判断。所有的市场营销策划都必须基于真实、有效的市场调研数据，那么市场营销调研策划也就是所有营销人的基本功。

本章重点介绍了市场营销调研策划的基本内容和方法，包括市场调研计划书的撰写、市场调研的主要内容、调研的主要方法、问卷的设计技巧、调查数据的统计分析方法以及调研报告的撰写技巧等。

学习目标（重点与难点）

1. 市场调研计划书的格式及撰写方法。
2. 市场调研的主要内容。
3. 市场调研的主要方法。
4. 调查问卷的设计以及调查数据的统计分析方法。
5. 市场调研报告的格式及撰写方法。

框架结构（图 2-0）

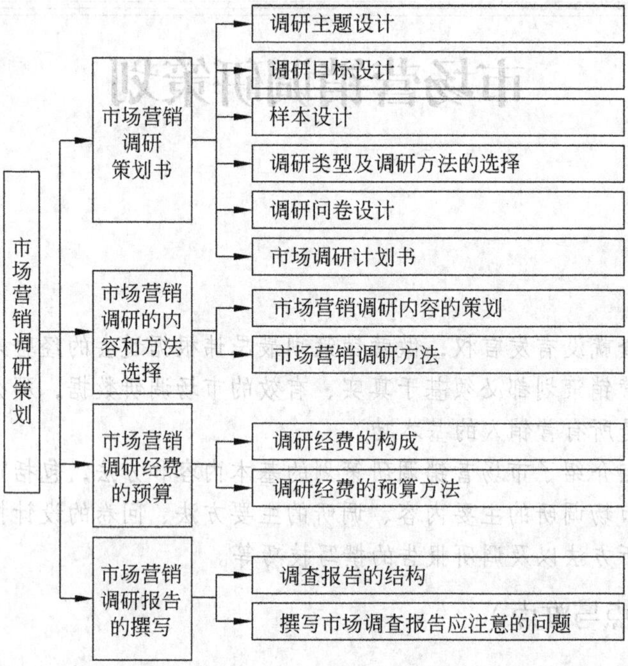

图 2-0　框架结构

开篇案例

可口可乐，跌入调研陷阱

1．百事以口味取胜

20 世纪 70 年代中期以前，可口可乐一直是美国饮料市场的霸主，市场占有率一度达到 80%。然而，20 世纪 70 年代中后期，它的老对手百事可乐迅速崛起，1975 年，可口可乐的市场份额仅比百事可乐多 7%；9 年后，这个差距更缩小到 3%，微乎其微。

百事可乐的营销策略是：①针对饮料市场的最大消费群体——年轻人，以“百事新一代”为主题推出一系列青春、时尚、激情的广告，让百事可乐成为“年轻人的可乐”；②进行口味对比。请毫不知情的消费者分别品尝没有贴任何标志的可口可乐与百事可乐，同时百事可乐公司将这一对比实况进行现场直播。结果是，有八成的消费者回答百事可乐的口感优于可口可乐，此举马上使百事可乐的销量激增。

2．耗资数百万美元的口味测试

对手的步步紧逼让可口可乐感受到了极大的威胁，它试图尽快摆脱这种尴尬的境地。1982 年，为找出可口可乐衰退的真正原因，可口可乐决定在全国 10 个主要城市进行一次深入的消费者调查。

可口可乐设计了“你认为可口可乐的口味如何？”“你想试一试新饮料吗？”“可口可乐的口味变得更柔和一些，您是否满意？”等问题，希望了解消费者对可口可乐口味的评价并征询对新可乐口味的意见。调查结果显示，大多数消费者愿意尝试新口味可乐。

可口可乐的决策层以此为依据，决定结束可口可乐传统配方的历史使命，同时开发新口味可乐。没过多久，比老可乐口感更柔和、口味更甜的新可口可乐样品便出现在世人面前。

为确保万无一失，在新可口可乐正式推向市场之前，可口可乐公司又花费数百万美元在 13 个城市中进行了口味测试，邀请了近 20 万人品尝无标签的新、老可口可乐。结果让决策者们更加放心，六成的消费者回答说新可口可乐味道比老可口可乐要好，认为新可口可乐味道胜过百事可乐的也超过半数。至此，推出新可乐似乎是顺理成章的事了。

3. 背叛美国精神

可口可乐不惜血本协助瓶装商改造了生产线，而且，为配合新可乐上市，可口可乐还进行了大量的广告宣传。1985 年 4 月，可口可乐在纽约举办了一次盛大的新闻发布会，邀请 200 多家新闻媒体参加，依靠传媒的巨大影响力，新可乐一举成名。

看起来一切顺利，刚上市一段时间，有一半以上的美国人品尝了新可口可乐。但让可口可乐的决策者们始料未及的是，噩梦正向他们逼近——很快，越来越多的老可口可乐的忠实消费者开始抵制新可乐。

对这些消费者来说，传统配方的可口可乐意味着一种传统的美国精神，放弃传统配方就等于背叛美国精神，“只有老可口可乐才是真正的可乐”。有的顾客甚至扬言将再也不买可口可乐。

每天，可口可乐公司都会收到来自愤怒的消费者的成袋信件和上千个批评电话。尽管可口可乐竭尽全力平息消费者的不满，但他们的愤怒情绪犹如火山爆发般难以控制。

迫于巨大的压力，决策者们不得不做出让步，在保留新可乐生产线的同时，再次启用近 100 年历史的传统配方，生产让美国人视为骄傲的“老可口可乐”。

2.1　市场营销调研策划书

市场调研策划就是对确定要进行的一次市场调研进行调研设计，主要包括确定调研目标、确定调研方法、设计问卷、组织实施、数据处理、调研报告的撰写等全套调研行动计划或方案。

市场调研开始于对调研问题的明确，然后调研人员需要建立一个回答这些具体问题的框架结构。不同的市场调研策划人员，针对一项预定的调研，可以拿出不同的调研策划方案，而每种方案都可能有自身的优缺点，策划委托者需要进行权衡。一般来说，主要是权衡调研成本和调研质量，而这两者通常呈反比关系。总之，调研策划人员必须在既有的约束条件下，向策划委托者和决策者提供尽可能好的调研策划方案。

2.1.1　调研主题设计

调研主题即指主要问题，即市场调研需要解决的核心或关键问题。市场调研主题的设计实际上也就是对主要问题的界定，它是市场调研设计中的第一个步骤，也是一个关键性工作。只有主题被正确和清晰地认识和界定，一项市场调研项目才能有效开展。

市场调研主题包括两个层次：一是管理决策问题，它是企业决策者在企业经营管理中面临的需要解决的问题，所要问的是“什么是决策者应该做的”，比如“我们是否应该改变现在的广告”。管理决策问题是以行动为导向的，所考虑的是决策者可以采取的行动。二是具体调研问题。它所要问的是“要采取一定的行动的话，什么信息是我们所需要的，以及如何获得这些信息”。比如，“现有广告的实际效果如何”这类问题就是以信息为导向的。显然，这两类问题是相互制约和相互影响的。

为了使主题设定工作更加地规范化和高质量，遵循一定的设计程序常常是必要的。

1. 分析调研主题的背景

（1）要掌握与企业和所属行业相关的各种历史资料和发展趋势。这些资料包括销售额、市场份额、盈利率、技术、人口统计、生活方式等。对历史和发展趋势的分析应分别在行业层面和企业层面进行。当一个企业的销售额与整个行业销售额同时下降时，比之企业的销售额下降而行业的销售额上升的情况，所反映的问题是不同的；反之，亦然。

（2）要掌握与分析企业的各种资源和面临的制约因素，如资金、研究技能、费用、时间等。如果一个拟订出的调研项目需要 30 万元经费，而实际上的预算经费只有 20 万元，适当缩小调研问题的范围是必要的。此外，委托企业人员、组织结构、文化、决策风格等，也可能成为制约因素。

（3）要分析决策者的目标。它包括决策者的组织目标和决策者的个人目标。要使一个市场调研项目获得成功，同时满足上述两个目标是重要的，但要做到这一点却并不容易。决策者对组织目标的阐述通常并不十分明确，常常过于原则化，如“改善公司形象”、“提高竞争力”等，调研者应注意并善于使有关决策者提出的问题具体化和清晰化，并转变成市场调研可操作的问题。

（4）还要了解消费者的购买行为、法律环境、经济环境、文化环境，以及企业开展市场营销的技术等因素。

2. 调查实施

要正确地确定主题，必须先获得足够信息，为此，需要开展确定主题的调查工作。调查工作常常从以下几个方面展开。

（1）征求管理者或决策者的意见。调研的最终目的是给管理者或决策者提供决策依据，所以必须征求管理者或决策者的意见和态度。要使管理者或决策者清楚调研的功能和作用，调研者也需要了解决策者期望解决的问题。同时，管理者或决策者也是全面信息的掌握者，所以在确定调研主题前必须与管理者或决策者进行沟通，充分征求他们的意见。

（2）征求相关专家的意见。在确定调研主题之前还要征求一些熟悉市场调研问题、了解企业相关情况专家的意见，听取他们的建议。

（3）广泛收集相关资料。在进行正式的市场调研之前，一定要广泛收集相关资料并认真分析和整理，对于现有资料翔实并能描述清楚相关问题的，就没有必要重复调查以节约人财、物力。

（4）进行小范围试调。若从以上渠道获得的信息仍然不足以确定调研主题时，可以在较小的范围内进行试调，补充信息来源。如采用电话访问、深度访谈等方式。

3. 将委托方的问题转化为具体的可操作的营销调研问题

在充分掌握有关信息的基础上，调研者应当正确界定调研委托者——上级领导或者客户公司的领导提出的问题，并把它们转化为可操作的调研问题。例如，一家企业的产品在市场上销售不畅，假设委托者认为可能是价格水平过高所致，此时委托者的决策问题为“是否应当降低该产品的市场价格”。而调研者所面临的具体调研问题就是“确定该产品的需求弹性、不同价格水平对销售和赢利的影响”。

尽管市场调研主题的设计涉及方方面面，需要进行许多的工作，但是以下一些基本的原则是很重要的。

（1）主题的范围大小要适中。为了说明什么是大小适中，先来看看下面四种类型的主题的比较：第一类，工作满意度调查；第二类，市场营销人员工作满意度调查；第三类，东部沿海地区市场营销人员工作满意度调查；第四类，天津市房地产业市场营销人员工作满意度调查。如果该调查问题的委托者从事的业务范围仅在天津市，那么，第一类、第二类与第三类的范围都过大，只有第四类是恰当的，不仅具体而且范围适中。

（2）主题要实际有效。调研主题应当切合实际，能够给通过调研解决的管理问题提供决策支持信息。空泛的主题是不可能给决策带来任何有用的信息的。

2.1.2　调研目标设计

调研目标与调研主题其实是一脉相承的。调研目标或调研目标的设计就是对回答调研问题所需的具体信息加以表述。经过精心分析生成的目标可以作为调研项目进展的地图，也可以作为调研委托者评价调研质量和价值的尺度。

（1）确定能够回答问题的信息是否已经存在。人们通常会觉得从原有的报告和数据中确定信息是没有必要的，而开发新的信息更容易也更有趣。还有人认为目前的数据比过去的数据更优越。不过，如果已有的数据还继续有效，并能够回答调研问题的话，就可以节省很多时间和金钱。

（2）信息是否能够获得并做出回答。调研者必须肯定地知道所需信息已经存在或确实能够获得，或者基于以往的经验，虽然不能完全肯定，但是有相当把握能收集到这些信息。如果调研者无法保证上述两点，就应避免急于取悦顾客或迫于领导的压力而陷入成功希望渺茫的无谓努力中。

（3）将这些具体信息加以表述。调研者经常以假设的形式来陈述调研目标。假设就是关于两个或更多变量之间关系的推测性表述，这些关系可以通过经验数据加以检验。假设是在给定信息的条件下，被认为是合理的初步陈述。一个好的假设中要检验的关系应该有明确的意义。比如我们可能看到这样一个假设：以 8 000 元的价格在某品牌汽车上安装全球卫星导航系统（global position system，GPS），将使该公司在汽车市场上的份额提高 4.5%。到此，调研的目标就很清晰了，这也为下一步的调研设计奠定了基础。

2.1.3 样本设计

样本设计的核心是确定市场调研的对象，它是市场调研策划中一个不可缺少的重要组成部分。绝大部分市场调研是从与调研问题有关、能说明其特征或参数的各种要素中获取信息的。在实际操作中，可以采取普查和抽样调查两种不同的方式。普查是对全体调研对象进行调查，抽样调查是按照概率统计学法则从全体调研对象中选取部分加以调查。

理论上讲，普查可以广泛收集信息，提高调研信息的全面性和准确性。但这并不意味着采用普查总是最好的方法。事实上，采用普查还是抽样调查是由许多因素决定的。一是预算条件。与抽样调查相比，普查需要投入大量的人力、物力和财力。二是时间限制。在许多时候，市场调研有较严格的时间规定，普查因为需要较长时间才能完成，所以无法满足特定的时间限制的要求。三是调研对象的总体规模。当总体规模很大时，采用普查是相当困难的。此外，对调研结果的精确度要求，调研问题本身的一些特征也是考虑选取普查还是抽样调查的因素。

样本设计对普查和抽样调查都是必要的。相比较而言，对抽样调查来说，样本设计的内容更多、更复杂。样本设计得合理与否，直接影响到市场调研结果的优劣。因此，遵循一定的设计程序将是十分必要的。

1. 确定目标调查对象总体

总体是能够提供调研者所需要的、与调研问题相关的信息的要素和对象的集合。它包含四个组成部分：要素、抽样单位、范围和时间。

要素是指能提供同市场调研问题相关信息的对象。抽样单位是被抽样的总体中含有要素的基本单位。范围是指对象的空间界限。时间是指确定对象的时间界限。为了正确地描述目标调查对象总体，应分别对上述四个组成部分给予说明。在有些情况下，要素与抽样单位可能是相同的。

下面举一例来说明如何进行目标调查对象总体描述。

假设某市场调研项目是对某超市的顾客进行研究。其目标调查对象总体的可能描述如下。

要素：家庭中承担到超市购物的男主人或女主人；

抽样单位：家庭；

范围：市区；

时间：2006 年。

对目标调查对象总体必须正确地界定，否则将会导致市场调研活动出现偏差。当然，有时候总体并不容易确定，需要经过仔细分析研究才行。

2. 确定抽样框

抽样框是总体的数据目录或单位名单，从中可以抽出样本单位。或者更简单的理解就是总体所包含的要素代表。它包含一系列能区分和识别总体的方向。常见的抽样框有电话簿、企业名录、城市指南、邮寄名单、地图等。

理想的情况是我们有一个完整和准确的名单。但遗憾的是，在实际中，现成的抽样框往往难以获得，这就需要采用一定的技术（比如随机数表）确定抽样对象。但是在这些抽样对象中，很可能遗漏某些要素或者是包含有一部分多余的不相干的要素。这就可能对调研结果造成误差，为此，在设计过程中要采取补救和修正措施。在抽样领域，形成一个适当的抽样框经常是调研者面临的最有挑战的问题之一。

3. 确定抽样方法

选择何种抽样方法首先取决于市场调研的范围；其次是调研预算、完成的时间要求、调研问题的特征等。可供选择的重要抽样方法可以分为两大类：随机抽样和非随机抽样。

（1）随机抽样。随机抽样是指在总体中的每一个单位都具有同等可能性被抽中。它又可以分为四种类型：简单随机抽样、分层随机抽样、等距离随机抽样和分群随机抽样。

简单随机抽样，又称为单纯随机抽样，是在总体单位中不进行任何有目的的选择，而按随机原则，以纯粹偶然的方法抽取样本。分层随机抽样，也称为分类随机抽样，是把总体按其属性不同分为若干层次，然后在各层中随机抽取样本。比如，调查人口，就可以按年龄、职业、收入等划分为不同层次。等距离随机抽样，又称为系统抽样或机械随机抽样。它是在总体中先按一定标志顺序排列，并根据总体单位数和样本单位数计算出抽样距离（即相同的间隔），然后按相同的距离抽选样本单位。

随机抽样的调查范围和工作量比较小，又排除了人为干扰，因此能省时、省力、省费用，能较快地取得调查结果。随机抽样得到的调查质量取决于所抽取样本对总体的代表程度，代表程度越高，则调研得到的数据、信息质量就越高，反之相反。此外，随机抽样对所有的调查样本是同等对待的，难以体现重点，而且需要具有掌握较为高级统计学专业知识的人员进行抽样和资料分析，一般的调查员难以胜任。

（2）非随机抽样。非随机抽样则对总体中包含的个体不给予被平等抽取的机会，因而是按照有一定主观性影响的选择标准来抽选样本的抽样技术。非随机抽样一般分为三类。

一是任意抽样，又称为便利抽样。它是调查人员按工作的方便，随意抽选样本的一种抽样方法。

二是判断抽样，又称为目的抽样，是一种根据调查人员的经验或某些专家的见解来选定样本的抽样方法。

三是配额抽样技术，即按照一定的标准，分配样本数额，然后在规定数额内由调查人员任意抽选样本的一种抽样方法。

因为非随机抽样按照一定主观标准抽选样本，可以充分利用已知资料，选择较为典型的样本，特别是如果选取的样本能很好地代表总体特征的话，不仅能够获得高质量的调研数据，还可做到缩小抽样范围，节约调研费用、时间、人员。但也正因为有主观标准，选取的样本对总体的代表性不高时，调查质量就会很低，据此得到的结论可信度也差。

在进行实际的市场调研时，调研人员应该根据不同的调研要求和目的，选择最合适的抽样技术，才能起到良好的效果。

2.1.4 调研类型及调研方法的选择

接下来，调研策划人员需要解决的任务就是确定调研应该是探索性的、描述性的还是因果性的。

1. 探索性调研（exploratory research）

探索性调研一般是在调研主题的内容与性质不太明确时，为了了解问题的性质，确定调研的方向与范围而进行的搜集初步资料的调查，通过这种调研，可以了解情况，发现问题，从而得到关于调研项目的某些假定或新设想，以供进一步调查研究。

当市场调研员对所需解决的问题尚无足够的了解，而不能有效推进调研项目的进展时，探索性调研往往是必要且有效的。通常，探索性调研的作用在于发现问题的端倪，而不企图追求揭示问题的本质。所以，探索性调研大都作为一个大型的市场调研项目的开端，特别是市场调研的策划人员不编制市场调研策划方案时，可以采用为编制市场调研策划方案提供依据。

2. 描述性调研（descriptive research）

描述性调研是一种常见的项目调研，是指对所面临的不同因素、不同方面现状的调查研究，其资料数据的采集和记录，着重于客观事实的静态描述。大多数的市场营销调研都属于描述性调研。例如，市场潜力和市场占有率、产品的消费群结构、竞争企业状况的描述。在描述性调研中，可以发现其中的关联因素，但是，此时我们并不能说明两个变量哪个是因、哪个是果。与探索性调研相比，描述性调研的目的更加明确，研究的问题更加具体。

一个好的描述性调研需要对调研内容有相当的预备知识，它依靠一个或多个具体的假设，这些假设指导调研按一定的方向进行。在这方面，描述性调研与探索性调研存在着很大的差异，探索性调研比较灵活，而描述性调研比较呆板，描述性调研要求对调研中的谁、什么、什么时候、为什么和怎样做出明确的回答。

描述性调研需要事先设计好调研计划，也即进行调研策划，制定完整的调研步骤，并对调研问题提出最后答案。对资料来源需做仔细选择，要有正规的信息收集方法。一般而言，描述性调研的信息来源很多，几乎各种来源的信息都可用于描述性调研，调研的方法也可包括各种类型。

3. 因果性调研（causal research）

它也是结论性市场调研的一种，是旨在确定有关事物因果联系的一类市场调研。因果调研直接目的有二：一是了解哪些变量是原因性因素，即自变量，哪些变量是结果性因素，即因变量；二是确定原因和结果，即自变量和因变量之间相互联系的特征。

显然，描述性调研仅仅回答了“是什么”“何时”“如何”等问题。而因果性调研则可以解答“为什么”的问题。它涉及事物的本质。企业决策者主要依靠事物之间的内在因果联系做出相应决策，因而因果性调研是一种十分重要的市场调研。

调研人员可以根据调研项目的目标选择和调研类型的确定来进一步确定调研方法。通常有三种基本的调研方法：调查法、观察法和实验法。调查通常是描述性的，偶尔有因果性的。实验几乎总是因果性的，而观察通常是描述性的。

2.1.5 调研问卷设计

一般地，营销调研策划人员在编制策划方案时，要完成问卷设计工作，以便调研开始后，能够按照问卷要求组织实施调研。问卷也称调查表，它用询问调查对象的方法，了解对象的反应和看法，获取相关信息和数据问题一览表。询问调研的每一种形式都依赖于问卷的使用。问卷几乎是所有数据收集方法的一般思路。问卷的设计是依据调研目的，列出所需要了解的项目，并通过一定格式，将其有序地排列组合成调查表的活动过程。问卷的设计需要努力工作，但是更需要的是设计者运用创造性思维，进行智力性创造。

问卷在数据收集过程中起着重要的作用。无论是调研的目的、所要获取的信息资料，还是能否得到足够、适用和准确的信息数据，在很大程度上都与调研问卷息息相关。问卷设计的质量直接关系到信息数据收集的成败，从而进一步影响到整个调研效果的好坏。如果问卷设计得不好，那么所有精心制作的抽样计划、训练有素的调研人员、合理的数据分析技术都将无用。不恰当的问卷设计将导致不完全的信息、不准确的数据和必然的高成本。

怎样设计一份高质量的问卷呢？下面是几条重要的准则。

1. 要满足调研目的的需要

任何调研用的问卷，都是用来进行市场调研、解决调研问题的。如果一份问卷不能满足调研的需要，这份问卷就是没有用的。也就是说，调查问卷要能提供调研者需要的信息。虽然这条准则并不难理解，但在实际策划中，因为考虑到下面的准则，也有被忽视的情况出现。比如，调研需要知道顾客究竟对购买的产品是根据什么因素来决定的，如果提出了技术性强的问题，被调研者是没有办法回答的，为了将其通俗化，对问题进行了变化，结果这种变换可能使调研者从中获取不到需要的信息。所以，检验一份问卷的时候，可以试试自己考虑给出一些可能的答案，再将这些答案交给别的策划人员进行分析，来确定是否能够得到调研者需要的信息。

2. 要使被调研对象能够正确回答

无论任何问题，如果被调研者不能理解它，或者不能按照调研者的意图理解它，那么不是被调研者不能回答，就是被调研者（按自己的理解）给了随意的回答。很显然，这将得不到需要的信息数据。好的问卷所提出的问题，被调研者应该能够很容易理解并且基本上不发生歧义理解，或者经调研者稍加提示就能正确理解和回答。为了使访问进行得更充分，一份问卷应该简洁、有趣、具有逻辑性并且方式明确。问卷应该尽可能地符合各种情景和环境条件，使得被调查者无论是在办公室、家里还是在超市门口，都可能而且方便地接受问卷的调查。设计问卷的调研人员还要考虑调研的主题和受访者类型，对成人和儿童的调研，问卷的设计就应截然不同。

为便于被调查者正确回答问题，在问卷设计时应避免以下问题。

（1）避免使用不确切的词。一个问题对于每个被调查者而言，应该代表同一主题，只有一种解释。定义不清的问题会产生很多歧义，使被调查者无所适从。例如，“有时”“经常”“偶尔”“很少”“很多”“相当多”“一些”等，这样的词，对于不同的人有不同的理解，在问卷设计中应避免或减少使用。

（2）避免使用专业词汇、缩写、俗语或生僻的用语。问卷的问题必须适合潜在的应答者，尽量避免被调研对象不懂的专业术语和可能被应答者误解的专业术语，应该更多地使用简单的日常用语。比如“你购买××产品的‘理想品牌’是什么？”就不如“如果不考虑价格，你最想购买哪个品牌（牌子）的××商品？”好。因为“理想品牌”是营销学专业术语，没有这方面知识的被调查者一般是不能知道它的含义的。再如，“你对 CPI 提高有什么看法？”很可能不是每个人都知道 CPI 代表消费者价格指数 （consumer price index）。如果这一问题以一般公众为目标应答者，研究人员可能会遇到麻烦。

（3）避免特殊性和一般性并存。例如，“请问，您进行过下列哪种类型的个人投资活动?”选项：A. 国债；B. 股票；C. A 股；D. B 股；E. 期货；F. 期权；G. 其他。其中 B 选项的设置包含了 C 选项和 D 选项，是错误的，应该避免。

（4）避免使用否定句，最好不要用反义疑问句和否定式问句。如：“您是否不赞成商店打折促销活动？”“您不赞成商店实行打折促销活动，是吗？”

（5）避免同时询问两个或两个以上的概念或事件。一个问题最好只问一个要点，一个问题中如果包含过多询问内容，会使被调查者无从答起，给统计处理也带来困难。如“您为何喜欢爬山而不是游泳？”这个问题包含了“您为何喜欢爬山？”“您为何不喜欢游泳？”两种含义。

（6）避免出现诱导性提问。如设计问卷时，问“消费者普遍认为××牌子的旅游鞋质优价廉，您觉得如何？”或“您是否认为某某品牌更好呢？”这样的问题容易使填表人由引导得出指向性的结论或对问题反感，简单得出结论，这样不能反映消费者对商品的真实想法，所以产生的结论也缺乏客观性，结果可信度低。因此，提问应创造被调查者自由回答的气氛，避免诱导性倾向。

（7）避免提出令被调查者窘迫的问题。窘迫性问题指应答者不愿在调查人员之前作答的某些问题，如私人问题、不为一般社会道德所接纳的行为或态度或有碍声誉的问题。例如，您是否离过婚？离过几次？谁的责任？您是否向银行抵押贷款购股票？这类问题直接提问往往会遭拒绝或者不易得到真实结果，因此应改为采用划分档次区间、间接、联想式提问。如调查个人收入，如果直接询问，不易得到准确结果，而划分出不同的档次区间（如：2 000 元以下，2 000 元至 3 500 元，3 500 元至 5 000 元，5 000 元以上）作为选项供其选择，效果就比较好。

（8）避免出现超过被访者能清楚记忆的问题。例如，很多人都不能直接回答问题：你平均每周会发出多少条手机短消息？有些人很难记清具体的条数，可能用条数段来选择会更好一点。

（9）避免提出需要被调查者推测才能回答的问题。例如，“请问你家每人平均每年的食品支出是多少元？”这个问题要求被调查者付出额外的努力，进行复杂的计算：首先把每月的食品支出估算出来，然后乘以 12，最后再除以家庭成员数以得出结果。这样烦琐的计算可能使被调查者单方面结束访问。但如果改为“请问你家每月食品支出大概是多少元”和“请问你家有几口人”两个小问题。取得这两个数据后，调查人员同样可以得到自己需要的数据资料，而被调查者也不会出现厌烦情绪。

3. 便于进行数据处理

一旦信息收集完毕，就要进行录入、汇总、整理、分析等数据处理工作。一份好的问卷在调查完毕后，应该能够方便地检查其正确性和适用性，从而便于对调研结果进行数据处理。如果可能的话，问卷中的开放式问题应该事先编码或专门制成适宜光电阅读设备阅读的答卷。

要满足以上准则，调研策划人员在设计问卷时，可经过以下步骤来进行。

步骤 1　确定调研目的和限制因素

一项市场调研的提出者很可能只是某个部门的经理（如品牌经理、产品经理），但与其职能相关的别的经理也可能与此调研有关系。策划人员应当与所有这些相关经理人员一起讨论究竟需要什么数据，询问他们要获得的调查目标是什么，并尽可能精确、清楚。如果这一步做得好，就有利于以后的步骤顺利进行。

步骤 2　确定数据收集方法

获得数据的方法有多种，每一种方法对问卷设计都会产生不同的影响。事实上，在街上拦截比入户访问有更多的限制，街上拦截访问有着时间限制；电话调研经常需要丰富的词汇来描述一种概念，以肯定应答者理解正在讨论的问题等。

步骤 3　确定问题的回答形式

一旦数据收集方法确定下来，实际的问卷设计过程也就正式开始。接下来关心的是询问中所使用的问题类型。在市场调研中，有三种主要的问题类型：开放式、封闭式以及量表应答式。

（1）开放式问题：是一种应答者可以自由地用自己的语言来回答和解释有关想法的问题类型。也就是说，调研人员没有对应答者的选择进行任何限制。开放式问题经常需要“追问”。追问是访问人员为了获得更详细的材料或使讨论继续下去而对应答者的一种鼓励形式。你可能会经常听到调研人员说：“您还有其他要说的吗？”或者“您所说的口味不好，具体是指什么呢？”调研人员需要通过这样的追问，来澄清应答者的回答。

开放式问题可以使应答者给出他们对问题的一般性反应。例如，“产品颜色中您最喜欢的是哪种？”追问：“您自己最喜欢什么颜色？”开放式问题的另外一个优点是它能为研究者提供大量、丰富的信息。在开放式问题中，应答者很可能是用自己生活中的语言来回答问题，有助于设计广告主题和促销活动。再者，对开放式问题回答的分析也能作为解释封闭式问题的工具。在五种产品特性的重要性中，我们知道颜色排在第二位，但如果知道为什么颜色排在第二位也许更有价值。例如，一项关于流动人口聚居地的研究表明，许多人对垃圾清理不满，而对这个通过开放式问题得到的回答进行深入的分析可以发现更有用的信息：这是邻居之间的宠物到处乱跑所导致。而且，开放式问题也许会为封闭式问题提供额外的回答。

开放式问题也有自身的缺点。第一，开放式问题在处理和编码方面费时费力。第二，容易出现访问员误差。开放式问题的回答并不统一，速度稍慢的调研人员可能在无意中错过重要信息。第三，开放式问题可能更适合那些性格外向、善于表达的被调查者，从而造成样本的倾斜。第四，开放式问题不能离开调研人员的协助。如果没有调研人员对开放式问题进行追问，那么得到的回答常常是模糊不清的，甚至毫无意义。

（2）封闭式问题：是一种需要应答者从一系列应答选项中做出选择的问题。与开放式问题相比，就能很容易地发现封闭式问题的优缺点。

首先，封闭式问题可以减少被访问人员的误差，因为被访问人员只需在选项上打“√”或者画圈，记录下编码或按一下键。其次，问题的选项或许可以帮助应答者唤醒某些记忆，从而提供一个更实际的应答。同时，也能有效地避免调研向着那些性格外向、善于表达的人倾斜。最后，编码和数据录入过程能够大大简化。

常见的封闭式问题有两类，一种是两项选择题（如例1），另一种是多项选择题（如例2）。两项选择题又称为“两分式”，而多项选择题常称为“多分式”。例如，

例1：在过去的12个月里，您出国旅游过吗？

□是　　　□否

例2：请选择您所对应的年龄范围：

□18岁以下　　□18～24岁　　□25～34岁

□35～49岁　　□50～64岁　　□65岁以上

在两项选择题中，应答者被限于在两个固定选项中加以选择，一方面应答者可以迅速作答；另一方面调研人员也便于管理。但是，两项选择题容易产生大量测量误差，因为选择答案处于两个极端，忽略了两极之间大量可能的选择答案。因此，很多时候问卷中会加上中立项来解决这个问题。

在设计封闭式多项问题中，策划人员必须花许多时间来想出一系列可能的答案，这就要花费较多的时间和精力。此外，确定多项式问题的选项数目也是个问题：太少了，可能无法涵盖所有因素；但是如果太长了，应答者可能会被这些冗长的选项搞糊涂或者失去兴趣。

（3）量表应答式问题：是最后一种应答形式。在认识这类问题前，先让我们对比下面两个问题。

例1：在试用了这种新产品以后，您认为您将会购买它吗？

是的，我会购买______　　不，我不会购买______

例2：在试用了这种新产品以后，您认为您会______（选择下面的一个回答）

肯定购买______　　可能会购买______　　买不买还说不准______

可能不去购买______　　肯定不会购买______

例1显然没有抓住强度，只是决定了买与不买两种方向，在完整性与反映强度上不如例2。从上面的对比，我们可以发现量表应答式问题的主要优点是可以对应答者回答的强度进行测量，另一个优点是许多量表式应答可以转换成数字，并且直接用于编码，这也有利于调研人员使用一些更高级的统计分析工具进行数据处理。

当然，量表应答式问题最明显的缺点是应答者的误解。量表问题有时显得对应答者的记忆与回答能力的要求有些过高。

步骤4　决定问题的用词

完成了问题的内容和回答形式，接下来就是设计实际问题了。对调研策划人员来说，在特定问题的用词上总要花相当长的时间进行斟酌和考虑，这是一种随时间与主题不断发展的技巧。在每一个问题的用词与安排上，务必记住以下四条基本原则。

（1）用词必须清楚。问题的用词应该清楚明白，同一个问题对不同的人来说都意味着相同的意思，不会引起应答者的歧义。用词要合理，应尽量使用适合被调研对象的用语和思维习惯。如果你问“请你说一下洗涤剂的功效如何”，可能很少有人愿意回答。但是如果你改成“你对现有洗涤剂的去污效果感到：非常满意________；还过得去________；不太理想________”的话，可能就会收到更好的效果。

（2）应考虑到应答者回答问题的能力。在某些情况下，应答者可能对回答问题所需的信息一无所知。例如，“您认为现代设计理念是否受到后现代主义影响？”这种问题显然已经超出一般应答者的知识能力范围。

“遗忘”也是一个重要因素。人们通常无法回忆起“爆米花的价格”“您所看的最近一部连续剧的名字”之类的问题。

（3）必须考虑应答者回答问题的意愿。一些涉及宗教、社会禁忌或者个人隐私的问题应该避免，因为人们虽然对这类问题记得很清楚，但是他们可能不太愿意表露出自己的真实想法。其他一些比如尴尬的、敏感的、有威胁的或者有损自我形象的问题也不太可能得到回答，即使得到了回答，答案往往也是倾向于与社会准则一致。

对于那些涉及个人卫生、收入、私生活、家庭关系之类的问题，调研策划者必须慎重考虑是否放在问题中，通常情况下，应该尽量避免。如果确实需要，应该有相应的提示：“这可能是涉及你个人隐私（不愿意回答）的问题，你可以选择不回答。”实际上，有些需要了解的这类问题稍稍转换一下，被调查者是愿意给予回答的，如“在你的妻子（丈夫）生日时，你通常会考虑赠送特殊礼物给你的妻子（丈夫）吗？”一般调研对象不会拒绝回答，所得到答案已能满足了解其夫妻感情是否融洽这类问题了。这显然比问“你们的夫妻感情好吗？”这类比较愚蠢的提问要委婉且更容易达到调查要求。

还有一种处理尴尬问题的方式是在问问题前就声明这种情况或者行为是很正常的，例如，“俗话说，‘十人九痔’，我的家庭成员就有不少人患有痔疮，您或者您的家庭成员有这方面的问题吗？”这种技术被称为对等误差表达，它使应答者能以平常心来讨论这类尴尬问题。

步骤 5　确定问卷的流程编排

知道提出什么问题并不代表知道什么时候提出问题。在系统地阐述问题之后，我们要做的就是将这些问题按照一定的逻辑顺序编排成版面形式。这种逻辑顺序实际上就是在调研实践的基础上所形成的问卷流程的一般性准则。

（1）设计过滤性问题识别目标应答者。只有对符合本次调研的目标应答者进行访问，才可能得到我们所需要的信息。如杂志调研需要筛选读者，化妆品需要筛选知晓某一品牌的应答者等。

过滤性问题常常出现在问卷的开头，在许多情况下也可能以过滤问卷的单独形式出现。一个较长的过滤性问题会大大增加研究费用，因为问题越多，以后研究的成本就越大。而一份简短的过滤性问题则可以较迅速地排除不合适的受访者，使调研员迅速转向下一个潜在的应答者。然而，一个较长的过滤性问题除了可以提供目标应答者的信息以外，还可以提供诸如未使用者、未试用者或对正在调查的产品或服务不了解的人的重要信息。

（2）设计能引起应答者兴趣的问题来开始访谈。在通过过滤性问题发现了合格的应答者以后，起初提出的问题应当简单、容易回答，而且要令应答者感兴趣。用一个收入或者年龄问题来开始，通常是一大错误，因为这些问题常被认为是具有威胁性的，会使应答者立即处于防卫状态。

（3）一般性问题。接下来，就可以提出一般性问题。这类问题的提出是为了使人们开始考虑有关的概念、公司或者产品类型，以便过渡到具体问题上。例如有关洗发水的问卷也许会这样开始："在过去一个月里，您曾经购买洗发水或护发素吗？"促使人们开始考虑有关洗发水的问题。然后，才逐步问及购买洗发水的频率、品牌及满意程度等。

（4）需要思考的问题放在问卷的中间。起初，应答者对调研的兴趣与理解是含糊的，培养兴趣的问题为访问过程提供了动力和承诺。当调研人员转到量表应答式问题时，应答者受到鼓励去理解回答的类别与选择；另外，在部分应答者身上，会有一些问题需要回忆，已建立起来的兴趣、承诺和与调研人员间的融洽关系保证了对这部分访问的回答。

（5）在关键的地方插入提示。随着问题的进行，应答者的兴趣会逐步下降，对访问人员来说，必须及时发现并努力重新培养应答者的兴趣，而对问卷设计者来说，在问卷的关键点插入简短的鼓励是必不可少的。这样的鼓励也许只是这样一些简短的陈述："接下来还有几个简单的问题"或者"还有最后几个问题就可以完成这份问卷了"。

（6）把敏感性问题、威胁性问题或人口统计问题放在问卷的最后。正如前面提到的，由于调研的需要，我们希望应答者回答一些可能让他们为难的问题时，常把这类问题放在问卷的最后部分。这样做可以保证大多数问题在应答者出现防卫心理或中断应答之前得到回答。并且，问卷进行到最后的部分，应答者与调研者之间已经建立了融洽的关系，增加了获得回答的可能性。把敏感性问题放在最后的理由是此时的应答者很可能由于回答的惯性，而对调研者提出的尴尬问题做出条件反射性的回答。

步骤6 问卷的评估

在完成了步骤5以后，实际上一份问卷的雏形已经形成了。这时候策划人员需要做的是对这份问卷再回过头来做一些评估。如果每一个问题都是深思熟虑的结果，那这个阶段似乎是多余的，但是，考虑到问卷的关键作用，这一步仍是必不可少的。在问卷的评估过程中，策划人员应当考虑以下一些原则。

（1）问题的必要性。问题是否真的必要是问卷评估方面的一个很重要的标准。问卷的问题必须是必要的，就是说每一个问题都必须服从于一定的目的，要么它是过滤性的，要么它是为了培养兴趣，要么是用来过渡的或者是直接清楚地与所陈述的特定调研目标有关。如果问题不能达成上述目的中的任一个，就应该立即删去。问卷的设计者不能仅仅因为问题本身表达得很出色或者其他一些无关紧要的方面而留下一些不必要的问题。

（2）问卷是否太长。在街上拦截或电话调研所使用的问卷，访问长度超过20分钟以上几乎是不可能的，通常应该考虑能在5分钟内完成。复杂一些的产品（如汽车）可以长些。如果有比较有吸引力的礼品（刺激物），可适当延长访问时间。入户访问时间长度一般不宜超过30分钟。调研人员可以利用志愿者充当应答者来回答问卷问题，从而判断问卷的长度是否合适。一般人可能会认为，使用刺激物会提高调研成本，然而实际情况正好相反：使用刺激物可以增加回答率，访问过程中的中止情况会有所下降。

（3）问卷是否回答了调研目标所需的信息。调研人员必须肯定有足够数量和类型的问题包含在问卷中以获得调研要解决的问题的信息。一个好的做法是：先回顾一下以前写好的调研目标。接着，调研人员将问卷中每一个问题完成的调研目标记录下来。这样不但可以判断调研目标是否全部完成，还可以判断是不是有些问题根本无助于任何目标的完成。对于一些没能完成的问题，我们可以适当增加问题来实现。

除了上述三条原则以外，问卷的评估还应该包括以下一些方面：对一些重要的说明文字是否用了明显的字体，开放式问题是否留了足够的空间用于回答，邮寄和自填式问卷的外观是否整洁等。

步骤 7　让问卷获得各方面的认同

问卷进行到这一步，问卷的草稿已经完成。草稿的复印件应当分发到对这个调研项目有直接管理权的各个部门或交给客户公司相关人员审查。经理的认同表明了经理想要通过具体的问卷来获得信息。最后，被经理们认同的问卷就可以进行预先的测试与修订，接着进行印刷。当然接下来就可以真正投入使用了。

步骤 8　问卷的排版装订

问卷的排版装订也是问卷设计的重要内容。排版应做到简洁、明快、便于阅读，装订应整齐、雅观、便于携带、便于保存。具体来说，问卷的排版装订可以参照以下几点：

（1）卷面排版不能过紧、过密，字间距、行间距要适当。尤其是行间距一定要设计好，避免为节省用纸而挤压卷面空间。

（2）问卷的问题按信息的性质可分为几个部分，每个部分中间以标题相分，如划分为一、二、三、四、五等不同部分。这样可以使整个问卷条理更为清楚，同时也便于后阶段的数据整理与统计。

（3）字体和字号要有机组合，可适当通过变换字体和字号来美化版面。也可以通过使用不同的颜色来提高被调查者的兴趣。

（4）同一个问题，应排版在同一页。避免翻页对照的麻烦和漏题的现象。

（5）对于开放式问答题，一定要留足空格以供被调查者填写，不要期望被调查者自备纸加页。

（6）调查问卷用纸应尽量精良，超过一定的页数，应把它们装订成小册。

2.1.6　市场调研计划书

当调研策划人员将市场调研项目设计完成、项目的预算和日程安排确定下来后，就应当编制正式的市场调研计划书，或者称为调研策划报告、调研项目建议书等。这份策划书包含了市场调研过程的所有阶段、内容，它的结构主要包含以下几个部分。

（1）概要：它简要地介绍了计划书中各个部分的要点，提供了整个项目的概况。

（2）背景：它描述了与市场调研问题相关的背景和来龙去脉。

（3）调研的主要内容及研究目的：在这部分中，应将调研内容包含的各种组成要素陈述清楚，对调研的目的应更加明确地加以说明。

（4）研究问题的方法：明确调研问题中应用的有关方法，如假设、相关因素法等，并在计划书中做适当的交代。

（5）市场调研设计：将市场调研设计具体化，也就是提供下列信息：需要获取的信息类别；抽样计划和样本规模；问卷的特征，包括所提问的类型、时间长度、平均会见时间等；实施问卷的方法，如邮寄、电话访问等；测量技术等。

（6）现场工作和资料收集：它包括谁收集资料、如何收集资料，以及保证资料收集质量的措施。

（7）资料分析：资料分析的方法、分析结果的表达形式等。

（8）报告：这部分包括说明调研结果的汇报形式，比如是否有阶段性的成果报告、最终报告形式等。

（9）费用和时间：应详细列明市场调研项目的费用估算和时间进度日程表。

（10）附录：一些有价值的附录资料，如人口统计资料、近年来与调研项目有关的关键的宏观环境因素的变化情况，如市场容量与增长率等。

一份优秀的市场调研计划书一旦被经营者或策划委托方认可，意味着市场调研项目承担者与策划委托方之间对项目的看法已达成一致，从而能起到协议的作用。此外，编制计划书的过程也是调研人员加深对调研项目理解的过程，调研策划书又是调查员开展调研工作的依据和行动纲领。

2.2 市场营销调研的内容和方法选择

2.2.1 市场营销调研内容的策划

市场营销调研是进行营销策划的前提，调研结果是策划方案的重要依据。从某种意义上说，市场营销调研的成败决定着营销策划方案的成败。总的来说，企业市场营销调研不外乎调查收集以下资料和信息。

1. 宏观营销环境

（1）政治影响。主要调查国家的政治主张以及国家在生产、分配、交换、消费、管理等领域里所制定的政策法规，以及政治形势、政策的变化等。

（2）经济影响。主要了解一定时期内国家的经济体制、经济政策、经济形势。

（3）社会影响。主要了解整个社会的风俗习惯、伦理道德、价值观、审美观、文化素质、宗教信仰等。

（4）自然及技术影响。主要了解企业的市场所处的地理位置、生态状况、自然资源、气候、技术水平、技术转化水平等。

2. 微观营销环境

（1）市场供求状况：市场总容量、供应总量、对手产品的优缺点等。

（2）顾客的购买行为：收入支出水平、影响购买的主要因素、购买频率、数量等。

（3）竞争者状况：对手的规模、优劣势、占有率、政策、措施等。

（4）企业战略思想：经营宗旨理念、发展规划、管理思想等。

（5）企业组织结构：职能部门设置、权责划分、规章制度、管理手段、企业文化等。

（6）公司营销现状：4P 及企业形象、品牌等方面的现状、特点及占有率状况。

2.2.2 市场营销调研方法

1. 文案调研法

（1）文案调研法的含义。文案调研又称二手资料调研或文献调研，它是指查询和阅读可以获得（通常是已出版的）与研究项目有关的资料的过程。

文案调研与其他调研方法相比，所获得的信息资料较多，获取也较方便、容易，无论是从企业内部还是企业外部，收集过程所花的时间短而且调研费用也低。但由于二手资料原是为其他目的而收集的，因此，在使用于某个特定的目的时常有一定的局限性。具体表现在以下方面。

第一，资料在原来收集时的收集方法（样本、资料、工具）、时间等与目前的策划项目要求有差别。因此，二手资料调研的核心在于怎样找到所需资料的来源并判断其有效性，这是文案调研取得成功的关键。

第二，大多数的文案资料都是支离破碎的，并不常常都能满足各企业个别研究的需要，有些资料时效可能早已丧失。如有些报刊上的文章或讲义、教材等，因作者自己无力或不可能亲自去调研，但又很难恰好找到最近的资料，往往不得不引用一些几年前的数字来说明问题，丧失资料的时效性和可信度。

第三，某些二手资料在印刷、翻印、转载、翻译过程中，有时会以讹传讹，造成很大的谬误。因此在收集或引用二手资料时，不能一概照搬照抄，尤其是对某些异常或极端的资料，更应做一定的分析判断，并尽可能做一些查证。

（2）文案调研的资料来源。第二手资料的来源非常广泛，它存在于各种相关的资料里，调研者要从现存的资料堆里去发掘对本策划有用的资料。一般从企业角度讲，第二手资料可分为内部资料和外部资料。

第一，内部资料的收集。企业内部资料是经过常规性收集整理后存于企业内部的资料，既包括企业生产经营方面的资料，也包括企业收集到的市场环境方面的资料。

有关企业生产经营方面的资料：

① 经营与营销方面，包括企业各种经营决策和营销的各种记录、文件、合同、广告、价格等系列资料。

② 生产方面，包括生产作业完成情况、工时定额、操作规程、产品检验、质量保证等资料。

③ 产品设计技术方面，包括产品的设计图纸及说明、技术文件、实验数据、专题文章、会议文件等资料。

④ 财务方面，包括各种会计账目、收入、成本、利润、资金方面资料以及有关财务制度的规定文件等。

⑤ 物资供应方面，包括库存保管、进出料记录、各种物资管理制度等。其他还有计划统计资料、劳动工资、设备、后勤等方面的资料。

有关企业市场环境方面的资料：

① 顾客方面，包括产品的购买者、使用者、市场细分、购买心理与行为、购买规模等方面的资料。

② 市场容量方面，包括市场潜量大小、增长速度、发展趋势等。

③ 竞争者方面，包括同行业的直接竞争者和替代品准制造企业的产品结构、服务状况、营销策略、企业的优劣势等。

④ 分销渠道方面，包括销售路线、运输途径（通道）、中间商情况等。

⑤ 宏观环境方面，包括经营形势、政策法令、社会文化环境、行业技术及相关技术的发展、物质水平，还有国际环境等。

总之，企业的市场分析报告、顾客档案以及以前的市场调研报告，是获取市场环境资料的重要途径。

第二，外部资料的收集。外部资料按其来源可分如下几大类。

① 国际组织和政府资料。国际组织都拥有出版物，它能提供大量的有关国际市场的信息和统计数字。如国际贸易中心的《产品及国家的市场调查分析性目录》，联合国一年一本的《统计年鉴》以及经济合作与发展组织、世界银行等的年度、季度报告等。

中央和地方政府每年出版大量较系统、较全面的资料信息，如普查资料和方针政策、法令、声明等政府的其他资料。寻找这类资料信息的主要途径是中央及地方政府出版的各种综合性年鉴资料。如《中国人口年鉴》《中国统计年鉴》《中国百科年鉴》《××省、市经济年鉴》等。

② 行业内部资料。主要是指大量用来为该行业内部服务的信息源。这类出版物包括一般的行业文献（各种专业杂志）以及个别企业的年度报告。例如，各种专业杂志——各个主要行业部门都有一个或多个旨在服务于本行业内部的杂志刊物，像汽车行业的《汽车过程》等，各种专业及贸易协会出版物——行业协会内部出版，通常收编和出版对各会员单位有用的资料，此外还有个别企业的出版物等。

③ 图书馆和各种研究机构。图书馆一般都存有大量的有关本地区和外地乃至全国甚至国外的市场资料。公共图书馆能提供有关的市场背景资料（材料和文献）。而有些专业图书馆则不仅能提供贸易统计数据和有关市场的基本经济资料，而且能提供有关调研课题的大量资料。

另外，各种研究机构和大学的各专业研究报告和专著、学位论文（硕士、博士）等，对企业市场调研也有重要的参考价值。

④ 文献目录与行名录等。其中文献目录可为从事文案调研工作的人员提供资料来源指南。例如，《全国报刊索引》（哲学版与科技版）、《中国人民大学复印报刊资料》《人民日报索引》《光明日报索引》以及《世界经济文献目录》《工业企业经济文摘》等。

工商企业名录主要有两类：一种是在某一特定地区之内的所有工商企业的行名录；另一种是集中于某个专业的行名录，或是按某个产业、某类产品以及某种市场分类。它一方面可以为市场调研人员了解市场竞争对手或有关中间商、服务机构提供资料；另一方面可通过企业活动和企业产品的详细信息来查出潜在顾客和一组被调查者等。主要有《世界工商行名录》《国际行名录书目》《中国企事业名录大全》《中国工商企业名录》《中国企业概况》《中国企业登记年鉴》等。

（3）文案调研的步骤。文案调研过程，实际上也是一个资料的筛选和归纳过程。为了使文案调研具有较高的效率，调研人员应结合调研的内容将文案调研分成若干阶段。一般来说，文案调研可分以下阶段。

第一，明确所需的信息。作为文案资料收集的第一步，就是辨别能达到策划目的的信息类型，这些信息可能是初步的、一般性质的（如咽喉类药品的年销售量），也可能是具体的（如天津市场咽喉类药品的年销售金额和数量）。不过，当市场调研者对研究的主题不太熟悉时，开始辨别的信息可能是比较粗浅的，只有当对主题进一步了解后，才能详细辨别符合调研目的的信息。

第二，寻找信息源。辨别出所需信息后，具体的查询工作就可以开始了。这时，文案调研者应尽可能地有效使用各种检索工具，如索引、指南、摘要等，以发现与研究主题有关的信息源和信息资料，并减少寻找的时间和扩大信息量。

第三，收集第二手资料。在弄清具体的信息源后，调研者就要开始收集所需的资料。一方面要尽可能多地收集丰富的资料；另一方面一定要记录下这些资料的详细来源（作者、文献名、刊名或出版商、刊号或出版时间、页码等），以便在后面检查辨别资料的正确性时，能准确地查到其来源。

第四，编排整理并过滤资料。收集到的第二手资料，要真正做到为我所用，必须先去伪存真，摒除一些虚伪的或不能反映事物本质的信息，然后再将散见零乱的资料加以分类整理，甚至制成图表，以便于分析和比较。

第五，补充完善所需资料。通过对已收集的资料做进一步加工整理，针对市场调查所需信息的要求，明确其欠缺资料或不完整信息，并分析其欠缺或不完整对预测决策的影响程度，必要时通过再补充第二手资料或通过收集原始资料而充分满足所需。

第六，分析信息提出调研报告。收集到较完整的第二手资料之后，便采用科学的方法加以分析，提出恰如其分的意见或建议，并通过调查报告或其他形式反馈到策划人手中。

2. 实地调研法

文案调研虽然可以获得较多的资料和信息，但所得到的多是二手资料，没有对市场或消费者的需求产生直接的感性认识，也就是说没有从市场上直接获得有关资料和信息，因此所得到的不是策划所需的全部资料。要弥补文案调研的不足，就需要进行实地调查。

实地调研的主要功能就是收集有关的第一手资料（或原始资料），收集的方法大致有以下两种。

（1）观察法。观察法是通过跟踪、记录被调查事物的行为痕迹来取得第一手资料的调查方法。这种方法是市场调研人员直接到市场或某些现场（商品展销会、订货会、商品博览会、商店等），采用耳听、眼看的方式或借助某些摄录设备和仪器，跟踪、记录被调查者的活动、行为和有关事物的特点，来获取某些重要的市场信息。

从观察法的实际运用来讲，大体有以下几种情况可以进行观察。

① 人体的行为和痕迹，如消费者的购买行为或观看电视的行为等。

② 语言行为，如推销人员与顾客之间的对话内容等。

③ 表达行为，如顾客看到商品或广告时面部表情的反应等。

④ 特殊关系和位置，如购买者与哪些商店关系密切等。

⑤ 时间模型，如顾客购物的时刻和购物的时间长度等。

在市场调查实践中，观察法经常用来判断以下情况。

第一，商品资源和商品库存观察。市场调查人员通过观察了解工农业生产状况，判断商品资源数量，提出市场商品供应数量的报告。如通过对库存场所的观察、库存商品的盘点计数等，了解判断商品的分类结构，观察商品的储存条件，从而计算库存货源及销售数量，计算储存成本，检查分析热销商品的情况和冷背残次商品的处理情况，为促销策划提供依据。

第二，顾客情况观察。即观察顾客活动的情况及其进出营业场所的客流情况，一方面，可以观察顾客在营业场所的活动情况，对比了解顾客的构成、行为特点、服务方式及成交率等重要市场信息资料；另一方面，观察不同时间顾客进出商店的客流情况（如节假日、平日以及清淡日等），进行汇总统计分析，研究客流规律，使企业能不断改进服务方式，改进商品的经营结构，合理调整劳动组织结构，加强经营管理，提高服务质量和劳动效率。

第三，营业状况观察。主要是通过观察营业现场商品陈列、货位分布安排、橱窗布置、售货点广告、商品价格的变动和顾客流动状况等，综合分析判断企业的经营管理水平、商品供求情况、购销和促销水平，从中找到问题的症结，并提出相应的改进建议。

第四，痕迹观察。有时观察调查者活动的痕迹比观察活动本身更能取得准确的所需资料。如通过意见簿、回执单和优惠卡等，可以了解市场的反应，收集一些难以直接获取的可靠资料。

除此以外，还可以运用观察法了解消费者的爱好、品位，了解城市的人流量、客流量，借以判断市场的发展趋势，这是预测市场潜力的重要依据。还可观察商品使用情况，了解判断商品质量和性能等。

为了提高观察调查法的效果，调查人员要避免先入为主的偏见，在观察前要根据对象的特点和调查目的做好周密计划，合理确定观察的途径、程序和方法；在观察中，要运用技巧，从中取得深入、有价值的资料；同时要详细、完整地做好观察记录，以便做出准确的调查结论。

（2）询问法。询问调查法，也称访问法，是市场调查中一种广泛使用同时也是一种误用得最多的获取第一手资料的方法。询问法指通过询问调查的方式，向被调查者了解并收集市场情况和信息资料。询问法最易实行且在获取有关人们行为或态度的信息中较灵活，因而用得最多；同时在调查过程中，由于调查者素质的关系，设置问卷或所提问题可能带有偏见和误导性以及所取样本的代表性大小等问题，询问法可能被误用，致使调查结果失真。但一般情况下，询问法具有较理想的可靠性。

询问法包含多种具体的调查方法，根据调查人员同被调查者接触方式的不同，可以分为个人访问、邮寄（信函）调查、电话调查等。

第一，个人访问。或称面谈调查，是指访问者通过面对面地询问和观察被访问者而获取市场信息的方法。它是市场调研中最通用和最灵活的一种调查方法。访问中要事先设计好问卷或调查提纲，调查者可以依问题顺序提问，也可以围绕调查问题自由交谈。

在谈话中要注意做好记录，以便事后整理分析。

个人访问的交谈方式，可以采用个人面谈、小组面谈和集体面谈等多种形式，有时安排一次面谈，也可以进行多次面谈。这要根据调查的目的、时间、费用情况来加以选择。

个人访问的优点在于以下几方面。

① 直接性。调查人员能够直接接触被调查者，收集第一手资料，并根据被调查者的具体情况做深入的访问。特别是在那些使用产品样品或广告样本这类辅助用具进行询问时，当需要大量信息以及所调查问题比较复杂但又要随时澄清误解以寻求更完整的答案时，个人访问是最合适的。

② 灵活性。个人访问使用的问卷具有相当的灵活性，提问的次序可以依据应答者的特点而变化。一旦发现被调查者与所寄的调查样本不符时，可以立即终止访问。调查人员还可根据调查工作的要求，随时向消费者、业务人员以及客户等进行面谈调查，及时了解市场情况，并弥补事先考虑的不足。

③ 可观察性。个人访问中调查者不仅能直接听取被调查者的意见，而且能观察被调查者，便于判断调查者回答问题的态度以及资料的真实可信程度。

④ 准确性。即能通过调查者充分解释问题，很少出现遗留问题不答复的情况，答复误差可减少到最小程度。

个人访问也有一些明显的缺点。

① 成本高，时间长。如果被调查者较多，需要雇佣大批有专业知识的调查人员，并对他们进行短期培训，因此费用较高。同时，要与众多的被调查者分别面谈，耗费的精力较多。

② 调查者的影响。在面谈调查中，调查员的询问态度或语气会对被调查者产生影响，使调查结果可能因调查员的影响或询问方法不当而失真。调查者个人的兴趣和态度也会使其对访问对象的回答做出不同的解释，还可能出现欺骗、谎报的情况，而调查机构很难督促、检查或控制，从而影响收集信息的质量。这种方法也不宜进行敏感性问题或纯属私人信息的收集。

③ 个人访问的成功与调查员的业务水平、表达能力、工作责任感等有很大关系。因此，调查者需要训练有素，知觉良好，具有熟练的谈话技巧，善于启发引导和归纳总结。这些也使个人访问在实践中受到一定的限制，一般只是在调查问题多且比较复杂，需要深入了解时，才采用这种形式。而且对调查人员的选择、管理和培训十分重要。

为了获得良好的面谈效果，还要注意访问时选用不同的询问方式。一般来讲，个人访问有自由回答、倾向性询问和限定选择三种方式。

自由回答，是调查者与被调查者之间自由交谈，获取所需资料。这种询问方式可以不受时间、地点、场合的限制，被调查者能不受限制地回答问题，调查者则可以根据调查内容和时机、调查进程灵活地采取讨论、质疑等形式进行或繁或简的调查。如调查者可以这样提问："您认为××商品的质量如何？""您想购买哪种牌子的××商品？""您觉得××商品的市场前景如何？"等。实践证明，这种询问方式有利于消除隔阂，创造良好的交谈气氛。因此，一般在调查开始时大都采用自由回答的方式。但调查者要注意把握引导谈话的中心和主题，避免走题和延误调查时间。

倾向式询问，也称提问式询问，是调查者事先拟定好调查提纲，调查时按提纲进行询问。如调查化妆品市场，可以这样排列调查问题：您选用什么牌子的化妆品？为什么？这种牌子化妆品的优点有哪些？通过询问，可以判断顾客对商品的偏好程度以及偏好理由，判断市场占有率，弄清企业开拓市场和改进商品的努力方向。这种方式谈话简明，节省时间，便于统计归总数据。但注意要消除被调查者的误会和隔阂，避免产生调查误差。这种调查形式应用于较熟悉的调查对象效果会更好。

第一，限定选择，又称强制性选择。是调查时同时列出说明商品特征的句子，被调查者从中选择接近或赞同的句子进行回答的询问方式。例如，询问购买××品牌化妆品时，有这样几个句子供被调查者选择：

① ××化妆品是名牌产品；

② ××化妆品质优价廉；

③ ××化妆品有独特效果。

被调查者可以从问句中按自己对××化妆品的认识、喜好、偏爱程度进行选择，调查者则可以从中进行汇总分析。在大量数据汇总中，如果选择①的比重大，则初步说明更多的人看中的是这种化妆品的名牌形象，其购买受品牌影响较大；如果选择②的比重大，则说明较多的人看中商品的质价比；而选择③的多，则表明人们着眼于这种商品的实用性。这样策划者就可以依据这些信息，设计改进产品，开拓有吸引力的市场，制定有效的促销组合。

第二，邮寄调查。也称信函调查，是指用邮寄的方法将印制好的调查问卷寄给被选中的调查对象，由其根据要求回答填写后再寄回，也是收集信息的一种调查方法。

邮寄问卷调查的优点在于：

① 调查的空间范围广。它不受地理位置的限制，只要能获得下个适当的通信（邮寄）地址，就可以选为调查样本。

② 调查者受干扰因素较小。不受因调查者在场而引起的偏见，最适合于收集对敏感性问题的反应。

③ 费用较低。特别是被调查者遍及一个很大的地区时，调查的样本数目可以很多，得到的信息资料相对比较便宜。

④ 应答者对问题的回答会更确切。被调查者有较充裕的时间来考虑回答问题，因此能深入地思考或从他人那里寻求帮助，得到的答案较全面和真实可靠。

邮寄调查的不足之处在于：

① 问卷的回收率低。这有可能影响样本的代表性。

② 所花的时间长。大多数问卷的回收要几个星期，如果使用跟踪信的话，等待回递的时间会更长。

③ 结果的失真度高。由于不受调查者的控制，所收集的信息可能是许多人的综合意见，或者被询问者只是部分地回答问卷，所得到的结果不一定代表整个要调查的总体，因此邮寄调查的精确程度是较低的。

采用邮寄调查，要增加问卷的回收率，必须注意问卷的设计以及采用一些技巧和方法。

在调查问卷的设计上，较适宜的形式有：

对比法。即把调查对象中同一类型不同品种的商品，每两个配成一对，由调查者进行对比，在调查表的有关栏内填上规定的符号。这一方式主要用于调查消费者对商品的评价；也可测定调查商品间的评价距离。

评价量表法。即借助图表表示若干评价尺度，由被调查者按要求在图表上打上相应的符号，形成评价量表。例如，对某商品的评价量表：

① 很喜欢（　）。

② 比较喜欢（　）。

③ 无所谓（　）。

④ 不太喜欢（　）。

⑤ 很不喜欢（　）。

调查者可以在括号内打“√”或“○”符号，表示他们对商品的意见。为了增加邮寄问卷的回收率，可以采用如下方法：

① 跟踪——采用跟踪信来提醒应答者回答问卷，是增加回收率的有效方法之一。显然，这种方法要有足够的资金支持并要坚持不懈。

② 物质上的激励——随问卷附上某种有价值的物品，以增加问卷的回收率。但采用这种方式一定要衡量成本的支出与答案的正确性。

③ 提前通知——利用电话或信件提前通知被调查者，是增加问卷回收率和加快问卷回收速度的有效方法。

其他增加回收率的技巧还有：附上信封、邮票，尽量避免使用有吸引力的邮票或使用挂号信，尽可能地使用普通信封，以利于手写地址。

此外，在设计邮寄问卷时，对提出的问题要便于回答，便于汇总；问题要少，篇幅要短，以免答卷者耗费过多时间而失去兴趣，要求回答的问题最好采用画圈、打钩等方式选择，避免书写过多。同时，在邮寄问卷所附说明信中，应给答卷者提供三方面的信息：调查问卷的目的，为什么选择他/她，为什么他/她应该回答问卷。适当标明做调查的机构及调查者的身份、地位，以增强问卷的感染力。

第三，电话调查。电话调查是指通过电话询问的方式从被调查者那里获取信息的调查方法。电话调查主要是在企业之间，如信息中心、调研咨询公司等借助电话向企业了解商品供求信息以及价格信息等。也可通过电话向消费者家庭进行询问调查。这可以通过以电话簿为基础，进行随机抽样，打电话调查市场供求情况。

电话调查的优点是调查费用低，时间也相当短。同时可以保持询问过程或对被调查者控制的统一性，并可通过缩小调查员的主观影响而减少调查结果可能产生的偏差。

另外，在采用电话调查时，提高电话访问效率的最有效方法是提前寄一封信或一个卡片来提醒应答者将要进行的电话访问及访问的目的。在询问时，多采用两项选择法，即要求从两项选择中选择其一。这种询问方法的优点是态度明确，便于汇总。

第四，留置调查。留置调查是将调查问卷当面交给被调查者，说明填写的要求，请被调查者自行填写，由调查者定期收回的一种调查方法。这是介于个人访问法和邮寄调查法之间的一种调查方法，可以消除面谈法和邮寄法的一些不足。其优点是调查问卷回收率高。由于当面送交问卷，说明填写要求和方法，澄清疑问，因此可以减少误差，而且能控制收回时间，提高回收率。同时，被调查者有充分的时间来考虑问题，不受调查人员的影响，能做出比较准确的回答。

3. 实验调研法

（1）实验调研法简介。实验调研法是指在调研过程中，调研人员通过改变某些变量的值而保持其他变量不变，以此来衡量这些变量的影响效果，从而取得市场信息第一手资料的调查方法。实验法对于研究变量之间的因果关系很有效。常用的实验有两种形式：实验室实验和市场试销。实验室实验法是市场调研人员人为地模拟一个场景，选择一两组消费者进行购买或回答有关问题，然后导入变量，让他们再度购买或回答问题，根据收集到的资料数量确定实验处理的结果。市场试销是指企业的产品进入某一特定地区（通常是小规模市场）进行实验性销售。在市场试销时，产品只在有限的范围和有代表性的测试单位内销售，并衡量销售结果。其主要功能有两个：一是在产品全部进入目标市场之前，在一个有限的地区内，收集有关市场活动的信息和经验；二是预测市场活动计划在应用于全部目标市场时的结果。在选择有代表性单位时必须考虑其对全部市场具有合理的典型性，选择的单位可以是一个商店、一座城市或一个地区等。

（2）实验调研法的步骤。实验调研法应用范围较广，一般来讲，改变商品品质、变换商品包装、调整商品价格、推出新产品、广告形式内容变动、商品陈列变动等，都可以采用实验调研法测验其效果。其主要步骤如下：

① 根据调查项目和课题要求，提出研究假设。在实验调查之前需要通过对本课题相关资料的研究，提出具有因果关系的若干假设，确定实验的自变量。

② 进行实验设计，确定实验方法。实验设计是指调查者如何控制实验对象，从而验证研究假设，达到实验目的的详细规划。合理的实验设计是实验调研成功的关键。

③ 选择实验对象。关键是要调查课题的特点，用随机抽样的方法或非随机抽样的方法选取实验对象，尽量使实验对象具有广泛的代表性。

④ 进行正式实验。严格按照实验设计规定的进程进行实验，并对实验结果进行认真观测和记录，必要时还可以进行反复实验和研究，以获得较为真实准确的实验数据资料。

⑤ 整理、分析资料，得出实验结果。对关键实验记录及有关资料进行统计分析，以揭示市场现象的规律性及有关因素的影响，得出结论并写出调研报告。

4. 调研方法的选择

市场调研的方法多种多样，选择的合理与否对调查结果影响很大。为充分发挥各种调查方法的优点，在实际操作中必须熟悉各种调查方法的特点，综合考虑多方面因素，选择适当的市场调查方法。

（1）影响市场调研方法选择的因素。一般来说，选择市场调查方法时主要考虑以下几个方面。

① 收集市场信息的能力。以上我们介绍的各种市场调查方法，虽然都能达到收集市场信息资料的目的，但从调查机构和人员的调查目的要求来看，总要考虑到调查方法收集信息资料能力的强弱。市场调查的目的是为了分析市场，掌握市场动向，因而收集的

信息资料要尽可能全面，否则可能会以偏概全，使调查结果出现误差。不同的调查方法在收集市场信息能力方面是有差异的。一般来讲，实验调查法和观察调查法受费用及范围所限，收集信息资料的能力相对较弱；在询问调查法中，个人访问法具有较强的收集信息能力，而且该资料质量也较高。

② 调研成本。调研成本是制约调查方法选择的另一重要因素，由于受调研费用的制约，有时不得不选择一些形式单一、方法简单的调查方法，从而大大影响了调查质量和效果。特别是一些资金紧张的企业和视市场调查为可有可无的企业，难以投入足够的资金，在调查方法的选择上受到限制。就调研成本而言，文案调查、询问调查中的电话调查等较为省力，费用支出较少。相对而言，个人访问、实验调查法的成本较高。

③ 调研时间长短。受调研时间的限制，在调查方法的选择上也有侧重。如时间较短，一般选用电话调查，时间适中则可用个人访问和观察调查等，如果时间允许的话，可考虑使用邮寄问卷和实验调查法，取得的调研结果也较为准确。

④ 对样本的控制程度。对样本控制程度的高低关系到调研效果，因此，也是选择调查方法应考虑的因素。对样本控制程度较高，往往能及时、快速地获得所需信息资料，而且有利于调查者灵活有效地调整调研进度，取得较好的调查结果。有些调查方法如个人访问、实验调查等在这方面有一定的优势。

⑤ 对调查人员效应的控制。在选择调查方法时，也要考虑调查人员对样本及调研结果的影响效应。为了有效解决调查者对被调查者的影响以及调查者自身因素的影响，必须慎重选择调查方法。如对受情绪和人员影响较大的事项调查时，尽可能少用个人访问等方法调查。

此外，复杂问题的处理能力、敏感问题答案的标准性等都是选择调查方法时需要考虑的因素。

（2）调研方法的比较与选择。总的来讲，并非是哪种调查方法绝对优于其他方法，只是由于每种研究课题的要求侧重不同，因而对各种因素的重要性有不同要求。何时采用何种方法，还取决于调查者把具体方法应用于实际场合的技巧。为此，不难发现，各种调查方法具有各自的适应性。在实践中要熟悉各种调查方法的优缺点，并对各种方法进行对比确定。

通常要根据调查课题的要求和调查方法的特点，对各种调查方法进行综合评定和选择。

就文案调查、实地调查、实验调查三种方法而言，文案调查是所有调查方法中最一般、最常用、最基础性的调查方法，几乎所有调查课题都离不开文案调查；相对而言，实验调查法是一种较复杂、局限性较大、费用较高的调查方法，因此使用面也不是很广。而实地调查法，则因为其适用面广、相对容易被接受而成为广泛运用的调查方法。

这里主要就实地调查法中的几种方法进行综合对比研究。

一般来讲，个人访问的资料质量较高，电话访问常常导致应答者对敏感问题的回避，通过电话也难获得详尽的资料，但电话访问要快得多。邮寄问卷的资料在分析时易于标准化，但信息量不广。这几种调查方法的评价如表 2-1 所示。

表 2-1　几种常用调查方法的评价

评 价 标 准	邮寄问卷	个人访问	电话访问	留置访问
1. 处理复杂问题的能力	差	很好	好	一般
2. 收集大量信息的能力	一般	很好	好	好
3. 敏感问题答案的标准性	好	一般	差	好
4. 对调研员效应的控制	很好	差	一般	一般
5. 样本控制	一般	很好	好	好
6. 时间	一般	一般	很好	好
7. 灵活程度	差	很好	好	一般
8. 成本	好	差	好	一般

对上述四种调查方法的选择，通常根据调查的目的先确定基本要求或评估标准，如调查方法应用范围、调查内容的复杂程度、成本或费用支出、调查时间等，然后按不同的调研要求由有经验的调研人员进行对比评分。如在四种方法之间进行对比选择，则可以规定最高的为 4 分，最差的为 1 分，以此类推。之后，按要求或评定标准计分，再分别汇总、对比其结果作为选定不同方法的参考。

但是，根据调查目的和要求，不同调查方法还应根据它们的重要程度，以加权得分的方法进行比较，这样才能使选出的方法更加切合实际。

例如，在根据不同要求对各种方法进行对比评分后，根据调查要求，以回收率为最重要的限定因素，给定权数为 5，次之是时间、费用开支、调查内容的复杂程度和应用范围等分别给定权数为 4、3、2、1，其计算结果如表 2-2 所示。

表 2-2　各种调查方法对比

方法 / 要求 / 类别	适用范围权数为 1	调查内容繁简权数为 2	费用开支权数为 3	时间权数为 4	回收率权数为 5	总计
个人访问	3×1	4×2	3×3	2×4	4×5	48
邮寄调查	4×1	3×2	2×3	1×4	1×5	25
电话调查	2×1	1×2	1×3	4×4	2×5	33
留置调查	1×1	2×2	4×3	3×4	3×5	44

从表 2-2 可以看出，面谈调查得分最高，在各类调查方法中可作为选用的最佳参考。

2.3　市场营销调研经费的预算

2.3.1　调研经费的构成

调研经费主要是指本次调研所需的人力（报酬）经费、物资经费、技术装备费以及差旅费等。

1. 人力经费

人力经费主要指调研人员的报酬，一般根据本次调研的样本规模、使用人力的多少、收集数据的难度、占用时间的长短等，由调研机构提出一个报酬总额，也可在考虑以上情况的基础上由调研机构与委托方协商确定一个总额，或参考市场行情来确定。

2. 物资经费

物资经费主要包括问卷纸张及打印费、问卷邮寄费、给被调查人员（或机构）的礼品费、资料复印费等。

3. 技术装备费

技术装备费主要是指所需的技术设备的费用，如袖珍录音机、照相机、摄像机及其附属设备等。

4. 差旅费

差旅费主要是指交通费用，根据预期的天数、地区等进行预算。

2.3.2 调研经费的预算方法

调研经费开支的多少，除了以上介绍的各项物质费用外，还与调研时间及其进度有着直接的关系。因此在预算经费之前，应合理策划调研的时间及其进度。

1. 调研的时间及其进度

即按照市场调查的程序，设计出完成调查各阶段每项工作任务所需的时间及其前后时间的衔接关系，排出工作日历（见表 2-3）。在安排时间时，节假日要考虑到，有些步骤可尽量在时间上交叉安排，以加快进度。

表 2-3 某市场调研策划时间进度

进度／阶段	4 月	5 月	目标要求	负责人
	25 26 27 28 29 30	1 2 3 4 5 6 7 8 9 10 11 12 13 14		
调研准备阶段	4 月 25～30 日			
资料收集阶段		5 月 1～7 日		
统计分析阶段		5 月 8～11 日		
总结解释阶段		5 月 12～14 日		

2. 调研经费的预算方法

前面已经介绍了调研经费的构成，下面就要根据调研的实际情况对调研经费进行预算。通常采用“调研经费预算表”（见表 2-4）进行预算。

预算调研经费时要综合考虑以下几个方面的因素：

（1）本次调研的样本规模（拟抽取的样本数量）。

（2）本次调研使用人力的多少。

表 2-4　调研经费预算　　单位：万元

阶段＼经费	人力经费	物资经费	技术装备费	差旅费	合计
调研准备阶段					
资料收集阶段					
统计分析阶段					
总结解释阶段					
其他					
合计					

（3）收集数据的难度、为有效得到某些信息而应做的付出。

（4）占用时间的长短、路途的远近。

（5）各种物资、设备的计划占用支出。

（6）此类调研的市场行情（平均收费标准）。

（7）委托企业的支付能力。

一般在综合考虑以上诸因素的基础上，由调研方提出一个合理、有据的预算方案，然后同委托调查的企业协商确定一个总额或支付办法，最后由双方签订“委托调研协议书”。

2.4　市场营销调研报告的撰写

调研报告是整个调研工作（包括计划、实施、收集、整理、分析等一系列过程）的总结，是调研人员劳动与智慧的结晶，也是客户需要的最重要的书面结论之一。

2.4.1　调查报告的结构

调查报告一般由题目、目录、概要、正文、结论和建议、附件等几部分组成。

1. 题目

题目必须准确揭示调查报告的主题。调查报告还可以采用正、副标题形式，一般正标题表达调查的主题，副标题则具体表明调查的单位和问题。标题的形式有以下三种。

（1）“直叙式”的标题，是反映调查意向的标题。例如，“关于电视机市场的调查报告”，这种标题简明、客观，一般市场调查报告的标题多采用这种标题的形式。

（2）“表明观点式”的标题，是直接阐明作者的观点、看法或对事物的判断、评价的标题。比如，“电视机削价竞争不可取”。

（3）“提出问题式”的标题，是以设问、反问等形式，突出问题的焦点，以吸引读者阅读，并促使读者思考。比如，“××牌电视机为何如此畅销？”

2. 目录

如果调查报告的内容比较多，为了便于阅读，应当使用目录和索引形式列出调查报告的主要章节和附录，并注明标题、有关章节号码及页码，一般来说，目录的篇幅不宜超过一页。

3. 概要

这部分主要阐述市场调查的基本情况，如市场调查的目的、市场调查的起止时间、有效回收率、调查对象、样本的个数、抽取样本单位的方法、搜集资料的方法。

4. 正文

正文是市场调查报告最重要的部分。正文部分是根据对调查资料的统计分析结果所进行的全面、准确的论证，包括问题的提出到引出的结论。

下面这个案例是一篇关于蒙牛真果粒酸奶消费调查报告正文中的一部分(见图 2-1)。

………………………………………………

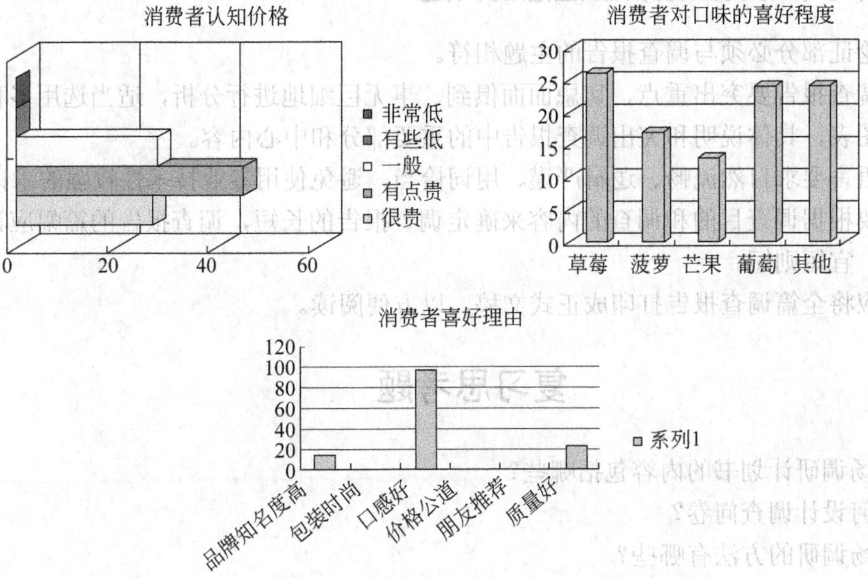

图 2-1 消费者对果粒酸奶的具体认知及偏好分析

以上的调研数据表明：消费者普遍认为现行的价格偏高，在接受程度上打了折扣。另外，在超市的观察中也发现蒙牛果粒酸奶专柜前消费者很少，只有在促销的时候才会吸引更多的消费者。在口味偏好方面，由于所列口味有限，消费者在这一栏中没有特别的倾向，人们还是希望口味越多越好，最大限度地适应更多消费者的口味，使产品更能得到消费者的青睐。在了解消费者对品牌的喜好理由调查中，我们明显地发现，消费者普遍还是理性的，他们更关注产品的口味，不会刻意地追求时尚的包装，而是注重质量，也相信品牌的力量。

5. 结论和建议

结论和建议是撰写调查报告的主要目的。结论和建议与正文部分的论述要紧密对应，既不可以提出没有证据的结论，也不要没有结论性意见的论证。如上例，上述各种原因决定了蒙牛的果粒酸奶在天津市场的潜力还是很大的，年轻的消费者普遍青睐这种新鲜的口味。所以要加强这种酸奶的营养价值、制作工艺的宣传，使消费者认识到现行价格的合理性。还要充分了解竞争对手的策略以及时应对，加大市场占有份额。同时，继续进行品牌建设，实行差异化的战略。进行市场细分以适合更多人的口味，有别于其他品牌的果粒酸奶，避免与伊利、光明等正面交锋，减少上市压力，获得较高的顾客忠诚。上述分析对于蒙牛果粒酸奶选择目标市场、产品设计、广告制作及媒体选择均有一定的参考价值。

6. 附件

附件是指调查报告正文包含不了或没有提及，但与正文有关必须附加说明的部分。它是对正文的补充或更详尽的说明。它包括数据汇总表、原始资料背景材料和必要的技术报告等。

2.4.2 撰写市场调查报告应注意的问题

（1）论证部分必须与调查报告的主题相符。

（2）调查报告要突出重点，切忌面面俱到、事无巨细地进行分析，适当选用多种不同类型的图表，具体说明和突出调查报告中的重要部分和中心内容。

（3）语言要求自然流畅、逻辑严谨、用词恰当，避免使用专业技术性较强的术语。

（4）要根据调查目的和调查的内容来确定调查报告的长短，调查报告的篇幅应该是宜长则长，宜短则短。

（5）应将全篇调查报告打印成正式文稿，以方便阅读。

复习思考题

1. 市场调研计划书的内容包括哪些？
2. 如何设计调查问卷？
3. 市场调研的方法有哪些？
4. 如何进行数据分析？
5. 市场调研报告的内容包括哪些？

案例讨论

中国人不喝冰红茶

一间宽大的单边镜访谈室里，桌子上摆满了没有标签的杯子，有几个被访问者逐一品尝着不知名的饮料，并且把口感描述出来写在面前的卡片上……这个场景发生在1999年，当时任北华饮业调研总监的刘强组织了五场这样的双盲口味测试，他想知道，公司试图推出的新口味饮料能不能被消费者认同。

此前调查显示：超过60%的被访问者认为不能接受“凉茶”，他们认为中国人忌讳喝隔夜茶，冰茶更是不能被接受。刘强领导的调查小组认为，只有进行了实际的口味测试才能判别这种新产品的可行性。

等到拿到调查的结论，刘强的信心被彻底动摇了，被测试的消费者表现出对冰茶的抵抗，一致否定了装有冰茶的测试标本。新产品在调研中被否定。

直到 2000 年、2001 年，以旭日升为代表的冰茶在中国全面旺销，北华饮业再想迎头赶上为时已晚，一个明星产品就这样穿过详尽的市场调查与刘强擦肩而过。说起当年的教训，刘强还满是惋惜：“我们举行口味测试的时候是在冬天，被访问者从寒冷的室外来到现场，没等取暖就进入测试，寒冷的状态、匆忙的进程都影响了访问者对味觉的反应。测试者对口感温和浓烈的口味表现出了更多的认同，而对清凉淡爽的冰茶则表示排斥。测试状态与实际消费状态的偏差让结果走向了反面。”

驾驭数据需要系统谋划。好在北华并没有从此怀疑调研本身的价值，“去年，我们成功组织了对饮料包装瓶的改革，通过测试，我们发现如果在塑料瓶装的外形上增加弧形的凹凸不仅可以改善瓶子的表面应力，增加硬度，更重要的是可以强化消费者对饮料功能性的心理认同。”

北京普瑞辛格调研公司副总经理邵志刚先生的话似乎道出了很多企业的心声：“调研失败如同天气预报给渔民带来的灾难，无论多么惨痛，你总还是要在每次出海之前，听预报、观天气、看海水。”

讨论题：请分析其调研失败的原因。

第 3 章

市场营销战略策划

本章提要

乔伊尔·罗斯说："没有战略的组织就像没有舵的船，只会在原地打转。"营销战略策划就是为了使企业的资源和目标与不断变化的市场环境保持相对长远的动态适应性，而对企业的任务、目标以及实现目标的业务组合、增长规划和步骤做出总体和长远的谋划与设计的活动。

本章重点介绍了营销战略的概念及其特征、企业发展战略策划和企业营销战略策划的主要内容及方法。使读者全面了解企业营销战略的全过程、营销战略策划的重要性和基本的策划流程。

学习目标（重点与难点）

1. 营销战略的概念及其特征。
2. 企业发展战略策划的内容及方法。
3. 企业营销战略策划的内容及方法。
4. 市场细分及其市场定位的基本方法。

框架结构（图 3-0）

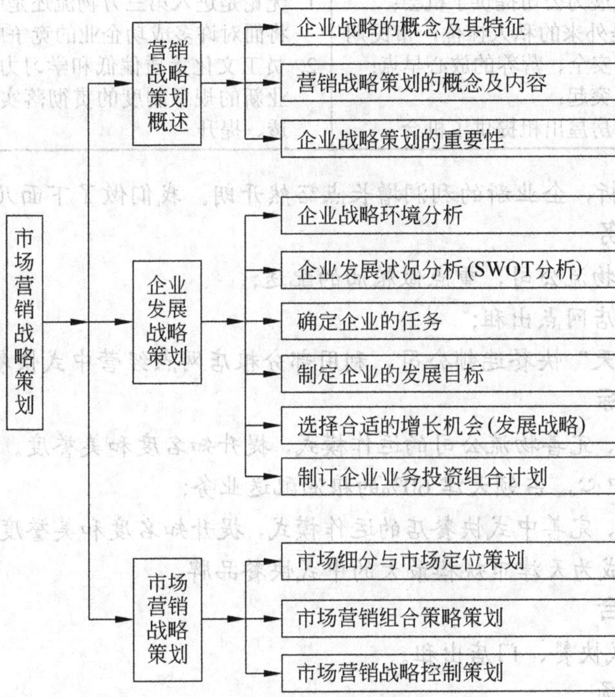

图 3-0 框架结构

开篇案例

某粮贸总公司的市场营销战略策划

天津市某粮贸总公司是国有企业，在计划经济年代承担着粮油的采购、运输、加工和按计划销售的任务。随着经济体制的改革和市场供应的放开，居民不再局限于到粮店购买粮油，取而代之的是超市和农贸市场。环境的变化使该公司的业务大幅萎缩，企业的生存面临严峻挑战。如何解决几千名员工的吃饭问题？公司该往哪方面发展？这一战略性的难题摆在公司决策者面前。一次偶然的机会，公司老总听了笔者的一次营销战略培训课，受笔者所讲内容的启发，经过几次洽谈，决定由笔者帮其进行营销战略规划。

经过市场调研，我们首先对企业的经营环境进行了 SWOT 分析，如表 3-1 所示。

表 3-1 用 SWOT 分析企业的经营环境

优势（S）：	劣势（W）：
1. 遍布全区各居民区的粮店网店； 2. 具有粮油采购渠道及早点加工销售条件； 3. 拥有物流运输的资源； 4. 员工具有吃苦精神	1. 员工文化素质普遍偏低，学习力不强； 2. 公司现有资源不利于转向新的行业； 3. 企业的知名度和美誉度尚待提高

续表

机会（O）：	威胁（T）：
1. 第三方物流快速发展为公司提供了机会； 2. 早点供应几乎都是外来的私人摊位，市民期盼由大公司提供的安全、营养的放心早点； 3. 中式快餐正在异军突起； 4. 房价的快速上涨为房屋出租提供了机会	1. 无论是进入第三方物流还是中式快餐行业，都将面对许多成功企业的竞争威胁； 2. 员工文化素质偏低和学习力不强将会影响企业新的规章制度的贯彻落实和企业形象的渗透、提升

通过SWOT分析，企业新的利润增长点豁然开朗。我们做了下面几项规划。

1. 规定企业任务

① 成立第三方物流公司，重点做粮油的配送；

② 将大部分粮店网点出租；

③ 成立“食为天”快餐连锁公司，利用部分粮店网点经营中式快餐（含早点）。

2. 明确企业目标

① 一年内规范、完善物流公司的运作模式，提升知名度和美誉度。两年内成为天津市最大的粮油配送中心，占领天津60%的粮油配送业务；

② 一年内规范、完善中式快餐店的运作模式，提升知名度和美誉度。两年内发展至50家门店的规模，成为天津市规模最大的中式快餐品牌。

3. 制定业务组合

物流业务、中式快餐、门店出租。

4. 选择目标市场

物流业务——各大超市，中式快餐——天津市中低收入阶层。

5. 确定市场定位（略）

6. 制订营销计划（略）

该战略的成功实施，使濒临倒闭的粮贸公司起死回生。

战略一词源于希腊语，意为“将军的艺术”，原指军事作战的谋略，即为了战争的目的而对军事手段加以运用的科学和艺术。将战略的思想运用于企业的经营管理中，便产生了企业战略。战略决定方向，它的意义在于影响竞争对手的行为，使市场向着战略家优势的方向发展。战略意图改变竞争环境，因此，一项战略声明包括对即将创造的新竞争平衡的描述、产生这一平衡的因果关系，以及行动进程的逻辑支持。策划使实施战略的所有步骤统一于一体，战略性策划制定改变竞争关系步骤的顺序和时间。

市场营销战略（简称营销战略）是企业战略的一个职能战略，是企业战略体系的核心，它依据企业战略的要求与规范制定市场营销的目标、途径与手段，并通过市场营销目标的实现支持和服务于企业战略。因此，市场营销战略策划的任务就是站在战略经营单位的角度分析形势，制订目标和计划。市场营销战略策划是市场营销策划中至关重要的带有方向性、全局性和综合性的谋划。营销战略策划的主要内容是策划人员通过了解现状、预测未来、寻求和评价市场机会，对机会所显现的市场进行细分，并对各个细分市场进行优选以决定目标市场，同时制定市场定位战略、市场竞争战略和企业形象战略、顾客满意战略等。

3.1 营销战略策划概述

3.1.1 企业战略的概念及其特征

1. 企业战略的含义

企业战略是指企业在市场经济竞争激烈的环境中，在总结历史经验、调查现状、预测未来的基础上，为谋求生存和发展而做出的长远性、全局性的谋划或方案。它是企业经营思想的体现，是一系列战略性决策的结果，也是制订中长期计划的依据。

2. 企业战略的重要特征

（1）具有全局性。这是企业战略最根本的特征。企业战略以企业的全局为研究对象来确定企业的总目标，规定企业的总行动，追求企业的总数量。也就是说，企业战略的重点不是研究企业的某些局部性质的问题，而是企业的整体发展。这就提醒企业在整体经营管理中要以企业战略为目标，关注全局、关注整体。

（2）具有长远性。这是指企业战略的着眼点是企业的未来，是为了谋求企业的长远利益，而不是为了求得眼前的利益。有效的企业战略可以避免企业经营管理的“短视症”。

（3）具有纲领性。这是指企业战略为企业确定了发展方向和战略目标，同时以原则性和概括性的规定，对企业全体人员起到强有力的号召和引导作用。

（4）具有抗争性。这是指企业战略是企业在竞争中战胜对手，应付外界环境的威胁、压力和挑战的整套行动方案。它是针对竞争对手制定的，具有直接的对抗性。企业战略的抗争性作用在企业的整体经营管理中容易激发起全体员工的斗志和士气，从而保持团队旺盛的“竞争力”。

总之，企业战略的上述特征决定了它在企业整体经营管理中起着非常关键的作用。可以这样说，在企业战略没有确定之前，任何企业战术都无所谓好坏。正如一句英国谚语所说：对于一艘盲目航行的船来说，任何方向的风都是逆风。

同时，从以上特征还可以得出，企业战略是一项非常复杂的决策分析活动，制定起来难度非常大。它要求谋划者和决策者必须具备相当高的素质和运筹决断水平。

3.1.2 营销战略策划的概念及内容

1. 营销战略策划的概念

营销战略策划就是为了使企业的资源和目标与不断变化的市场环境保持相对长远的动态适应性，而对企业的任务、目标以及实现目标的业务组合、增长规划和步骤做出总体和长远的谋划与设计的活动。

2. 营销战略策划的内容

市场营销战略是指导企业市场营销活动的系统规划过程，是企业为了使其市场营销活动适应环境发展变化，求得长期生存与发展而进行的整体性决策。市场营销战略的正确与否，直接关系着企业市场营销活动的成败。市场营销战略是企业整体战略的重要构成部分，体现了企业活动的市场导向性。制定企业的市场营销战略，必须进行全面的环境分析，市场营销战略的核心应该是企业的发展方向与未来环境的适应性。在此基础上，企业还要进行营销战略的目标定位并规划整体的战略过程。

营销战略策划主要包括以下内容。

（1）确定企业发展战略。

① 企业SWOT分析；

② 确定企业任务和目标；

③ 选择合适的发展战略（增长机会）；

④ 制订企业业务投资组合计划。

（2）制定企业营销战略。

① 先做好市场细分。1986年Philip Kotler提出了探查（probing）、分割（partitioning）、优先（prioritizing）、定位（positioning）的市场营销战略4P理论。

② 选择目标市场。对市场机会进行评估后，对企业要进入的哪个市场或者某个市场的哪个部分，要研究和选择企业目标市场。目标市场的选择是企业营销战略性的策略，是市场营销研究的重要内容。企业首先应该对进入的市场进行细分，分析每个细分市场的特点、需求趋势和竞争状况，并根据本公司优势，选择自己的目标市场。

③ 进行市场定位。市场定位是指企业针对潜在顾客的心理进行营销设计，创立产品、品牌或企业在目标客户心目中的某种形象或某种个性特征，保留深刻的印象和独特的位置，从而取得竞争优势。简言之，就是在客户心目中树立独特的形象，塑造独特的卖点。

（3）制定市场营销组合策略。

① 设计针对性的产品（product）、渠道（place）、价格（price）和促销（promotion）四种营销策略。

② 同时灵活运用公共关系（public relations）和政治权力（politics power）两种营销技巧。

（4）战略执行与控制。

① 市场营销计划。既要制定较长期战略规划，决定企业的发展方向和目标，又要有具体的市场营销计划，具体实施战略计划目标。

② 市场营销组织。营销计划需要有一个强有力的营销组织来执行。根据计划目标，需要组建一个高效的营销组织结构，需要对组织人员实施筛选、培训、激励和评估等一系列管理活动。

③ 市场营销控制。在营销计划实施过程中，需要控制系统来保证市场营销目标的实施。营销控制主要有企业年度计划控制、企业赢利控制、营销战略控制等。

营销战略管理的三个系统是相互联系、相互制约的。市场营销计划是营销组织活动的指导，营销组织负责实施营销计划，计划实施需要控制，保证计划得以实现。

3.1.3 企业战略策划的重要性

就策划而言，企业整体经营管理策划中涉及许多要进行策划的项目内容。如现在流行的企业CIS策划、广告策划、融资策划、管理策划、新产品上市策划以及本书谈到的企业战略策划等。然而就策划本身对企业的决定性与重要性作用来讲，笔者认为企业战略策划是企业所有策划项目中的重中之重。企业战略策划在企业整体经营管理策划中占有十分重要和特殊的地位。其重要地位具体表现在以下方面。

1. 战略策划是经营管理策划的前提

可以这样说，一切企业战术策划、项目策划都得围绕企业战略策划来做。在没有完成企业战略策划之前所做的各种企业战术策划、项目策划都有可能是徒劳无功的，甚至有时可能是“南辕北辙”。打个比方，一个生产消毒面巾的纸品企业，它的策划首先应该是如何适应竞争激烈的市场，开发出更多可供不同细分市场需要的产品的企业营销战略策划。至于某一类面巾的成本如何降低、生产效率如何提高等这一类策划是应该在企业营销战略策划确定下来之后才应该做的生产策划和成本降低策划。而且就是做，也一定要围绕企业营销战略策划来做。譬如：成本降低策划，如果某一类面巾成本降低到再降下去就有可能影响产品的使用功能时，那么这种策划就得停止了。否则做下去，就是无用的，甚至是有害的策划。因此可以说，企业战略策划是企业各项战术策划的前提。其他策划都是在战略策划的基础上展开，并且时时要围绕它进行的策划。

2. 战略策划是经营管理策划的重点和关键

如同做任何事情一样，要想取得成功，就得抓住事情的重点和关键。抓住重点和关键，就可以取得突破性的进展，就可以起到事半功倍的效果。企业整体经营管理策划也一样，只要抓住企业战略策划这个重点，把企业战略策划首先做好，做到位，那么接下来的各种战术策划和项目策划相对而言就容易得多，而且成功的系数也大得多。换句话说，只要企业战略策划这个大方向是正确的、科学的，那么即使接下来个别战术策划不是特别成功，也不会对大局造成多大影响。这就是所谓的“大江东去，波涛滚滚，虽然个别河段泥沙阻塞，但始终阻挡不了奔流向前的大趋势”效果。企业战略策划有时也形同此理。就好比一个贸易公司，在 20 世纪 90 年代中国房地产即将火爆的时候，果断介入房产开发业，取得十分骄人的经营业绩一样，它所做的投资战略策划就是十分成功的。之所以成功，道理就在于它抓住了 20 世纪 90 年代房产大环境、大市场这个企业战略策划的重点和关键。这就像一位商界名人说的那样：“一个企业的战略方向准确了，就好比乘上了一列高速飞驰的经济快车”，省事得多，也省劲得多。

3. 企业战略策划是企业整体经营管理策划中的指挥棒

企业战略策划主要是帮助企业回答以下一些关键的、带有方向性的重点问题。如“我是谁？”“我从哪里来？”“我将到哪里去？”“我将如何去？”等问题。因此，企业的各类经营管理策划都必须看清企业战略策划定下来的方向。任何偏离企业战略的战术策划，就是方法再好，再绝妙，也都是无用的策划，而且还可能是有害的策划。好比柯达公司，它的战略定位策划原本是一家专业提供各种优质感光器材的世界级公司。它的各类经营管理战术策划就都必须以这个战略定位策划为指向标。然而柯达公司的历史上曾有过收购巨型药业公司的经营策划，最终以亏损几十亿美元后转让出去为结局。可见企业的战略策划一旦确定下来，在没有特别的优势出现时（如市场优势、人才优势、管理优势等），一般最好别做擅自变动企业既定战略的策划。否则，偏离了经过企业历史验证的正确的指挥棒，再精彩的策划也可能给企业带来灾难。

3.2 企业发展战略策划

3.2.1 企业战略环境分析

企业战略环境分析是指对企业所处的内外部竞争环境进行分析，以发现企业的核心竞争力，明确企业的发展方向、途径和手段。

战略环境分析是战略策划过程的第一个环节，也是制定战略的开端。战略环境分析的目的是展望企业的未来，这是制定战略的基础，战略是根据环境制定的，是为了使企业的发展目标与环境变化和企业能力实现动态的平衡。

1. 企业外部环境分析

外部环境分析包括企业所处的政治法律环境、人口环境、经济环境、社会文化环境、自然环境、技术环境和竞争环境等内容。

（1）政治法律环境。政治法律环境，是指那些制约和影响企业的政治要素和法律系统，以及其运行状态。政治环境包括国家的政治制度、权力机构、颁布的方针政策、政治团体和政治形势等因素。法律环境包括国家制定的法律、法规、法令以及国家的执法机构等因素。政治法律因素是保障企业生产经营活动的基本条件。

（2）人口环境。人口环境包括人口总量及增长速度、人口构成（性别、年龄、职业、受教育程度、民族等）、人口地理分布等。

（3）经济环境。经济环境，是指构成企业生存和发展的社会经济状况及国家的经济政策，包括社会经济结构、经济体制、发展状况、宏观经济政策等要素。通常衡量经济环境的指标有国内生产总值、就业水平、物价水平、消费支出分配规模、国际收支状况，以及利率、通货供应量、政府支出、汇率等国家货币和财政政策等。经济环境对企业生产经营的影响更为直接具体。

（4）社会文化环境。社会文化环境，是指企业所处的社会结构、社会风俗和习惯、信仰和价值观念、行为规范、生活方式、文化传统、人口规模与地理分布等因素的形成和变动。

（5）自然环境。自然环境，是指企业所处的自然资源与生态环境，包括土地、森林、河流、海洋、生物、矿产、能源、水源、环境保护、生态平衡等方面的发展变化。这些因素关系到企业确定投资方向、产品改进与革新等重大经营决策问题。

（6）技术环境。技术环境，是指企业所处的环境中的科技要素及与该要素直接相关的各种社会现象的集合，包括国家科技体制、科技政策、科技水平和科技发展趋势等。技术环境影响到企业能否及时调整战略决策，以获得新的竞争优势。

（7）竞争环境。行业环境的竞争性直接影响着企业的获利能力。美国学者波特认为影响行业竞争结构及竞争强度的主要因素包括：行业内现有企业、潜在的进入者、替代品制造商、供应商和顾客（产品购买者）这五种竞争力量。竞争环境分析就是对这五种竞争力量的分析。一是对行业内现有竞争对手的研究，主要内容有行业内竞争的基本情况、主要竞争对手的实力、竞争对手的发展方向。二是对潜在竞争对手的研究，主要包括现有企业可能做出的反应和由行业特点决定的进入难易程度。三是对替代品生产厂家的研究，包括两方面内容：其一，为确定哪些产品可以替代本企业提供的产品；其二，为判断哪些类型的替代品可能对本行业和本企业的经营造成威胁。四是对顾客的研究，包括对市场需求潜力的研究和对有关用户讨价还价能力的研究两方面。五是对供应商的分析，包括供应商的供货能力或者企业寻找其他供货渠道的可能性以及供应商的讨价能力两方面。

2. 企业内部环境分析

（1）技术素质方面。

① 生产能力。包括生产的组织与计划调度、技术质量保证与工艺装备、人员操作水平、消耗定额管理；在制品、半成品及成品流程管理；运输工具、劳动生产率水平；环境保护与安全生产等。

② 技术开发能力。包括科研设计工艺开发的物资与设备水平；技术人员的数量技术水平与合理使用；以及获取新的技术情报的手段、计量检测手段；此外，还有技术管理水平与技术开发，更新产品的综合能力。

（2）经营素质方面。

① 企业的发展史。分析企业在开办、合并、转产以及壮大发展等方面的历史演变，目前的状况及今后发展的可能性。

② 销售能力。分析销售力量是否充足，市场调研和市场开发能力如何，现有销售渠道状况。还应分析企业的销售组织是否健全，推销手段是否有效，售后服务如何，满足交货条件的能力，收回货款的能力及运输能力如何等。

③ 获利能力与经济效益。分析企业获利能力的大小与途径，进行目标利润与目标成本分析；各种资金利润率分析与盈亏平衡点分析。

④ 产品、市场状况。分析企业现在的经营业务范围，主要产品的技术性能与技术水平，产品结构和发展前景，市场占有率如何，产品获利能力大小与竞争能力强弱，产品属于寿命周期的哪一阶段。

⑤ 物资采购供应能力。分析企业在物资资源方面的组织、计划、采购、仓储、资金、管理等一系列工作的能力与存在的问题。

（3）人员素质方面。包括领导人员素质、管理人员素质、职工素质。

（4）管理素质方面。包括企业的领导体制及组织机构的设置是否合理，信息的沟通、传递、反馈是否及时，日常业务性的规章制度是否健全可行等。

（5）财务素质方面。资金运筹能力，包括资金的筹集使用和分配。

3.2.2　企业发展状况分析（SWOT 分析）

1. SWOT 分析法的含义

SWOT 分析方法是一种企业常用的分析方法，即根据企业自身的既定内在条件进行分析，找出企业的优势、劣势及核心竞争力之所在。其中，S 代表 strength（优势），W 代表 weakness（弱势），O 代表 opportunity（机会），T 代表 threat（威胁），其中，S、W 是内部因素，O、T 是外部因素。按照企业竞争战略的完整概念，战略应是一个企业“能够做的”（即组织的强项和弱项）和“可能做的”（即环境的机会和威胁）之间的有机组合。

2. SWOT 分析法的内容

S——强势分析：主要是从营销组织、管理、资源、产品、价格、渠道、促销、品牌等各方面来分析企业自身具备哪些强项，可以与竞争品牌的弱项或者强项抗衡，不过从许多企业实际的分析中，对优势的判断主观性很强，往往缺乏足够的数据支持，这取决于一种实事求是的态度，而不是自我取悦。

W——弱势分析：主要是从营销组织、管理、资源、产品、价格、渠道、促销、品牌等各方面来分析企业自身具备哪些弱项，对弱项一般可以分析得较为清楚，但关键在于企业决策层是否能够真正下决心对弱项进行改造。

O——机会分析：主要是从行业环境的变化和竞争品牌的市场盲点中挖掘，机会分析的难点是企业往往很难将自己认为的机会转化为实实在在的竞争优势或者利益，很多时候这种分析只是在给自己鼓舞士气罢了，这时候对企业高层而言需要的是冷静的心态和客观的判断。

T——威胁分析：更多的是分析竞争品牌给自己造成的巨大压力，很多时候企业可以为自己面临的威胁举出一大堆事实，但真正有用的还是需要与竞争品牌在各个环节进行细致的对比，这样才能从威胁中发现竞争品牌的弱势，把握住改变局势的机会。

3. SWOT 分析法基本步骤

（1）分析企业的内部优势、弱点，既可以是相对企业目标而言的，也可以是相对竞争对手而言的。

（2）分析企业面临的外部机会与威胁，可能来自于与竞争无关的外部环境因素的变化，也可能来自竞争对手力量与因素的变化，或二者兼有，但关键性的外部机会与威胁应予以确认。

（3）将外部机会和威胁与企业内部优势和弱点进行匹配，形成可行的战略。

SWOT 分析有四种不同类型的组合：

优势—机会（SO）组合、弱点—机会（WO）组合、优势-威胁（ST）组合和弱点-威胁（WT）组合。

优势—机会（SO）战略是一种发展企业内部优势与利用外部机会的战略，是一种理想的战略模式。当企业具有特定方面的优势，而外部环境又为发挥这种优势提供有利机会时，可以采取该战略。例如良好的产品市场前景、供应商规模扩大和竞争对手有财务危机等外部条件，配以企业市场份额提高等内在优势可成为企业收购竞争对手、扩大生产规模的有利条件。

弱点—机会（WO）战略是利用外部机会来弥补内部弱点，使企业改变劣势而获取优势的战略。存在外部机会，但由于企业存在一些内部弱点而妨碍其利用机会，可采取措施先克服这些弱点。例如，若企业弱点是原材料供应不足和生产能力不够，从成本角度来看，前者会导致开工不足、生产能力闲置、单位成本上升，而加班加点会导致一些附加费用。在产品市场前景看好的前提下，企业可利用供应商扩大规模、新技术设备降价、竞争对手财务危机等机会，实现纵向整合战略，重构企业价值链，以保证原材料供应，同时可考虑购置生产线来克服生产能力不足及设备老化等缺点。通过克服这些弱点，企业可能进一步利用各种外部机会，降低成本，取得成本优势，最终赢得竞争优势。

优势—威胁（ST）战略是指企业利用自身优势，回避或减轻外部威胁所造成的影响。如竞争对手利用新技术大幅度降低成本，给企业带来很大的成本压力；同时材料供应紧张，其价格可能上涨；消费者要求大幅度提高产品质量；企业还要支付高额环保成本等，这些都会导致企业成本状况进一步恶化，使之在竞争中处于非常不利的地位，但若企业拥有充足的现金、熟练的技术工人和较强的产品开发能力，便可利用这些优势开发新工艺，简化生产工艺过程，提高原材料利用率，从而降低材料消耗和生产成本。另外，开发新技术产品也是企业可选择的战略。新技术、新材料和新工艺的开发与应用是最具潜力的成本降低措施，同时它可提高产品质量，从而回避外部威胁的影响。

弱点—威胁（WT）战略是一种旨在减少内部弱点，回避外部环境威胁的防御性技术。当企业存在内忧外患时，往往面临生存危机，降低成本也许成为改变劣势的主要措施。当企业成本状况恶化，原材料供应不足，生产能力不够，无法实现规模效益，且设备老化，使企业在成本方面难以有大作为时，企业将被迫采取目标聚集战略或差异化战略，以回避成本方面的劣势，并回避成本原因带来的威胁。

SWOT 分析运用于企业成本战略分析可发挥企业优势，利用机会克服弱点，回避风险，获取或维护成本优势，将企业成本控制战略建立在对内外部因素分析及对竞争势态的判断等基础上。而若要充分认识企业的优势、机会、弱点及正在面临或即将面临的风险，价值链分析和标杆分析等方法均为其提供了方法与途径。

3.2.3　确定企业的任务

企业在规定或调整其任务时，可向股东、顾客、经销商、企业员工等有关利益方广泛征求意见，并且须考虑以下五个要素。

1. 企业历史

历史是今天的基础，今天的成就离不开企业昨天的奋斗。企业任务的制定和调整必须以其历史为依托，沿着历史的脉搏去发展和创建企业业务。例如，一家以生产食品和药品而知名的企业，若将其任务调整为“通过开发高档住宅商品，满足高收入者的住房需求”，企业任务的这种调整必将使企业面临巨大的风险。

2. 企业所有者和管理者的目前偏好

企业任务的制定必然会受到来自于企业所有者和管理者的影响。如希望集团向房地产市场的拓展，显然反映了企业高层人士的意图。如果索尼公司的现任经理要退出电视机市场，那么这种意图必然会对企业任务产生影响。

3. 企业环境的改变

市场环境影响着企业任务。市场环境的改变可能给企业带来市场机会，也可能带来环境威胁。为加强企业的适应性，就要对企业任务进行相应的调整。如国内彩电企业，面对彩电市场的激烈竞争和消费者需求的变化，纷纷调整企业任务，有的向其他领域扩展（TCL 等向通信、计算机领域扩展），有的向高档彩电市场延伸（四川长虹的背投精显王）。

4. 企业所拥有的资源情况

企业资源情况决定了企业可能经营的业务种类和规模，在某种程度上也就决定了企业的任务。中国新华航空公司如将其任务定为世界上最大的航空公司，显然这样的任务与其现有资源之间存在着巨大的差距，亦即企业资源情况无法保障这一任务的完成。

5. 企业的核心竞争力

核心竞争力表现为一种能为企业进入各类市场提供潜在机会，能借助最终产品为所认定的顾客利益做出重大贡献，而且不易为竞争对手所模仿的独特的能力。企业在确立其任务时，要充分利用和发挥企业的核心竞争力，只有这样才能找准市场的切入点，并获得一定的竞争优势。如克莱斯勒公司不再自己生产马达，而是向三菱公司购买。同样，日本的本田公司由于拥有生产马达这一核心竞争能力，其设计和改进马达的技能为它开发汽车、摩托车、除草机、机动雪车以及越野摩托车等最终产品奠定了基础。

企业任务应能使企业管理者、企业员工，以及在多数情况下使顾客和其他公众产生一种使命感。企业任务应以任务书的形式表现出来。任务书的作用就在于使企业管理者和全体员工对公司宗旨、发展方向和可能的机会形成一种共识，它如同“一只看不见的手”，引导着企业各部门的员工独立地，但又相互配合地朝着企业目标前进。

企业任务书的撰写并非易事。有些企业为了写出一份令人满意的任务书往往要花费很长的时间。在这一过程中，它们常常会从自己身上发现许多东西，发现大量潜在的机会。一份行之有效、对企业经营有指导作用的任务书应满足以下几个条件。

1. 企业任务书所反映的目标数量应是有限的、具体的、明确的

企业任务书应集中企业核心竞争力，以目标市场为基础来确定企业目标，其目标数量必然是有限的。如“我们要生产最优质的产品，以最低的价格向顾客提供最高附加值的服务，建立最广泛的分销网络”这样的任务没有反映出企业的核心优势，目标过于笼统，实际中缺乏对企业的指导作用。

企业任务书应明确企业要参与的主要竞争领域。具体如下。

（1）行业范围。企业应考虑行业范围。有些企业只经营一种行业，有些企业只限于经营一些相关的行业，有些只经营工业品，有些则只经营家用电器产品，有些可能是跨行业经营。

（2）产品和应用范围。如深圳万科通过做“减法”，将其业务主要集中在开发中高档次的房地产商品上；而青岛海尔则通过做“加法”，将其业务发展到多个产品领域。

（3）竞争范围。指企业将要掌握和利用的技术和其他核心竞争力。日本NEC公司在计算、通信及其元件上建立了自己的核心竞争力，这些竞争力有力地支持了其高档计算机、电视机、手机等产品的生产。

（4）市场细分范围。企业应明确所服务的市场和顾客的类型。如资生堂生产高价化妆品，花王主要满足低档市场的需求。

（5）地理范围。指企业希望开拓业务的区域、国家或国家群。

2. 企业任务书应是市场导向而非产品或技术导向

大多数企业都经营几种业务。但它们未必将这些任务分得一清二楚。实际中企业常常根据其产品来确定范围，其任务表述为“本企业从事汽车业的生产经营”。但是李维特指出，用市场来界定业务范围要优于用产品来界定。这是因为企业的业务活动是一个不断满足消费者需要的过程，而不仅仅是一个制造或销售某种产品的过程。产品是不断变化的，某种产品终有一天会变得过时而无人问津，但基本需要和顾客群却是永恒的，也就是说市场是永存的。如果企业将任务规定为满足消费者某一方面的需求，就会注意这方面的市场和技术的变化，并及时开发出能满足这一需要的新产品，从而使企业能够保持持久的市场竞争活力。如日本雅马哈公司将自己的经营范围确定为"娱乐工业"，本着这样的经营定位，该公司的产品从早期的电子琴、钢琴到立体音响设备以及滑雪设备、网球拍，甚至是游乐场等，满足了企业长远发展的需要。

3. 企业任务要切实可行

企业任务书应根据企业的资源特长来规定企业的业务范围。企业业务范围既不能定得过宽也不能定得过窄。例如假日饭店是世界上最大的旅馆连锁店，有 30 多万间客房，它就曾陷入这种困境。它曾将业务界定从"旅馆业"扩展到"旅游业"。于是，它收购了美国第二大公共汽车公司特拉维斯有限公司和三角洲轮船有限公司。但是假日饭店又无力管好这些公司，不久就放弃了这些公司的财产。假日饭店又回到自己所熟悉的业务中来。

4. 企业任务要富有激励性

企业任务要能使员工感到自己的工作是有意义的、通过实施企业任务能够给社会和他人创造价值。这样的企业任务可以起到鼓舞士气、充分调动员工的工作热情和主动奉献的精神的作用，也有助于企业任务的实现。

让我们比较一下 IBM 和苹果计算机公司的任务报告书，体会两者的差别。

IBM 公司：本公司的目标是要在 20 世纪末实现 100 亿元的销售额。

苹果计算机公司：本公司的长远目标是要让每一个人都能掌握计算机的威力。

显然，苹果计算机公司的任务报告书要比 IBM 公司的任务报告书更具激励性。IBM 公司的任务书只强调了企业自身的经济利益；而苹果计算机公司的任务书则强调了社会利益，企业经济利益是通过社会利益的实现而实现的。

又如一家经营农用物资的生产企业，若将其任务描述为"本企业是专门经营农药、化肥等产品的企业"。这样的描述就不如"本企业是为农业生产的发展提供物资保障的企业"更具有激励性。

5. 政策具体、分工明确

任务报告书应强调企业想要实施的主要政策。政策是指员工如何对待顾客、供应商、中间商、竞争者以及其他重要群体。只有政策具体、分工明确，企业各部门人员在处理有关问题时才能按准则行事，不会出现越权及相互推诿的情况。同时也保证企业各个部门、各级人员向外部传递信息的一致性。

企业任务书应提出公司未来 10 年或 20 年的远景和发展方向。一般来说，为了保证企业任务能够按照预定的步骤贯彻实施，企业任务书不能经常改变。当然，有时企业面临的环境发生了巨大变化或企业发现了新的市场机会，就应及时调整企业任务。环境变化越快，企业就越需要对其任务的规定和表述进行检查。

3.2.4 制定企业的发展目标

1. 投资收益率

投资收益率是指一定时期内企业所实现的利润总额与企业所有者投入企业的资

本总额之间的比率。这是衡量、比较利润水平、获利能力的一项主要指标。计算公式如下：

$$投资收益率=\frac{利润额}{投入资本总额}\times 100\%$$

2. 市场占有率

市场占有率是反映企业竞争能力的一个指标，它可以分为绝对市场占有率和相对市场占有率两种。

1）绝对市场占有率

绝对市场占有率是衡量本企业产品在同类产品市场上的绝对竞争力，即本企业产品在全部市场上所占有的份额。其计算公式是

$$绝对市场占有率=\frac{本企业产品销售量(额)}{同一市场同类产品销售总量(额)}\times 100\%$$

2）相对市场占有率

相对市场占有率是衡量本企业产品在同类产品市场上的相对竞争力，即本企业产品的绝对市场占有率占所比较的竞争对手的绝对市场占有率的百分比。所比较的竞争对手根据研究的目的来针对性选择，可能是最大的竞争对手，也可能是前三个最大的竞争对手。其计算公式是

$$相对市场占有率=\frac{本企业产品的绝对市场占有率}{所比较的竞争对手的绝对市场占有率}\times 100\%$$

3. 销售增长率（销售成长率）

销售增长率是衡量企业销售量增长幅度的一个指标，其计算公式是

$$销售增长率=\frac{计划期销售量-基期销售量}{基期销售量}\times 100\%$$

4. 营销规划的成本分析

营销规划的成本分析，就是要测算出所策划产品的总成本费用，为以后的营销效果分析提供依据。有些成本和费用的数据直接从企业财务部门获得，有些则需要策划者根据实际情况进行测算。具体来说，通过表 3-2 进行分析，得出营销总成本。

5. 营销规划的盈亏分析

在前面的成本分析基础上，最终测算出营业利润。通过下面的两个表格来完成盈亏分析，如表 3-3 和表 3-4 所示。

表 3-2 营销规划的成本分析

项 目	金 额	比 例
生产成本		
变动制造费用		
固定制造费用		
销售成本		
广告费		

续表

项　目	金　额	比　例
促销费		
业务费		
运输费		
其他		
管理费用		
财务费用		
总成本		

表 3-3　营销规划的赢利分析

产品种类	预计含税销售额	总成本	总毛利	毛利率	总变动成本	边际利润总额	变动销售费用总额
A							
B							
C							
D							
合计							

表 3-4　营销规划的盈亏分析

项　目	金　额	比　例
产品含税销售收入		
一、产品净销售收入		
减：产品销售成本		
二、产品毛利		
减：产品销售费用		
减：产品销售税金及附加		
三、产品销售利润		
减：管理费用		
减：财务费用		
四、营业利润		

6. 盈亏平衡分析

在以上测算的基础上，通过下面的表格，完成盈亏平衡分析，如表 3-5 所示。

表 3-5　营销规划的盈亏平衡分析

项　目	金　额	项　目	金　额
含税单价		固定成本	
净单价		保本点产销量	

续表

项　目	金　额	项　目	金　额
单位变动成本		保本点含税销售额	
单位边际利润		预计含税销售额	

以上几个步骤的数据，是制定企业的发展目标的主要依据。所以，测算时必须细致、准确。

3.2.5 选择合适的增长机会（发展战略）

一般有以下几种增长机会。

（1）在企业现有业务中寻找或挖掘进一步增加其销售量或利润的机会（密集增长机会）。

（2）开发或者拓展与企业现有业务相关的新业务，以寻求增加其销售量或利润的机会（一体化增长机会）。

（3）增加一些与企业现有业务无关但有吸引力的新业务，以寻求增加其销售量或利润的机会（多角化增长机会）。

1. 密集增长（intensive growth）机会

企业管理者应首先检查是否还有机会增进现有业务的绩效。安索夫发明了“产品—市场扩展方格”的分析方法，来寻找企业新的密集增长机会。如图3-1所示。

	现有产品	新产品
现有市场	市场渗透	产品开发
新市场	市场开发	（多角化经营）

图3-1　产品-市场扩展方格

（1）市场渗透战略（market-penetration strategy）：指企业设法在现有市场上扩大现有产品的市场份额，以扩展企业业务的一种发展战略。企业可以通过以下三种方式实施这一策略。

第一，通过各种方式鼓励现有市场中的顾客多购买本企业的现有产品。

第二，吸引现有市场中竞争者的顾客，使之购买本企业的现有产品。

第三，在现有市场上发展新的顾客，使之成为本企业现有产品的顾客。

（2）市场开发战略（market-development strategy）：是指企业将现有产品投放到新的市场，以扩展企业业务的一种发展战略。例如，国内家电制造企业在城市市场已经饱和的情况下，将产品向农村市场和海外市场扩展。

（3）产品开发战略（product-development strategy）：是指企业通过增加花色、品种、规格、型号等向现有市场提供新产品或改进产品的一种发展战略。

2. 一体化增长（integrative growth）机会

如果企业所在的行业富有潜力，或实施一体化后可大大提高效率、盈利能力和市场控制能力，企业可考虑通过一体化方式获得发展。一体化增长是指企业把自己的营销活动扩展到供、产、销等不同环节而使自身得到发展的一种战略。其形式有三种，如图3-2所示。

（1）后向一体化（backward integration）。这是一种按照销、产、供的顺序使企业获得发展的一种一体化方式。通常企业可通过收购或兼并上游企业的方式实施这一战略。如某农用机械生产企业通过收购橡胶轮胎公司来扩大企业的经营范围，这就是一种典型的后向一体化。

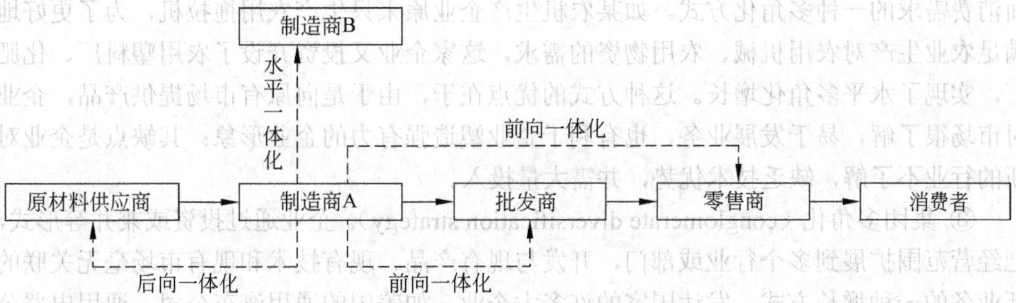

图 3-2　企业的一体化增长

（2）前向一体化（forward integration）。这是一种以供、产、销为序实现一体化经营，使企业获得发展的一种一体化方式。通常是企业在现有业务的基础上通过购买、兼并、联合等方式建立分销系统，实现产销一体化。如拥有知名品牌的服装生产企业一般都通过开设专卖店的方式销售其产品，这即为前向一体化形式。

（3）水平一体化（horizontal integration）。这是一种企业通过收购、联合、兼并它的竞争对手，或与其同类型企业合资经营的一体化方式。

3. 多角化增长（diversification growth）机会

多角化增长就是企业利用经营业务范围之外的市场机会，增加与现有产品业务有一定联系或毫无联系的新业务，实现跨行业经营的一种发展战略。当企业发现在现有业务范围之外，存在巨大的市场机会时，企业可考虑实施多角化增长战略。

（1）多角化增长的必要性。

第一，企业现有产品或服务规模的有限性。虽然企业可以通过一定的方式引导消费需求，但某一产品或服务的市场容量是有限的。企业竞争的结果也会使行业市场日趋饱和，在这种情况下，企业业务的进一步增加会变得越来越困难。企业只能通过多角化方式向其他行业寻找发展空间。

第二，外界环境与市场需求的变化性。企业正处在一个剧烈变动的时代，新的技术不断涌现，新的观念层出不穷，各式各样的新的市场也应运而生。所有这些为企业多角化经营创造了条件。

第三，单一经营的风险性和多角化经营的安全性。任何产品和服务的生产经营都有周期性的波动。单一经营可能会使企业在其业务处于市场低潮期时面临很大风险；多角化经营可以利用不同产品和服务波动的时间差，以丰补亏，提高了企业抗风险的能力。

（2）企业多角化增长方式。

① 同心多角化（concentric diversification strategy）。它是企业通过开发与现有产品线在技术上和市场营销上有最佳协同效果的新产品来获得业务增长的一种多角化方式。如某无线电厂成立初期只生产收音机，随着市场的变化，增加了组合音响、电视机、DVD等产品。同心多角化有利于发挥企业原有的设备和技术、渠道和市场等资源，因而风险较小，易于成功，是企业发展过程中经常使用的一种战略。

② 水平多角化（horizontal diversification strategy）。水平多角化又称横向多角化。它

是企业向现有市场提供与现有产品不相关的其他产品，来满足现有市场消费者的其他方面消费需求的一种多角化方式。如某农机生产企业原来只生产农用拖拉机，为了更好地满足农业生产对农用机械、农用物资的需求，这家企业又投资开设了农用塑料厂、化肥厂，实现了水平多角化增长。这种方式的优点在于，由于是向原有市场提供产品，企业对市场很了解，易于发展业务，也有利于企业塑造强有力的企业形象；其缺点是企业对新的行业不了解，缺乏技术优势，并需大量投入。

③ 集团多角化（conglomerate diversification strategy）。企业通过投资或兼并等形式，把经营范围扩展到多个行业或部门，开发与现有产品、现有技术和现有市场毫无关联的新业务的一种增长方式。发达国家的许多大企业，如美国的通用汽车公司、通用电器公司、杜邦公司、国际电话电报公司、柯达公司等都采用了集团多角化方式。我国的春兰、海尔等企业在集团多角化方面也发展迅速。集团多角化又有两种情况：一种是仍以原有产品业务为主，兼营其他商品。如柯达公司，除主营摄影器材外，还经营食品、石油、化工和保险公司；另一种是主营业务不明显或称其为拥有多项主营业务。如美国国际电话电报公司除了电话电报业务外，还收购了一家庞大的旅馆集团。

（3）实施多角化增长应具备的条件。前面我们已谈到，多角化经营可以充分利用企业的资源，有效分散经营风险，使企业获得规模效益。但多角化利益并不是任何一个企业都能享受的。它要求企业必须具备以下条件。

① 具有开拓经营项目的实力和管理大规模企业的能力。

② 具有可获得足够的资金支持的能力。

③ 具备业务发展所需的专业技术人才。

④ 具备关系密切的分销渠道或有迅速组建分销渠道的能力。

⑤ 具有极高的知名度或拥有知名的品牌。

3.2.6 制订企业业务投资组合计划

为了实现企业目标，制订战略计划时就必须对其各项业务和产品进行分析评价，确认哪些应当发展，哪些应当减缩；哪些应当维持，哪些应当放弃，并相应做出投资安排。这实质上是企业内部资源配置问题，使资源配置与使用效益最优，最大限度实现企业目标任务。

其分析方法如下。

（1）分析计算各业务单位的销售增长率和相对市场占有率。

（2）划分战略区域。以相对市场占有率为横坐标，销售增长率为纵坐标，分别确定临界值，将纵横坐标分成高低两部分，形成四个战略区域。临界值可因区域和产品的特点不同而不同。例如。取1为相对市场占有率的临界值，取10%作为销售增长率的临界值。

（3）根据计算的各业务单位纵横坐标值确定其坐标位置，并用大小不同的圆圈标明，圆圈面积大小表示产品销售额在企业总销售额中的比重。

（4）根据业务单位所处战略区域，将它们分成四类：问题类、明星类、现金牛类、瘦狗类（消耗现金类）。

（5）分析以上步骤形成的四象限图，确定各个战略业务单位的投资决策。

如图 3-3 所示。

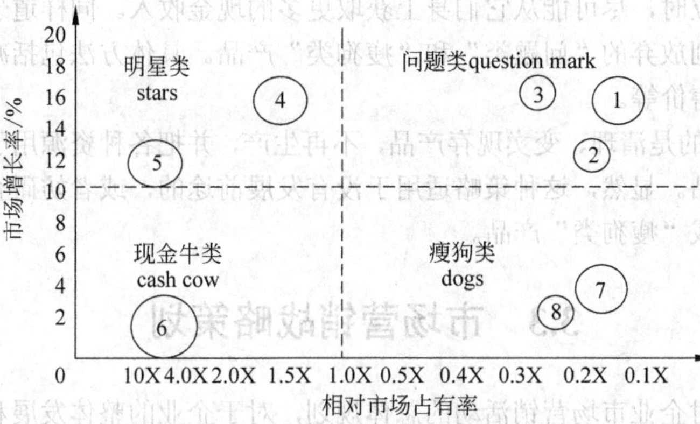

图 3-3　企业业务投资组合

相对市场占有率，指本企业产品的市场占有率与该市场最大竞争对手市场占有率之比，如前者为 10%，后者为 40%，相对市场占有率为 0.25。即本企业的市场份额只相当于最大竞争对手的 25%。如相对市场占有率为 6，则本企业的市场份额相当于最大竞争对手的 6 倍。

① 问题类。这是一种市场增长率高但相对市场占有率低的业务单位。为提高这类产品的市场占有率，企业需要扩大生产，加强推销，因而需要大量现金（贷款）来支持。企业应慎重考虑这样做是否合算，属前途命运未卜的产品（形象地称为问题类产品）。它的发展有两种可能：一是发展为明星类，一是下降为瘦狗类。企业无疑要支持这类产品中确有发展前途的产品，但不宜过多，以免资金分散，效益不明显。

② 明星类。这是市场增长率和相对市场占有率都高的业务单位。这类单位处于迅速增长阶段，形象地称为明星类产品。企业必须采用发展战略，以支持其发展并保持高的市场占有率。待其销售增长率逐步降低后，就转变为现金牛类了。

③ 现金牛类。这是市场增长率低和相对市场占有率高的业务单位。由于其市场占有率高，赢利多，可提供大量现金，形象地称为现金牛类或“金娃娃类”。这类单位越多，则企业的实力越强。它能为企业提供丰厚的利润，可用来支持其他单位的生存和发展。

④ 瘦狗类。这类是市场增长率和相对市场占有率都低的业务单位。这类是微利、保本甚至是亏损的产品，属消耗现金类的产品，故又称为“消耗现金类”产品。

（6）可供选择的企业投资策略有以下四种。

① 发展。目标是提高产品的相对市场占有率。为达此目标，有时甚至不惜放弃短期收入。这种策略特别适用于“问题类”产品。与有效的促销组合相结合，使它们尽快转化为“明星类”产品。

② 维持。目标是维持产品的相对市场占有率。这种策略特别适用于“现金牛类”产品，尤其是其中的大“金牛”。因为这类产品大多数处于寿命周期的成长期和成熟期，能够提供大量现金，采取有效的营销措施维持相当长一段时间是完全可能的。

③ 收割。目的在于尽可能地追求短期利润，而不是长期效益。特别适用于弱小的“现金牛类”产品，这类产品很快就要从成熟期转入衰退期，前途暗淡，所以要趁着其在市场上仍有一定地位时，尽可能从它们身上获取更多的现金收入。同样道理，这种策略也适用于下一步计划放弃的“问题类”和“瘦狗类”产品。具体方法包括减少投资、降低促销费用、提高售价等。

④ 放弃。目的是清理、变卖现存产品，不再生产，并把各种资源用于生产经营其他经营效益好的产品。显然，这种策略适用于没有发展前途的，或者妨碍企业增加赢利的某些“问题类”或“瘦狗类”产品。

3.3 市场营销战略策划

营销战略是对企业市场营销活动的总体规划，对于企业的整体发展和取得良好的市场营销效果具有十分重要的意义。市场营销战略策划的一般内容是首先对各种相关的环境进行全面分析，系统评价。在此基础上规定企业的任务和目标，进而在任务和目标的导向下，找到企业目标市场，然后制定一系列的具体分支策略，最后是市场营销战略控制。企业营销战略是总体战略的一部分，因而，必须保持与总体战略的一致性，避免在企业的具体活动中出现各行其是，缺乏凝聚力。图 3-4 清晰地勾勒出了企业的市场营销策划过程及其与企业总体战略目标的一致性。

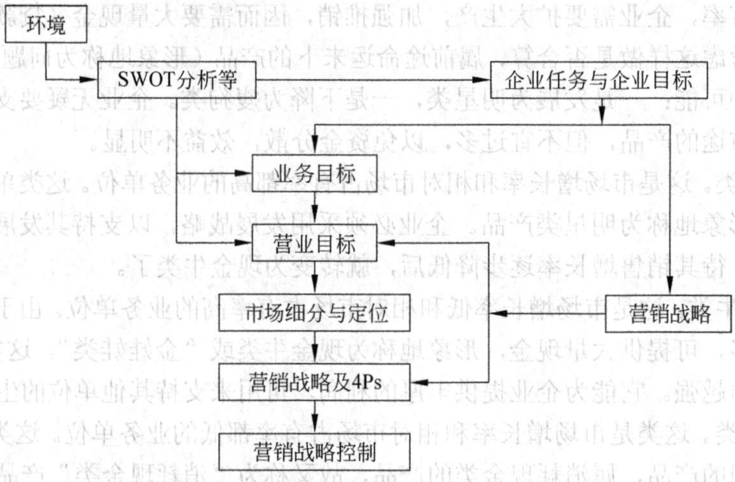

图 3-4 企业战略与市场营销战略

3.3.1 市场细分与市场定位策划

企业面对的市场是纷繁复杂的，任何一个企业不可能满足整体市场上的所有消费者的需要，因此要求市场营销人员在制定企业的市场营销战略时，必须首先确认、分析和评价具有吸引力的市场，以便有针对性地开展工作。

企业通过市场细分，最终达到准确地找到目标市场、进行市场定位的一般策划程序如下。

第一阶段：市场细分

（1）确认细分的变量和要细分的市场。

（2）制定出最终细分市场的框架结构。

第二阶段：确定目标市场

（1）评估每一个细分市场的吸引力。

（2）选择目标市场。

第三阶段：市场定位

（1）为每一个细分市场确定定位观念。

（2）选择、发展和传播定位观念。

3.3.2　市场营销组合策略策划

1. 产品策略

产品策略是市场营销战略的核心，这是由产品是企业市场营销活动的核心决定的。产品是市场营销组合中首先必须确定的内容，在产品策略基础之上，再相应地依据市场环境判定其他策略，如价格策略、分销渠道策略、促销策略等。

产品策略的策划也离不开一般战略策划的基本模式，要分析相关的市场环境，需要对各项环境进行评估，然后在企业总体的目标之下，确定营销目标。在进行了这样一系列的准备活动之后，围绕着企业的营销目的制定相应的产品策略。产品策略中应包括以下内容。

（1）产品组合。设计企业的产品组合是根据行业发展及其企业自身的状况，依据环境评价的结果，确定出哪些产品需要重点支持和发展；哪些产品需要克服其中的弱点，观察其发展的方向；哪些产品需要稳固其地位，为企业带来源源不断的资金支持；最后，哪些产品是应放弃生产和经营的。

在确定基本产品组合的基础上，再实施适当的调整战略，确定优先调整的产品是什么、向什么方向调整。

（2）产品寿命周期。在产品寿命周期理论的指导下，产品寿命周期的不同阶段，企业应有着不同的行动方式。包括产品介绍期的策略、成长期的策略、成熟期的策略和衰退期的策略。

企业往往生产和经营多种产品，这时就存在不同产品之间产品寿命周期阶段的关系，一种产品和它的改良、替代型产品之间的关系等。

（3）产品策略的其他方面。在产品的策略设计中，产品的品牌与包装是现代营销不可缺少的方面，又是两个密切联系的要素。品牌与包装的设计策划要求主要有：具有鲜明的特色和吸引力，容易引起顾客的兴趣与注意力。要与产品特点相适应，如适应美容要求的化妆品的品牌，要体现艺术性、提供美感设计；适应健身要求的健身器械，则应主要从强壮体魄方面入手等。此外，在包装设计上还具有的特殊要求是包装技术的运用，体现科技发展趋势、更有利于商品储存与保护的包装应是包装设计中不可忽视的方面。

产品能够给顾客带来全方位的整体满足，还依赖于产品服务的水平，服务的策划与设计主要包括与特定产品的内在特性相联系的服务项目设计、服务的具体操作流程、服务质量与控制等。

进行产品创新的策略设计首先要基于环境条件下，进行行业吸引力（行业发展潜力）的评价，然后再分析企业的创新产品特长，评估在相关产品上的优势，可以采用新产品开发评估表的方式进行（见表3-6）。最终选定既具有市场发展潜力又是企业可开发、操作的项目。

表3-6　新产品开发评估表

影响企业开发新产品成功的因素	相关因素在新产品开发中的重要程度（权重%）	企业在相关因素上的能力水平											得分
		0.00	0.1	0.2	0.3	0.4	0.5	0.6	0.7	0.8	0.9	1.0	
因素1													
因素2													
因素3													
因素4													
因素5													
因素6													
合计													

2. 价格策略

价格策略在市场营销战略中占据着重要地位，这主要是由于：

（1）价格水平的高低直接影响企业的获利水平；

（2）价格的高低又影响了需求的水平，进而影响新产品的市场发展潜力和企业的发展。

价格决策主要包括决定定价的导向，即依据的主要指标，是依据产品成本，或是依据市场需求，还是依据竞争的激烈程度等。新产品进入市场时，定价的科学程度直接影响新产品的成败。此外，根据市场的客观形势，做出调整价格的反应及其设计价格变动的价格时的风险评价，也都是价格策略中要研究的问题。

3. 促销策略

促销活动贯穿企业的市场营销活动的全过程，由于其本身构成复杂，包括诸如广告、人员推销、销售促进和公共关系各方面，可以看成一个组合体，首先要在各因素之间达到平衡，使其相互配合，协调发展。设计完善的促销组合需要在促销预算的科学分配、促销方式的科学设计上下功夫。

进行各种促销活动的策划的一般程序包括：①确定促销的对象，即目标顾客是谁；②希望达到怎样的效果；③采取何种的方式达到目的，既包括选定促销组合因素，又包括具体的传播方式设计；④促销活动的持续时间及费用预算开支估计。

4. 分销渠道策略

制定分销渠道战略的目的在于使产品能够在最合适的地点实现其价值。分销渠道的建立有利于在复杂的市场中，实现产品的有效流动。

在确定分销渠道策略时，主要内容包括网络设计、分销渠道的调整、实体分配、“一揽子”服务以及分销渠道的管理等内容。

3.3.3　市场营销战略控制策划

战略控制是企业市场营销战略的最后一个部分，也是不可缺少的部分，它是市场营销战略的有效实施和保证。市场营销的战略控制主要包括以下三个方面的内容：

（1）每隔一段时间，如一个月或一个季都要在员工中强化一下企业的目标，以保证企业的目标在营销活动中贯彻始终，不偏离方向。

（2）企业的高层经理要不断地对战略执行的结果进行评估，确定哪些目标已经实现，哪些目标还没有实现，对未实现的目标的补救措施是什么。

（3）制订一个应急计划，特殊事件发生之后应有响应的对策。

复习思考题

1. 企业为什么必须进行营销战略策划？
2. 营销战略策划主要包括哪些内容？
3. 营销战略策划的步骤有哪些？

案例讨论

阅读并讨论下面两个材料的寓意

材料一：有两个业务员一起到外地出差，其中一个个子较高，但较瘦，另一个个子矮但较胖，尤其是肚子较大。返程时，因列车还有两个小时开车，两人没事可干，就沿着一段废铁轨溜达。瘦业务员建议：“咱俩比一把吧，谁输谁请客。”胖子问：“比什么？”瘦子说：“一人走一根铁轨，从这里开始，到前面那个电线杆处结束。先走到者为赢。但中间最多只能掉下来两次。”胖子同意后两人开始比赛。结果胖子先到终点，瘦子由于掉下来 3 次以上，自认倒霉。本想用自己的长处诱使胖子请客，结果却整了自己。瘦子不解，问胖子获胜的秘诀。胖子说：“我肚子大，看不到脚下，只能往前看。我的秘诀是——看得远才能走得远。”

材料二：据说当年唐玄奘去西天取经的白龙马是唐皇在全国征选的，最后选中的是某个做豆腐的农户所养的白马。该农户所养的一匹马和一头驴都是膘肥体壮，这匹马和驴是从儿时一起长大的伙伴，如今的分离不但使农夫心里不舍，更使驴伤心不已。

十七年后，白龙马随玄奘取经归来，功成名就，且被封为神。白龙马衣锦还乡，回来看望儿时伙伴，驴非常羡慕白龙马，更觉得自己失败。白龙马说：“其实十七年来你走的路不比我少，只是我有明确的方向和目标，而你只是在原地打转（拉磨），且不知何处是尽头。”

讨论题：通过对这两篇材料的分析，你有何收获？

第 4 章

企业形象策划

本章提要

企业形象俗称 CIS（corporate identity system），是企业的视觉形象（visual identity，VI）、理念形象（mind identity，MI）、行为形象（behavior identity，BI）的统称。本章对企业形象策划的内容和方法进行了系统的阐述，并在充分介绍和分析 CIS 核心内容和体系的基础上，结合国内外一些成功的 CIS 策划案例，着重从操作层面系统地阐述了企业形象策划的创意、传播及企业理念、视觉和行为识别系统的策划方法。重点突出对企业形象策划方法和技巧的分析、介绍。

学习目标（重点与难点）

1. 企业形象（CIS）系统的主要内容。
2. 企业的视觉形象（VI）的内容及设计方法。
3. 企业的理念形象（MI）的内容及设计方法。
4. 企业的行为形象（BI）的内容及设计方法。
5. 企业形象传播途径的设计。

框架结构（图 4-0）

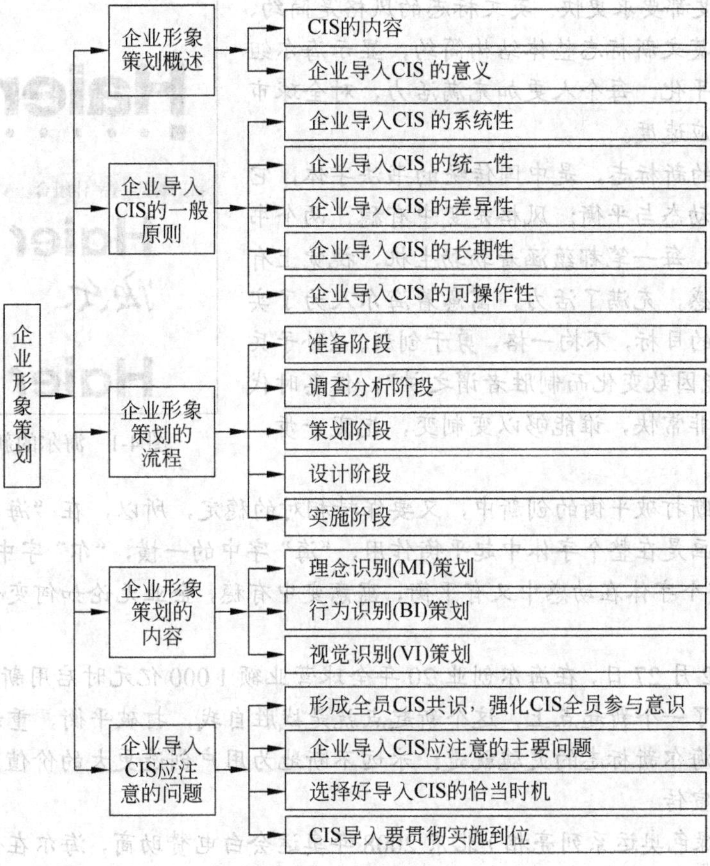

图 4-0 框架结构

开篇案例

海尔集团的形象策划

海尔集团创立于 1984 年，30 多年来持续稳定发展，已成为在海内外享有较高美誉的大型国际化企业集团。面对新的全球化竞争条件，海尔确立全球化品牌战略、启动“创造资源、美誉全球”的企业精神和“人单合一、速决速胜”的工作作风，挑战自我、挑战明天，为创出中国人自己的世界名牌而持续创新！

1. 海尔视觉识别（VI）

（1）CI 标志

海尔的新标志由中、英文组成，与原来的标志相比，新的标志延续了海尔 20 年发展形成的品牌文化，同时，新的设计更加强调了时代感，如图 4-1 所示。

英文标志每笔的笔画比以前更简洁，共 9 画，“a”减少了一个弯，表示海尔人认准目标不回头；“r”减少了一个分支，表示海尔人向上、向前决心不动摇。英文海尔新标志的设计核心是速度。因为在信息化时代，组织的速度、个人的速度都要求更快。英文标志的风格是简约、活力、向上。英文新标志整体结构简约，显示海尔组织结构更加扁平化；每个人更加充满活力，对全球市场有更快的反应速度。

图 4-1　海尔的新、老标志

汉字海尔的新标志，是中国传统的书法字体，它的设计核心是动态与平衡；风格是变中有稳。两个书法字体的海尔，每一笔都蕴涵着勃勃生机，视觉上有强烈的飞翔动感，充满了活力，寓意着海尔人为了实现创世界名牌的目标，不拘一格，勇于创新。《孙子兵法》上说，“能因敌变化而制胜者谓之神”，信息时代全球市场变化非常快，谁能够以变制变，先变一步，谁就能够取胜。

海尔在不断打破平衡的创新中，又要保持相对的稳定，所以，在“海尔”这两个字中都有一个笔画是在整个字体中起平衡作用，“海”字中的一横，“尔”字中的一竖，“横平竖直”，使整个字体在动感中又有平衡，寓意变中有稳，企业无论如何变化都是为了稳步发展。

2004 年 12 月 27 日，在海尔创业 20 年全球营业额 1 000 亿元时启用新的标志，意味着海尔又站在了一个新起点上，这个新起点就是战胜自我，打破平衡，重新开始，争取更大的发展。海尔新标志的灵魂就是：永远不断地为用户创造更大的价值！

（2）企业宣传

如（海尔绿色奥运系列亮相）北京 2008 年奥运会白电赞助商，海尔在全国各地隆重召开了“绿色奥运 HOT 中国”新闻发布会，在会上，全系列极具奥运特色的家电产品全面上市，成为社会各界关注的焦点。这样一来也大大提高了该品牌的知名度。

（3）流动信息的传播

通过企业的运作来传播企业的形象。海尔在经销场所所销售的产品，员工的制服，企业专用的信封、信纸、交通运输工具上面的企业的标志、名称，不时地冲击着观者的眼球。让员工了解企业的形象和定位，培养员工身为企业一员的骄傲和责任感，让客户接触到企业的概率增加，使客户更加熟悉企业，给客户以规模化的印象。

2. 海尔理念识别（MI）

海尔精神：敬业报国，追求卓越。

海尔作风：迅速反应，马上行动。

经营理念：真诚到永远。

市场信誉：用户是海尔的衣食父母。

管理理念：管理是海尔腾飞之魂。

管理模式：日清日高，日事日毕，全员自我管理。

质量观念：质量是海尔生存之本。

战略思想：三大一活一统一的大集团战略，即大品牌、大科研、大市场、资本活、企业文化统一。

品牌战略：海尔总目标下的名牌产品群战略，企业牌—产品牌—行销牌。

资本营运：无形资产兼并盘活有形资产。

技改理念：不在低水平上重复投资，先有市场，后有工厂。

服务理念：用户永远是对的，国际星级服务。

人才观念：人人是人才，赛马不相马。

3. 海尔行为识别（BI）

海尔集团坚持全面实施国际化战略，已建立起一个具有国际竞争力的全球设计网络、制造网络、营销与服务网络。

在国内市场，海尔冰箱、冷柜、空调、洗衣机四大主导产品的市场份额均达到 30% 左右；在海外市场，海尔产品已进入欧洲 15 家大连锁店的 12 家、美国 10 家大连锁店的 9 家。在美国、欧洲初步实现了设计、生产、销售“三位一体”的本土化目标。

企业形象自测题

1. 企业没有抢手的商品或没有令人刮目相看的部门　是□　否□
2. 员工薪酬比其他同业公司低　是□　否□
3. 经常被询问：“贵公司是做什么的？”　是□　否□
4. 负债率高　是□　否□
5. 招聘人才采用内定方式　是□　否□
6. 企业负责人从不在大众媒体露面　是□　否□
7. 商标陈旧　是□　否□
8. 扩展海外市场行动迟缓　是□　否□
9. 商品经常打折扣销售　是□　否□
10. 员工平均年龄较大　是□　否□
11. 主要部门的成长率未达到 5%　是□　否□
12. 企业从不参加地方的社区活动　是□　否□
13. 企业名称与其产品不吻合　是□　否□
14. 向企业咨询事情要超过一天才能答复　是□　否□
15. 宣传广告预算少　是□　否□
16. 经常有顾客抱怨产品的缺点　是□　否□
17. 10 年来该企业未伸出新的触角　是□　否□
18. 高层管理人员都是家族亲属　是□　否□
19. 没有女性主管　是□　否□
20. 研究开发制度和能力低于同业水平　是□　否□
21. 企业理念缺乏说服力　是□　否□
22. 曾有经营赤字纪录　是□　否□

以上 22 个问题，答“是”即得 1 分，答“否”即得 0 分。

0 分：企业形象良好；

1～5分：克服缺点后即能提升企业形象；

6～10分：企业形象在平均线以下，亮红灯；

11分以上：企业形象极差。

4.1 企业形象策划概述

要理解什么是企业形象，首先要知道什么是形象。所谓形象，按《现代汉语词典》的解释是“能引起人的思想或感情活动的具体形状或姿态”。也就是说，形象本身既是主观的，又是客观的。其主观性是由于人的思想和感情活动是主观的，是人对事物的具体形状或姿态的印象、认识、反映及评价；其客观性在于形象是事物本身具有的具体形状或姿态，是事物的客观存在，是不以人的主观评价为转移的。

企业形象是社会公众和企业员工对企业的整体印象和评价，是企业的表现与特征在公众心目中的反映。任何企业都有一个属于自己的独特的形象。或卓越优异，或平凡普通；或真善美，或假恶丑；或美名远扬，或默默无闻。良好的企业形象可以使企业在市场竞争中处于有利地位，受益无穷；而平庸乃至恶劣的企业形象无疑会使企业在生产经营中举步维艰，贻害无穷。概括地说，企业形象主要是社会公众和企业员工通过对企业的理念识别、行为识别和视觉识别而得到的整体印象和评价。所以，企业形象策划通常都通过导入CIS系统来实施。

4.1.1 CIS的内容

CIS（corporate identity system）主要由三个子系统组成。

（1）MIS（mind ididenty system）理念识别系统，包括企业哲学、价值观念、经营宗旨、经营方针、经营策略、伦理道德和企业精神。MIS是CIS的核心部分，是CIS的“心脏”。

（2）BIS（behavior identity system）行为识别系统，包括生产技术行为、管理行为、营销行为、服务行为等，都要形成以MIS为指导的标准化、个性化的行为规范。BIS是CIS的重点，是CIS的“手”，是MIS在行为上的表现。

（3）VIS（visual identity system）视觉识别系统，包括企业的标准字体、标准色、标志、象征图案（或装饰花边），以及由这四个要素结合构成的企业组合标志。

将基本的视觉识别系统应用于企业的产品、职工服饰、建筑物、环境、自办媒介、展示、赠品、广告、交通运输设备、事务用品等视觉识别系统要素，形成企业视觉识别应用系统。VIS是CIS的关键，是CIS的“脸”，是MIS在视觉上的表现。

4.1.2 企业导入CIS的意义

CIS是英文“Corporation Identity System”的缩写，最常用的含义为“企业识别系统”。其中Identity一词有身份、个性、本身、识别、认同、同一等多重含义，因此，CIS也被称为企业形象策划、企业设计系统、企业同一性设计等，在日本则把CIS延伸为企业形象战略（corporation image strategy）。对CIS的内涵国内外尚无统一定论，常以CI、CI

战略、CI 策划、CI 计划、CI 系统、CI 设计等来通称。简单地说，CIS 是企业用于市场竞争的一切设计都采用一贯性的统一形象，运用视觉设计和行为展观将企业的理念及特性视觉化、规范化、系统化，通过各种传播媒介加以扩散，来塑造独特的鲜明的企业形象，使公众对企业产生一致的评价和认同，从而增强企业的整体竞争力。导入 CIS 后，会使企业从深层的企业理念到表层的企业标识都发生积极性的改变，从而确立企业的主体性和统一性，并通过有效快速的企业信息传播，全面提升企业形象。

总的来说，企业导入 CIS 的意义有以下几点。

1. 提升企业形象

CIS 作为企业形象策划与企业形象战略，其导入最主要的目的是塑造良好统一的企业形象，提升企业知名度和美誉度，并起到加速推进作用。所谓企业形象，就是社会公众对企业总体、概括的认识和评价。良好的企业形象是企业一项重要的无形资产，它已成为企业核心的竞争力之一。日本 CI 专家研究认为，现代企业中，企业的竞争力取决于商品力（商品的质量、性能、价格、品种、式样、包装等）、销售力（销售与服务网络、促销手段等）、形象力（企业或品牌的知名度、美誉度、信任度等）。企业之间的竞争已由产品竞争、推销竞争、市场营销竞争进入到形象竞争的时代，采取适宜的企业形象战略，塑造良好的企业形象，在企业发展中起着至关重要的作用。良好的企业形象有助于企业的产品和服务赢得顾客的信任，良好的企业形象有助于增强企业的凝聚力和吸引力，良好的企业形象有助于企业获得社会各界的支持以及政府部门的重视和帮助，良好的企业形象有助于企业在竞争中赢得优势等。

当然，也不能把 CIS 与企业形象策划混为一谈，因为，在塑造企业形象过程中，除了 CIS 外，广告、公关、促销、宣传等手段都能起到提升形象的作用，但产生的作用各有大小，侧重面也有所不同。据国际设计协会 1987 年估计，CIS 导入的投入与收益比例为 1∶227，而广告投入与收益之比为 1∶30。事实上，CIS 中已经有机地包含了广告、公关、工业设计等学科的内涵，是一种整体形象的统一策划与设计，它比单纯的广告、公关、促销、宣传等手段在形象塑造和增进效果方面所产生的作用将更大，过程会更加科学、有序、合理，创名牌的周期也将大为缩短，广告宣传费用将大量减少。因此，CIS 是目前为止塑造企业形象最佳的手段和方式。

2. 确立并明确企业的主体性

这是 CIS 的内部整合功能。所谓“主体性”，即企业的同一性，或自我的一致性，也就是把自我和他物区别清楚，并保持一贯的自我主张。如果企业名称、标志不能表现出企业的特性，传达的含义与企业的产品、服务理念相差甚远，或者群体成员对企业的信念、价值、目标认识不一致，内部成员（企业）不能相互沟通与认同，成员对企业缺乏向心力等，那就缺乏“统一性”，亦即自我不一致。这样的企业就无法进行有效的信息传递活动，企业形象呈分散、割裂、模糊的状况。

CIS 中的“Identity”即含有个性、认同、同一性等含义，CIS 的原则之一就是同一性。因此，确立并明确企业的主体性是导入 CIS 的重要目的。CIS 通过统一企业文化理念，进而统一企业行为规范和视觉识别，来明确企业的主体个性和同一性，来强化企业的存在价值，提高企业成员对企业的认同感、归属感和忠诚度，团结关系企业，增强企业的凝聚力和向心力，激励士气。

确立企业的主体性也是塑造良好统一的企业形象、进行有效的企业信息传播的基础。

3. 有效快速地传递企业信息

这是CIS的对外传播功能。企业信息的传递过程，也是企业形象的传播过程。企业与社会公众之间信息传递和沟通广泛，企业内部可向外部传递的信息很多，不同部门向外传递的信息的侧重点、途径和方法各不相同，社会公众接收企业信息的来源也各不相同，如果缺乏完整统一的识别系统，很容易使企业形象支离破碎。因此，对企业信息的传递必须有统一而系统的计划、安排，以统一的形式表现出来，以便于增强信息的可信度和识别性，塑造一致的企业形象，使社会公众对企业产生认同感和信任感。同时，企业信息和企业形象的传递必须保证效率和效果。CIS正是满足这些要求的较佳的信息传播途径和手段，它能够保证信息传播的统一化、规范化、系统化、程序化，并使传播更经济有效。CIS视觉识别系统建立后，各成员企业或企业各部门可遵循统一的设计形式，应用在各个设计项目上，一方面可以收到统一的视觉识别效果；另一方面可以节约制作成本和时间，减少设计时无谓的浪费。尤其是编制标准手册之后，可使设计规范化、操作程序化，并可保证一定的设计水准。同时企业所传达的信息，若其出现的频率与强度充分且适当，则会提升传播效果。统一化、系统化的视觉形象会加强传达信息的频率与强度，产生倍增的传播效果。

另外，导入CIS还可达到增强社会公众信赖，吸引优秀人才，改善企业与外部的关系，简化内部管理，使产品设计、生产经营方式、促销手段更加理性、有序和优化等目的。总之，导入CIS的最终目的仍然是为企业经营目标服务，是为了实现企业利润的最大化。

4.2 企业导入CIS的一般原则

4.2.1 企业导入CIS的系统性

导入CIS的系统性有两层含义。

首先，CIS作为企业识别系统与整体形象战略，它是一个有机的整体，由三个相互联系的子系统构成：理念识别（系统）、行为识别（系统）、视觉识别（系统），要注意使三者协调和谐，形成一个规范的大系统，起到协调放大作用，即1+1+1>3。完整而有效的CIS应是企业理念、文化、经营方针、经营目标、发展战略、行为准则、经营作风、组织管理、社会责任等企业内隐形象与企业名称、标志、代表色、产品、服务、广告、包装等企业外显形象的整合，是一个有密切内在联系的不可分开的整体。

其次，导入CIS的系统性是指企业要把CIS的导入作为一项系统工程来实施，它涉及企业这个组织系统的全员性、全范围、全面的方法与手段。所谓全员性，是指CIS导入需要企业全体员工的共同努力、积极参与和广泛支持；所谓全范围，是指企业生产经营的各个部门、各个环节、各个过程的方方面面均要体现CIS的理念精神、行为指南、视觉传达的要求，不能各部门或各环节自搞一套，而割裂整体的有机联系；所谓全面的方法与手段，是指要运用各种有效的媒介、活动和方法、手段，把企业的整体形象信息传递给社会公众。

总之，导入 CIS 的系统性是指 CIS 本身和企业组织本身都要从系统整体出发来展示形象，而不是支离破碎地传递企业形象信息。

4.2.2　企业导入 CIS 的统一性

CIS 的三个子系统 MI、BI、VI 各自自成体系，不仅要使三者内部各自统一、协调，而且要使整个 CIS 体系统一、协调，形成统一的企业识别系统，使企业形象在各个层面得到有效的统一。具体表现为企业理念、行为及视听传达的协调性，产品形象、经营策略与精神文化的和谐性。

CIS 的统一性还有利于保持 CIS（视觉识别系统）的相对稳定性。如果某一要素（如经营策略、产品结构）有所变化，都可直接地以 CIS 的基本形象要素加以延伸包装，从而很快取得社会公众的认同。

同时 CIS 导入的统一性还要求企业传播活动也必须实行统一性，让企业各种信息的传播都围绕 CIS 的要求，对公众实施一致性冲击，形成一贯性作风和统一的“形象合力”，从而产生规模影响。

4.2.3　企业导入 CIS 的差异性

CIS 的根本目的是塑造具有鲜明特色的个性形象，它归根结底是一种差异性（个性化）的战略，日本著名 CI 设计专家中西元男有一句名言：“CIS 的要点，就是要创造企业个性。” CIS 中的“Identity”一词本身就具有“身份、个性、特性”的含义。

因此，差异性是 CIS 的本质特征，这种差异性不论是在企业名称、标志、标准字、标准色、广告、包装、口号等方面，还是在企业经营理念、经营策略、管理制度等方面，都要显示企业特色，将企业特有的个性展示于消费者面前，而不是照搬别人的模式。即要创造差异，以“异”形成优势，以“优势”谋取成功。企业形象通过差异化设计以后，不仅有利于社会公众在庞杂的信息中识别企业和认同企业，也有利于表现本企业与其他企业在产品或服务上的差异，从而树立企业独特的形象。

4.2.4　企业导入 CIS 的长期性

CIS 的导入是一项艰巨的系统工程，它涉及企业的方方面面，是企业从“外表”到“灵魂”的革新。运用 CIS 来强化企业的统一精神，培育自我独特的企业文化，需要长时间的积累与培养。要使企业形象真正得到社会公众的认同和支持，也不是短期就能奏效的。因此，导入 CIS 不是一朝一夕的事情，也不是通过一两个成功的活动便能一劳永逸的，必须树立长期的观念，有计划、按步骤地实施。导入 CIS 本身就包括策划、实施，完整地做下来，国外企业一般周期在 10 年左右，即使只是部分导入，也往往需要 3～5 年的时间推行。企业导入 CIS 实际上是一种无形资产的投资，其特点是：投入是多次的、长期的、坚持不懈的，才能逐渐塑造出良好的企业形象来；投入的回收也不可能在短期内一次性完成，而且有滞后性和长期的、不断的回收的特点。企业导入 CIS，企业标识、行为准则、企业精神等设计的完成和明确，只能算是 CIS 实施的开始，企业还必须在 CIS 的要求下，进行长期的坚持不懈的努力追求。“虎头蛇尾”是我国企业存在的通病，高标准、严要求、常抓不懈的管理恰恰是导入 CIS 的关键环节。

更为重要的是，CIS 是一个只有始点而无终点的运动过程。企业导入 CIS 的过程中，时代的变迁、企业环境的变化，如经营方向、经营策略、关系企业、产品结构、组织机构的变化，都会使企业形象的要求发生变化，CIS 也应随着内外环境的变化而不断进行局部更新，或全面更新，甚至进行多次 CIS。因此导入 CIS 的长期性也是指 CIS 的动态性与适应性，是一个不断适应外部环境，与企业具体实际相互结合、相互促进和提高的过程。

4.2.5 企业导入 CIS 的可操作性

CIS 并不是一种空洞抽象的哲学与完善理论的空中楼阁，也不是装点门面、追求时髦的一种手段，而是一种理论与实践有机结合的、实实在在的企业整体形象战略和战术，具有很强的科学性和应用性，它必须是可以操作的，是企业形象塑造的行动指南。CIS 的操作应用性主要体现在四个方面：必须有一套贯彻宣传企业理念的具体方法；必须有一套可具体执行的行为规范；必须有一套能形象直观地体现理念的视听传达设计；CIS 方案的每一个环节都必须是可操作的，对存在的问题都必须有相应的解决措施。

4.3 企业形象策划的流程

企业导入 CIS 是一项系统工程，虽然因企业特点、经营范围、导入动机的不同，在设计规划的流程与表现的重点上有所区别，但基本程序步骤大同小异。CIS 的导入程序大致可分为准备、调查分析、策划、设计、实施五个阶段。

4.3.1 准备阶段

导入 CIS 活动正式开始之前，实际上都有一个准备阶段，主要任务是确认导入 CIS 的动机目的，制订基本计划，落实人、财等条件，为正式启动导入计划做必要的准备。

企业基于内部自觉的需求或迫于市场经营外在的压力，在诊断自己、重新认识自己的基础上，产生了需要导入 CIS 的想法，然后由企业负责人倡议，或由企业广告公关、宣传、销售等部门负责人提出倡议，或由外界人士（如策划、咨询、设计公司）推崇，提出导入 CIS 的提案。提案者必须根据企业现状确认导入 CIS 的动机和目的。企业领导必须组织有关人员慎重讨论实施 CIS 的理由，明确实施的意义和目的。导入 CIS 的提案被批准后，一般应组建 CI 委员会（CIS 工作小组），其成员由企业主要负责人、部门负责人、CIS 专业公司人员组成，主要任务是 CIS 计划的制定与实施、确立 CIS 的项目与日程安排、制定预算费用、进行必要的预备调查。准备阶段完成后，应提交一份规范的 CIS 提案书，内容一般包括：导入 CIS 的理由和背景、基本方针、计划项目与日程安排、负责机构、项目预算、预期效果等。

4.3.2　调查分析阶段

提交 CIS 提案书并获得企业领导或董事会的通过，CIS 进入实质性阶段，首先从调查分析阶段开始。调查分析的任务是确定调查内容、调查问题与问卷设计、调查对象、调查方法、调查程序与期限、调查结果分析等。

CIS 的调查内容重点是对企业经营现状、企业形象及具体项目要素的调查，包括内部调查与外部调查。企业内部调查包括企业的经营状况、经营理念、企业精神、组织结构、员工素质、内部形象、现有视觉识别系统、企业的信息传播渠道等；企业外部调查主要着重于消费市场环境、相关企业形象、社会公众对企业形象的认知和评价等。

调查前应制定一个调查计划流程表，并以此计划来控制调查作业进程。调查结束后，应对调查结果进行综合分析，写出调查报告书。

4.3.3　策划阶段

在充分调研的基础上，深入分析企业内部和外部认知、市场环境和各种设计系统的问题，进行企业未来的总概念定位，构筑理念系统，研讨形象塑造方案。

在策划阶段，要对调查结果做出综合性结论，归纳整理出企业经营上的问题，并给予有效的回答；还要对本企业今后的思想、活动及形象构筑方向，提出新形象概念，设定出基础设计的方向，并根据总概念构筑基本理念系统。如果把下一阶段的设计比做形象概念展开的话，那么策划阶段就是整个形象概念的总设计。

策划阶段结束时，应提交一个能表达总体策划思想和战略的总概念报告书，提出 CIS 计划的基本策略、理念系统构筑、开展设计的要领、未来管理作业的方向等。

4.3.4　设计阶段

即将前面总概念书设定的基本概念、识别概念等转换成行为和视觉表达形式，以具体表现企业理念。

企业行为设计既要有理论深度，又要具有可操作性，这使行为设计成为 CIS 策划中的难点，必要时可先进行小范围试点。行为设计的最高要求是科学性、规律性和可操作性，以及能够被员工所接受。

视觉识别设计可分为三个步骤：第一，将识别性的抽象概念转换成象征性的视觉要素，并对其不断调查分析，直到设计概念明确化为止；第二，创造以实体象征物为核心的设计体系，开发基本设计要素；第三，以基本设计要素为基础，展开应用系统要素的设计。

4.3.5　实施阶段

这一阶段重点在于将设计规划完成的识别系统制成规范化、标准化的手册和文件，策划 CIS 的发表活动、宣传活动，建立 CIS 的推进小组和管理系统。

在实施阶段，一般应进行的工作有以下几项。

（1）选择时机对内对外进行 CIS 计划的发表。CIS 的发表一定要选择好恰当时机，否则可能会事倍功半。可选择企业纪念日、企业重大活动、新产品上市、成立新公司或组建企业集团等时机，但一般不宜选择在有重大社会事件发生、重大会议召开之时发表，以免被社会公众忽视，产生不了应有的效应。当然，也可把重大社会事件与热点问题与企业导入 CIS 的活动联系起来，如果策划得当，便能引起社会公众的关注，从而起到事半功倍的效果。

CIS 的对内发表一般应早于对外发表，应对企业内部员工做一次完整的 CIS 宣传说明，进行 CIS 的教育与训练，以便统一员工认识、激发员工的热情、强化员工的决心，使他们在 CIS 实施过程中能了解、支持企业的 CIS 计划，自觉执行各项计划，积极参与企业各种内外活动。对内发表的主要内容有：CIS 的意义以及企业实施 CIS 的目的、企业员工与 CIS 的关联和必要的心理准备、实施 CIS 的过程、关于新的企业理念的说明、关于新标志的说明、识别系统设计的管理和应用、统一对外的说明方式。

CIS 的对外发表主要是通过广告公关活动与新闻报道的形式，宣传企业导入 CIS 的新视觉设计系统、理念体系以及有关 CIS 的重大活动，让社会公众广泛知晓企业的 CIS 运行与企业形象的全新面貌。

（2）推行 CIS 相关计划与活动。对于与 CIS 相关的计划，必须考虑其应用问题，以及在企业内有效推行的方法。要进行员工培训与内部架构的调整，通过培训和教育使企业理念成为企业员工的共同价值观，规范行为举止，并透过行为来传播企业理念，“员工决定企业形象”，并把视觉识别系统的基本要素广泛应用于各种应用要素和各种场合上，全方位展示识别系统，开展各种广告、公关宣传活动来塑造新的企业形象。

（3）建立相应机构，监督 CIS 计划的执行，并对导入和推行 CIS 的效果进行测定和评估，以便肯定成绩，总结经验，发现问题并找出改进方法，对下一步的工作进行某些调整，以期取得更好的成绩。

4.4 企业形象策划的内容

CIS 由三大基本要素构成，即理念识别（mind idcntity，MI）、行为识别（behavior identity，BI）、视觉识别（visual identity，VI）。这三者各有其特定的内容，形成三个识别子系统，相互联系，相互制约，共同作用，协调运作，形成完整的 CIS 企业识别系统。

CIS 中的三大基本要素各具特点，并且三者重点不一。MI 作为理念识别，是企业最高层的思想系统和战略系统，它是企业的灵魂，是 CIS 的核心和原动力，被形容为 CIS 的“心脏”。它通过 BI、VI 表现出来。BI 作为行为识别，是企业内外各项运行活动的行为方式，是动态的识别形式，被形容为 CIS 的“手”。它规范着企业内部的组织、管理活动与对外的经营过程和社会活动，实际上是企业的运作模式。VI 作为视觉识别，是体现企业经营理念和精神文化的外在化的视觉形象设计，是 CIS 最直观最外在的部分，是静态的识别符号，被形容为 CIS 的“脸”。也是 CIS 中与社会公众联系最为密切、影响层面最为广泛、效果最为直接快捷的向社会传递企业信息的部分。同时 VI 本身具有美学价值，能艺术地提升企业形象。

4.4.1　理念识别（MI）策划

1．理念识别系统的基本内容

MI（mind identity）是 CIS 的核心和基本精神之所在。

mind（理念）是强调与 body（肉体）相对的“心”、“精神”、“意识”、“理念”的意思，作为现代企业管理的术语，mind 主要是指企业的经营思想、经营理念，可以看作企业的“心”、“脑”或“灵魂”。理念识别既包含了企业理念的统一性，即企业内外上下都必须一致，又包含了独立性，亦即每个企业的理念要有区别于其他企业的独特性，只有具有独立性才能达到识别的目的。因此，企业理念识别（MI）是体现企业自身个性特征的，促使并保持企业正常运作以及长远发展而构建的反映整个企业明确的经营思想的价值体系。

企业理念对企业活动、企业形象传达具有“中枢神经系统”的统帅指导作用。没有理念的企业只是一具空壳、一盘散沙，没有理念识别的 CIS 只是“一种装饰”，形成不了一种体系。

企业理念识别系统主要有以下几项基本内容：企业使命、企业精神、企业价值观、行为准则和道德规范。其他常提到的还有经营方针、经营哲学、企业文化、经营目标、经营战略等。

（1）企业使命。企业使命即企业的存在意义，是企业由于社会责任、义务所承担或企业自身发展所规定的任务。任何企业都有自己的经营目的，都有自己在社会上存在的价值。只有树立明确的使命感，才能满足企业成员自我实现的需求，持续地激发他们的创造热情，也才能赢得公众更普遍更持久的支持、理解和信赖。

企业使命一般至少包含两层含义：一是经济使命。企业作为一个经济实体，都是为了追求一定经济效益而存在的，这是企业最基本的目的。二是社会使命。企业作为社会的一分子，除了追求盈利，还必须承担企业对社会应尽的责任。

（2）企业精神。企业精神是企业认定的在生产经营活动中应该遵循的根本原则及共同的理想信念和追求。它是企业的基本信念，集中体现了企业共同的理想、价值观、经营哲学和道德规范。它是企业员工的群体意识，对企业员工具有巨大的导向和激励作用。例如它可以使企业价值观、企业信念、企业经营哲学等是上进、乐观、积极、开拓的，也可以使它们是退缩、悲观、消极、封闭的。因此，企业精神是企业理念中的决定性因素，它影响着其他企业理念要素的性质，它也可以说是整个企业活动的灵魂。

具有积极意义的企业精神，一是应具有时代精神，符合时代发展的大趋势；二是与企业的战略目标吻合，符合企业发展的实际和远景目标。并且要善于把企业精神融合于管理风格之中，形成统一的理念。

许多成功企业都有自己独具特色的企业精神，例如：

松下精神：“产业报国、光明正大、团结一致、奋斗向上、礼貌谦让、顺应潮流、感恩报德。”

日立公司将其企业精神总结为三点，即“诚、和、开拓精神”。“诚”代表产品的信赖度，即通过严格的质量管理，给顾客提供最佳产品；“和”就是要求所有员工广开言路，团结一致，发挥整体战斗力；“开拓精神”就是要求继往开来，永不停止地开拓、前进的精神。这种“日立精神”既具有民族传统思想特点，又具有鲜明的时代特征。

海尔集团的企业精神：“敬业报国，追求卓越。”

（3）企业价值观。企业价值观是企业理念系统的基础，是企业内部形成的、全体成员共同认同的对客观事物的认识和观点，即企业认为什么最有价值，什么没有价值，以及这种价值观念的明晰程度。价值观作为一种意识形态，它对企业行为产生了一系列重大影响，调节和控制着员工的情绪、兴趣、意志和态度，决定着员工的信念、道德标准，规范着员工的行为，并贯彻到企业的生产、销售、服务、广告等各个方面。如财富观、人才观、竞争观、审美观、时间观等。

如松下公司独特的价值观——松下育才的七把钥匙。

① 培育人才的公司：“松下电器公司是培育人才的公司，并且兼做电器制品。”

② 要有尊重人类的基本精神：以人道主义精神来尊重别人：员工、顾客和用户。

③ 让员工明确经营观念和使命感：为社会服务。

④ 彻底教育员工企业必须获利：企业是社会经济细胞，是国家财政收入的重要源泉。因此，赚钱是企业生产经营的目的。

⑤ 致力于改善劳动条件与充实福利：“经营理念或使命感无法完全取代物质。”

⑥ 让员工拥有梦想：人有梦想，才有希望，人有某种希望，才能进步成长。

⑦ 以正确的人生观为基础。正确的人生观是人才成长的方向、动力和人才价值。

（4）行为准则和道德规范。它是企业价值观的表现；是指导和调节员工从事生产经营的各种活动、处理人际关系、确立交往关系的行为要求。行为准则是企业内部员工涉及企业生产经营活动的一系列行为的标准、规则，道德规范是企业在生产经营活动中自然形成的，对客观事物及各种利益关系的善恶、荣辱、是非、真伪的判断、评价和取舍。

2. 企业理念的表现形式

（1）标语、口号。企业理念有着丰富的内涵，但是为了使理念便于公司内外了解，便于理念传播和执行，往往把企业理念的核心内容提炼概括为一句言简意赅、凝练的口号。

从现状来看，企业理念的概括越来越抽象。表面上看起来显得有些空洞无物、不着边际，实际上它把无形的思想观念变成有形的“量度”凸显出来，作为统一的意志和行动的指南，深入人心，感召员工，辐射公众。

大庆油田的“铁人精神”教育激励了一代又一代石油工人，便是精神口号激励作用的真实写照。

标语与口号的内容和形式基本相似。口号是用生动有力、简洁明了的句子，使之激动人心，一呼百应。以下列举几家有代表性的企业理念口号。

宁波雅戈尔：装点人生，还看今朝。

广东三九企业集团：敢于探索，不怕失败。

海尔集团：真诚到永远。

鄂尔多斯：温暖全世界。

日本本田：创新经营，全球观点。

日本日产：品不良在于心不正。

美国 IBM：IBM 就是服务。

美国杜邦：为了更好地生活，制造更好的化学产品。

美国麦当劳：企业理念是“QSCV（Quality，Service，Clean，Value）”——品质上乘、服务周到、清洁卫生和物有所值；宣传标语是“世界通用的语言——麦当劳”。

中国台湾统一企业：三好一公道——信誉好、品质好、服务好、价格公道。

要把模糊、抽象而又分散的意念结合起来，概括成明确、精炼、形象、生动、富有感染力的企业思想，需要非凡的创意和高超的语言驾驭能力。企业理念口号的概括和表达应当做到：

① 简明扼要，一般不超过 12 字，太长使人不易记忆。

② 确实体现企业理念，不可任意杜撰。

③ 要有公司自己的个性，不可雷同。

④ 尽量体现公司名称和行业特色。

怎样才能使企业理念的表达富有个性、形象生动呢?几种独具特色的表达方式可供参考。

① 比喻式表达。同样是开拓创新，日本索尼公司表述为“豚鼠精神”（豚鼠在茫茫的黑夜里总是不停地挖掘），美国的玫琳凯化妆品公司则表述为“大黄蜂精神”（大黄蜂不理会自己的翅膀太软，身体太重，而仍然不停地飞）。这两种比喻表达生动并突出了个性，索尼公司的开拓创新是“干别人不敢干的事”、索尼应成为开拓先锋，这是一种很难确定方向，失败了外人也很少知道其艰辛的开拓，因而最需要的是暗地里持续不断地使劲地“豚鼠精神”；而玫琳凯公司所说的开拓创新是销售方面的，若展销会失败则是众目睽睽的，因此最需要敢于在光天化日下用软弱的翅膀载着笨重的身体去飞翔的“大黄蜂精神”。

② 故事式表达。给企业精神取一个富有个性的名称，通过讲创业史中的一个故事来阐明其依据，并进一步展示它的内容。

③ 品名式表达。即用企业或产品、商标名称来表达企业精神。

④ 人名式表达。如用“铁人精神”来表达大庆精神，具有个性，富于感染力。

（2）广告。广告是树立企业形象的有效形式之一。广告不等于企业理念的内容，但却有一定的联系，广告语要体现出企业理念的内在精神，企业理念一般比较稳定，而广告语可以根据不同产品、不同时期、不同地域、不同环境加以灵活改变。

如雅戈尔广告词：“装点人生，还看今朝——雅戈尔衬衫、西服”。

（3）企业歌曲。即把企业理念的有关内容，谱成企业的歌曲。歌曲一方面以通俗易懂、朗朗上口的词句和优美流畅的旋律起到感染人的情绪的目的；另一方面又可以达到松弛、放松的目的。优秀的企业歌曲能够激起人们团结、奋发向上的激情。

（4）企业座右铭。企业座右铭本质上还是企业信条、企业标语、价值观。准确地说，企业座右铭是企业领导人遵循的准则，它可以用横幅、条幅等书法形式陈列于办公室内。

（5）条例、守则。把企业价值观、行为准则和道德规范等列为若干条例，作为文件、守则在企业内部公布，使之具有某种制度性的作用和效力。例如，把条例印成手册，人手一份，组织学习、朗读、记忆，并落实在行动中。

3. 企业理念的策划

（1）企业理念的定位和设计。目前国内研究者将企业理念的定位分为五种模式：

① 抽象目标型。用精练的词汇概括地反映企业追求的精神境界或发展方向。这类理念往往与企业生产经营目标结合起来，直接地反映在企业口号、标语之中。

杜邦公司："为了更好地生活，制造更好的化学产品"；

宁波杉杉："立马沧海，挑战未来"。

② 诚实型。反映企业团结和谐、诚实奋斗的优良传统和团队精神。如北京同仁堂："兢兢小心，汲汲济世"。

③ 技术型。突出强调企业名牌产品与优异质量、技术开发创新的形象，如上海英雄股份公司的"至尊'英雄'，卓越风范，赶超一流"。索尼公司的"永不步人后尘，披荆斩棘开创没人敢于问津的新领域"。

④ 市场经营型。强调市场的拓展与争创一流的业绩。如百事可乐公司："胜利是最重要的"、"为了前进必须击败竞争者"，上海华联集团："创造顾客"。

⑤ 优质服务型。突出为顾客，为社会服务的群体意识。如"IBM 就是服务"（IBM means service）。

企业理念定位时还必须考虑：

① 企业领导者的个性特征。

② 时代特点和社会特征。

③ 企业的个性（本企业是什么企业、本企业应该是什么企业、本企业将是什么企业）。

④ 企业的行业特色。

⑤ 符合国情等问题。

（2）企业理念的实施。理念识别的实施过程，实质上是理念识别渗透于组织与员工行为及视觉标志的过程。理念识别的实施目的在于将企业理念转化为组织共同的价值观，贯彻于员工的共同行动中。

企业理念由抽象的词汇概括到内化为员工的意识和自觉行为，是一个不断教育、渗透、贯彻、实践的过程。《日本型 CI 战略》（台译）曾将 CIS 理念的教化（实施）概括为五种价值共有化的构筑方式：反复、阐述、环境化、仪式及游戏、榜样示范。

① 反复。反复通常是采用"唱和"的做法。例如，朗读企业理念的小册子、宣读张贴在墙上的企业理念。但在实施前，要考虑时机、频率、对象的选择。在朗读企业理念时，要求采用洗练、简洁的口语化方式，避免太陈旧甚至命令式口吻。反复法也可利用音响，请职业播音员朗读，在公司里播放给全体员工听。有些公司甚至请名作曲家、作词家创作，并请歌星演唱。

② 阐述。阐述即指如何联系实际阐明自己公司的企业理念，使企业理念和自己融为一体，并在此企业理念的引导下，重新审视自己的工作，找出今后自己的方针，在小集体活动时发表感想，或者将这些感想刊载于 CIS 新闻、公司刊物上，再以此进行讲评或褒奖；也可以采用演讲、征文形式。

③ 环境化。环境化即将企业理念视觉化，以图案来象征企业理念，做成匾额、壁画、

海报、条幅等，设置于办公室、工厂或其他工作场所，可以达到直观形象的教育效果。

④ 仪式及游戏。象征仪式是企业理念的戏剧化。它既是传播理念的场所，又为员工提供对理念增强理解的蓝本。企业应该举行主题明确、气氛热烈的仪式，使全体员工热衷参与，成为提升员工士气的大会。

游戏是企业理念有创造力的一个方面，它形式丰富多彩，寓教于乐，使员工乐意参加，能够把大家维系在一起，并能缓和气氛，减少矛盾冲突，改善人际关系。

⑤ 榜样示范。榜样示范即利用英雄式的领导或先进人物起到示范作用。只要企业领导不是把企业理念当成装饰品，写在文件里，喊在口号中，而是言行一致，以身作则，起模范带头作用，员工就会向领导看齐，共同实践企业理念并形成自觉的行动。但是，采用榜样法要注意宣传时必须实事求是，不要人为夸大、拔高，更不能编造，否则一旦弄巧成拙，会令人反感。最好是平实中产生的榜样、不讨人厌的榜样，才是理想的偶像人物。

4.4.2 行为识别（BI）策划

1. 行为识别系统的基本内容

当企业理念确立之后，就要通过一定方式把信息传递出去，让社会公众通过传递的信息认识企业，了解企业，对企业产生认同感。传递企业理念的信息渠道主要有两条：一条是静态的视觉识别系统（VI）；另一条是动态的行为识别系统（BI）。

如果说 MI 是 CIS 的“想法”的话，那么 BI 就是 CIS 的“做法”，它把抽象的企业理念落实到具体的生产经营活动中。行为识别在理念识别的统摄和指导下，对内建立完善的组织、管理、教育培训、福利制度和行为规范，对外则通过产品开发、市场营销、公共关系、公益活动等方式传达企业理念，从而获得社会公众的识别和认同，为树立企业良好的形象服务。

企业行为识别系统的内容相当广泛，大体上可分为对内和对外两个方面。

对内方面的活动有：员工教育、业务培训、作业合理化、工作环境、福利制度、公害对策、研究发展、礼仪规范。

对外方面的活动有：市场调查、产品开发、促销活动、广告活动、公共关系、公益文化活动、信息沟通、竞争策略。

具体活动内容应根据每个企业的个性和实际需要，制定章程、程序、准则、操作办法等规章制度来规范各项生产经营活动。

下面以美国麦当劳为例，说明其著名的 QSCV 理念是如何体现在行为规范中的。

Q——品质（quality）。麦当劳非常注意品质上乘，为了保证质量，规定了一整套严格的质量标准。拿与汉堡包一起销售的炸薯条为例，用作原料的马铃薯是专门培植并经精心挑选的，再通过适当的储存时间调整一下淀粉和糖分的含量，放入可以调温的炸锅中油炸，立即供应给顾客，若出锅后 7 分钟薯条尚未售出，一律废弃，从而保证食品味道不变。

S——服务（service）。麦当劳的服务也十分出色，其服务有三大特点：快速、微笑和家庭式。麦当劳一律采取“自我服务”的形式，服务效率非常高，碰到人多，顾客要的所有食品都事先放在纸盒式纸杯里，排一次队就能满足顾客所有的需要。在美国，麦当劳快餐店总是在人们需要就餐的地方出现，特别在高速公路两旁，到处都有麦当劳分店，在公路两旁设有标牌，上面写着“10 米远就有麦当劳快餐服务”，标明醒目的食品名称和价格，有的地方还装有通话器，旅客只要在通话器里报上所需食品，车开到店侧小窗口，就能一手交钱，一手取货，并马上驱车赶路。由顾客马上带走在车上吃的食品，不但事先包装妥当，而且还备有塑料刀、叉、匙、吸管和餐巾纸等，饮料杯盖则预先划好十字口，十分方便。“微笑”是麦当劳的特色，所有店员都面露微笑，热情与顾客交谈，使人觉得有一种亲切感。在住宅区设置有小型的游园地，供孩子边吃边玩，适合于家庭聚餐。

C——清洁（clean）。清洁、卫生是饮食行业的关键。麦当劳制定了严格的卫生标准，如工作人员不准留长发，女职员必须戴发网，顾客一走就必须揩净桌面，落在地上的纸片必须马上捡起来。员工行为规范中有这样一项条文：“与其背靠着墙休息，不如起身扫地。”为了使世界各地的分店都能确实遵行清洁卫生规定，麦当劳派出监察员赴各地巡查，并以巡查结果作为考察各地分店成绩的一项重要指标。

V——价值（value）。麦当劳的企业理念，有一段时期是 Q、S、C 三字，后来才加上 V。加上的理由，是为了传送麦当劳“提供更有价值的高品质物品给顾客”的理念，表达满足顾客多样化、高品质消费需求的观念，意即要附加新价值。现在麦当劳的餐食种类增加很多，促销活动丰富多彩。他们推出多种食品，制订出促销计划，各段时间轮番推出，让顾客产生期待感，常常光顾麦当劳连锁店。

麦当劳在导入行为识别（BI）后，为了保证企业行为高度的统一、规范，针对全体专业人员制定了一本达 385 页的行为规程。

主要行为规程有：

OTM——Operation Training Manas——营业训练手册；

SOC——Station Operation Chacklist——岗位检查表；

QG——Quality Guide——品质导正手册；

MDT——Management Development Training——管理人员训练等。

这些手册规定：麦当劳连锁店必须标准化，保证每个餐厅都提供同样的标准服务。把服务过程分为二十多个工作段，如收货、煎肉、炸薯条、送餐，甚至卫生间卫生检查等，每个工作都有 SOC，详细规定各个工作段应检查的项目、步骤和岗位职责。经理和员工都接受训练，有一整套课程，循序渐进，表现好的逐级晋升，升到副经理后，要送到芝加哥汉堡大学学习高级课程。这样，小到洗手消毒，大到管理晋升，都有手册，有程序，管理十分规范。另一方面，麦当劳还很重视建立“麦当劳大家庭”的观念，从经理到员工都互称名字，全体员工注重沟通和团结合作，每月开员工座谈会，充分吸收员工意见。每月评选最佳员工，邀请其家属来餐厅就餐。每年举行岗位明星大赛，每天公布员工生日名单，并以一定的形式祝贺。麦当劳的招聘广告是“欢迎你加入麦当劳大家庭”。

麦当劳正是通过这些行为识别系统（BIS），保证了 QSCV 理念的有效贯彻。

2. 企业内部行为识别

企业内部行为识别主要包括企业内部组织传播与行为规范化两个方面。

内部员工传播教育的主要方式有如下几种：

（1）CIS说明书。内容包括企业导入CIS的背景、过程，及制定的企业理念和企业识别。

（2）内部员工教育用幻灯片。即利用视频手段展示CIS说明书的内容。

（3）利用“公司报”或“CIS消息”等内部传媒来传递信息，并记录员工的意见和反映。

（4）员工手册。编印说明企业理念、企业行为规范、企业视觉识别的手册，让员工可以随身携带。

（5）企业内部的宣传海报。在海报中提出改革的口号，让员工有心理准备，提高员工士气。

（6）企业内部的沟通。如开展奖励企业员工使用本企业产品的活动，召开晨会、座谈会、设置公司留言板等，促进企业内部的信息交流和沟通。

（7）促进自我启发。如举办真正使CIS理念融入行为中的企业员工与主管讲习会等。

（8）改进服务。如改善电话应对态度、提高服务质量、提倡礼貌行为等。

企业在进行内部传播教育时，除了注意正式传播媒体的利用外，对非正式传播网络（如传闻、小道消息等）也不能掉以轻心，必须适当加以引导和利用。

企业内部的传播教育可以借助公司之歌来增强企业凝聚力。很多著名公司都有自己的歌曲。

将企业的理念、价值观贯彻在企业的日常运作、员工行为中，关键的问题是规范的确立以及通过管理机制来实施这些规范，即企业和员工的行为必须用规范化的制度来管理，大到企业决策与指挥的规范化管理，小至仪容仪表、电话礼貌、谈话礼节的规范化约束，都必须有一个大家共同遵守的行为规范。主要有以下几项规范化。

（1）企业领导机构与组织系统的规范化。即通过章程、制度等形式建立和完善领导制度，确定管理层次和管理幅度，合理设置组织机构和人员编制，明确各部门的职责和权力分工，以及相互之间的关系，使企业机制正常运行。

（2）企业决策与计划系统的规范化。即根据问题轻重缓急程度制定决策与计划的层次、程序、原则、标准、机构与权限等，以使每个问题都能得到及时有效的处理。

（3）各项专业管理的规范化。即对营销、生产、财务、研究开发、劳动人事、质量、信息等专业管理工作进行规范，制定工作流程，确定责任部门，并以此作为企业日常生产经营活动的准则和依据，使企业各项工作有章可循。

（4）部门工作与岗位工作的规范化。即通过责任制等形式，让部门及各个岗位明确自己的工作职责、工作范围、权力和利益，以及与其他部门的关系等，使每个部门和岗位职、权、利相连接，保证企业有序运转。

（5）服务与礼仪的规范化。包括服务态度、服务水准、仪容仪表、应对技巧、电话礼貌、体态语言、规范语言等，以体现企业和员工的精神风貌和素养。

3. 企业外部行为识别

它包括市场调查、产品开发、促销、广告、公共关系、宣传沟通、公益文化活动等。

4.4.3 视觉识别（VI）策划

1. 视觉识别系统的基本内容

企业视觉识别系统是将抽象的企业理念与价值观，通过静态、具体化、视觉化的传播系统，有计划、有组织、正确、快捷地传达给社会公众的各种传递方式。它是CIS中与社会公众联系最为密切、贴近，最为独特，具有极强感染力和传播力的要素。

根据心理学理论，一个人在接受外界信息时，经由视觉感官接受的信息占83%，来自听觉占11%，来自嗅觉占3.5%，来自触觉占1.5%，来自味觉占1%。如果利用这一特点采取某种一贯、统一的视觉识别，并通过各种传播媒体扩散，则可以在社会公众中造成一种持久、深刻的视觉效果，使社会公众能一目了然地掌握所传达的信息，并产生认同感，达到识别的目的。

2. 视觉识别系统的基本要素

（1）名称。名称包括企业名称和品牌名称，是用文字来表现的识别要素，但又不仅仅只是一个简单的文字符号，它是企业或产品整体、个性借助文字表现使之形象化，是企业理念的缩影和体现。它在宣传促销、扩大影响、树立形象、创造名牌等方面发挥着较大的影响。在其他条件类似的情况下，好名字能给企业带来更加丰厚的利润。

名称设计时还应考虑企业名称、企业标志与品牌名称、品牌标志是否同一化的问题。

（2）标志。标志包括企业标志和品牌标志，它是企业或商品的文字名称、图形或文字图形两者结合的一种设计。标志是用以区别不同经营者及其商品或劳务的标志，它通过形象、生动、独特的视觉符号将企业（或商品）的信息传递给公众。标志按表现形式又可分为文字标志、图形标志和组合标志。

① 文字标志。文字标志是指以特定、明确的字体造型组成的标志，往往能直接传达企业和商品的有关信息，运用较为广泛，国际商标中80%属于文字商标。为便于传播沟通，现在国际贸易中一般以多种文字形式相结合的标志较多。

② 图形标志。图形标志是指通过抽象或具体的图案来传达一定内涵的企业或商品标志。点、线、面等几何要素丰富的变化及组合，使得图形标志生动形象。但是，单一的图形标志不易准确传达商品信息且难以称呼。

③ 组合标志。组合标志是指文字与图形相结合的标志，它可汲取文字标志与图形标志的优点，克服不足。在图形中配以适当的字体，可使标志形象、生动、活泼，可视性、可读性更强。

标志设计时，表现标志的形式有两种：表音符号、表形符号。

表音符号是指直接借用语言符号作为标志，是表示语言音素及其拼合的语音的视觉化符号，如字母、汉字、阿拉伯数字、标点等，文字或语素、音素都是标志表现的基本手法。表音符号包括连字符号、组字符号、音形符号三种。连字符号是由音素、字母、汉字连接而成的相对完整的词语或句子；组字符号是取企业名称的字头字母组成，也包括单独字母；音形符号是表音符号和表形符号的结合。表音符号的特点是简洁明了，较少歧义，但印象平淡，标识性弱。

表形符号是通过几何图案或象形图案来表示标志。它能以简洁的线条或图形来表示一定的含义，形象性强、标识性好，但没有表音符号，不利于把名称和标志联系起来，因此在标志出现的场合，最好能配以名称。表形符号也有三种形式：抽象符号、象形符号、形征符号。抽象符号是用非象形图案或几何构形来表达某种事物的意义或概念。如奥林匹克的“五环”标志；象形符号是指直接刻画对象的特征形象的符号，也可以说是图案画。如国际羊毛局的“全羊毛”标志就是一团柔软的毛线；形征符号是抽象符号与象形符号的结合。如德国“奔驰”车的标志是在圆形内加三等分叶片组成，既有抽象的圆与三等分，又有象形的方向盘符号，如图 4-2 所示。

(a)“奥运五环”标志　(b)“全羊毛”标志　(c)“奔驰”标志

图 4-2　表形符号

（3）标准字。标准字包括中文、英文或其他文字。它几乎涵盖了视觉识别系统（VI）中的各种应用设计要素，其出现的频率较之图形标志有过之而无不及。由于文字本身具有明确的说明性，可直接将企业、品牌的名称传达出来，通过视觉、听觉同步传送，因而具有更强的传递作用，能强化企业形象与品牌形象的诉求力。

标准字不同于普通文字，它注重字体的造型设计，强调整体的风格和个体形象，通过笔画形状、背景颜色和字体的配置、字距的幅宽、线条的粗细搭配等设计，并加以视觉的修正调整，来丰富和增强文字的表现力。标准字的设计方法与企业标志设计基本是一致的，另外标准字设计还须注意以下问题。

① 标准字应与企业标志配合。

② 标准字设计应具有联想感。如在英文中“曲线构成的字体”让人联想到香水、纤维制品等；“角形字”易让人联想到机械类、工业用品类等。

③ 标准字设计应具有步骤性、操作性。

（4）标准色。标准色是指企业选定的，代表企业形象和产品形象的特定颜色，一般有 1～3 种颜色组合。标准色一般与标志、标准字等相配合。色彩具有很强的视觉刺激力，各种颜色对人的注意力、潜意识、思维甚至行为都会产生很大的影响，人们对不同色彩可以产生不同的联想和抽象感情，因而色彩成为成功的企业塑造个性形象的有力武器。例如，IBM 被称为“蓝色巨人”，可口可乐的红色洋溢着青春健康的欢乐气息。

标准色设计原则与标志、标准字基本相同，设计、运用标准色还要注意以下几点。

① 标准色要凸显企业理念和企业形象。例如，IBM 公司、中国四通公司等都以蓝色为标准色，借蓝色的高尚、冷静、庄严的心理感觉，体现智慧、理性、技术和高追求的形象。

② 设计标准色要注意不同色彩的象征意义。例如，红色代表热烈、温暖、活泼；白

色和蓝色以人给清洁卫生的感觉。

③ 标准色要迎合受众者心理。要注意各地区、各民族对色彩的偏好，迎合目标市场消费者的心理感受。如美国人偏爱红色，认为红色代表着活力、生命，符合西方人民族的性格。而日本人较喜爱白色，认为白色安宁、轻快、真挚，符合日本民族的审美观。

④ 标准色应具有个性，注意与竞争者的区别。否则许多企业只根据色彩的象征与联想选择标准色，往往会流行"行业颜色"，很容易混淆，缺乏个性，给视觉识别带来困难。

（5）企业造型。企业造型是指为强化企业标志、活跃企业个性而设计的具体图案（动物、植物、人物等），也就是常说的"企业吉祥物"。这种造型与象征往往采用漫画式的夸张手法表现，生动活泼，给人以直观、随和、亲切感，具有人情味，有助于企业与消费者之间的沟通。如滑稽可笑的"麦当劳叔叔"、憨态可掬的"康师傅"、迪士尼的"米老鼠与唐老鸭"等。

3. 视觉识别系统的应用要素

（1）办公事务用品系列。信封、信笺、便笺、公文纸、员工证件、胸卡、臂章、标牌、徽章、企业票据、单证夹、文件袋、办公文具系列、企业统一公文箱与公文包等。

（2）产品包装系列。包装平面视觉要素与容器基本造型、运输包装、分类产品销售包装；包装系列设计延伸、礼品包装与配套包装、包装附属印刷品、专用礼品包装纸与标签等。

（3）广告媒体与传播系列。报纸广告、杂志广告、电视广告、广播广告，户外广告系列，广告吊旗、各种POP广告，展示、展销、博览会促销广告系列，企业宣传画册、宣传印晶，产品样本与目录，广告年历、贺卡、DM广告、广告礼品、纪念品，促销视听软件、广告音乐主题等。

（4）服饰系列。企业管理层西服（男、女）、文员西服（男、女）、生产人员工作服（男、女）、公关人员服饰（男、女）、勤杂员工制服、保安人员制服、统一T恤衫、企业运动服、专用领带、统一工作帽、统一工作包等。

（5）交通工具系列。企业小汽车、班车、大小巴士、货车、服务车、小推车、特殊车辆、生产场所用运载车辆等。

（6）环境空间与标识系列。各建筑物外观与装饰，办公室与写字间环境空间设计，会议室、接待室、陈列室环境空间设计，各生产车间色彩环境设计，销售点环境空间设计，公共环境标识系统设计等。

（7）其他用品系列。如其他出版物、印刷品、专用茶具、烟具、礼物等。

4. CI手册

企业在完成视觉识别系统的基本要素、应用要素设计后，为了便于使用和执行，应使这些因素系统化、规范化、标准化，就需要制作CI（VI）手册。

CI手册一般包括以下四部分内容。

（1）序言。

企业负责人：董事长、总经理的致辞。

企业经营理念、目前与未来发展状况。

引进CIS的动机和目的。

CI 手册使用方法的说明。

（2）基本要素。

标志、标准字、标准色。

标志、标准字、标准色的变化设计。

标志、标准字的制图法和标准色的使用方法。

标志、标准字的误用范例。

附属基本要素，包括企业造型、象征图案、专用印刷版面编排方式等。

（3）基本要素的组合。

基本要素的组合规定。

基本要素组合系统的变体设计。

基本要素组合误用范例。

（4）应用要素：各个系列的应用、说明与范例。

4.5 企业导入 CIS 应注意的问题

4.5.1 形成全员 CIS 共识，强化 CIS 全员参与意识

CIS 是从企业内部理念到外部形象的一次变革，需要企业全体员工建立共识、积极参与和广泛支持。如果只是董事长或总经理的意志，或仅仅认为是广告宣传、营销或公关部门的职能，而员工对 CIS 的含义、内容认识模糊，对企业精神、方针不了解，甚至对企业理念口号标语一问三不知，对行为规范不了解或有抵触情绪而不严格执行，那么，这样的 CIS 导入肯定没有多大效果。因此，要想使实施 CIS 获得成功，一定要在企业内部达成员工对 CIS 的认同，就一些基本观念达成共识，全员参与。建立导入 CIS 的共识，可通过教育培训，增加员工认识，改变观念；信息分享，唤起员工的 CIS 意识；参与设计，增强员工的认同感等基本方法来进行。

4.5.2 企业导入 CIS 应注意的主要问题

企业在导入 CIS 时，最容易出现以下问题，需要预防和避免。

1. 理解上的片面化

较常见的是以 VI 代替 CIS，认为 CIS 就是名称、标志、色彩的设计问题，是企业视觉形象的系统计划。因此，只重视 VI 设计，把 CIS 等同于改进和更换企业标识、装饰外部硬件、包装企业外表形象的一种手段。

2. 认识上的夸大化

CIS 不能被无限夸大其作用。CIS 只是一个形象个性系统，与企业管理的发展需求相比，新产品开发、生产制造、质量控制、服务水准、人员素质等诸多问题并非 CIS 所能解决。不能把 CIS 当作一只筐，什么理论和问题都往里面装。那种认为 CIS 能解百难、治百病的想法是可怕的，也是可笑的。

3. 实施上的盲目化

CIS 策划具有很强的科学性和应用性，要将理论与实践有机地结合起来，针对企业实际情况具体分析进行设计。企业的经济承受能力、心理承受能力以及实施 CIS 的基础条件、操作能力均有一定的局限性；对于局限较大的企业，CIS 策划者一定要首先解决主要矛盾，甚至可以先部分导入 CIS，而且要通过大量的工作与领导达成共识，在员工集中培训方面，协助企业实施方案，同时在推广实施中修正设计中的误差。如果机械地照搬照抄，设计方案面面俱到，重点不突出，唯大唯美，表面上洋洋洒洒，其实华而不实，不得要领。

4. 内容上的表面化

整体的 CIS 设计是一项要求高、工作量大的系统工程，必须对企业内外环境进行详细、准确的调查分析。同时，CIS 需要社会学、心理学、市场学、管理学、统计学、传播学、广告学、公共关系学、美术设计等多种专业知识的融会贯通，需要各类专家和高手的通力合作。不少设计单位由于对 CIS 理论缺乏深入了解、专业设计人员水平有限、相关资料准备不足等原因，难以进行深入的市场调查和多学科知识的整合，仅凭 CIS 理论的某些原则，便为企业做整体 CIS 策划，这种策划没有明确统一的目标，策划思路不清，设计浮于表面，难以深入，从而使整个策划方案流于形式。

4.5.3 选择好导入 CIS 的恰当时机

一般而言，企业导入 CIS 可选择如下时机。

（1）成立新公司或组建企业集团。

（2）扩大经营范围，朝多角化经营方向发展。

（3）创业周年纪念。

（4）新产品开发与上市。

（5）开拓海外市场，迈向国际经营。

（6）摆脱经营危机，消除负面影响。

（7）需要进行形象的矫正与提高。

4.5.4 CIS 导入要贯彻实施到位

CIS 策划成功不等于 CIS 推行成功，若不能良好地推广实施，CIS 策划的成效会大打折扣，若 CIS 推广好了，其策划价值无量。因此，CIS 策划一旦完成，就必须坚定不移地长期贯彻执行。有些企业对 CIS 策划理解片面，把 CIS 这一关系企业全局的整体运作交由个别部门具体实施，没有建立统一而权威的 CI 委员会；从而无法保证 CIS 策划彻底贯彻到位，使 CIS 策划难以发挥应有的效力。

复习思考题

1. CIS 系统包括哪几个子系统?主要内容是什么?
2. 企业形象（CIS）策划的流程是什么?

3. 企业导入CIS应注意哪些问题？

案例讨论

阅读并分析以下失败案例

1. 姚晨代言赶集网，却成全了“赶驴网”

姚晨代言的赶集网，不能不说是企业形象塑造的失败案例。

在央视的黄金时段，影视明星姚晨乐乐呵呵地赶着一头驴去赶集，代言词是：赶集网啥都有。看上去，广告上那头可爱的大头驴，给人留下很深的印象，但广告效果并不如意。

在姚晨的赶集网广告播放期间，ganji.com 的 Alexa 数据却显示网站数据并没有大幅提升，而每个用户访问的页面数字反而在下降；倒是网上新闻爆料，一家名为“赶驴网”的流量和关注度在直线飙升。

“赶驴网”第一时间被赶集网的竞争对手百姓网抢注，并从中获取了大量免费流量。赶集网不得不再花大价钱买百度的竞价排名广告。结果上亿元的广告投入，最后成全了“赶驴网”的风头。赶集网辛辛苦苦花大钱，为百姓网做嫁衣。

2. “乐华”易帜

乐华集团进军每个领域时几乎毫无例外地选择了价格武器，依靠低价格来敲开门槛。在彩电、空调市场，乐华凭此一战成名，成为人见人怕的“敢死队”。可是，价格战从长远看是饮鸩止渴，虽然很快打开了市场，但最终也伤害了乐华自己。

3. “小鸭”折翅

1999年对小鸭集团来说是一个转折点，这一年小鸭集团走进资本市场，然后利用所募资金开始了大规模的扩张与并购。从洗衣机到热水器、冰柜、空调、灶具，从家用电器到ERP、电子商务、纳米材料，小鸭集团的视野越来越广阔，开始大范围、多元化地发展，一度投入数亿元巨资，并购了与主业非相关资产，导致大量现金固化，多年难以消化。结果，在市场严重供大于求的情况下，小鸭集团背上了盲目、快速多元化的沉重包袱，终于被压成了“病鸭”。

4. “香雪海”合资之鉴

合资并不是中国企业的灵丹妙药，也不是企业发展的唯一出路；适合别人的不一定适合自己，发展应该走最适合自己的道路。

5. “商务通”不轻松

商务通创造了巨大的成功，它所采用的模式，比如渠道、广告、产品的实用风格等也都因此被奉若神明……但那些曾经有效的做法在无意中成为恒基伟业公司决策者潜意识中的一部分，并影响了后来的思维和决策模式。对以往模式的过分迷恋，使“商务通”付出了沉重的代价。

6. “三九”迷途

三九集团以“999胃泰”起家，提起“999”，消费者潜意识里首先联想起“999胃泰”。后来，“999”延伸到啤酒，不知道消费者在饮用“999 冰啤”的时候，会不会感觉有药味。

7. “金嗓子”明星广告反思

广告代言人的选择是一个很重要的问题，其中所涉及的因素也很多，但代言人与产品属性相关是最基本的一个原则。金嗓子公司选用罗纳尔多做代言人，“金嗓子喉宝”为咽喉用药，罗纳尔多是足球明星，足球用脑、用脚，但就是不用口，与咽喉何干？

8. 广东发展银行的 Logo 误区

中国的几家银行的 Logo 标识中都有外圆内方的影子，好不容易中国的银行里出现了“广东发展银行”跳出了固有的模式，可该银行的标准字体“广东发展银行”六个字居然使用了一般仅在正文排版时才使用的标准楷书！这不仅使该标志中的标准字体与其左边的圆形标识的关系严重失衡，而且令银行应该持有的那种可靠、稳健的形象荡然无存。

讨论题：总结以上失败案例在形象策划和传播方面的教训和启示。

第 5 章

产品策划

本章提要

产品是指企业向市场提供的，能满足消费者（或用户）某种需求或欲望的任何有形物品和无形服务。包括实物、服务、场所、思想、主意、品牌等。产品策划是市场营销组合策划的基础，产品策划的成功与否直接决定者整体营销策划的效果。本章将对产品策划的内容和方法进行系统的阐述，重点介绍产品定位策划、产品品牌策划、产品包装策划、新产品开发策划和新产品上市策划。

学习目标（重点与难点）

1. 产品定位策划的主要内容和方法。
2. 产品品牌策划的主要内容和方法。
3. 产品包装策划的主要内容和方法。
4. 新产品开发策划的主要内容和方法。
5. 新产品上市策划的主要内容和方法。

框架结构（图5-0）

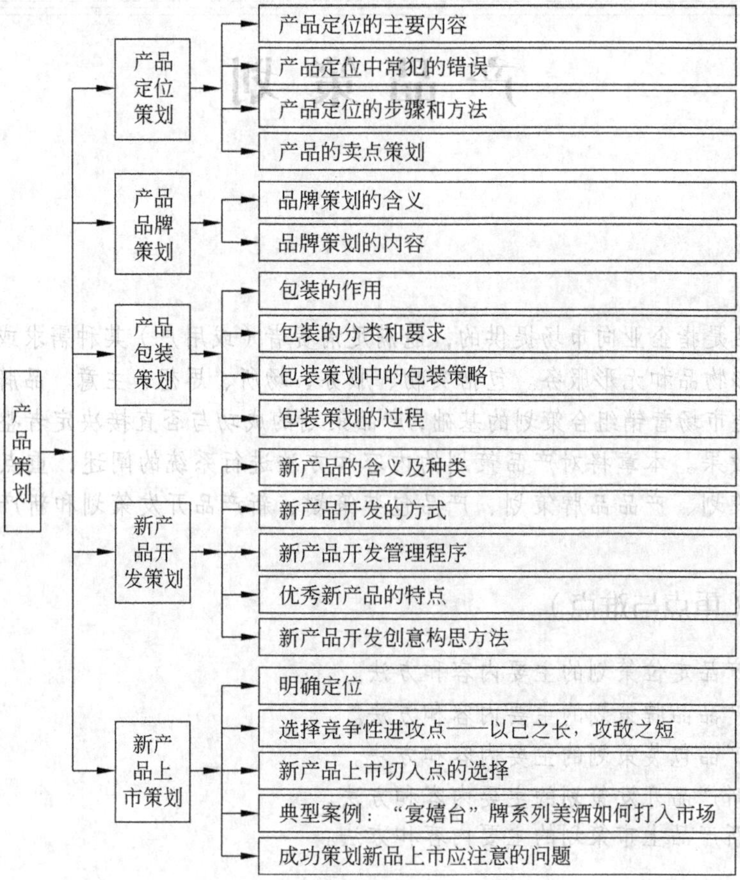

图5-0 框架结构

开篇案例

"清咽滴丸"的产品定位

产品策略制定的前提与基础是产品定位准确、内容丰富；而产品定位与内涵再开发的成功与否在于产品核心能量与内涵再挖掘的成功与否，在于产品核心能量与内容的二次创新。因此，产品定位一要体现高科技附加值；二要体现其丰富的文化内涵。"清咽滴丸"产品文化创新与定位要点如下。

1. 高科技定位——唯一性、权威性、革命性

"清咽滴丸"的巨大核心能量是高新科技含量，即多头滴丸专利技术与分子分散技术。这是技术的唯一性、权威性、排他性，是定位的中心与灵魂。其高新科技定位，使咽喉类中药发生了革命性的变革，技术大大领先同类产品，属新技术、领先型产品。突出技术新、产品新、剂量小、溶解快、起效快的特点。

2. 功能定位——剂量小、疗效高、起效快

由于属革命性、领袖性产品，必然使咽喉类中药功能发生三个革命性变革。即由剂量大变为剂量小，变中药疗效低为疗效高，变中药起效慢为起效快。

3. 价值定位——一个中心，两个关联点。即中心价值加两个关联价值

中心价值：咽喉患者已经生病，尤其是急性咽炎患者，或是感冒患者伴生咽喉肿疼，“清咽滴丸”最大疗效是使用剂量小、消炎疗效高，减轻疼痛，清音起效快。

两个附加价值：

（1）预防咽炎、预防感冒，防止上呼吸道感染。

（2）可以迅速杀灭口腔细菌，清洁口腔，防止口腔溃疡。同时具有醒脑提神，清爽口腔，提高谈话能力和谈判发音效果。

4. 心理定位——时代感、优越感、领先感

以上三个高定位，使该产品独具时代感、优越感与领先感的地位。即最先认知，使用该产品的人是具有高新科技知识、具有优越地位的人，即消费的领袖。其定位点是：

（1）现代人，用知识与智慧工作的人，用咽喉创造价值的人要率先具备爱护咽喉的意识。

（2）现代人追求消费时尚，爱护咽喉当然要选用当代最新科技成果，使用与常备“清咽滴丸”。（摘自“清咽滴丸产品天津市场促销策划方案”，策划人：黄聚河）

企业要靠产品去满足消费者和用户的需要和欲望，占领市场。产品是企业市场营销组合中最重要的一种手段，是企业决定其价格、分销和促销手段的基础。成功的产品策划往往能使一个企业起死回生。因此，掌握好产品策划技巧是学习市场营销策划的重要内容。

5.1 产品定位策划

5.1.1 产品定位的主要内容

在进行产品定位之前，我们先了解一下市场定位。市场定位是指企业根据竞争者现有产品在市场上所处的位置，针对顾客对该类产品某些特征或属性的重视程度，为本企业产品塑造与众不同的，给人印象鲜明的形象，并将这种形象生动地传递给顾客，从而使该企业产品在市场上确定适当的位置。

产品定位应以市场定位为基础。通俗地讲，市场定位主要解决的是企业要面对哪些目标顾客群（如高档需求者、中档需求者、低档需求者等），或告诉顾客你是市场领导者、市场挑战者或市场跟随者，以方便顾客在选购前把你合理地排队。而产品定位是指企业用什么样的产品来满足目标顾客的需求。即和同类型的竞争者相比，你有哪些独特的卖点能吸引目标顾客。这些鹤立鸡群的卖点能让顾客在同类竞品的队伍里首先把你挑出来。

从操作层面来讲，营销其实就两步：第一，告诉顾客购买该产品的理由；第二，让顾客方便地购买。塑造顾客购买的理由其实就是做好产品定位，而做好产品定位的秘诀就是瞄准目标顾客的刚需。

产品定位一般从以下几方面入手。

1. 功能定位（独特卖点USP）

要认真分析、比较本产品与竞争品在功效方面的差异，准确把握本产品的功能特性，结合顾客使用该类产品时最关心的因素，突出本产品在功能方面与众不同又能强烈刺激顾客购买欲望的特点。如清咽滴丸的剂量小、疗效高、起效快。

2. 技术定位

现代市场产品竞争的核心是技术含量的竞争，也是决定其附加值高低、利润水平高低的关键因素。在策划技术定位时主要突出以下几点：

（1）独特或全新的生产工艺和技术（专利）；

（2）独特或全新的生产和检验设备；

（3）高水准的专家和技术队伍；

（4）独特或高精尖的防伪技术和程序。

如清咽滴丸的高科技定位——唯一性、权威性、革命性。

“清咽滴丸”的巨大核心能量是高新科技含量，即多头滴丸专利技术与分子分散技术。这是技术的唯一性、权威性、排他性，是定位的中心与灵魂。其高新科技定位，使咽喉类中药发生了革命性的变革，技术大大领先同类产品，属新技术、领先型产品。突出技术新、产品新、剂量小、溶解快、起效快的特点。

3. 心理定位

依据顾客使用该类产品时最关心的因素和心理认知规律，突出选购本产品的心理优势。如清咽滴丸的心理定位——时代感、优越感、领先感。

这一心理定位，使该产品独具时代感、优越感与领先感的地位。即最先认知，使用该产品的人是具有高新科技知识，具有优越地位的人，即消费的领袖。其定位点是：①现代人，用知识与智慧工作的人，用咽喉创造价值的人要率先具备爱护咽喉的意识。②现代人追求消费时尚，爱护咽喉当然要选用当代最新科技成果，使用与常备“清咽滴丸”。

策划心理定位，提炼其内涵时一定要把握尺度，不可牵强联系、空洞渲染，更不可克隆或变相克隆。

4. 价格定位

不是所有产品都进行价格定位，当本产品：

（1）具有明显的价格竞争优势；

（2）性价比优势突出；

（3）价格是顾客选购该类产品时最关心的因素时，才突出价格定位。

5.1.2　产品定位中常犯的错误

由于我们认识上的偏差，有些营销策划人员在进行产品定位策划时出现了许多问题，在这里我们把这些主要问题列举出来，以提醒后人不要再重复同样的错误。

1. 定位就是占空间位置

positioning 直译为“占位”，很多人望文生义地理解为占有空间的某个位置。空间位置显然与定位的本质大相径庭：金帝巧克力定位于“只给最爱的人”，是一种心理定位，它和空间位置可没有什么直接的联系。定位从根本上说是一种心理位置而不是一种空间位置。定位理论的提出者艾·里斯和杰·特劳特认为，虽然为了在潜在顾客心目中寻找有价值的位置而需要对产品做某些形式上的改变，但定位本质上是在消费者心智上下功夫，是“攻心之战”。所以，把定位理解为占空间位置是极其错误的，也是非常有害的。

2. 消费者的购买决策是理性的，只要有因就能导出果

有些策划人员认为，消费者总是非常理性地进行决策。也就是说，消费者会刻意地注意一样东西的独立的和相对的价值，以及实现这些价值的可能性，然后以某种逻辑方式处理这些信息，认为只要有因就能导出果。然而，在现实社会中，人们的理智总是和感情相互交织的。在很大一部分时间里，人们做出的决策是非理性的。所以，感情因素也是定位市场过程中必须考虑的特征。

3. 过度定位

任何事物都是过犹不及，物极必反的。市场定位同样如此。当一个新品牌、新产品进入市场时，要有定位，但一定不能过度定位。笔者曾看到一家造纸厂推出的湿纸巾，本来湿纸巾与面巾纸相比已经做了鲜明的定位，可该厂家又对其湿纸巾进行了更细的定位：如皮肤病人专用、脚气患者专用、儿童专用等，结果不言而喻是“作茧自缚”。

4. 定位脱离企业战略

“定位是钉子，战略是锤子。”不能没有钉子，就拿着锤子瞎抡。若没有锤子，只有钉子，那么钉子也无法钉牢。

策划者都知道，定位的最终目标是要让产品在预期消费者头脑中占据有利位置，为战略提供方向；但一落实到行动上，战略往往就变成了“雄心壮志的日程表”，定位问题却被抛在脑后。这是很错误的，战略不是缺乏客观定位的主观规划，它一定要从定位开始。同时定位也不能脱离战略构想而随意“下定义”。

5. 产品定位一味寻找“市场空白”

企业进行产品和品牌定位时，常常会走进许多误区，其中最常见的一种错误就是认为要找到“市场空白”。其实，在现实中，消费者的每个需求在脑海中都会有几个品牌对应，空白基本不会存在，寻找差异才是最重要的。要知道，差异和空白是两个完全不同的概念，空白是现成的，差异则需要特殊的眼光、意识和观念，对原有领域有全新发现。当年康师傅进入方便面市场时，当时内地 400 多家工厂生产的都是几毛钱的产品，而康师傅定位在 1.5~5 元，提出劲道、多种调料包的概念，迅速形成了差异。

6. 定位缺乏依据或主观臆造

特别要强调的是，定位的依据是市场调研，特别是 SWOT 分析的结果。定位是产品卖点与顾客心理的碰撞，若你的卖点毫无依据，随意杜撰，是无法赢得顾客的心的。如某产品以帝王文化为卖点，但顾客找不到该产品与帝王有任何关联的地方。再如某品牌奶粉强调其含有母乳成分，但顾客根本不相信其母乳的来源。

5.1.3 产品定位的步骤和方法

产品定位是差异化策略的最后实现，以市场需求、竞争情况以及环境作为定位分析的出发点，并据此选定所要开发的新产品及其位置或为老产品重新定位。

首先，选择企业要定位指向的市场，根据营销学理论，这就是企业的目标市场。营销策划人员需要根据目标市场的基本需求特征和竞争者已有的定位，运用产品定位图来进行定位分析。假定某公司要开发一种有竞争力的小汽车，首要的一项工作是对小汽车市场进行分析。虽然小汽车特性的要求不尽相同，但总能够概括成几个主要的因素，如性能、外形、配置、价格、服务等。假定外形和价格是消费者选择的两个最重要的因素，我们可通过定位图来分析已有的竞争对手产品的定位，再考虑本企业产品可能有的定位的机会和实现的可能性。

1. 产品定位的步骤

产品的定位包括三个步骤：识别据以定位的可能性竞争优势，选择正确的竞争优势，有效地向市场表明企业的市场定位。

（1）识别可能的竞争优势。消费者一般都选择那些给他们带来最大价值的产品和服务。因此，赢得和保持顾客的关键是比竞争者更好地理解顾客的需要和购买过程，以及向他们提供更多的价值。通过提供比竞争者较低的价格，或者是提供更多的价值以使较高的价格显得合理。企业可以把自己的市场定位为：向目标市场提供优越的价值，从而企业可赢得竞争优势。

产品差异：企业可以使自己的产品区别于其他产品。

服务差异：除了靠实际产品区别外，企业还可以使其与产品有关的服务不同于其他企业。

人员差异：企业可通过雇用和训练比竞争对手好的人员取得很强的竞争优势。

形象差异：即使竞争的产品看起来很相似，购买者也会根据企业或品牌形象观察出不同来。因此，企业通过树立形象使自己不同于竞争对手。

（2）选择合适的竞争优势。假定企业已很幸运地发现了若干个潜在的竞争优势。现在，企业必须选择其中几个竞争优势，据以建立起市场定位战略。企业必须决定促销多少种，以及哪几种优势。许多营销商认为企业针对目标市场只需大力促销一种利益，其他的经销商则认为企业的定位应多于七个不同的因素。

总的来说，需要避免三种主要的市场定位错误。第一种是定位过低，即根本没有真正为企业定好位。第二种错误是过高定位，即传递给购买者的公司形象太窄。最后。企业必须避免混乱定位，给购买者一个混乱的企业形象。

（3）传播和送达选定的市场定位。一旦选择好市场定位，企业就必须采取切实步骤把理想的市场定位传达给目标消费者。

2. 产品定位的方法

（1）研究目标消费者重视的价值。

（2）列出自己企业或产品的竞争优势。

（3）排除不易取信于人的部分。

（4）你所突显的优势不应与竞争对手一样，即使你确实比它好。

（5）用五种方法描述你的优点，在潜在顾客中进行调查，看看哪一种最吸引人。

（6）假如你的优点与竞争者一样，而你又不是市场的领导品牌时，找一个不同的方法表达你的优点，或者创造一个不同的优点。

（7）用一句简单有力的话表述你的优点。（要精练、有冲击力，便于提炼成广告词。）

5.1.4 产品的卖点策划

1. 何为卖点

卖点就是企业以自己产品和服务的差异性去满足消费者个性化需求，从而激发消费者购买动机所产生的特有营销效果。“卖点”在现代营销学上的正式称呼为“独特的销售主张”（unique selling proposition，USP）。在20世纪50年代左右，美国著名营销专家罗斯·里夫斯提出，任何产品在营销传播中都应有自己“独特的销售主张”。这一理论包含三个方面的含义：一是任何产品都应该向消费者传播一种主张、一种忠告、一种承诺，告诉消费者购买产品的理由；二是这种主张应该是竞争对无法提出或未曾提出的，应该属于企业的独特竞争优势；三是这种主张应该以消费者为核心，具有极大的吸引力。后来也有人称之为Unique Selling Point，即“独特卖点”。

在商业信息爆炸的时代，顾客如何从众多品牌的产品中选择到适合自己的产品，是根据“某点信息”来考虑的，而不是根据全面的产品与品牌信息考虑的（即由选择性注意到选择性记忆）。因此，“独特的销售主张”就是给顾客“一点信息”。这就要求企业营销经理认真选好这“一点”，使之成为你的产品对顾客购买欲望的最有力的刺激。当这“一点”能够对顾客产生足够的购买吸引力时，产品就很容易销售。卖点就是告诉顾客他购买的产品最主要的不同是什么。

正因为卖点是找出该商品与众不同之处，即独特的地方，所以具有以下特点。

（1）包含特定的商品利益，是独特的和唯一的，并和销售有关（促销因素）。独特的销售主张要解决的是“打破信息的平衡，找到突破点”。卖点的提出，其目的就是更多地吸引目标顾客的关注，给其留下深刻的印象，从而吸引更多的顾客。对企业而言，独特的销售主张能够统一整个企业的思想，提高企业效益。如果企业没有一个独特的销售主张，它的业务就无法长久；然而一个企业将一个非常明确的独特的销售主张在企业内部进行营销推广后，企业内部员工会热衷于自己的工作并从中受到激励，因为他们知道每天的工作都是为了什么。对消费者来说，卖点是他们购买产品的理由。如果企业没有一个独特的销售主张，顾客就难以产生品牌忠诚，因为顾客会将你的产品看成与别人的产品是相同的；然而一个企业将一个非常明确的独特的销售主张向广大顾客进行营销推广后，企业的潜在顾客就会变成现有顾客，现有顾客就会越来越忠诚。

（2）卖点不能诉求太多。产品的卖点太多，会给人一种混乱的认识，而且很多的诉求只能让人产生不信任感。无须混淆和削弱其单一的爆炸力，它强调的是给顾客的第一印象，买方市场不会给你任何机会做第二次修正，所以，产品的卖点必须够锐利与持久！

而要能够做到这些，前提是该卖点必须有其足够的支撑体系。卖点相当于冰山的一角，它的突出靠的是水下强大的支撑。卖点来自于产品的竞争定位，是竞争定位在市场上的表现，是对公司产品或服务（服务是产品的延伸形式）所具有的与竞争企业产品或服务不同的优势选择。因此，产品卖点的选定就是根据对公司产品或服务比较于竞争企业产品或服务而发生的优势，进行市场外在表现方向的选择、塑造和提炼。

（3）产品定位的卖点提炼不能牵强，更不能凭空臆造。定位策划不是空穴来风的灵感创意，更不是看似精妙实际空洞的短语组合，而是有着严格的规划过程和推导过程。诚然，现实中也存在一些拍脑袋得出的，但又卓有成效的卖点。究其缘由，不外乎两种情况：一是基于长期实践经验，尽管没有经过认真分析，但是长期的行业的经验和实践，使策划人员已经比较了解顾客的需求情况。因此，有些人在某个行业号称"策划大师"，而一旦企图到别的行业也这样做时，就会失败，就不难解释了。二是某些产品所提出的卖点，仅仅对顾客是一种心理和思维上的影响，没有实际的产品特点作为卖点的载体，这可称为"空概念"。因为心理和精神方面的感受难以具体表述，顾客容易受"引导"，认为"好像是这样的"（如"喝了××饮料，使你倍感精神愉快！"）。也正因为这种没有实际产品特点为载体的卖点来得太容易，别的竞争者很容易将其模仿，一旦群起而效之，则当所有饮料都宣称喝了就"精神愉快"时，那么顾客还会不会因为"精神愉快"而铁定会购买你的饮料呢？

卖点是对消费者而言的，其核心就是产品竞争定位与诉求定位的沟通点。选定产品卖点的主要原因是因为购买者（包括潜在购买者）会在内心按一个或多个方面的要求对产品进行排队，无论是"货比三家"还是"一见钟情"，激烈的市场竞争都迫使企业必须能够明确告诉顾客我比别人不同的是什么——在竞争中，企业不得不在产品可能的顾客心智中确定一个恰当的位置。

2. 选定产品定位卖点的角度和程序

卖点可以从各种不同角度出发来选定，每一个角度出发都可能得到一个良好的卖点，而不是"必须怎么样"或"要求怎么样"。概括地说，选择卖点一般可以从六个角度来考虑，如图5-1所示，每一个角度都有它的适用性，它们的适用倾向如下。

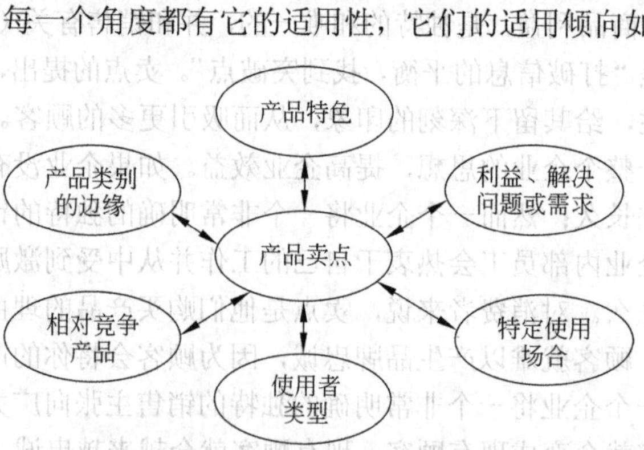

图5-1 产品卖点的选择角度

第一路径：产品特色角度优先应用于单一产品线或线下某单一产品。

第二路径：利益、解决问题或需求角度优先应用于产品总类和线下某单一产品。

第三路径：特定使用场合角度优先应用于产品线下的某单一产品。

第四路径：使用者类型角度优先应用于单一产品线或线下某单一产品。

第五路径：相对竞争产品角度优先应用于产品线下的某单一产品。

第六路径：产品类别的边缘角度优先应用于总体产品线。

如图 5-2 所示，卖点的选择过程就如同一只漏斗，下端是许多层滤网，从漏斗的上端装入原始产品资料，然后顺次漏下、滤出，直到取得合适的卖点。为此，要不断地识别、鉴定、证实、分离、评估那些影响产品定位目标的因素。从路径到漏斗，产品卖点层层清晰。仅仅知道选择卖点的角度是远远不够的，就如仅知道一个销量，并不能说明销售工作的综合成绩一样。一个有效的产品卖点，往往来自于极其严谨的推导过程，可以依次分为七个程序。

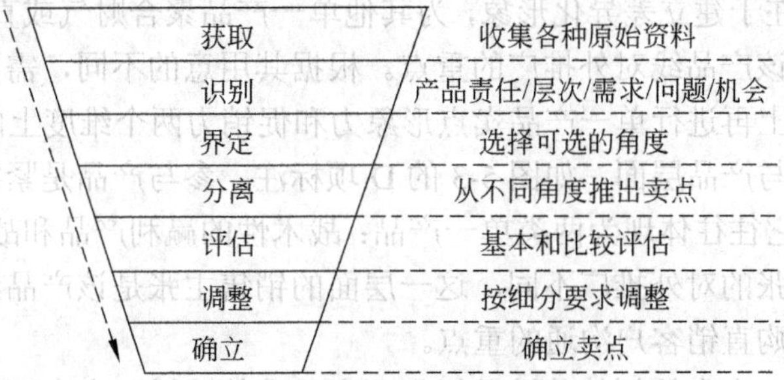

图 5-2　产品卖点的选择过程

图 5-2 表述的卖点提炼的七大步骤形成了一个相对严谨的导出产品卖点漏斗，但这个漏斗漏出的未必就是在市场中非常有效的卖点，因为它毕竟不能保证百分之百的优秀。

要对各种卖点整合集群，使其集聚于一点。一个产业化发展的企业，必须对其旗下既有和未来的产品线予以规划和整合，包括产品卖点的整合。只有经过整合的产品概念，才能层次分明，发挥整合传播的效果。这种产品的整合包括四个层面，按照从高到低的梯队，如图 5-3 所示。

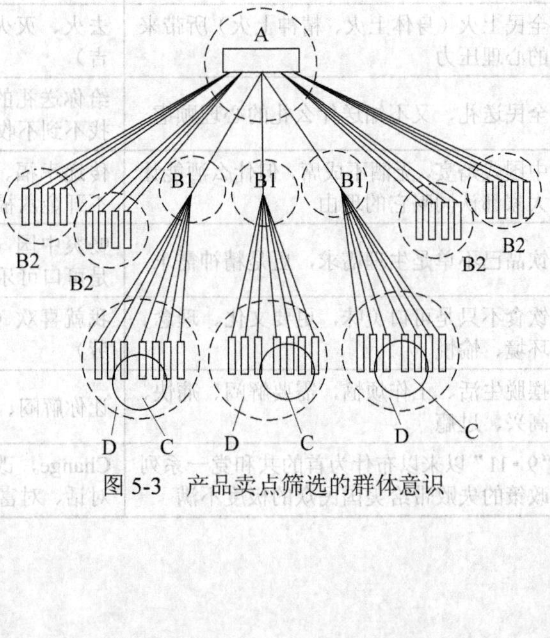

图 5-3　产品卖点筛选的群体意识

第一层面为事业体层面，如图 5-3 的 A 项标注。事业体产品与目前许多企业采用的事业部机制下统摄的产品类有相关性，但有本质的区别。事业体层面产品比较目前的事业部统摄的产品而言，在消费应用上（往往为使用环境或使用行为）更强调相关性，以更加有利于在消费诉求层面集中资源，在竞争过程中表现出差异，降低成本，取得最大化的利润。

事业体层面的销售主张是该事业体所有产品概念的基础，也是形成整合传播效应的基础。

第二层面为产品线层面，如图 5-3 的 B 项标注（包括 Bl 和 B2。B1：目前的产品线；B2：未来可延伸的产品线）。这一层面的产品顾名思义，就是在事业体产品旗下可以囊括的各条产品线。

第三层面为主打产品层面，如图 5-3 的 C 项标注。主打产品是某一产品线中的主打单一产品，其用意在于建立差异化形象，为其他单一产品聚合财气或直接指向营销利润。这一层面的卖点是该产品线对外推广的重点。根据其用意的不同，需要在其产品线独特的销售主张的基础上再进行单一产品卖点形象力和促销力两个维度上的修正。

第四层面为参与产品层面，如图 5-3 的 D 项标注。参与产品是紧密团结在主打产品周围的单一产品，它往往体现为两类单一产品：战术性的赢利产品和战术性的阻隔产品。与主打产品销售主张的对外推广不同，这一层面的销售主张是该产品线在各类终端门店的表现，以及和团购直销客户沟通的重点。

需要强调的是，卖点策划的关键是抓住顾客需求的脉搏，点中顾客需求的穴位。任何人都有需求，产品不吸引人，是没有有效找准需求。

下面是几个找准顾客需求成功定位的经典案例，如表 5-1 所示。

表 5-1　经 典 案 例

序号	产品或人物	需 求 点	吸引公众的卖点定位解释
1	超级女声	青少年被压抑的青春、自由	解放青春，想唱就唱
2	iPhone 手机	青少年被统一标准、规章制度所压抑的个性追求（服饰、发型、举止等）	个性张扬、完美极致
3	王老吉	全民上火（身体上火、精神上火）所带来的心理压力	去火、灭火概念（上火就喝王老吉）
4	脑白金	全民送礼，又不知送什么礼的心理顾虑	给你送礼的理由（实际是让对方找不到不收脑白金的理由）
5	金六福酒	中国式婚宴，无酒不成席，但什么酒能让大家都认同喝它的理由	传递幸福、婚宴专酒（好日子离不开金六福酒）
6	可口可乐	饮品已不单是生理需求，更是精神需求	畅爽中国（挡不住的感觉，永远是可口可乐）
7	麦当劳	饮食不只是可口美味，更要文化、理念、环境、愉悦	我就喜欢（尝尝欢笑，常常麦当劳）
8	赵本山、郭德纲、周立波	摆脱生活、工作烦恼，需要解闷、痛快、高兴、过瘾	让你解闷、痛快、高兴、过瘾
9	奥巴马	“9·11”以来以布什为首的共和党一系列政策的失败带给美国民众的极度不满	Change，改变现有政策（撤军、对话、对富人和华尔街高管征税）

5.2 产品品牌策划

5.2.1 品牌策划的含义

品牌是用以识别一个或一群产品和劳务的名称、术语、象征、记号或设计及其组合，以和其他竞争者的产品和劳务相区别，是相关受众（主要是目标顾客，对消费品而言是目标消费群）提及一个产品或企业时，大脑所能联想到的一切信息以及由这些信息所带来的所有心理体验的总和。

品牌策划就是通过品牌上对竞争对手的否定、差异、距离来引导目标群体的选择，是在与外部市场对应的内部市场（心理市场）上的竞争。品牌策划更注重的是意识形态和心理描述，即对消费者的心理市场进行规划、引导和激发。品牌策划本身并非是一个无中生有的过程，而是把人们对品牌的模糊认识清晰化的过程。

产品品牌策划一般有九个步骤：

“9S”（9-Steps）管理模式，即

品牌调研→品牌诊断→品牌定位→品牌规划→品牌创意→品牌设计→品牌推广→品牌评估→品牌调整，九大步骤环环相扣，周而复始。

5.2.2 品牌策划的内容

1. 品牌调研

品牌调研的核心是要找出客户或潜在客户的真实需求点。它是品牌建设的基础，需要弄清楚以下问题，即调查什么内容？用什么调研工具？采取何种调查方式？如何统计分析？准备花费多少钱？

调研的重点：

（1）顾客群选择该类产品时的差异程度大小；

（2）不同顾客群的分布状况和数量（市场容量）；

（3）竞争对手的优劣势及品牌战略；

（4）本产品的功效特点（满足顾客需求的程度）；

（5）顾客使用该类产品时最关心的因素和心理认知规律；

（6）本产品目前的市场评价及占有率情况。

具体调研方法和过程可参阅“市场调研策划”。

2. 品牌诊断

因品牌是企业多种因素综合影响的产物，所以，品牌实施能否成功必须考虑各个方面的主要因素。通过内外部调查，注意以下几方面是否存在问题：

（1）经营理念是否正确、贯彻是否坚决；

（2）产品质量（主观质量、客观质量）；

（3）服务质量如何（措施、顾客评价）；

（4）管理机制（机构、队伍、制度、效果）；

（5）定位情况（有无定位、USP是否合理）；

（6）包装状况（材料、色彩、设计、功能）；

（7）营销手段（技巧、广告、铺货、调查）；

（8）顾客反馈（投诉点、建议、希望等）。

品牌诊断在操作中可通过调查该品牌与竞争品牌之间的关系来获知该品牌在消费者心智中的地位。常用的方法是混合对比法、定位区隔法、物以类聚法。

需要注意的是：所研究的品牌不要太多，尽量只选少数几个最具有代表性的竞争品牌作为参照物进行对比，从而清楚地看出自身品牌与竞争品牌的差异；参与者最好覆盖三类消费者：自身品牌的消费者、主要竞争品牌的消费者和其他品牌的消费者。

（1）混合对比法：

这几个品牌中，你比较喜欢哪一个？

为什么喜欢这个品牌而不是其他品牌？

你觉得这个品牌和其他品牌有什么不同？

对你而言，这个品牌有什么意义？

如果你要向别人介绍这个品牌，你会如何说？

你觉得这个品牌是什么样的人用的？

你认为这个品牌的优点和缺点是什么？缺点应该如何改进？

主持人要对参与者进行充分热身，从品牌认知的各种来源进行分析以引导消费者。

（2）定位区隔法：事先列出品牌的某些属性让消费者用5分量表来回答，经过统计分析后，从消费者的角度来了解该品牌与竞争品牌的定位区隔。例如：

您认为该品牌的国际感如何？5分制可以打几分？

您认为该品牌的科技感如何？5分制可以打几分？

您认为该品牌的民族性如何？5分制可以打几分？

您认为该品牌的时尚感如何？5分制可以打几分？

（3）物以类聚法：俗话说：物以类聚，人以群分。本方法要求消费者以他们自己的分类标准来将这些品牌进行分组，并解说其标准、依据及呈现分类结果。

下面是为天津大海品牌（主要产品是火腿肠）所做的属性分类，先向消费者提供示范，再由消费者自行分类。

① 示范。下面是一些城市的名称：

北京、深圳、石家庄、桂林、贵阳、杭州、包头、上海。

分类方法一：按城市规模

如表5-2所示。

表5-2 按城市规模分类

第一组 特大城市	第二组 大城市	第三组 中小城市
北京、上海	深圳、石家庄、杭州	包头、贵阳、桂林

分类方法二：按城市功能

如表5-3所示。

表 5-3　按城市功能分类

第一组　旅游城市	第二组　工业城市	第三组　商业城市	第四组　政治中心城市
杭州、桂林	石家庄、贵阳、包头	深圳、上海	北京

② 消费者分类。下面是一些肉类制品的企业品牌，请您按自己的标准将它们分类，填入表 5-4 中。

金锣；大海；双鸽；得利斯；双汇；雨润；邦杰；春都；郑荣

表 5-4　消费者分类

分类方法：________________

第一组	第二组	第三组	第四组	第五组

分类标准可以更多，答案也没有对与错，只要按自己的感觉分类就可以。

3. 品牌定位

在产品越来越同质化的今天，要成功打造一个品牌，其定位已是举足轻重。品牌定位是技术性较强的营销决策，离不开科学严密的思维，必须讲究策略和方法。只有找到了策划的思维核心，才可以根据品牌营销的基本原理和规律，做出一个有创造性的品牌策划方案来。

（1）心理档次定位。根据品牌在消费者心目中的价值高低区分出不同的档次，不同档次的品牌带给消费者不同的心理感受和体验。

① 高档次定位策略。高档次品牌传达了产品高品质的信息，往往通过高价位来体现其价值，并被赋予很强的表现意义和象征意义。如“劳力士”“浪琴”和上百万元一块的“江诗丹顿”表能给消费者独特的精神体验和表达“高贵、成就、完美、优雅”的形象和地位；“奥迪”A4 上市时，宣称“撼动世界的豪华新定义”，显示出产品的尊贵和气派；酒店的 1～5 星等级也区分了酒店档次。

② 实惠型定位。与高档次定位对应，在强调价格便宜的基础上，也暗示顾客具有性价比高的特点。典型的说法是“只买对的，不买贵的”“质高价不高”。“康师傅”“福满多”就分别对应中低档方便面。

档次定位并非一定要走高档路子。实际上，最好的档次定位应符合产品预定的目标顾客或细分市场要求。“奥拓”绝不会硬将自己说成有“奔驰”的高贵，但是“奥拓”低廉的价格和性能优异的实惠，照样能够得到低价位购车者的喜欢。

如果企业的品牌定位已经使得顾客形成了对其档次的固定看法，那么，如果需要生产不同档次的产品，有效的做法是，可以另外用不同的品牌来区分。“大众”品牌的中低档次车的定位印象已是深入人心，因此大众用“奥迪”品牌来进入高档汽车市场；丰田车也是难以变更的中低档汽车品牌，为此丰田创立“凌志”来进入高档车市场。也就是说，不同档次产品是不宜使用相同品牌的。

（2）USP 定位。根据产品向消费者提供的独特销售主张——独特卖点（USP）定位。消费者购买产品主要是为了获得产品的独特功能，因而以强调产品的独特卖点为诉求是品牌定位的常见形式。很多产品具有多重功效，至于在定位时应向顾客传达单一的功效还是多重功效，并没有绝对的定论，但由于消费者能记住的信息是有限的，往往只对某一强烈诉求容易产生较深印象。因此，向消费者强调独特卖点的单一诉求更能突出品牌的个性，获得成功的定位。策划人员可以首先找找，产品在哪些方面有独特的特点。

① 产品独特的使用效果。如“飘柔”的“柔顺”、“海飞丝”的“没有头屑”、“潘婷”的“健康亮泽”、“舒肤佳”强调的“有效去除细菌”；“摩托罗拉”的“小薄轻”、“诺基亚”的“无辐射”；沃尔沃汽车的“安全”，奔驰的“高贵、王者、显赫、至尊”，宝马的“随心所欲的操控”等。

② 产品独特的外观风格。产品有独特外观、造型或风格。如手机产品中，“康佳”推出独特的R6166“黑屏”手机，在手机中独树一帜；“夏新”会“跳舞”的A8手机，让人耳目一新；“海尔”的“奔风”手机，强调独具一格的“笔形”。这对崇尚独特个性、喜好求新求异的消费者尤其具有吸引力。

③ 产品独特的品质或质量证明点。如“好品质”“天然出品”等，主要面向注重产品品质的消费者。适合这种定位的产品往往实用性很强，必须经得起市场考验，才能赢得消费者的信赖。如蒙牛高钙奶宣扬“好钙源自好奶”。而强调制造技术和卓越工艺，则是质量证明点，可以很好地支撑品牌代表的质量定位。如“乐百氏”纯净水的“27层净化”，让消费者至今记忆深刻；“长富”牛奶宣传的“全体系高端标准奶源，全程序高端标准工艺，纯品质完成本真口味”给人以不凡的品质印象。

④ 产品独特的社会影响点。像“尊贵”“典雅”“不同凡响”，形成的是一种社会地位、阶层等的区别标志，也是一些品牌常用的社会影响诉求和定位点。

（3）分类定位。依据产品的类别建立品牌联想，努力在消费者心目中造成该品牌等同于某类产品的印象，以便成为其代名词。“七喜”是“非可乐”，代替“可口可乐”和“百事可乐”这种含有咖啡因的清凉解渴饮料，因而首先能够吸引不愿意喝含有咖啡因饮料的顾客，也能吸引喝含有咖啡因饮料但以此作为“另外一种口味”的顾客。“娃哈哈”出品的“有机绿茶”与一般的绿茶构成显著差异，也是类别定位策略的运用。

分类定位首先要求找准可以区分出的真正的类别，策划人员容易在这上面犯的错误是没有真正区分类别而空炒概念。如所谓的“健康空调”，仅仅增加一点换气功能，如同一些专家所言，靠那根细细的管子换气就能够“健康”，那么，将窗子打开（室内通风），不知比那“健康”了多少！

（4）顾客群定位。该定位直接以产品的目标消费群为诉求对象，根据品牌与某类消费者的生活形态和生活方式的关联，突出产品专为该类消费者服务来获得其认同。把品牌与消费者结合起来，有利于增进消费者的归属感，使其产生“我的品牌”的感觉。如“金利来”定位于“男人的世界”，“劳斯莱斯”则定位于英国富豪的生活方式，“百事可乐”是由迈克尔·杰克逊等掀起的“新生代的选择”，这些都是该种定位的典型事例。

这种定位方法的一个变形是通过品牌某种独特形象和内涵来展现使用者期望的形象。这种方法成功的关键在于品牌形象要准确表达消费者的价值观、审美情趣、个性和生活品位，使消费者从中获得自我满足。如果汁品牌“酷儿”的“代言人”大头娃娃，右手叉腰，左手拿着果汁饮料，陶醉地说着“Qoo……”，这个有点儿笨手笨脚却又不易气馁的蓝色卡通形象，正好符合儿童“快乐、喜好助人但又爱模仿大人”的心理，小朋友看到“酷儿”就像看到了自己，因而博得了小朋友的喜爱。

顾客群定位的关键是准确地设定产品的使用者；一经设定就不能随便改变，否则将使品牌定位非常模糊，甚至形成混乱。

（5）消费联想定位。消费联想定位，就是将品牌与一定环境、场合下产品的使用情况联系起来，以唤起消费者在特定消费情景下对该品牌的联想。“喜之郎”果冻在广告中推荐“工作休闲来一个，游山玩水来一个，朋友聚会来一个，健身娱乐来一个”，让人在这些快乐和喜悦的场合想起“喜之郎”。“雀巢”的“八点以后”无脂肪巧克力薄饼也是同例。

消费联想定位的关键是策划人员需要找到保证产品能够被大量使用的特定消费情景，如果定位用的情景在现实中很难找到，或者找到的情景是使用得很少的，则这种定位显然对企业实现营销目标没什么意义。“工作的时候你需要有一张‘创可贴’”，人们有大量工作的时间，是使用量很大的一种情景；相反，如果其说“出门时，你要带上一张‘创可贴’”，而出门如果等同于“外出旅游”，则对该产品的使用量就很少了。因为普通人用于旅游的时间与用于工作的时间相比，肯定要少得多。

（6）攀附定位。攀附定位就是“傍大款”，攀附名牌，借名牌之光而使自有品牌也能扬名天下。这种定位主要有两种形式：

一是甘居第二，即明确承认自己就是同类产品的第二。这种策略会使人们对公司产生一种谦虚诚恳的印象，相信公司所说是真实可靠的。如美国艾维斯出租汽车公司强调“我们是老二，我们更努力”，从而赢得了更多忠诚的客户。蒙牛乳业启动市场时，宣称“做内蒙古第二品牌”、“千里草原腾起伊利集团，蒙牛乳业……我们为内蒙古喝彩”。

二是攀龙附凤，承认同类中某一领导性品牌，本品牌虽自愧弗如，但在某地区或在某一方面还可与它并驾齐驱，平分秋色，并和该品牌一起宣传。如内蒙古的宁城老窖，宣称是“宁城老窖——塞外茅台”。使用这种策略需要策划人员注意的是，除了不能触犯商标法等相关法律的规定以外，还要考虑被攀附的品牌已有特定的并广为人知的含义，而“茅台＝好酒”，在中国是人所尽知的；如果使用了“宁城老窖——中国波尔多”，对于许多中国人来说，可能就不知所云了。

（7）文化内涵定位。文化是对消费者购买行为影响最为持久的一种因素，注入某种文化内涵于品牌之中，形成品牌上文化内涵的特定差异。文化内涵定位能大大提高品牌品味，使品牌形象更具特色。中国文化源远流长，目前已有不少成功案例。珠江云峰酒业推出的“小糊涂仙”酒，成功实施了文化定位。它们借“聪明”与“糊涂”反衬，将郑板桥的“难得糊涂”的名言融入酒中，由于把握了消费者的心理，将一个没什么历史渊源的品牌运作得风生水起；“金六福酒”则实现了“酒品牌”与“酒文化”的信息对称，把在中国具有亲和力与广泛群众基础的“福”文化作为品牌内涵，与老百姓的“福”文化心理恰巧平衡与对称，使“金六福”品牌迅速崛起；孔府家酒的“家”文化，沱牌“舍得”酒的“舍得”文化……众多名酒都是通过文化差异而实现独特品牌定位的。

策划人员在考虑使用文化定位时，一定要把握好文化的大众性与价值观的相互影响。没有大众性，就是许多人说的“玩高深”，这是很难引起共鸣和追求的；而违背大众的价值观，则不仅不会实现策划人的定位初衷，还会被人拒绝。如像“送礼就送×××”的定位。“送礼”是中国人的一种普遍采用的人际交往文化，但在特定时期，人们又将其同“腐败”这类丑恶的社会现象联系起来看。“送礼”具有大众性，而“腐败”则与人们的价值观相违，因此这个定位在国内互联网上被广大网民评为“最恶心”产品宣传就不奇怪了。

（8）感情定位。感情利益对消费者购买决策的影响越来越重要，感情定位就是将人类感情中的关怀、牵挂、思念、温暖、怀旧、爱等感情内涵融入品牌，使消费者在购买、使用产品的过程中获得这些感情体验，从而唤起消费者内心深处的认同和共鸣，最终获得对品牌的喜爱和忠诚。浙江纳爱斯的“雕牌”洗衣粉，在品牌塑造上大打感情牌，其创造的“下岗篇”，就是较成功的感情定位策略，“……妈妈，我能帮您干活啦！”的真情流露引起了消费者内心深处的震颤以及强烈的感情共鸣，自此，纳爱斯“雕牌”更加深入人心。还有丽珠得乐的“其实男人更需要关怀”，也是感情定位策略的绝妙运用。青岛纯生啤酒的“鲜活滋味，激活人生”给人以奔放、舒畅和激扬的感情体验。

感情定位的难点在于，策划人员是否能够成功地找到一种能够造成持久感情情绪或心理体验的东西。如果不能找到，勉强使用，一旦那些特定时期或要具备一定条件才能有的感情很快消失，这种定位就将没有任何意义了。像亲情，是一种具有永恒性的人类感情，使用起来大都容易成功；而像“足球感情”，在国内“足球热”的那几年，有些企业将一些产品与球迷对足球的感情联系起来，但终因中国足球运动成绩实在太差，使不少人的“足球感情”消失，那些打“足球牌”的产品也就大都门可罗雀了。

在感情定位中，还有一个须特别注意的现象是“爱国感情”。如同许多人知道的，我们的近邻，如日本、韩国等，以爱国感情进行诉求的“民族品牌”很容易成功；相反，到了中国，近年来打“爱国牌”的品牌大都结果不妙，以致有些策划研究者就给出了这样的戒律——“策划不要轻易打民族牌”。这除了因为国产品牌在品质上的确与国外品牌存在差距外，更重要的是，“爱国”“民族”这些感情，中国人民并不排斥，并且也同样觉得非常厚重和神圣，但是，之所以在中国市场的商业活动中大都会产生负面效果，主要是因为在计划经济年代，特别是“十年浩劫”中，中国人对于被扣“政治帽子”已经非常反感，正是由于这一特殊的历史形成的特殊的感情定式，这就要求企业策划人员一定不能简单地去模仿韩国、日本这些没有此种经历的国家的市场情况，用“爱国”“民族”这些诉求来触发中国普通人内心对于那段特殊历史时期造成的伤害而遗留下来的心理后遗症。

（9）竞争性定位。竞争性定位是指以竞争者品牌为参照物并依附其定位。最有效的是通过将竞争者的品牌和产品具有的弱点找到作为自己能够超越其的定位，形成顾客认为这是你的强项的看法，就很容易攻击到竞争对手的“软肋”。如在止痛药市场，美国“泰诺”击败占“领导者”地位的“阿司匹林”，就是这一定位策略的成功应用。由于“阿司匹林”有潜在的引发肠胃微量出血的可能，“泰诺”就宣传“为了千千万万不宜使用‘阿司匹林’的人们，请大家选用‘泰诺’”；又如“农夫山泉”通过天然水与纯净水的客观比较，确定天然水在营养上要优于纯净水，宣布停产纯净水，只出品天然水，鲜明地亮出自己的定位，从而树立了专业的健康品牌形象。

实施这种定位，策划人员应该仔细分析竞争对手品牌可能的弱点，再看看这是否具有很高的顾客价值。比如中国不少企业，就产品质量和技术水平而言，的确难以与国外企业竞争，但在服务上面，则容易比国外没有实现本土化的竞争者更具有优势，而恰恰在这类产品市场，为顾客提供方便快捷服务是具有很高顾客价值的，就可用“最好的服务”来与强大的对手在市场上进行抗争。

（10）服务定位。品牌立足的两个关键支撑点就是产品质量和服务质量。在新条件下，产品质量已不再是塑造产品差异的关键，而服务质量已成为塑造竞争优势的新焦点。尤其是顾客对服务要求较高的那些行业的产品，必须突出自己的服务优势，并把这种优势塑造成自己的鲜明特色，生动地传递给目标顾客。

4. 品牌规划

市场竞争进行到今天，已经有越来越多的企业开始意识到未来的竞争将是品牌的竞争这个问题。越来越多的企业也开始思谋如何塑造一个能在市场上立于不败之地的强势品牌的战略。

但是说句实话，许多企业并不十分清楚究竟该从哪里入手。据统计，在今天的中国企业中，还有为数不少的企业至今还以为提高知名度就是塑造品牌，这显然是个原则性的认知错误。因为对消费群体来说，品牌的知名度并不是一个非常有力的激发购买欲望的指标。他们需要的是品牌知名度（品牌认知）和品牌再现度（品牌联想）的品牌资产组合来刺激其购买决策。

这就说明一个完整的强势品牌其实是需要为顾客提供完美的感受价值的载体。而要达成这个目的，是需要一整套科学的品牌规划体系和行之有效的执行步骤的。

（1）品牌战略规划：定在什么层次（消费观念、生活方式、社会形象），概念支持。如倡导绿色健康生活方式等。

（2）品牌内涵规划：核心层次的内容、形式层次的内容、附加层次的内容。

（3）品牌文化规划：企业文化如何体现、大众文化怎样体现、是否通过故事体现。

（4）传播时间及步骤。

（5）重点群体选择及突破点选择。

5. 品牌创意（构思）

如果说，品牌建设的前四步是战略问题，那么品牌创意就是一个战术问题，它对企业建设品牌同样重要。它不仅需要企业有符合品牌定位的新奇想法，个性要鲜明，而且还要求企业在广告创意、吉祥物的选择、事件营销及公关活动中要以新制胜，从而吸引顾客的注意力，形成良好的口碑和新闻效应。

（1）品牌诉求对象：向谁表达。

（2）品牌诉求点：突出传递什么主题。

（3）品牌记忆点：让受众记住什么。

（4）品牌诉求方式：广告、公关、故事、自办媒体、歌曲、影视作品等。

（5）将以上构思的思路用文字描述出来，形成具有可操作性的创意方案。

6. 品牌设计

品牌设计是在客户需求点明确的前提下进行的，品牌设计的目标是找出企业品牌的诉求点，并通过有效、生动的创意表现出来。也就是通常所说的品牌策划或广告设计的工作内容。

没有设计的创意没有美感，一方面，要对包括平面广告等在内的广告和品牌视觉系统进行设计；另一方面，要对品牌代言人、品牌听觉和环境系统等进行设计。

（1）如何为品牌命名。品牌名称是品牌的基本核心要素，是品牌认知和沟通的基础。更重要的是名称提供了品牌联想，而正是这种联想描述了品牌——它做了什么或者它是什么。换句话说，名称是形成品牌概念的基础。

品牌命名时应注意以下几个方面。

① 便于发音、容易辨认。读音响亮、音韵好听的品牌，叫起来顺口，听起来顺耳，自然就便于流传。例如，娃哈哈，由于定位于儿童市场，而婴儿最先学会的发音就是汉语拼音ā，如爸（bà）、妈（mā），哈哈又是表达喜悦之情特别词汇，不仅读音响亮，音韵好听，而且简明、易记、难忘。再加上娃哈哈的质量过硬、价格合理、口味独特，很快便成为知名品牌。

② 个性鲜明，不随大溜。个性鲜明的品牌便于记忆、识别；随大溜、无个性的品牌容易被市场上众多的品牌所湮没，或让人误把优质品牌视为大路货。

许多企业为了寻找独特的品牌名称，不仅避免常用词，而且选用一般字典上查不到的词。这些词是人们为了给品牌命名重新组合或专门创造的，多数没有任何含义，所以易于注册又不易被假冒，在法律上具有专利性。同时，译成多种语言和方言时不会产生异议，就容易被各国和多民族文化所接受，不造成误解。

例如，日本的“索尼”（Sony）、美国的“柯达”（Kodak）作为品牌使用之前，任何国家的词典上都没有这个词，更具有显著性、标记性和新颖性。

但不能走极端，创造的名字难念、难懂，就会起反作用。如某地曾出现过的“三牛、三马、三羊”的饭店，虽很独特，但无法发音，更无法在顾客中传播。

③ 名称易使人联想到产品特色。一般地，品牌名称不允许直接用来表达产品质地、性能。但是，好的品牌名称又必须与产品本身有某种固有联系，能暗示有关产品的某些优点，或使人产生某种联想。

例如，“农夫山泉”，很容易使人联想到那远离都市、没受污染、清澈甘甜的山涧泉水。不由让顾客的嗓子蠕动，产生消费欲望。

④ 不能触犯法律，违反社会道德、风俗习惯和文化禁忌。品牌名称作为一种语意符号，往往隐藏着许多鲜为人知的秘密。稍有不慎，便可能触犯目标市场所在国家或地区的法律，违反当地社会道德准则或风俗习惯，使企业蒙受不必要的损失。例如，20世纪90年代天津曾有一家俱乐部起名“塔玛地”，遭到舆论一致谴责。

（2）品牌命名的规律。一般来说，品牌的命名主要有以下规律。

① 用地名命名。即选择产品产地或名胜古迹来命名，使消费者容易辨认。如“西湖龙井”（茶叶）、“道口”（烧鸡）、“崂山”（矿泉水）。

② 用首创者或商号命名。即以产品创始人或有特色的老字号来命名，可以扩大企业影响，提高企业声誉。如“王守义”十三香、“曹凯镛”口服液、“同仁堂”中成药等，既宣传了产品，又宣传了企业，一举两得。

③ 用词汇命名。即利用词汇广泛适应性强、寓意深刻、韵好听等特点来命名。如飞鸽、奔驰、红豆等。

④ 用产品的功效命名。按产品的主要功效命名使顾客容易理解、记忆和联想，容易建立品牌偏好。如“速效”救心丸，“六必治”牙膏等。

⑤ 用动物或植物名称命名。以可爱的动物或珍贵的植物名称命名，易使人产生许多美好的联想，并能提高产品的身价。如熊猫、孔雀、梅花、两面针等。

⑥ 用外文译音命名。即用某种外文的中文译称命名。如“奔驰”“福特”等。

⑦ 用数字来命名；即数字命名，一是数字本身没有什么特殊意义，简单易记，容易上口，如“999”（胃泰）、“555”（香烟）等；二是利用数字的发音暗示，以迎合消费者的求吉利的消费心理。

⑧ 用神话传说或传奇故事命名。古代美丽的神话传说或故事，寄托着人们世世代代对美好生活的追求和高尚品质的赞誉，用这些美丽的神话传说或故事来给品牌命名，很容易得到消费者的认同。如乐人堂、嫦娥、木兰等。

下面让我们借鉴一下部分世界著名品牌的产品命名。

名字是信息和人脑之间的第一个接触点。在定位时代，你能做的唯一重要的营销决策就是给产品起什么名字。

• 索尼（SONY）

以发明随身听（Walkman）、单枪式（Trinitron）彩色电视、8 厘米手提摄像机（Handycam）而赢得全世界声誉的索尼（SONY），1946 年创业之初有一个不太吸引人的名称“东京通信工业”，创办人盛田绍夫与井深大有感于 RCA 与 AT&T 这样的名字简短有力，决定将公司名改成四五个英文字母拼成的名字。这名字既要当成公司名称又要作为产品品牌名，所以一定要令人印象深刻。经过长期研究，盛田与井党深觉得拉丁文 SONUS（表示声音之意）还不错，与公司产品性质相符合，他们将它英语化，改为 SONNY，其中也有可爱之意。但是日文发音的 SONNY 意思是“赔钱”，为了要适合日本文化，把第二个“N”去掉，SONY 的大名终于诞生。

在过去的 50 年中，SONY 已成为世界上最著名的品牌之一。“在任何语言中，SONY 都没有什么实际意义，但是，在任何语言中，SONY 的发音都一样。”盛田绍夫后来在其自传《日本制造》一书中评价道：“这就是我们的名称所具备的优势。”

索尼跟许多日本的品牌名字取自公司缔造者和发明家的姓氏不一样，当日本第一台晶体管收音机于 1955 年由 TokyoTsushinKogyoKabushaiKaisha（公司）生产出来时，公司经理感觉到他们需要一个比公司全称更“流线型”和国际化的名字。他们首先想到“TTK”，这个词的确较好，但存在可能相混淆的 TKK（TokyoKyutoKK 或 TokyoExpressCo.）。之前，他们已经在录音机上使用“Tape-coder”，在录音带上使用“SONI”（来自 SONIC）。公司经理考虑过使用 SONI，但这个词在英语中会被误发音为“so-nigh”，可拉丁词根“son”的意思“sound（声音）”又是好的，所以他们将最后字母“I”改变为“Y”，得到“SONNY”，这样的名字给人一种家的、充满感情的感觉。然而，如果实际名字被拼写为“SONNY”，日本人会将它读成“son-ny”，而这会联想到日本语“失去儿子”。因为收音机明确是要产生利润的，所以不能这样做。最后，他们决定将

“SONNY”的变式“SONY”用在晶体管上。1958 年，该名字也成为公司的全称。

- 可口可乐（Coca_cola）

知道可口可乐（Coca_cola）这一世界最著名品牌的来历吗？因为可口可乐中含有古柯叶（coke）和可乐果的提炼品。古柯叶主要产于秘鲁和玻利维亚，它是可卡因这种兴奋药物的主要成分。可乐果是非洲一种树的籽，含有咖啡因。一个大问题出现，“可口可乐中是否含有可卡因？其实是这种麻醉药的缩写 coke 和可口可乐的缩写 Coke 十分相像所造成的误解。当看到大写的 Coke 时，就仿佛听到冰冻可口可乐嘶嘶起泡的声音，而小写的 coke 只能使人想到那种白色粉末”。可口可乐也许是人类商业史上最著名的品牌。今天，全世界有超过 190 个国家的消费者在饮用可口可乐。在中国，可口可乐也是最畅销的饮料品牌之一。可口可乐中文品牌名称得上是品牌名的顶级佳作。它既包含感性诉求又包含理性诉求，“可口”让人们联想到这种饮料的美妙滋味，“可乐”既突出这种饮料带给人们的心理享受，又与可口可乐多年来一直着重强调并大力宣传的“欢乐、尽情”的品牌形象不谋而合。

- 柯达（Kodak）

1887 年，乔治·伊斯曼（Georage Eastman）发明了干版照相术并为其申请了专利。这项发明使人们在照相时，不再需要累赘的设备，也不必当时马上冲洗。由于干版照相技术的发明，以及在此之前能够拍摄 100 张照片的照相机的发明，预示着大众摄影时代的到来。为了使产品对公众产生大的影响，伊斯曼决定为其取一个响亮的名字。

Kodak 这个名字在 1888 年 9 月 4 日进行了注册。后来伊斯曼在其关于促使他选择这个特殊名字的原因的记录中说：“我选择这个名称，是因为我深明一件商品的冠名，应当精短、有力，至少不能使人误读、误拼，以免在一定程度上影响品牌形象。而且，为了不触犯商标法，在任何语言中它都不应有什么含义。K 是我最喜欢的字母，它给人的感觉是有力又深刻，因此，品牌名的首字母我选择了 K。后来，我在 K 的后面做了大量的字母组合，最后决定仅以 K 开头，而且以 K 结尾。于是，就有了 Kodak 这个响亮的名字。”后来有人还指出，“Kodak”还是个象声词，就像照相机快门的咔嗒声。此外“K”字母是 Eastman 母亲家族姓名的第一个字母，这也是很重要的。

- 宏碁（Acer）电脑

被誉为华人第一国际品牌、世界著名的宏碁电脑，1976 年创业时的英文名称叫 Multitech，经过 10 年的努力，Multitech 在国际市场上开始小有名气，但就在此时，一家美国数据机厂商通过律师通知宏基，指控宏基侵犯该公司的商标权，必须立即停止使用 Multitech 作为公司及品牌名称。经过查证，这家名为 Multitech 的美国数据机制造商在美国确实拥有商标权，而且在欧洲许多国家都早宏基一步完成登记。商标权的问题如果不能解决，宏基的自有品牌 Multitech 在欧美许多国家恐将寸步难行。在全世界，以“~tech”为名的信息技术公司不胜枚举，因为大家都强调技术（tech），这样的名称没有差异化；又因雷同性太高，在很多国家都不能注册，导致无法推广品牌。因此，当宏基加速国际化脚步时，就不得不考虑更换品牌。宏基不惜成本，将更改公司英文名称及商标的工作交给世界著名的广告公司——奥美（O & M）广告。为了创造一个具有国际品位的品牌名称，奥美动员纽约、英国、日本、澳大利亚、中国台湾省分公司的创意工作者，运用电脑从 4 万多人名字中筛选，挑出 1 000 多个符合命名条件的名字，再交由宏基的相关人士讨论，前后历时七八个月，终于决定选用 Acer 这个名字。

宏基选择 Acer 作为新的公司名称与品牌名称，是出于以下几方面的考虑。

① Acer 源于拉丁文，表示鲜明的、活泼的、敏锐的、有洞察力的，这些意义和宏基所从事的高科技行业的特性相吻合。

② Acer 在英文中，源于词根 Ace（王牌），有优秀、杰出的含义。

③ 许多文件列举厂商或品牌名称时，习惯按英文字母顺序排列，Acer 第一个字母是 A，第二个字母是 C，取名 Acer 有助于宏基在报章媒体的资料中排行在前，增加消费者对 Acer 的印象。

④ Acer 只有两个音节，四个英文字母，易读易记，比起宏基原英文名称 Mutitech，显得更有价值感，也更有国际品位。

宏基为了更改品牌名和设计新商标共花费近一百万美元。应该说宏基没有在法律诉讼上过多纠缠而毅然决定摒弃平庸的品牌名 Multitech，改用更具鲜明个性的品牌名 Acer，是一项明智之举。在不良名称上只有负的财产价值；如今，Acer 的品牌价值已超过一亿八千万美元。

• Compaq（康柏）

当三位从德州仪器公司辞职的工程师，准备在个人计算机（personal computer，PC）市场自行创业时，他们认为，在 PC 业，最重要的是保持产品的兼容性（compatility）和质量（quality）。于是，他们将这两个词各取其头，创造出 Compaq（康柏）这个品牌。今天，蓝色巨人 IBM 也只能屈居其后。

• 摩黛丝（Modess）

摩黛丝这是美国强生公司生产的背胶免带式卫生棉，原品牌是 Modess，在中国台湾则为“摩黛丝”。其汉语品牌命名的确定是按照严格的科学步骤进行的。他们首先设计出若干名字，包括梦的丝、摩黛丝、摩登丝、美贴适、美的适、美的舒、吸美乐、好自在等 10 个候选名字，随后进行一系列的测验。在记忆测验中，发现美的适、美的舒、美的适等记忆效果比较差。在学习测验中，发现各名称之间差异不大，没有谐音问题。在偏好测验中，梦的丝脱颖而出，最受欢迎；其次是摩黛丝；其他落后甚多。在联想测验中，美贴适被联想成为皮鞋产品，吸美乐被联想为抽油烟机，梦的丝联想到的都是一些少女的梦幻、神化、诗情画意般的东西，摩黛丝的联想则有一点稳重成熟之感。根据测验结果，同时考虑使用卫生棉的女性年龄在十二三岁至五十岁，故选择摩黛丝。

• 奔腾（Pentium）

1989 年英特尔开始研制代码为 P5（俗称 586）的处理器，期望 1992 年秋天导入市场。由于由数字构成的名字不能作为商标，于是英特尔公司任命 KarenAlter 负责 P5 的命名工作。她迅速组建一个广告团队来为新处理器选择一个名字。他们要求新的品牌名字既要体现自己的特点，又要指出新芯片是第几代。在具体阐明 P5 名字的选择标准时，团队决定名字的必要条件是：①竞争者难以仿造；②可作为贸易标志；③指出新一代技术，以便有效地从上一代过渡过来；④有积极联系，且适应全球；⑤支持英特尔品牌资产；

⑥听起来像一个部件，以便它能与英特尔合作伙伴的品牌名字相配合。在选择名字过程中，团队的初期目标受众是零售消费者。尽管一个关键目的是建立早期采用者（即行业技术专家）对新产品的信任，但他们知道这个群体不会真正关心微处理器的真实名字。英特尔销售团队在为期两个月的对大量顾客进行的关于他们不采用数字名字的想法的调查中，有些消费者告诉英特尔不使用“586”而改变行业语言是不可行的。他们认为，行业变化太快，市场已经达到一定成熟水平，产品太复杂，重新教育消费者很困难。而另一些人，特别是技术老练的原始设备制造商（original equipment manufacturer，OEM），则喜欢这种区分英特尔技术的想法。他们认为，一个区别性的名字有利于将他们的产品与 PC 市场低级制造商的产品区别开，也有利于在工作站和服务器市场区别于不同的竞争者。为了给 P5 找一个好名字，英特尔进行了一项历史上最昂贵的调查研究。除了任务团队自己采用脑力风暴法产生的数以百计的名字之外，英特尔还雇佣了一家叫作 Lexicon 的命名公司为他们服务。同时在公司范围内举办命名竞赛，全世界有 1 200 名英特尔雇员参加，其中一些较为幽默的入围名字包括“iCUCyrix”“iAmFastest”“GenuIn5”“586NOT”等。业内出版物 Computer Reseller News 甚至自己进行命名比赛。此外，公司还收到来自世界各地许多个人主动提出的建议。一个 16 岁的澳大利亚男孩建议使用“SWIFFT”，即“Speed WithIntel’s Fastest Future Technology”的缩写。全部选择过程一共产生 3 300 个名字。KarenAlter 对这过程做如下描述：“与 586 相比较，其他名字听起来都是可怕的，因为它缺乏×86 命名图式的熟悉感。”似乎没有令人激动的可保护的名字，但我们必须得到一个。我们将所有名字分成三个类别：①与英特尔密切联系的；②技术上“冷酷的”，如建筑风格的名字；③全新的，但有某些代的概念嵌入其中。在名字选择过程中，英特尔公司进行了非常具体的全球化的研究，以确保每个名字不会被复制，确保每个名字在各种语言中都是有效的。在确定了每个名字都是可注册的和符合语言规则的之后，公司测验了每个名字以及该名字与管理资讯系统（MIS）和美国、欧洲终端用户相关的概念，以确定每个名字符合已经设定标准的程度。团队还专门要求参加者评价每个名字的正面和负面联想、是否容易记忆、使用的意愿、对产品的适合性以及促销的能力。类似的测验除了在欧、美进行外，还在亚太地区和日本进行。任务团队对 10 个测验名字的每一个进行讨论，并从每个类别中选择一个呈送给名字选择最高执行官。最终的三个名字分别是“InteLigence”“RADAR1”“Pentium”。在正式名字公布的前 10 天，公司最高执行官和任务团队成员一起做出最后的选择。会议由英特尔首席执行官 Grove 主持。他要求每个与会者从中选择一个名字并说出原因。不足为奇的是，任务团队成员几乎是平均地支持三个名字。任务团队的公关成员喜欢“InteLigence”，因为该名字是他们最容易向公众解释的。技术成员喜欢“冷酷”的名字“RADAR1”。而销售和营销人员喜欢“Pentium”，他们觉得 Pentium 是新的，代表着最彻底的突破，比较容易卖给 OEM 厂商和其他顾客。在所有的人（除了 Grove 和副总裁 Carter）都给出自己的看法之后。Grove 告诉他们，一旦名字选定，不要再做讨论。之后，Grove 和 Carter（副总裁）走进 Grove 的办公室做最后的决定。终于，一个新品牌名字诞生了，它的名字就是“Pentium”，该名字暗示部件。Pentium 的“Pent”来自希腊语，意思是“5”，暗示新的芯片是家族的第五代；加上“ium”使得芯片看起来像基本元素。

● 力士（Lux）

英国联合利华公司的力士（Lux）是当今世界最有名的香皂品牌，力士品牌今天之所以在全球风行，除了它大量利用影星做广告树立国际形象外，该品牌名称典雅高贵的优美含义也为它的发展起了很大的推动作用，可以这么说，初期的力士能成功完全依赖其杰出的命名创意。利华公司 19 世纪末向市场推出了一种新型香皂，一年中先后采用过猴牌（Monkey）与阳光牌（Sunlight）作为品牌名称。前者与香皂没有任何联系，显得不伦不类，且有不洁的联想；后者虽有所改进，但仍落俗套。第一年里，香皂的市场销路一直不好。1900 年，公司在利物浦的一位专利代理人建议了一个令人耳目一新的品牌名称：Lux，立即得到公司董事会的同意。名称更换之后，产品销量大增，并很快风靡世界，时间不长就成为驰名世界的品牌。虽然香皂本身并无多大的改进，但 Lux 给商品带来的利益是巨大的，可以说这种商品的成功很大程度上归功于它的品牌命名创意。Lux 是一个近乎完美的品牌名称，它是西方国家拉丁字母品牌命名的经典之作，备受业内人士推崇。它几乎能满足优秀品牌的所有优点。首先它只有三个字母，易读易记，简洁明了，在所有国家语言中发音一致，易于在全世界传播。其次它来自古典语言 luxe，具有典雅高贵的含义，它在拉丁语中是“阳光”之意，用作香皂品牌，令人联想到明媚的阳光和健康的皮肤，甚至可以使人联想到夏日海滨度假的浪漫情调。另外，它的读音和拼写令人潜意识地联想到另外两个英文单词 Luckys（幸运）和 Luxury（精美华贵）。无论做何种解释，这个品牌名称对产品的优良品质都起到了很好的宣传作用，它本身就是一句绝妙的广告词，至今尚未有其他品牌能在命名内涵上超过它。

在国外，给产品命名已成为一个比较系统的庞大产业。据媒体报道，2001 年品牌命名在美国的业务已达 15 亿美元。随着工商业的发展，商品越来越多，而给产品命名变得更加困难，要设计制定一个新颖不重复的品牌名称已不是一件容易的事。并且随着其他边缘学科的发展，品牌命名已成为一门学科。与此相适应，就出现了一些专业的命名机构，于是品牌命名产业应运而生。目前全球著名的命名机构有英国的 Interbrand（国际品牌集团）和 Novamark（新标志公司），美国的 Namestormers（命名风暴公司）、Landor（兰多）、Lexicon（词霸命名公司）和 Namelab（命名实验室）。Interbrand 是一个集品牌评估、咨询、设计于一体的全球性著名品牌发展机构，是品牌理论研究和实践的先驱者，它每年为全球评定世界驰名商标，十分权威，命名是它从事的业务之一。Novamark 主要是一个全球性的知识产权机构，命名也只是一个小分支。Landor 是蜚声世界的企业形象设计机构，但如果是新公司或新产品需要设计形象，它也给它们命名。其余几个机构则主要从事产品命名工作，它们的命名特色也不一样，Namelab 比较喜欢采用新创词设计品牌名称，它的命名一般都有一番科学的程序和步骤；而 Namestormers 则偏重于创意（头脑风暴）命名。

7. 品牌推广

所谓“品牌推广”，实际上就是以品牌的核心价值为原则，在品牌识别的整体框架下，选择广告、公关、包装等不同的传播方式，将特定时期内的品牌定位推广出去，以建立品牌形象，促进市场销售。它的基本方法是当前流行的 IMC 即“整合营销传播”。即通过传播、广告等手段，使优秀的设计得到良好的沟通。广告特别是电视广告，在快速建立品牌知名度方面作用巨大，但知名度并不能完全带来销量的上升，美誉度才是促进销售及形成品牌忠诚度、促使品牌增值的主要因素。

（1）广告推广。广告对于商业社会的重要性是众所周知的。企业产品要向全国甚至全球消费者推广，离开广告能达成目的的可以说是寥寥无几。在权威性媒体上争得一席之地是众多企业的目标之一，而僧多粥少的状况是永远的，激烈的媒体竞争导致广告成本的不断上升，成为企业发展过程中的沉重负担。如何采取多样化的手段去达成自己的目标，减轻媒体选择压力，是所有企业广告负责人的心病。再就是在纷繁复杂的社会中，单个的广告湮没在广告海洋中，其效果和受众对它的接受度与接触率的剧减，如何使自己的广告在其中脱颖而出，达到最大化的效果？产品广告在广告业中所占比例是最高的，而受众对其信任程度日益下降，如何提升品牌在受众心目中的地位，采用什么样的方式进行品牌推广?如下几种方式应该值得我们参考。

① 新闻性广告。新闻是人们关注度与接受度最高的媒体信息之一。避开产品宣传，与媒体搞好关系，希望媒体（电视台、广播、报社、网站、专业性杂志社等）不间断性地采编或采用有益于自己公司的各方面报道信息，进行品牌传播。

这种类型的广告我们在生活中是比较常见的。比如海尔“洗地瓜机”新闻报道，虽然后面遭到了很多人所谓新闻炒作的质疑，但其宣传效果是其他任何产品广告所不能及的。海尔能响应百姓的心声为之专门开发出这样的产品，即使你用不上也可以领会到海尔的为民所想、为民服务、真诚到永远的企业理念，你能不为之心动吗？

② 公益性广告。与政府搞好关系，进行公益性广告的投资也是一种有价值的传播方式，让企业在消费者心目中形成一种“为民、为公”的形象，以此来打动消费者的心。公益性广告的渠道很多，比如在电视台、广播、报纸杂志、网站、露天场所等单独或与政府一道做有关环保、普法、节日、庆祝等的合作性公益广告宣传，但一定要在公益性宣传的同时不知不觉地传播公司形象，提起消费者对本公司及产品的关注。

在海湾战争期间的统一润滑油广告，“多一点润滑，少一点摩擦”就打动了很多消费者的心；伊利的公益环保广告等都达到了一样的效果。

③ 赞助广告。对体育、文化等各方面的政府、社区举办的活动进行赞助，推广企业品牌，提升企业形象。比如西门子的“自动化之光”中国系列巡展活动，百事可乐中国足球联赛、××公司社区义诊活动等。最佳的例子就是韩国三星公司，它通过参与奥运会的 TOP 计划合作进行品牌传播，将其从三流企业提升至世界一流品牌企业，并荣升 2003 世界最受尊敬的公司第 40 名，是该年除日本企业外的亚洲唯一上榜品牌与本年度国际发明专利申请第九的公司。

④ 网络广告。随着互联网业的逐步成熟，眼球经济、烧钱经济向现实转化，电子商务已经在人们心目中形成了未来商业模式的必然这一理念，企业对电子商务的认可越来越高，也有很多企业现在或不久将采取电子商务模式对企业运作进行充实，摸索与积累未来的商业运作经验。网络广告到底以什么样的形式进行操作，目前在业界还存在很大的争议，因为目前的网络广告形式（强迫观看、未经允许的电邮广告、数量多的弹出广告、网页移动广告……）让许多消费者与网络人士非常反感。但随着互联网知识的大众化普及、企业的数字化网络管理与电子商务的应用日趋成熟，网络广告必将成为广告业

主流形式之一。我们采用什么样的方式进行网络广告的品牌宣传？一般采用比较精美的小型 Flash 广告、固定小型企业品牌形象链接广告、小型移动式页面广告等形式在大型门户网站、专业性网站与搜索引擎门户进行运作，是顾客比较容易接受的形式。因为这种形式的广告浏览主动权在顾客方，精美的制作与不影响正常浏览的广告能给人以良好的印象，顾客也比较容易接受。其次是征得对方的同意或商业性不是很强的企业形象广告，可以以一定程度的价格优惠或企业产品促销信息的传播，提供各种免费服务等的电邮广告。这样的广告针对性很强、达到率高、效果好，是一种具有很大潜力的广告形式。网络广告采用何种模式是值得广告界认真探讨的。

⑤ 手机短信广告。中国移动通信业已经建立起了一个很庞大的平台，在推出短信业务后，每年的短信收发量以几个数量级增长，广告界可以和移动运营商合作推出广告业务应该是一个不错的选择。我们可以通过手机使用者的征订广告，采用短信费用由广告传播方支付，并同时采用广告预订积分奖、定期抽奖、提供话费奖励、服务与优惠购买等各种方式进行广告传播。

⑥ 口碑传播。如果你要去买某产品，对于广告宣传与亲朋的推荐甚至听到身边陌生人对某品牌产品的赞不绝口时，你会做何选择？一般来说，绝大部分会选择后者。我们经常遇到这样的情况，和几个朋友一起去买一件价值稍高的商品时，其中任何一位轻描淡写地说一句“这牌子好是好，可就是颜色（花样、服务、大小……）不是太好”，你最大可能的选择就是放弃。这就是口碑的威力所在。

各个阶层、群体、地域或家族内的人们认为口碑传播是最可信任的信息来源之一，而最突出的是高收入、高学历的群体，他们经常通过（俱乐部等）口碑传播来传递商品品牌信息。

意见领袖是某一阶层、群体、地域或家族内的行动榜样，其他绝大部分人唯马首是瞻。所以我们进行口碑传播的关键就是找准与抓住这个意见领袖进行针对性的攻关。选定后采取免费试用、利益诱导、价值评判及服务保障等各方面的措施说服他接受产品，并积极在其影响范围内传播有利的产品信息，劝服别人购买产品。优质的产品与服务能让意见领袖与企业保持长期的良好关系，并成为品牌的积极传播者与忠实顾客，由此带来的将是高度的品牌忠诚与销量。

（2）公关推广。公关传播的本质是宣传，其最终目标是要改变人们或建立某种意见或态度，是通过传播事实和观点，引导、影响人们思想认识的过程。公关推广的主要方式有以下方面。

① 新闻报道（制造新闻点）。

② 赞助政府或重大社会活动（热点）。

③ 通过组织各种座谈会、建立消费者来访接待室；派员直访不同的公众，参加企业的市场调研；同各级消费者协会保持密切的联系，并以公关的思想、妥善处理公众意见，化解企业与消费者之间的纠纷。

④ 向企业内部职工宣传管理决策部门的经营宗旨、工作意图，树立及维护品牌形象的必要性，取得职工的理解与支持，并及时将员工的反映、意见、要求反馈给决策部门，增强职工的责任感与荣誉感，提高企业凝聚力和维护品牌形象的责任。

⑤ 将企业内部维护品牌形象的事件加工成生动感人的故事，通过自办媒体或口头传播。

⑥ 以歌曲、故事、影视作品等形式传播公司理念和品牌形象。

8. 品牌评估

它是建设品牌不可或缺的环节，包括多方面的内容：既要对品牌资产进行评估，也要对品牌建设的诸环节进行反省和评价，还要对一项措施实施一段时间后的效果进行检讨和总结。如海尔的“日清日高”管理法，对品牌评估的启示作用是显而易见的。

① 构思方案出台后，请有关专家进行鉴定、评估。通过后，方可进行设计制作。

② 设计制作完成后，再请有关专家进行鉴定、筛选，选中的方案方能实施推广。

③ 品牌推广两个月左右，请有关专家进行评价，再抽样部分中间商和消费者征求评价。

9. 品牌调整

即对品牌评估之后，要有步骤地进行调整，好的方面要坚持，不符合发展的方面要改进。经过评估，发现品牌策略存在问题后应及时调整。调整内容一般如下：

① 重新定位。通过评估，发现原来的定位不准确甚至是错误的，需要重新定位。如万宝路香烟最初定位为女士香烟，实施结果验证是失败的，后又重新定位为男士香烟，突出西部牛仔形象。

② 重塑形象（含方案设计、制作）。一是原有的形象设计不准确甚至与对手雷同，包括品牌名称、品牌标志、象征图案等的设计有误，如赶集网的广告形象设计传播后没有提高自己的点击量，反倒是火了赶驴网；二是随着产品重新定位，需创新设计品牌形象。

③ 重新推广（含推广工具的调整）。其实有不少品牌的设计是不错的，但由于选择的推广传播方式不当而没有达到预期的目的，如草原兴发的绿鸟鸡品牌，就是推广不合理而影响了其品牌形象的提升。所以，通过评估与诊断，若发现是推广手段和方式不当，应立即调整其推广方式。

5.3 产品包装策划

所谓包装策划，就是在对企业的产品包装或某项包装开发与改进之前，根据企业的产品特色与生产条件，结合市场与人们的消费需求，对产品的市场目标、包装方式与档次进行整体方向性规划定位的决策活动。

人靠衣装，马靠鞍，一个人精神不精神，就要看他打扮得好不好。在把一个已经确立的产品推向市场之前，需要根据消费者的需求形式进行合适的包装。因此在产品策划过程中，产品的包装策划是极其重要的一项工作。产品包装是产品在市场上让消费者接受的视觉原点，是消费者感情发泄的原始参照物。

5.3.1 包装的作用

（1）保护产品，防止环境污染。

（2）指导消费。产品包装具有识别、美化和便利的功能。独特的包装，可使产品与竞争品产生区别。优良的包装，不易被仿制、伪造、假冒，有利于保持企业信誉。在商品陈列中，包装是个“沉默的推销员”，具有介绍商品的广告作用。良好的包装往往能引起消费者的注意，激发其购买欲望。

（3）提高身价，增加利润。

5.3.2　包装的分类和要求

1. 包装分类

（1）按产品包装所处的层次，可分为以下三个部分。

① 首要包装。即产品的直接包装，如牙膏皮、啤酒瓶。

② 次要包装。即保护首要包装的包装物，如包装牙膏皮的硬纸盒、装啤酒瓶的纸箱，它为产品提供进一步的保护，尤其是促销机会。次要包装又称小包装或销售包装。

③ 装运包装。即产品储存、运输和识别所用的包装，又称大包装、外包装。

（2）按产品包装在营销中的功效来分，可分为以下几种：

① 统一包装。企业将其生产的各种产品或各类产品，在包装外形上采用相同的图案、近似的色彩、共同的特征，使顾客容易辨认，目的在于提醒顾客这是同一企业或品牌的产品，如化妆品中的系列产品。

② 套餐式包装。企业将数种有关联的产品放在同一包装中，方便购买和使用，也有利于新产品推销。如工具箱、针线盒等。

③ 等级包装。企业将产品按质量不同分成若干等级，使包装的价值与质量相称，表里如一，方便购买力不同的消费者按需要选购。

④ 复用包装。企业设计将产品用完后，包装可作为其他用途继续使用。如饮料或酒所用的杯形包装，以后可做水杯、酒杯等；糖果、糕点的金属包装盒，可以改做文具盒、针线盒等。这种包装便于扩大宣传范围，延长宣传时间，容易引发顾客购买兴趣，发挥广告作用。

⑤ 附赠品包装。这是较为流行的包装化政策，即在包装内放入给顾客的赠品或赠奖券。如在食品调料大包装中放入围裙等。

⑥ 变更包装。包装根据市场变化，加以改进。在包装材料、机械、印刷等方面，采用现代化的包装技术和新材料，以提高应变能力。

2. 包装策划应注意的事项

在进行产品包装策划时，要注意下面几点。

（1）产品包装造型要美观大方，图案形象生动、不落俗套，避免雷同和模仿。

（2）包装材料与产品价值或产品的档次上要力求对称，表里如一，能显示产品价值、特点和风格。

（3）便于销售、使用、保管、携带和周转。

（4）包装的文字说明应有助于增进顾客的信任感，树立企业和品牌形象，指导使用和消费。

（5）包装所用色彩、图案应顺应消费者和用户的心理，不能同民族习惯、宗教信仰相抵触。

5.3.3 包装策划中的包装策略

在营销活动中具有重要作用，企业除了使包装能充分展现产品的特色外，还需要运用适当的包装策略，使包装成为强有力的营销手段。常用的包装策略主要有以下几种。

1. 类似包装策略

类似包装策略指企业对其各种产品采用相同或相似的形状、图案、色彩和特征等。这种包装策略的优点是：既可以节省包装设计的成本，又可使消费者形成对企业产品的深刻印象，扩大企业及产品的影响，扩大推销效果，有利于新产品迅速进入市场。但如果企业产品质量相互之间的差异太大，会形成负面影响，则不宜采用这种策略。

2. 多种包装策略

多种包装策略又称为配套包装策略，指企业依据人们消费的习惯，把使用时有关联的多种产品配套装入一个包装物中，同时出售。如将系列化妆品包装在一起出售，便是典型的配套包装。这种包装策略的优点是：一物带多物，既方便了消费者购买，又扩大了销路。

3. 再使用包装策略

再使用包装策略又称为双重用途包装策略，即包装物在产品用完后，还可以做其他用途。这样可以利用消费者一物多用的心理，诱发消费者的购买行为，既使顾客得到额外的使用价值，同时包装物在再使用过程中，又能发挥广告宣传作用。

4. 附赠品包装策略

附赠品包装策略指在产品包装物上或包装内，附赠物品或奖券，吸引消费者购买。如许多儿童食品的包装就是采用此种策略。采用这种策略可以增加购买者的兴趣，吸引顾客重复购买。但赠品要注意制作精良，不可粗制滥造，否则不但起不到促销的作用，还会影响产品或企业的形象。

5. 等级包装策略

等级包装策略指企业把所有产品按品种和等级不同采用不同等级的包装，如分为精品包装和普通包装。这种策略的优点是：能突出商品的特点，与商品的质量和价值协调一致，并满足了不同购买水平的消费者的需求，但增加了设计成本。根据产品质量等级不同采取不同的包装。

6. 改变包装策略

改变包装策略指企业对产品原包装进行改进或改换，达到扩大销售的目的。改变包装包括包装材料的改变、包装形式和图案设计的变化、包装技术的改进等。当原产品声誉受损、销量下降时，可通过改变包装，制止销量下降。

5.3.4 包装策划的过程

策划有效的包装，要进行一系列决策。

1. 建立包装概念

确定这种包装的基本形态、目的和基本功能。根据产品特点，确定包装的目的以及通过包装，既使产品实体受到保护，又使消费者直观地了解产品的色彩、形状。这是包装设计的基本依据。

2. 决定包装因素

即包装的大小、形状、色彩、文字说明以及商标图案等。包装因素由包装的因素所决定，同时还要与价格、广告等市场营销组合因素相一致。

3. 进行包装试验

包装设计出来后要经过试验，以考察包装是否能满足各方面的要求，以便进行改进。包装试验主要包括工程试验、视觉试验、经销试验和消费者试验四种。

5.4　新产品开发策划

科技的飞速发展和顾客需求的快速变化，使产品的市场寿命周期越来越短。尤其是只有单一产品线的企业，面临的风险更大了。所以，“非创新，即死亡”“与其让对手超越自己，不如自己主动超越自己”等很自然就成了企业家们的共识。要想守住并扩大自己的阵地，就必须不断推出新产品。所以，新产品开发策划的重要性就不言而喻了。

5.4.1　新产品的含义及种类

市场营销学所定义的新产品不仅包括科技发展所推出的全新产品，而且包括并主要是指形态或功能上有所改变的产品。

1. 新产品的含义

所谓新产品，是指同老产品相比在结构、性能、材料、制造工艺等方面有显著改进或提高，或因品牌、包装的变化再推出，能满足新的顾客需求的产品。

2. 新产品的种类

（1）全新型产品。全新型产品，是指利用全新的技术和原理生产出来的产品，是新的发明创造。这种产品无论对企业或市场来讲都属新产品。如汽车、飞机等第一次出现时都属于全新产品。全新产品开发通常需要大量的资金、先进的技术水平，并需要有一定的需求潜力，故企业承担的市场风险较大。全新产品在创新产品中只占很小的比例，这种新产品的开发有一定的困难。

（2）革新型产品。革新型产品是指在原有产品的技术和原理的基础上，采用相应的新技术、新结构、新方法或新材料而有较大突破的新产品，使产品的局部在性能上有一定的进步和升级。革新型产品的开发是产品升级换代的主要途径，所以又叫更新换代产品。如计算机由第一代的电子管主要元件到现在的第四代的大规模集成电路元件及正在研制的具有人工智能的第五代。换代产品与原有产品相比，性能有了改进，质量也有了相应提高。它适应了时代发展的步伐，也有利于满足消费者日益增长的物质需要。

（3）改进型产品。改进型产品，是指对老产品加以改进，使其性能、结构、功能用途有所变化。如电熨斗加上蒸汽喷雾，电风扇改成遥控开关。与换代产品相比，改进产品受技术限制较小，且成本相对较低，便于市场推广和消费者接受，但容易被竞争者模仿。

（4）引进型（仿制型）产品。引进型（仿制型）产品，是指对市场上已经出现的产品进行引进或模仿、研制生产出的产品。开发这种产品不需要太多的资金和尖端的技术，因此比研制全新产品要容易得多。但企业应注意对原产品的某些缺陷和不足加以改造，而不应全盘照抄。

（5）新牌号产品。新牌号产品是市场上新出现的新品牌产品，第一种情况是企业新推出的牌号或延伸后的新牌号；第二种情况是企业的老产品改头换面后重新上市。

（6）新包装产品。新包装产品主要是为了吸引顾客、增加附加值或为了降低成本而重新设计的新的包装造型。

5.4.2 新产品开发的方式

在现代市场上，企业要得到新产品，并不意味着必须由企业独立完成新产品的创意到生产的全过程。除了自己开发外，企业还可以通过购买专利、经营特许、联合经营，甚至直接购买现成的新产品来取得新产品和自己开发。

1. 获取现成的新产品

这种方式又可以分为这样几种。

（1）联合经营。如果某小企业开发出一种有吸引力的新产品，另一家大公司就可以通过联合的方式共同经营该产品。这样做，小企业可以借助大公司雄厚的资金和销售力量扩大该产品的影响，提高自己的知名度，同时也能收回其开发费用并获得满意的利润；大公司则可以节省开发新产品的一切费用。也有的大公司直接收购小企业，取得该企业的新产品经营权。

（2）购买专利。企业向有关科研部门、开发公司或别的企业购买某种新产品的专利权。这种方式可以节省时间，这在复杂多变的现代市场上极为重要。

（3）经营特许。某企业向别的企业购买某种新产品的特许经营权。如世界各地的不少公司都争相购买美国可口可乐公司的特许经营权。

（4）外包生产。一般地，当企业的销售能力超过其生产能力，或没有能力自己生产该产品，或觉得自己生产不合算时，就会把新产品的生产外包给别的企业。这种方式可以分为全部外包和部分外包、部分自制两种。前者如汽车公司把零部件的生产全部外包给小企业，自己只进行加工组装；后者在服装行业中较常见。

2. 自己开发

自己开发可以划分为两种基本的形式。

（1）独立研制开发。企业通过自己的研究开发力量来完成产品的构思、设计和生产工作。

（2）协约开发。雇用独立的研究开发机构或企业为自己开发某种产品。前者与后者相比，可以对产品进行有效的控制，包括产品的设计、质量、品牌等，甚至在某种程度上对价格也有决定权。后一种方法则可以克服企业在技术力量上的不足。

5.4.3 新产品开发管理程序

1. 产生构思

一个成功的新产品，首先源于一个有创意的构思。新产品的“构想”是在企业战略基础上开发的。新产品“构想”的主要来源有购买者（包括消费者和工业用户）、专家、批发商、零售商、竞争者、企业的营销人员及各级决策人员。新产品构思的秘诀就是策划者经常深入目标顾客中间去。

2. 构思筛选

筛选的主要目的是选出那些符合本企业发展目标和长远利益，并与企业资源相协调的产品构思，摒弃那些可行性小或获利较少的产品构思。筛选应遵循如下标准：

① 市场成功的条件。包括产品的潜在市场成长率，竞争程度及前景，企业能否获得较高的收益。

② 企业内部条件。主要衡量企业的人、财、物资源，企业的技术条件及管理水平是否适合生产这种产品。

③ 销售条件。企业现有的销售结构是否适合销售这种产品。

④ 利润收益条件。产品是否符合企业的营销目标，其获利水平及新产品对企业原有产品的销售的影响。这一阶段的任务是剔除那些明显不适当的产品构思。

在筛选阶段，应力求避免两种偏差。一种是漏选良好的产品构思，对其潜在价值估价不足，失去发展机会；另一种是采纳了错误的产品构思，仓促投产，造成失败。

3. 产品概念形成与测试

新产品构思经筛选后，须进一步发展成更具体、明确的产品概念。产品概念是指已经成型的产品构思，即用文字、图像、模型等予以清晰阐述，使之在顾客心目中形成一种潜在的产品形象。一个产品构思能够转化为若干个产品概念。

概念测试是将产品概念向消费者描述，以获取消费者对产品概念的反映。每一个产品概念都要进行定位，以了解同类产品的竞争状况，优选最佳的产品概念。选择的依据是未来市场的潜在容量、投资收益率、销售成长率、生产能力以及对企业设备、资源的充分利用等，可采取问卷方式将产品概念提交目标市场有代表性的消费者群进行测试、评估。

产品概念给消费者描述后，提出问题，征求意见：

（1）你是否清楚并相信该产品概念的利益？

（2）你是否认为该产品解决了你的某个问题或满足了某一需要？

（3）目前是否有其他产品满足了这一需求并使你感到满意？

（4）相对于价值而言，价格是否合理？

（5）你是否（肯定、可能、可能不、肯定不）会购买该产品？

（6）谁可能会使用这一产品？使用频率怎样？

通过对以上几个方面进行测试和检验，最后选择一个最佳的产品概念。

4. 初拟营销规划

企业选择了最佳的产品概念之后，必须制订把这种产品引入市场的初步市场营销计划，并在未来的发展阶段中不断完善。初拟的营销计划包括三个部分：

（1）描述目标市场的规模、结构、消费者的购买行为、产品的市场定位以及短期（如三个月）的销售量、市场占有率、利润率预期等。

（2）概述产品预期价格、分配渠道及第一年的营销预算。

（3）分别阐述较长期（如3～5年）的销售额和投资收益率，以及不同时期的市场营销组合等。

5. 商业分析

企业对设想好的新产品开发方案从技术、经济、社会等方面进行全面的调查研究和可行性分析，最终得出是否开发新产品的决策。

经过商业分析，新产品的生产方案就进入了实施阶段。这一阶段通常消耗大量的人力、物力，需要大量的投资。

6. 产品研制

如果产品概念通过了商业分析，研究与开发部门及工程技术部门就可以把这种产品概念转变为产品，进入试制阶段。这一阶段应当搞清楚的问题是，产品概念能否变为技术上和商业上可行的产品。如果不能，除在全过程中取得一些有用的副产品即信息情报外，所耗费的资金则全部付诸东流。产品原型准备好以后，还必须通过一系列严格的功能测试和消费者测试。

7. 市场试销

如果企业的高层管理者对某种新产品开发试验结果感到满意，就着手用品牌名称、包装和初步市场营销方案把这种新产品装扮起来，把产品推上真正的消费者舞台进行实验。这是新产品开发的第七阶段。其目的在于了解消费者和经销商对于经营、使用和再购买这种新产品的实际情况以及市场大小，然后再酌情采取适当对策。

新产品试销应对以下问题做出决策。

（1）试销的地区范围：试销市场应是企业目标市场的缩影。

（2）试销时间：试销时间的长短一般应根据该产品的平均重复购买率决定，再购率高的新产品，试销的时间应当长一些，因为只有重复购买才能真正说明消费者喜欢新产品。

（3）试销中所要取得的资料：一般应了解首次购买情况（试用率）和重复购买情况（再购率）。

（4）试销所需要的费用开支。

（5）试销的营销策略及试销成功后应进一步采取的战略行动。

这一阶段的目的是了解消费者和经销商对处理、使用和再购买该实际产品应做出何种反应，以及市场容量。通过市场试销能够得到有价值的信息，如购买者、经销商、营销方案的有效性、市场潜量和其他事项等。

8. 批量上市

新产品试销成功后，就可以正式批量生产，全面推向市场。这时，企业要支付大量费用，而新产品投放市场的初期往往利润微小，甚至亏损，因此企业在此阶段应对产品投放市场的时机、区域、目前市场的选择和最初的营销组合等方面做出慎重决策。

在这一阶段，应确定好新产品的生产规模，制定合理的营销策略。确定新产品的引入时机、投放区域和目标市场，以便顺利地打入市场，扩大销售。

5.4.4 优秀新产品的特点

（1）复杂产品简单化，简易产品复杂化。对于技术复杂的产品，尽量在结构和使用方法上使使用者方便和容易维修。对于技术简单的产品，要设法在造型或包装上多下功夫，以提高其附加价值。

（2）多功能化，使新产品具有多种用途，既方便购买者的使用，又能提高购买者的购买兴趣。

（3）时代感强，新产品能体现时代精神，培植和引发新的需求，形成新的市场。

（4）微型化、轻便化，在保障质量的前提下使产品的体积变小、重量变轻，便于移动。

（5）利于保护环境，新产品属节能型，或对原材料的消耗很低，或者有利于保护环境。对“三废”“三害”的消除有效。

5.4.5 新产品开发创意构思方法

1. 产品属性排列法

将现有产品的属性一一排列出来，然后探讨，尝试改良每一种属性的方法，在此基础上形成新的产品创意。

2. 强行关联法

先列举若干不同的产品，然后把某一产品与另一产品或几种产品强行结合起来，产生一种新的构思。譬如，组合家具的最初构想就是把衣柜、写字台、装饰柜的不同特点及不同用途相结合，设计出既美观又较实用的组合型家具。

3. 多角分析法

这种方法首先将产品的重要因素抽象出来，然后具体地分析每一种特性，再形成新的创意。例如，洗衣粉最重要的属性是其溶解的水温、使用方法和包装，根据这三个因素所提供的不同标准，便可以提出不同的新产品创意。

4. 聚会激励创新法

这种方法最为典型的代表方式是“头脑风暴法”。将若干名有见解的专业人员或发明家集合在一起（一般以不超过 10 人为宜），开讨论会前提出若干问题并给予时间准备，会上畅所欲言，彼此激励，相互启发，提出种种设想和建议，经分析归纳，便可形成新产品构思。

5. 征集意见法

征集意见法指产品设计人员通过问卷调查、召开座谈会等方式了解消费者的需求，征求科技人员的意见，询问技术发明人、专利代理人、大学或企业的实验室、广告代理商等的意见，并且长久坚持，形成制度。

5.5 新产品上市策划

“上兵伐谋，其次伐交，其次伐兵，其下攻城。”《孙子兵法·谋攻篇》我们的老祖宗几千年前就已经提出，每一次的战争都必须“运筹于帷幄之中，方才能决胜于千里之外”。商场如战场，为了保持企业的市场活力、扩大市场份额，企业必须通过持续不断地开发新产品来推动企业销售的增长，但大多数结果是出现了“产品结构乱，品种上量难，品牌提升慢”的现象，打乱了整体市场的销售布局。推出新产品的策略是对的，但没有哪一个新产品的上市能随随便便成功。实践证明，要想使新产品成功打入市场并逐步扩大市场份额，就必须有成功的新产品上市策划方案。

新产品上市策划一般从以下几个方面来操作。

5.5.1 明确定位

1. 顾客群定位

企业常常把某些产品指引给适当的使用者或某个分市场，以便根据该分市场的特点创建起恰当的形象。如各种品牌的香水，是针对各个不同分市场的，分别定位于雅致、富有、时尚的妇女。又如奔驰的典型使用者形象是事业有成的中年男士，而宝马则是锐意进取、享受生活的青年才俊。

2. 功能定位

功能定位是指产品（或服务）以所提供的独特用途和作用作为卖点，向顾客诉求购买理由的一种定位。

3. 心理定位

心理定位是以产品能给消费者的心理上的价值定位，突出产品无形的精神功能和给人心理享受和满足，以刺激消费者的购买欲求。如在广告中说“一切尽在掌握”“一路上遥遥领先”“成功自有非凡处”“享受驾驶的快乐”等，突出产品的高级豪华，让消费者觉得体面气派，烘托其高贵的地位与身份，使其获得一种炫耀、辉煌的心理满足。

4. 价格定位

价格定位就是为了突出该产品优异的性价比或明显的价格竞争优势。其主要策略是陈述产品价格的合理性、适应性以及和同类产品的可比性，并以此来激起消费者的购买欲望。

5.5.2 选择竞争性进攻点——以己之长，攻敌之短

如何展开进攻，总的原则是“以己之长，攻敌之短”。这里特别要注意进攻中的“密集原则”，不能进行全面的进攻，而要集中优势兵力在关键时刻和地点，以达到决定性的目的，为此，我们有以下几种进攻策略。

1. 从正面针锋相对展开进攻

这种进攻方式是进攻者将其所有的力量集中，并直接对竞争者的主力发动攻击。这种企业策略是选择竞争对手的最强的部分发动攻击，而非选择弱点加以攻击。正面进攻

一般是在比对手实力强大或与对手实力相当时采用的，进攻者可对其竞争者的产品、广告与价格等方面采取进攻。

为了使纯粹的正面进攻能够成功，进攻者需要有超过竞争者相对实力的优势。如果进攻者的战斗力较对手薄弱，则正面进攻反而会给自己造成重大的损失。

正面进攻的另一种方式是进攻者常常采取经过修正的正面进攻策略。其中最常见的一种做法是与竞争者做残酷的价格竞争。这种策略也有两种形式，而最常用的是使企业的产品在各方面都与领导者的产品相同，而以价格作为进攻的武器，如果市场竞争者不以削价竞争作为报复手段，且竞争者能使消费者相信该企业的产品不但价格较低，而且产品质量也与市场领导者相同，则这种进攻策略便可以奏效。

另一种价格竞争策略的方法是进攻者投入大量的研究经费，以降低生产成本，来达到用较低的价格击败竞争者的目的。

2. 找到对方弱点，攻其软肋

俗话说，“再强的企业也有不足，再弱的企业也有强项”。若找到对方弱点，攻其软肋，同样有可能成功登陆，并占领一个安全地带。软肋往往就是其防守较为薄弱的地方。尤其是对于那些资源较其竞争对手少的进攻者而言，假如它无法以强大的力量来战胜防御者，则攻击者便可以使用这种声东击西的方式来战胜防御者。

这种进攻可以沿用两种策略角度来攻击竞争者——地理性的角度与区划细分角度。地理性的进攻是指在全国或者是世界各地，在竞争者的经营绩效尚未达到高水平的地区，布置进攻点。

另一种更具有潜在威力的侧翼攻击，是以领导者尚未发现的市场作为攻击的目标，从这一意义上说，侧翼策略是辨认市场区划细分的基础，以及是使目标市场转换的另一个名称，它是指及时地发现本行业尚未提供服务的市场区划的空隙，并积极地弥补此空隙，把它作为本企业的目标市场，使之发展成为强大的市场区划。侧翼策略可以引导各企业对整个行业市场中的各种不同的需求提供更为完整的服务，以避免两个或者两个以上的企业在同一市场区划中做激烈的竞争。侧翼策略是现代营销策略的优良传统，它秉持着营销观念中“发掘顾客的需要，并全力满足它”的营销目标。侧翼进攻的成功率往往比正面进攻高。

这种策略运用最成功的莫过于日本的江崎公司。日本口香糖市场年销售额约为 740 亿日元，其中大部分为劳特所垄断，其他企业再想挤进口香糖市场可以说难于上青天。但江崎糖业公司对此却并不畏惧。公司成立了市场开发班子，专门研究霸主劳特的不足：

① 以成年人为对象的口香糖市场正在扩大，而劳特却仍旧把重点放在儿童口香糖市场上；

② 劳特的产品主要是果味型口香糖，而现在消费者的需求正在多样化；

③ 劳特多年来一直生产条板状口香糖，式样十分单调；

④ 劳特产品价格是 110 日元，顾客购买时需多掏 10 日元的硬币，往往感到不便。

通过分析，江崎糖业公司决定以成人口香糖市场为目标市场，并制定了相应的市场营销策略，不久便推出功能性口香糖四大产品：

① 司机用口香糖，使用了浓香薄荷和天然牛黄，以强烈的刺激消除司机的困倦；

② 交际用口香糖，可清洁口腔，祛除口臭；

③ 体育用口香糖，内含多种维生素，有益于消除疲劳；

④ 轻松性口香糖，通过添加叶绿素，可以改变人的不良情绪。江崎公司还为产品设计了精致的包装和优美的造型，价格定为50日元和100日元两种，避免了找零钱的麻烦。功能性口香糖问世后，像飓风一样席卷全日本。江崎公司不仅挤进了由劳特独霸的口香糖市场，而且市场份额从零猛增到25%，当年销售额达175亿日元。

3. 间接进攻策略

间接进攻策略，就是避免任何交战的行动直接指向敌人现有领域。这种进攻意味着，迂回绕过敌人，并攻击较易取得的市场以扩展企业的资源基础。

间接进攻策略有四种途径可供采纳：一是发展不相关产品的多样化；二是以现有的产品，进入新地理性市场的多样化；三是避开对手的顾客群定位，选择新的顾客群，开发针对性的产品；四是开发新技术以取代现有产品。

在这方面最成功的就数康师傅茶饮料，面对其他饮料特别是可乐类饮料的强势竞争，康师傅避其锋芒，专注于茶饮料，并力求做成茶饮料老大。

5.5.3 新产品上市切入点的选择

1. 切入点的含义

切入点就是给产品上市寻找一个最佳的安全登陆点，使产品进入市场时风险小、进入市场后运行平稳且增长较快的上市方案。

2. 切入点的内容

切入点的内容主要是指产品上市的时间、地点和方式。

(1) 切入时间。选择产品上市的最佳月份、日期。常见的时间有：

① 厂庆日；

② 重大节日或公共纪念日；

③ 重大的政治、文化及体育活动举办日；

④ 避开对手促销竞争激烈的日子；

⑤ 及时利用处理突发性事件的日子。

(2) 切入的地点。选择产品上市的最佳区域、城市、场合（商场）。常见的地点有：

① 目标市场的主要零售网点（及时铺货）；

② 主要目标顾客相对集中的地方；

③ 客流量大的地方；

④ 竞争对手的营销力度相对薄弱的区域。

(3) 切入的方式。选择产品上市的最佳宣传方式。常见方式的有：

① 广告：电视、报纸、电台、户外；

② 公关造势：赞助、制造新闻点、报刊评论；

③ 新闻发布会、展示会；

④ 免费试用、样品赠送、终端POP；

⑤ 举办顾客参与的活动；

⑥ 选择典型客户，人员推广，以点带面。

5.5.4 典型案例：“宴嬉台”牌系列美酒如何打入市场

安徽砀山酒厂聘请发酵制酒专家和经验丰富的技师，于1992年8月研制生产出了“宴嬉台”牌系列美酒。但如何打入市场，厂长决定借助外脑。专家经过调研和对企业内外部环境的分析，认为借助“评酒会”的方式切入市场最为有效。在设计时侧重以下几点：

（1）评酒会何时举行（切入时机）：中秋前夕，会在中秋节掀起销售高峰。

（2）请哪些人来评酒。不是专家、教授，而是邀请民间的“喝酒名家”。

（3）在何地举行（切入地点）：中心广场、主要大酒店。

（4）如何充分发挥“评酒会”对产品入市的影响。

策划人认为，在酒的质量已经反复鉴定的前提下，应该把评酒和宣传结合起来，把评酒会同时开成一次成功的产品宣传会。

从民间请来的“喝酒名家”一旦对酒产生好感，其“口碑效应”要远远大于专家、教授的评价，且成本较低。再加上媒体的烘托，能很快提高产品的知名度和美誉度。于是邀请了民间推举的80多个“喝酒名家”参加评酒会，并邀请了当地各大媒体的记者。

“评酒会”如期举行，马继鸿厂长说：“各位喝家．李白当年到此，县令在宴嬉亭备酒款待，诗仙喝得大醉。留下诗句：‘令人欲泛海，只待长风吹。’今天请大家畅饮新酒‘宴嬉台’，不求诗章流芳，但愿传个美名。”“喝家们”个个都是民间评酒高手，他们认真品尝，只觉这酒入口绵甜，香气回肠，不由得齐声叫好。

紧接着，砀山酒厂又举办了一次“评酒扩大会”，选择当地几家大酒店和销售网点进行评酒。送酒车开到各大酒馆饭店和销售网点，邀请众人免费品尝。“喝喝看，不好扔到门外去”，这又赢得更多公众的叫好声。

在评酒会后，各大媒体都做了相应的报道，“宴嬉台”酒的美名不胫而走，很多人买酒专要“宴嬉台”。于是，砀山酒厂的销售额直线上升。马厂长高兴得赶快扩充销售队伍，增加送货车辆。

5.5.5 成功策划新品上市应注意的问题

以新养新，实现企业产品更新的良性循环是企业实现永续经营和可持续发展的保证。但实践表明，大部分的新品上市却惨遭败绩，所以，在成功进行新品上市策划时，应注意以下几个方面的问题。

1. 吸引顾客要学会创造需求

所谓需求，是指顾客有能力购买且愿意购买某一具体商品的欲望。所以，顾客的需求必须同时具备两个条件：愿意购买和有能力购买。创造需求，就是当以上两个条件不具备或缺一个条件时，积极创造条件，让顾客既愿意购买又能买得起。

怎样才能创造需求呢？

（1）培训。例如电脑，许多人不会操作，也就觉得买不买无所谓。而一旦厂家先对他们进行培训，使其学会（基本）使用，就能达到刺激欲望的目的。

（2）派发。免费赠送样品，让消费者亲身体验到新品的妙处，是最生动有力的促销方式。所谓“百闻不如一见，百见不如一验（实验、试用）”，正是这个道理。

（3）示范。若企业没有雄厚资金去大搞派发活动，可以通过示范方式达到目的。示范是把样品摆在公共场所，由厂家促销员示范给消费者看，也可以鼓励顾客亲自操作。

（4）以旧兑新。让消费者拿旧产品来折价兑换新产品，既解决了废旧品的回收利用问题，又能起到创造需求的目的。

（5）先用后付款。有条件和信誉保证的话，先用后付款倒不失为一种两全其美的办法。而且，在消费心理习惯上，认为敢于“先用后买”的，应该是质量过硬的信得过的产品，这无疑又为新品增加了说服力。

2. 要使顾客购买新产品的“转移成本”最低

从消费会计学原理的角度来分析，消费者决定购买新产品时，是要付出“转移成本”的。所谓消费转移成本，是指从老产品“跳槽”到新产品时的转购成本，在这个转购过程中，顾客肯定要付出下列成本（物质的或精神的）：老产品的报废弃用成本、新产品的购买成本、新老产品之间过渡对接的费用成本、担心新产品的质量及信誉的心理负担成本等。

所以，新产品的上市绝不是像一些人认为的那么简单，它是一个新老兼顾的复杂工程。如果只为了新品的考虑，而不顾老产品的“善后问题”，导致新品与老产品之间的严重冲突和排斥，那么，就会大大增加消费者的转移成本。很显然，过高的转移成本会使消费者对新品望而生畏，不敢轻易转购新品。

3. 看准时机，抢占上市

新品的市场推广速度，在传统经济里只是“重要的”一个因素；但在当今的新经济时代中，它已经成为决定新品上市生死成败的“生死时速”。比尔·盖茨在名著《未来之路》中肯定地说：“过去，资金、技术、资源等决定着企业的成败；而展望未来，速度将成为最关键的因素……”连铱星公司这种财大气粗的企业，虽由摩托罗拉等恐龙级企业担纲承办，但由于思想保守、观念陈旧、决策拖拉、行动迟缓，也逃不掉被无情淘汰的命运。

谁以最快的速度抢占了先机，谁就可能成为行业的老大。国内比较典型的例子是 VCD，当初，中国第一台 VCD 由安徽万燕公司研制出来，但它不注重新品的上市速度，落得个“无可奈何花落去，没人相识燕（生产）出来”的可怜结局。而爱多由于抓住了生死时速，迅速崛起，一跃成为当时独步天下的 VCD 霸主。虽然爱多后来因为其他原因倒下了，但不容置疑的是，它的新品上市营销却是十分成功的。

企业在新品上市时要切记：过去的那种“蜗牛跑万米”式的观念和速度，已不合乎新经济的要求了。只有抓住时机，先快速“飞天”，上市成功后再“软着陆”，才有可能“笑傲商湖”。

4. 新产品命名很关键

一个好的产品或品牌名称，能起到倍乘效应，使广告宣传和市场推广取得若干倍的效果。在营销策划业界，有句话“好名行天下，凡名做不大，差名去死吧”，说的正是这个道理。试看：同是补血品，为什么只有红桃 K 成了超级名牌？同是女用保健品，为何太太口服液一炮打响且“长”销不衰？同是 PDA，为何商务通力挫群雄、后来居上？同是教育软件，为什么翰林汇备受欢迎？如此等等，最重要的原因之一，就在于它们的“名”（品牌或产品名称）好。

比如，某餐饮企业的一种菜肴是用鸡掌（爪）、猪掌（蹄）、牛掌（脚）等动物下肢做成的，以前总是打不响、无人问津，为什么？因为它的名称不好。后经策划，取名为“降龙（牌）十八掌”，重新包装上市，结果，极短的时间内就大获成功。

5. 同质产品，要突出相对优势

田径比赛中，有经验的运动员往往并不拼出全部力量，而是看对手的情况行事，讲求“永远领先对手半步”。为什么？因为夺取金牌并不需要绝对的遥遥领先，只要比对手相对地领先一点即可。况且，追求绝对的领先是要冒较大风险的，往往出现“提前爆发”“后继乏力”“过早透支”等恶果，最后反而会失败。

在新品上市中，精明的企业也要学会运用相对优势。因为：

① 顾客只能在市面上出售的商品中进行选择，这样，只要你领先对手一点，就具备了更强劲的先进性和竞争力，就能击败对手，引诱并说服顾客做出购买决策。

② 若追求太过超前的绝对领先，一方面会付出过多的开发成本；另一方面，必然要拖延上市时间，不符合前述的“生死时速”法则。

③ 在市场容量客观不变的前提下，相对领先、多步到位，能多次重复覆盖市场，这就等于“人为地”扩大了市场容量；而绝对领先、一步到位，则达不到这种效果。比如微软的Windows软件，若从Win 95一下子到Win XP，就难以取得Win 95、Win 98、Win 2000、Win XP的逐步完善的效果。

6. 萝卜快了更要洗泥

有句话叫“萝卜快了不洗泥”，意指单纯追求速度和数量，却忽视了质量。在新品上市中，这种现象经常发生：企业一看上市之初十分畅销，就加大马力，使生产线超负荷运转，甚至不经严格审查，就草率地进行OEM生产。结果，由于质量控制不严、次品太多，很快就导致退货、诉讼、赔偿、声讨、曝光，自毁商誉。

某药品企业的一个新品上市之初，由于策划绝妙，取得了巨大成功。为了满足旺盛的需货量，就放松了对质量的监控，片面强调“多、快、省”，忽视了“好”字。结果不到半年，它就被“红牌罚下”了，该企业很是后悔。因此，新品上市要想“畅销而且长销”，就必须一如既往地严格控制产品质量，宁缺毋滥。

7. 要学会先造势后铺货

新品上市之前，预先展开宣传攻势，能为上市成功打下良好基础。在当今供大于求的市场“滞胀时代”，销售就是“存在即被感知”——顾客只相信、购买他们所“感知”（即知道、听说）的产品，任凭你产品多么优秀，如果不善于广告宣传，没被顾客“感知”，就很难销售出去，就等于“不存在”。那种“先上市、再慢慢宣传”的想法和做法，都已经落伍成“旧石器时代的生意经”了。综观所有成功的新品上市案例，会发现无一不是先打雷后下雨的。

先期的宣传具有以下作用：

① 预先告知消费者，让他们较详尽地了解新品的有关信息，激发消费欲望，培育市场需求。

② 广告所带来的知名度、美誉度和吸引力，能够说服经销商，增强他们的经销热情和信心，利于通路的顺利构建。

复习思考题

1. 产品定位的主要内容有哪些？
2. 产品定位的方法和步骤是什么？
3. 品牌策划的程序有哪些？
4. 如何进行新产品上市策划？

案例讨论

天津隆顺榕的品牌策划

1. 企业背景

1833 年（清道光 13 年）隆顺榕药庄创建，选料地道，制法遵古，誉满津门。1951 年周恩来总理推荐旅法药学博士田绍麟先生到隆顺榕。1953 年中国中药史上第一个中药片剂——银翘解毒片在隆顺榕诞生。“银翘解毒片”应用至今已被患者誉为半个世纪不衰的感冒名药。1954 年中国中药史上第一个中药酊剂——藿香正气水在隆顺榕诞生。天津隆顺榕被业内誉为中国中药现代化先驱企业。

2. 品牌战略指导思想

倡导以“创新”为核心的企业文化，追求卓越，实现企业价值最大化。提供优质产品和服务，为人类创造健康、为社会创造财富。对员工负责，满足员工生活和成长需要，使其物质利益和精神利益得到实现。投身社会公益事业，做富有爱心的企业，体现企业的社会价值。传承卫药文化，打造“隆顺榕”强势品牌。

3. 企业价值观

生存理念：做中药精品、创国粹名牌。

经营思想：诚实、守信。

企业传统：济世寿人、泽及四方。

企业精神：求新创新、永远争先。

企业工作作风：发现问题、立即解决。

企业人才方略：企业是一所学校，在这里平庸者成为优秀，优秀者成为卓越人才。

4. 品牌战略发展过程

（1）挖掘企业历史、激活传统品牌

企业生存期——产品品牌阶段

2001 年，企业对产品进行重新定位及价值创新。一方面，对老产品的外在形象进行重新设计，使新包装既体现内在质量，又体现企业形象的统一，使产品的整体档次得到了提高，企业的概念得到强化，给消费者一个崭新的形象；另一方面，挖掘产品的内涵，进行产品的价值创新。

企业发展期——企业品牌阶段

为了进一步弘扬企业品牌，使之最终成为企业的核心竞争力，我们挖掘企业历史，酝酿激活老字号“隆顺榕”，全面提升企业品牌形象。

在获得了大量真实的历史明证后，从2003年1月开始，企业采取了借媒体文化造势、借产品文化宣传、借公关活动扩大影响的手段，不断宣传，不断升温，使“隆顺榕”短时间在行业内及天津市民中拥有了较高知名度。

2003年5月1日正式“隆顺榕”挂牌，最终实现了激活企业品牌的第一步。

（2）弘扬卫药文化、丰富品牌内涵

今天企业之间的竞争，不仅是技术上的比拼，更是品牌、文化的较量。品牌的背后更多体现的是文化。

“隆顺榕”品牌文化的积淀正是企业做大市场、做强产品的根本。

作为“卫药”文化的倡导者，我们积极整合企业内、外资源，与天津中医药大学进行了“卫药”文化理论体系研究项目的确定，正在积极争取将该研究课题在天津市立项。

“隆顺榕”要做“卫药”文化的主要传承者，在城市快报开辟“卫药文化”专栏，用讲故事、名人访谈等方式将卫药文化传递给市民百姓，形成品牌影响力。

（3）强化品牌意识、首倡“果树理论”

① 在区域市场靠“隆顺榕”企业品牌运作，带动总体销量提升是势在必行之路。

② 品牌运作是发展、维护企业与消费者之间长期的相互信赖的关系，并逐渐形成企业有形产品和无形资产差异化优势、获得发展空间的重要战略步骤。

③ “隆顺榕”品牌的运作将有助于企业市场开拓能力的增强。

企业认为，产品品牌与企业品牌形象地说就是“果”与“树”的关系，要让消费者看到果子好是因为树好，进而推断出这棵树上结出的果子都是好果子。

在新开发地区以品种带动企业品牌，在成熟地区以品牌带动全品种销售，倡导并传承卫药文化，使“隆顺榕”成为中国中药行业的驰名品牌。

① 做到果实是“甜的”（隆顺榕产品品牌）

金芪降糖片在天津已成为抗糖尿病中药第一品牌，据国家药监局医学情报所统计显示，金芪降糖片在全国重点省市医院已成为抗糖尿病中药第一品牌，也是企业增长率提升最大的品种。

降压避风片迅速成长为天津抗高血压中药第一品牌，并成为隆顺榕增幅大的品种，被列入局重点监控品种。

围绕精制银翘解毒片、藿香正气水、金芪降糖片、癃清片、紫龙金片、降压避风片六个标志性产品的确立，将品种做精，品牌做大，使隆顺榕药品“好药好字号”的品牌形象深入人心。

② 培植枝繁叶茂好“树”（隆顺榕企业品牌）

收集挖掘隆顺榕历史资料，为更好地弘扬隆顺榕——“卫药”代表企业的优良文化夯实了基础。

企业先后和晚报、新报、快报、电台共同倡导了多项活动，在社会上引起了强烈的反响。例如，在非典期间在今晚报显著版面连续创新举办了 20 期“以德防病”系列公益广告及报道，在社会上引起了强烈反响；与快报合作“600 轮岁月 600 个故事”等系列活动，提升了企业形象，提高了隆顺榕在天津的地位。

同时企业以“全员参与、回报社会”为宗旨，成为市、区困难救助中心，SOS，儿童福利院，养老院长期捐赠基地，向社会充分展示了“济世寿人、泽及四方”的优良传统，此举不但得到各级领导的好评，也得到了各类媒体的充分关注，从而进一步提升了隆顺榕的知名度和美誉度。

几年来，在天津及周边地区“隆顺榕”的品牌知名度迅速上升，市场份额逐步扩大，目前在天津药品生产企业当中，“隆顺榕”在天津的销售收入已经排在了第一位，“隆顺榕”这个纯正“卫药”品牌又恢复了其昔日的风采。

讨论题：请分析“隆顺榕”品牌策划的成功之处。

第 6 章

产品定价策划

本章提要

价格策略是市场营销组合策略之一，价格既是促销工具，又是竞争工具，合理的定价和调价是营销组合成败的关键之一。本章主要介绍产品定价策划的步骤、企业常用的几种定价方法以及策略，并介绍价格调整的策略和技巧。

学习目标（重点与难点）

通过本章的学习，主要掌握以下内容。

1. 产品定价策划的步骤。
2. 企业常用的几种定价方法以及策略。
3. 企业价格调整的策略和技巧。

框架结构（图 6-0）

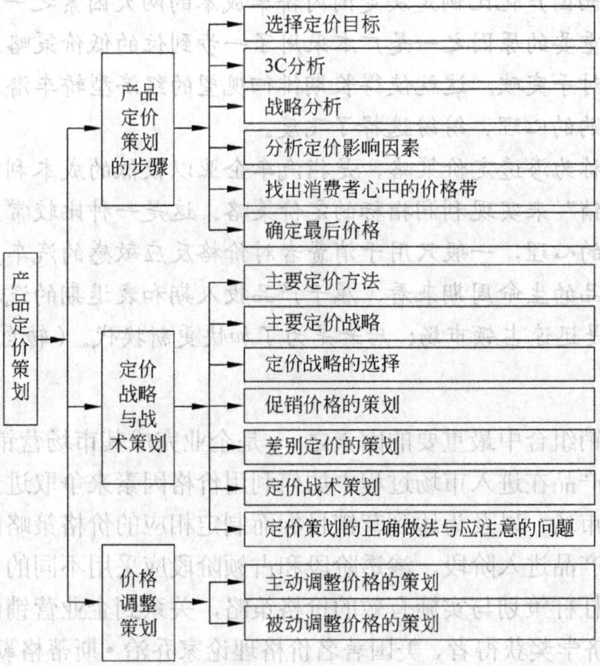

图 6-0　框架结构

开篇案例

本田飞度——低价，一步到位

在国内经济型轿车市场上，像广州本田的飞度一样几乎是全球同步推出的车型还有上海大众的POLO。但与飞度相比，POLO的价格要高得多。飞度1.3L五速手动挡的全国统一销售价格为9.98万元、1.3L无级变速自动挡销售价格为10.98万元。而三厢POLO上市时的价格为13.09万～16.19万元。飞度上市后，POLO及时进行了价格调整，到12月中旬，在北京亚运村汽车交易市场上，三厢POLO基本型的最低报价是11.11万元。即使这样，其价格还是高于飞度。虽然飞度9.98万元的价格超过了部分消费者的心理预期，但在行家眼里，这是对其竞争对手致命的定价。飞度定价上也体现了广州本田的营销技巧。对于一般汽车企业来说，往往从利润最大化的角度考虑定价，想办法最大程度地获得第一桶金。这体现在新车上市时，总是高走高开，等到市场环境发生变化时才考虑降价。但这种方式存在一定的问题，即在降价时，因为没办法传递明确的信号，消费者往往更加犹豫，因为他们不知道企业是否已经将价格降到谷底。飞度的做法则不同，它虽然是一个技术领先的产品，但采取的是一步到位的定价。虽然这种做法会使消费者往往要向经销商交一定费用才能够快速取得汽车，增加了消费者的负担，但供不应求的现象会让更多的消费者产生悬念。如果产量屏障被打破以后，消费者能够在不加价的情况下就可以买到车，满意度会有很大的提高，因为它给予了消费者荣誉上的附加值。对于飞度为什么能够实现如此低的定价这个问题，广本方面的解释是，飞度起步时国产化就已经超过80%，而国产化比例是决定国内轿车成本的两大因素之一。整体来看，飞度良好的市场表现最重要的原因之一是广本采用了一步到位的低价策略。汽车性能和价格在短期内都难以被对手突破。这就使得长期徘徊观望的经济型轿车潜在消费者打消了顾虑，放弃了持币待购的心理，纷纷选择了飞度。

低价策略，也称为渗透定价策略，是指汽车企业以较低的成本利润率为汽车定价，以求通过“薄利多销”来实现利润指标的定价策略。这是一种比较常用的促销手段，利用人的求实、求廉的心理，一般只用于消费者对价格反应敏感的汽车产品，如中低档的经济型汽车。从产品的生命周期来看，属于产品投入期和衰退期的汽车，常常会用低价策略。前者的目的是迅速占领市场；后者是为了加快更新换代。（转自：网络，作者：陈玮、李穗豫）

价格是市场营销组合中最重要的因素之一，是企业完成其市场营销目标的有效工具。价格策划就是企业产品在进入市场过程中如何利用价格因素来争取进入目标市场，进而渗透甚至占领目标市场，以及为达到营销目标而制定相应的价格策略的一系列活动及方案、措施。价格在产品进入阶段、渗透阶段和占领阶段应采用不同的价格策略。企业能否正确地运用价格杠杆策划与实施有效的价格策略，关系到企业营销的成败及其经济效益。所以诺贝尔经济学奖获得者、美国著名价格理论家乔治·斯蒂格勒指出：“价格已成为营销战的一把利器，可以克敌，也可能伤己。”发生在 20 世纪末中国的手表、空调、电视机、微波炉、金银钻饰、汽车、机票等市场的价格大战，结果是有人欢喜有人忧。这对我们价格策划有不少有益的启示：一是定价不能盲从，不能跟着别人跑。例如，1988 年订货会上很多手表厂家眼睛盯着上海，这种毫无主见的策略只能使自己陷入祸福莫测的境地。二是定价要有明确而具体的目标。一般来说，定价策划必须服从营销目标。三是定价无定式，唯有出奇才能制胜。企业定价策划是一门科学，更是一门艺术，需要胆略、见识，需要创造性。当价格战的危机来临时，企业该做的只有深刻反思，并尽快顺应市场、领先于市场需求去经营。

6.1　产品定价策划的步骤

产品的定价，定得过低容易被消费者认定为廉价品，定得过高又不利于尽快占领市场，关于如何定价应遵循如下步骤。

6.1.1　选择定价目标

在为一项产品定价前，应深入了解企业的整体营销目标。一些常见的企业定价目标如下。

（1）在下一个阶段，利润提高××%。

（2）提高产品或服务的价值形象。

（3）削弱新的竞争者寻找市场立足点的努力。

（4）阻止竞争者进入本企业的市场或应对对手的价格攻势。

（5）在失去订货的市场上恢复订货。

（6）迫使竞争者接受本企业为市场价格支配者。

（7）在以后的三年内使市场占有率增加××%。

（8）诱导顾客在更为适宜的时间购买。

6.1.2　3C 分析

在绝大多数情况下，一个公司的价格制定很少有聘请专门策划机构进行的。因为价格策划的直接目的就是为企业产品制定销售价格，它涉及了公司的收入计划，被绝大多数公司视为最高的商业秘密。因此，价格策划往往是由企业内部的营销策划人员担任的。有些公司可能对一些商业投资运作项目采用全部委托管理咨询或由策划公司负责，这样的咨询策划公司则需要担任价格策划工作。因为这毕竟是任何一个商业运作项目的其他营销决策或策划的基础，是制订项目财务计划的基础。

无论是由本企业策划人员还是由咨询公司策划人员为客户公司制订价格计划，无论其是否会涉及商业秘密，都应该对 3C 情况进行分析。

1. 成本分析

成本分析指对策划的产品和业务相关的成本数据的分析，主要包括单位变动成本、固定成本与固定成本分摊方法、不同经济规模下的该项产品或业务的平均成本。如果有可能，应该分析或估计该项产品或业务促销效率并据此估算其销售成本。另外，对于影响成本的比较敏感或易变的因素，也应该进行分析和估计。

比如，对基于不断上涨价格的原材料、能源的成本分析，就应该考虑今后一个时期可能的上涨幅度；对要在国际市场交易的产品，还要考虑成本与收入计算所基于的一种货币与实现收入时取得的另外货币之间可能的汇率变化情况。

2. 顾客分析

顾客分析是价格策划中最关键的一环。

根据营销学理论，顾客作为任何一个产品或服务的交换对象，他或她要购买的产品一定要具有顾客价值与竞争价值。而是否有顾客价值与竞争价值，是顾客非常个人化的主观判断。个人判断，决定了公司的任何人员都不能将自己认为好而顾客并不认为好的产品推销出去；主观判断，决定了顾客价值认识是可以由公司加以影响和改变的。因此分析顾客时需要分析的主要内容有以下方面。

（1）顾客的价格敏感度如何？

（2）顾客购买特定的产品与服务的时候，最关心的因素是什么？本公司的产品或服务所形成的“卖点”，占据了顾客关心因素的什么地位？

（3）顾客将本公司产品与竞争者的产品比较时，认为是更好还是更差？如果公司面临多个竞争对手，那么，顾客认为本公司的产品服务处于哪种竞争地位？

（4）顾客对于一个特定产品的心理价格怎样？当公司定价超过顾客心理价格时，能够说服或影响顾客购买产品吗？当低于顾客心理价格时，公司的定价会出现什么问题？比如，是否会被顾客认为质量很差？或者，顾客是否会认为应该“抢购”如此合算的产品？

（5）在特定的价格下，顾客希望的附加服务或附加产品是什么？如果提供这些附加服务或产品，是否会导致公司成本明显升高？而不提供这些附加产品或服务，顾客的满意度或价值感是否会降低？

3. 竞争对手分析

任何一项产品与服务的定价，都受到竞争对手产品与定价的影响。在缺少竞争的市场环境下，定价则会受到政府干预。因此，在价格策划中，不能不考虑和分析竞争对手的产品和定价。竞争对手分析，主要内容应该有以下方面。

（1）谁是主要的竞争对手？顾客是否将本公司的产品与这样的竞争对手经常进行比较？

（2）竞争对手产品或服务的主要特点是什么？或者说，竞争对手产品服务的“卖点”是什么？这些主要特点，在顾客选择因素中，排位如何？本公司的“卖点”比竞争对手更好还是更差？

（3）竞争对手产品的实际价格是多少？通常，策划人员可以看到的是竞争对手的目录价格。但目录价格可能与实际价格有一些不同甚至完全不同。比如打折率或折扣率，如果几乎任何购买者购买任何数量都能够满足折扣率要求，那么竞争对手产品的实际价格就比目录价格低；或者，如果竞争对手提供服务项目较少，比如不包括运输费、安装费用，那么竞争对手的目录价格比实际价格要低。

（4）与主要的竞争对手比较，本公司的竞争优势与劣势主要在哪些方面？比如，如果本公司的品牌声誉与品牌地位比竞争对手差，则提供相同质量产品时，本公司的定价不可能高于或等于竞争对手定价，因为顾客会认为品牌好的产品应该更值钱。

6.1.3　战略分析

战略分析的实质内容实际也是关于成本、顾客与竞争者的分析。不过，这种分析更多地注意到三者的关联性，特别注重它们之间对于在决定公司产品和服务价格时的关联性影响。

1. 财务分析

财务分析主要的内容是需要做产量、成本与价格之间的关联分析。通常，量、本、利的分析方法是这方面比较成熟的财务分析工具。除此之外，财务分析也经常发生在价格变动时对各方面影响的分析。主要分析内容有：

（1）在公司预期的市场收入目标下，给定一个价格标尺，需要的产量、应控制的成本是多少？或者，这种分析可以按照量、本、利的关联关系，进行某个因素的预期后，分析对另外变量值的要求。比如，公司可以给定生产成本、销售成本、利润目标要求，确定价格应该为多少，然后估计这样的价格实现的可能性如何。

（2）在预期价格下，贡献毛利是多少？要达到这样的毛利要求，其他因素是否能够支持——比如像产量、渠道效率等；或者就营销情况而言，是否安全——比如这种毛利要求的价格是否会刺激竞争对手发动相应的进攻行为。

（3）如果提价，导致销售量减少，那么按照需要实现的利润目标要求，允许减少的销售量应控制在多少？

（4）如果需要采取增加销售量的措施，包括降价在内，需要增加多少销售量，才能抵偿增加用于市场推广、广告投放、渠道投资及单位贡献毛利减少的影响？而企业能够保证实现增加的销售量可能性有多大？

（5）无论是降价还是提价，竞争者的反应可能是什么？为了应对这些反应，公司改变营销策略，会导致成本增量达到多少——比如公司需要提高广告预算，或者需要增加服务项目导致的成本增加是多少？

2. 细分市场分析

如果公司为多个细分市场提供产品或服务，则不同细分市场顾客的价格敏感度是有差异的。并且，公司为不同细分市场服务的成本也有差异，不同细分市场随着营销策略的改变，每单位的营销费用的增量效益也是不同的。细分市场的分析主要有：

（1）不同细分市场的销售成本差异如何？就单位产品比较而言，不同细分市场的单位贡献毛利差异是怎样的？

（2）如果存在最低贡献毛利的细分市场，那么，保留这样的细分市场的意义如何？如果有最高贡献毛利的细分市场，那么，这样的细分市场对总贡献毛利又如何？并且，哪些细分市场是最容易受到竞争者攻击的？它们在执行某种价格情况下是否稳定？

（3）公司在控制不同细分市场时，采取的隔离措施增加的成本是多少？这些增加的成本是否抵消了高价市场利润？或者，隔离措施是否影响了低价市场销售量？

（4）不同细分市场的价格政策，是否符合法律规定？如果符合法律规定的话，那么，就公众反应而言，是否会增加公司公关成本？

3．基本价格战略的选择

在营销策划中，当进行上述分析后，就可以拿出一个价格策划方案了。该方案应该对最终价格战略的核心问题提出明确方案。

通常，价格策划给出的是在特定市场上的价格战略基本对比关系，根据这样的关系，可以给出具体的定价值，即根据一个特定市场，对比不同高价竞争者、中价竞争者或低价竞争者，由公司在三种基本的定价战略中，选定基本价格战略。三种基本的定价战略如下所示。在图6-1中，"经济价值"是指一个公司产品本身就使用性能、制造成本这些方面，与竞争对手产品比较具有的价值。如果一个特定公司的产品与其他竞争对手产品在质量水平、功能、性能等方面超过别的竞争者提供的产品，它的经济价值就高；相反就低。如果与别的大多数公司相同，则处于中等价值地位。"相对价格"是以在一个市场上，大多数人购买该行业产品所接受的价格为基准比较的价格。如果一个公司将顾客价值较低的产品定得较高的话，就是采取撇脂定价。这样，公司可能获取的市场份额较小，但单位产品毛利很高。较高的毛利如果能够抵偿较小份额带来的收入减少，则公司可望增加毛利。如果将顾客价值较高的产品定较低的价格，采用的是渗透定价。这样，公司单位产品的毛利较低，但如果这样定价能够获取更大的市场份额，由此增加的收入能抵偿单位毛利降低减少的收入还有剩余的话，则可以增加公司赢利。

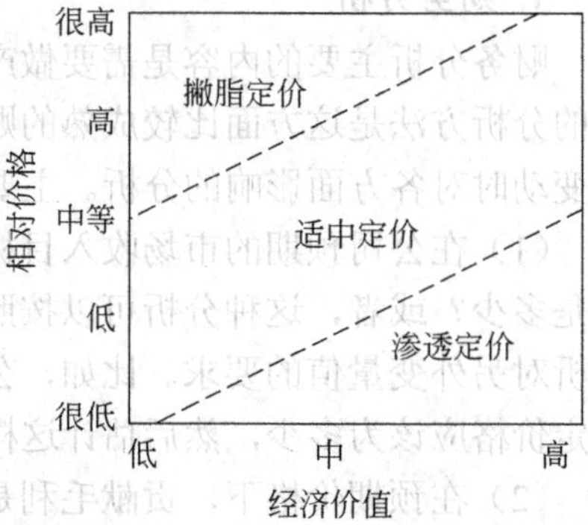

图6-1 三种基本的定价战略

撇脂定价不意味着一定是高于市场所有产品的定价，渗透定价也不意味着一定是低于市场上所有产品的定价。它仅仅表明相对于顾客对公司产品的价值判断而言的价格。在中国市场上，"劳力士"手表定价可以达到10万元，这并不表明它有10万元的价值，而是表明它只向能够出得起这个价格的顾客出售这个特定产品。很明显，购买劳力士手表的顾客就是要求体现出"唯我独尊"的经济实力或具有的高社会地位。就其以手表使用功能代表的价值而言，可能并没有售价比其低得多的手表好。这是一种典型的撇脂定价。某些品牌的国产车，与其在定价上更高的国外品牌汽车比较，其质量水平未必很低，但可能定的价格大大低于国外品牌汽车，就是采用了渗透定价策略。

6.1.4 分析定价影响因素

为产品制定能为消费者接受，符合公司利益的价格，需要考虑许多影响因素，才能拟出一个具有竞争力、为各方所接受的适当价格。影响定价的重要因素，除了市场需求、成本与市场竞争外，还要考虑消费者对产品价值的认知、目标消费群的消费行为与态度，以及分销渠道、产品和品牌形象、宏观环境等因素。

1．市场需求

在市场经济条件下，市场需求是企业制定产品价格时要考虑的主要因素。市场需求水平决定了企业产品的价格水平。企业都希望产品能以一个较高的价格销售出去，但这一价格如果高到无人接受的程度，产品价值将无法实现。无疑，市场需求构成了企业产品价格的上限。需求对价格影响的研究主要包括以下几个方面。

（1）供求关系。市场价格的形成是供求双方共同作用的结果。在某一时期，当市场上某种商品的需求量与供给量正好相等时，即出现了经济学上所说的均衡状态，此时的价格称为均衡价格。而市场上的需求和供给总是不断变化的，这种变化必然会引起价格的变动。需求变动对价格的影响表现为，在供给一定的情况下，需求水平的提高，会导致均衡价格上升；需求水平的降低，会导致均衡价格的下降。在需求不变的情况下，供给水平的提高会导致均衡价格下降，供给水平的降低会导致均衡价格的上升。

（2）需求的价格弹性（price elasticity）。需求价格弹性如图 6-2 所示。

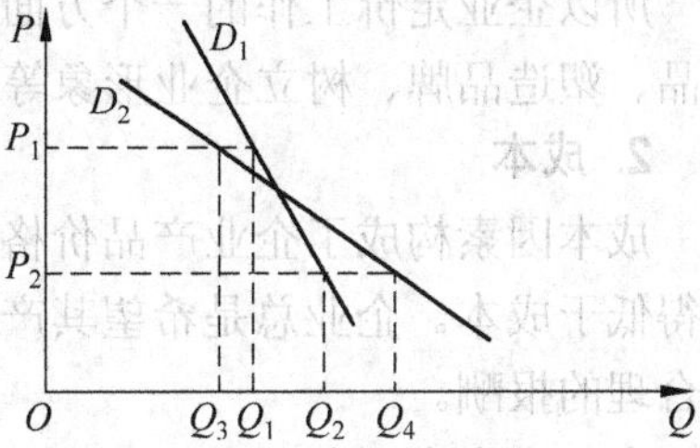

图 6-2　需求价格弹性

营销策划人员需要了解当价格发生变动时，需求是如何做出反应的。需求的价格弹性理论正好说明了价格变动与需求量变动之间的关系。需求的价格弹性简称需求弹性，是一种商品的需求对该商品本身的价格变化的反映程度，它等于需求量的相对变化与价格的相对变化之比；或者说，它等于由百分之一的价格变化所引起的需求量变化的百分数。在上图 6-2 中，同样的价格变化（P_1-P_2）对于需求曲线 D_1 和 D_2 来说，所引起的需求量的变化幅度是不同的。前者为（Q_2-Q_1）；后者为（Q_4-Q_3）。显然 D_2 曲线的弹性比 D_1 曲线的弹性要大。需求的价格弹性可以由下面的公式确定：

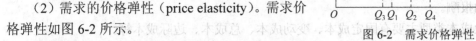

$$\text{需求的价格弹性}(Ep)=\frac{\text{需求量变化的百分比}}{\text{价格变化的百分比}}$$

一般情况下，价格与需求量呈相反的方向变化，所以需求的价格弹性系数的计算结果一般为负值。通常取绝对值来衡量，主要有以下五种典型的情况。

① $Ep=0$，表明需求完全无弹性。

② $0<Ep<1$，表明需求缺乏弹性。

③ $Ep=1$，表明需求有单位弹性。

④ $1<Ep$，表明需求富有弹性。

⑤ $Ep\to\infty$，表明需求有无限弹性。

在现实生活中，①、③、⑤三种情况属罕见现象；②、④两种情况比较常见。产品需求弹性的大小是相比较而言的，即使是同一种产品，在不同的市场环境下，其需求弹性也可能有差异。有的产品价格进行小调整，弹性不大，而进行大调整，弹性却非常大。有的降价弹性和涨价弹性不一样，短期弹性和长期弹性不相同。企业在定价或变价时既要综合考虑多种因素下需求弹性的影响，还应考虑相关产品需求交叉弹性的影响。一般来说，对弹性较大的产品可以用降价来刺激需求，扩大销售。对弹性较小的产品，可以用适当提价来增加收益。

（3）消费心理。心理因素是决定需求的一个重要因素。研究市场需求与价格的关系必然会涉及消费心理问题。在市场中具有不同心理特性的人对价格的感知是不同的，具有炫耀心理的人购买商品时会将价格高作为选购的主要因素；具有求廉心理的购买者，价格是否低廉是其购买与否的主要因素。

价格在消费心理上的反映形成了消费者的心理感受价格。消费者在购买商品时，常常是将商品的价格与自己对商品的感知价值进行对比，如果商品的价格低于自己的感知价值就会购买；反之则认为商品定价太高，拒绝购买。

所以企业定价工作的一个方面，就是正确判断消费者的心理感知价值，并通过改进产品、塑造品牌、树立企业形象等，提高消费者的感知价值。

2. 成本

成本因素构成了企业产品价格的下限，在正常情况下企业不可能将自己的产品价格定得低于成本。企业总是希望其产品价格在补偿了生产、分销和销售成本后能给企业带来合理的报酬。

企业成本类型主要有固定成本、变动成本、总成本、边际成本等。

固定成本（fixed cost）是指不随生产和销售收入的变化而变化的成本。它包括企业每月支付的租金、能源费、利息、管理人员的工资等。固定成本与产量无关。

变动成本（variable cost）是指随产量的变化而变化的成本。如原材料、燃料的消耗，生产人员的工资等。

总成本（total cost）是指一定水平下的固定成本和可变成本的总和。企业产品的价格应至少能弥补一定水平下的总成本。

企业赢利取决于总销售收入与总成本的差额。销售收入等于销售量与价格的乘积。公式为

企业赢利=总销售收入－总成本=商品销售数量×（产品单价－单位产品成本）

公式中销售数量与价格之间有相关关系。对于富有弹性的商品来说，价格降低，销售数量会增加；价格升高，销售数量会减少。在其他条件既定的情况下，企业赢利水平最终取决于价格与销售数量之间的不同组合。

3. 市场竞争

企业产品价格在由成本和消费者感知价值所构成的区间内，价格水平的高低主要应考虑竞争因素。在竞争日益激烈的市场上，价格已经成为企业经常使用的有利武器。然而不同市场，其竞争状况不同，企业相应的定价策略也不同。西方经济学家根据竞争与垄断的程度将市场划分为四种类型：完全竞争市场、完全垄断市场、垄断竞争市场和寡头垄断市场。以下分别描述各种不同竞争条件下的定价机制。

（1）完全竞争市场（pure competition）。这是一种竞争绝对不受任何阻碍和干扰的市场。这一市场的基本条件如下。

① 市场中有许多的买主和卖主，其中每一个成员所提供或购买的份额相对于整个市场来说非常小，以至于谁也不能影响产品的交易价格。也就是说，市场价格是由众多的买者和卖者共同决定的，市场上的任何一个成员都只是价格的接受者，而不是价格的制

定者。他们可以按照既定的价格销售和购买任何数量的商品而不会对价格产生明显的影响。

② 产品是同质的。也就是这一市场中任何卖者提供的产品都是相同的，各卖者之间的产品具有极强的可替代性。

③ 资源的流动不受任何限制。

④ 市场信息是完全的。这种完全竞争的市场在实际中是不存在的，但可以通过对它的理论研究，去认识其他类型的市场。

（2）完全垄断市场（pure monopoly）。只有一家企业向市场提供没有替代品的产品。作为该种产品的唯一生产者或垄断者不必考虑其他厂家的削减价格的可能性。实际上该企业本身就构成了一个行业，因为在该市场上只有它一家生产者，它可以在法律允许的范围内随意定价。但实际上，不同类型的垄断，定价也有所不同。

① 政府垄断。由于定价的目标不同，价格高低相差很大，一些与居民生活密切相关的产品（如城市公用产品）价格可以低于成本，一些限制消费的产品价格可以定得很高。

② 私人垄断。其中管制性垄断行业的定价一般取得中等收益；非管制垄断企业可以随意定价，但也不是无限制地抬高价格。

（3）垄断竞争市场（monoploistic competition）。这是一种既有垄断又有竞争的市场。与完全竞争市场相似，垄断竞争市场含有大量的相互独立的卖者，这些卖者进入和退出该行业不受限制。然而，与完全竞争不同的是，垄断竞争市场上企业生产的是有差别的产品，这意味着消费者并不把一个企业的产品与另一个企业的产品等同看待，使其拥有一定的垄断地位。但另一方面，由于各个企业生产的又是同一类产品，产品间具有一定的可替代性，使这一市场又具有一定的竞争性。

（4）寡头垄断市场（oligopolistic competition）。这是一种既包含垄断因素，又包含竞争因素但更接近于完全垄断的一种市场结构。几家企业的产量占全行业产量的绝大部分，每家企业都占有较大的市场份额，对市场价格都有举足轻重的影响，它们各自在价格和产量上的任何决策都会在市场上引起其他企业的反应。

以上介绍了不同市场格局下竞争因素对价格的影响。企业在考虑这些因素进行价格决策时，还应注意以下几点：一是企业定价前应深入了解竞争者产品的价格及其可能的变化，了解竞争的产品特点及营销目标和营销策略等。二是将自己的产品与竞争者的产品进行比较，如果产品品质与竞争者相似，产品价格应与竞争者的相近；如果产品与竞争者产品存在较大差异（如质量、功能优于竞争者产品），那么定价就可以高于竞争者。三是要估计竞争者对本企业定价或调价的可能反应，并制定应对这一情况的策略。

6.1.5　找出消费者心中的价格带

接下来需要找出消费者心目中的价格带，以便从中选择最后的价格。采用市场调查、店头访问，实地观察等方式，想尽办法找出消费者心目中的价格带，以便作为定价的依据。

价格带：在消费者的认识里，产品价格大都是以区间加以归类，每个区间都聚集一些品牌，我们称这种区间为价格带。对于消费者而言，价格带让他在购买时便于区别与选择。对于厂商而言，价格带的划分有助于了解在消费者心目中，自己的竞争者是谁。

产品价格带分析方法的关键在于确定品类的商品价格区域和价格点，确定品类价格点后便可以决定出品类的商品定位以及应当引入和删除哪些商品。

第一步，营销者需要选择分析对象，其对象要求为某一个小分类产品。

第二步，展开产品品类中的单品信息（如酱油），罗列出其价位（格）线（price line：销售价格）。

第三步，归纳该品类中单品的最高价格和最低价格，进而确定品类目前的价格带（price zone：该小类商品销售价格的上限与下限的范围）分布情况。

第四步，判断其价格区（price range：价格带中陈列量比较多且价格线比较集中的区域）。

第五步，确定产品品类的价格点（price point：PP，即价格点是对于该门店或业态的某类商品而言，最容易被顾客接受的价格或价位），确定了 PP 后，备齐在此 PP 价位左右的商品，就会给顾客造成商品丰富、价格便宜的感觉和印象。

6.1.6 确定最后价格

找出价格带后，我们就可以从中制定最后价格。在最后这个步骤里，要考虑到许多消费者心理因素与执行的便利性。

6.2 定价战略与战术策划

6.2.1 主要定价方法

（1）定以低价，以阻止竞争者进入和保持市场占有率。

（2）与竞争者展开正面交锋，以价格展开竞争。

（3）以竞争性产品的售价作为参考定价。

（4）按照市场对产品或服务的认知价值来定价。

在制定价格的策划时，一般来说，主要是考虑产品的成本、市场需求和竞争状况三大因素，并结合产品情况做出相应的决策。定价方法也主要有：成本导向定价、需求导向定价和竞争导向定价。

（1）以成本为中心的定价方法。其公式是：价格=成本+税金+利润。以成本为中心的定价方法有单位成本加成定价法、总量成本加成定价法、变动成本加成定价法、总量成本利润率定价法和边际成本定价法。这些定价方法的优点在于简单易行。因为确定成本比确定需求容易，将价格盯住成本，可极大地简化企业的定价程序，也不必经常根据需求的变化调整价格。这种定价方法的不足之处在于，它是以卖方的利益为出发点，不利于企业降低成本。其定价的基本原则是“将本求利”和“水涨船高”，没有考虑市场需求及竞争因素；加成率是个估计值，缺乏科学性。

这种定价方法，其策划的一般流程是：生产产品→核算成本→制定价格→宣传价值

→销售产品。

（2）以需求为中心的定价方法。其公式是：价格=需求价格。以需求为中心的定价方法，依据顾客对产品价值的理解和需求强度来制定价格，而不是依据产品的成本来定价。其特点是灵活有效地运用价格差异，对平均成本相同的同一产品，价格随市场需求的变化而变化，不与成本因素发生直接关系。其基本原则是：市场需求强度大时，制定高价；市场需求强度小时，可适度调低价格。这种定价方法综合考虑了成本、产品的生命周期、市场购买能力、顾客心理等因素。需求导向定价方法主要包括理解价值定价法、需求差别定价法和逆向定价法。

① 理解价值定价法。现代市场条件下，越来越多的企业开始根据理解价值来制定价格。它们认为定价的关键是顾客对价值的理解，而不是销售成本。企业利用市场营销组合中的非价格因素，在消费者心目中确立认知价值。

理解价值定价法的关键：一是如何准确测定买方感受价值的程度；二是如何利用营销策略去影响买方的感受价值。

企业如何准确确定买方的感受价值？显然，如果企业高估了买方的感受价值，则其产品的定价就会偏高，如果企业低估了买方的感受价值，则其产品定价就会偏低。为了有效地定价，企业应进行市场调查，以测定消费者的感受价值。

假设市场上有甲、乙、丙三家企业同时向市场提供某种相同的产品，现在要求用户对三家企业的产品分别进行检测评比，这里有三种方法。

a. 直接价格评比法。用户对每一种产品估测价格，该价格能反映出从每个企业购买的产品的总价值。例如，他们对三家企业产品的预测价格分别为 2.55 元、2.00 元和 1.52 元。

b. 直接理解价值评比法。即用户将 100 点分配给三家企业，来反映三家企业各自产品的总价值。假设他们分配给三家企业的点数分别是 42、33、25。如果该产品的平均市场价格为 2.00 元，则这三家企业为了反映出认知价值的不同，可以分别定价为 2.55 元、2.00 元和 1.52 元。

c. 诊断法。即用户根据一系列特征来对产品进行评比。

② 需求差别定价法。就是根据顾客、产品、地点和时间等差异来调整其产品或服务的价格。差别定价是指企业以两种或两种以上的并不反映成本费用差异的价格销售产品或服务的一种定价方法。差别定价有以下几种形式。

a. 顾客差别定价。顾客差别定价是指企业按不同的价格把同种商品或劳务卖给不同的顾客。例如火车票在假期对学生实行半价票，而一般乘客则为全价票。

b. 产品形式差别定价。对不同型号或形式的产品制定不同的价格，但其价格差并不完全反映成本差。如 29″和 34″的彩色电视机售价相差数千元，这一价差并不完全反映成本差。

c. 形象差别定价。有时企业可根据形象差别对同一产品制定不同的价格。例如香水生产企业可以将香水装入一只普通包装中，赋予其名称和形象；也可以将它装入外形典雅华贵的包装中，赋予其不同的名称和形象。尽管是相同的产品，因其外形不同售价可能相差一倍甚至是数倍。

d. 地点差别定价。有时即使向每一地点提供的产品成本相同，也可以根据地点来制定不同的价格。如影剧院中座位不同，票价也不同。

e. 时间差别定价。价格随时间的不同而不同。例如航空公司对同一航线不同时间的航班收取不同的票价，白天航班票价高于夜间航班票价。

差别定价反映了企业定价的灵活性。但这种定价方法的使用必须具备一定的条件：a. 市场必须是可以细分的，且各细分市场表现出不同的需求程度；b. 应保证低价市场上的商品不会流向高价市场中去；c. 竞争对手不可能在企业以较高价格销售产品的市场上以低价竞销；d. 差别定价的收益高于实施这一策略的成本；e. 差别定价不会引起顾客的不满。

③ 逆向定价法。逆向定价法就是根据市场零售价倒推出合理的出厂价格，再根据出厂价格倒推出合理的成本及费用。

（3）以竞争为中心的定价方法。其公式是：价格 /（竞争产品）。在竞争激烈的市场上，企业通过研究竞争对手的生产条件、服务状况、价格水平等因素，依据自身的竞争实力，参考成本和供求状况来制定有利于在市场竞争中获胜的产品价格。这种定价方法就是通常所说的以竞争为中心的定价法。其特点是：产品的价格不与产品成本或需求发生直接关系。产品成本或市场需求变化了，但竞争对手的价格未变，就应维持原价；反之，虽然成本或需求都没有变动，但竞争对手的价格变动了，则相应地调整其产品价格。当然，为实现企业的定价目标和总体经营战略目标，谋求企业的生存和发展，企业可以在其他营销手段的配合下，将价格定得高于或低于竞争对手的价格，并不一定要求和竞争对手的产品价格完全保持一致。竞争导向定价法主要包括随行就市定价法、主动竞争定价法、投标定价法和拍卖定价法等。

以竞争为中心的定价方法，其策划的一般流程是：生产产品→参照竞争产品价格→制定价格→宣传价值→销售产品。

① 随行就市定价法（通行价格定价法）。随行就市定价法是竞争导向定价方法中广为流行的一种。定价原则是使本企业产品的价格与竞争产品的平均价格保持一致。

这种定价法的好处是：

a. 平均价格水平在人们观念中常被认为是"合理价格"，易为消费者接受。

b. 试图与竞争者和平相处，避免激烈竞争产生的风险。

c. 一般能为企业带来合理、适度的赢利。这种定价适用于竞争激烈的均质产品，如大米、面粉、钢铁以及某些原材料的价格确定。在完全寡头垄断竞争条件下也很普遍。

② 主动竞争定价法。与随行就市定价法相反，它不是追随竞争者的价格，而是根据本企业产品的实际情况及与竞争对手的产品差异状况来确定价格。因而价格有可能高于、低于或与市场价格一致。一般为实力雄厚或产品独具特色的企业所采用。定价时首先将市场上竞争产品价格与企业估算价格进行比较，分为高于、一致及低于三个价格层次。其次，将本企业产品的性能、质量、成本、式样、产量等与竞争企业进行比较，分析造成价格差异的原因。再次，根据以上综合指标确定本企业产品的特色、优势及市场定位，在此基础上，按定价所要达到的目标，确定产品价格。最后，跟踪竞争产品的价格变化，及时分析原因，相应调整本企业产品价格。

③ 投标定价法。投标定价法主要用于投标交易方式。投标价格是投标企业根据对竞争者的报价估计确定的，而不是按企业自己的成本费用或市场需求来制定的。企业参加投标的目的是希望中标，所以它的报价应低于竞争对手的报价。

一般来说，报价高、利润大，但中标机会小，如果因价高而招致败标，则利润为零；反之，报价低，虽中标机会大，但利润低，其机会成本可能大于其他投资方向。

因此，报价时，既要考虑实现企业目标利润，也要结合竞争状况考虑中标概率。最佳报价应是使预期利润达到最高水平的价格。此外，预期利润是指企业目标利润与中标概率的乘积，显然，最佳报价即为目标利润与中标概率两者之间的最佳组合。

④ 拍卖定价法。先由卖方委托拍卖行发布拍卖公告，展出拍卖物品。买方预先看货，然后在预先发布的时间公开拍卖，由买方公开竞争叫价，按最后一次叫价拍卖成交。

6.2.2　主要定价战略

1. 高价战略

高价战略指在产品进入市场时，把产品的价格定得很高，以攫取最大利润。

（1）适用条件。在以下情况下采用：

① 需要保护产品的质量形象；

② 需求大于供给；

③ 拥有垄断性控制权。

（2）企业应具备如下条件：

① 拥有高质量的产品；

② 本产品的产销受到广泛的支持；

③ 能够控制分销渠道；

④ 占有市场的领导地位。

2. 平价战略

平价战略指在产品进入市场时，参照行业市场平均价格定价，以赢得顾客满意。

（1）价格接近了行业水平；

（2）市场地位十分稳固；

（3）有能力适应行业价格的变动来调整自己的行动。

3. 低价战略

低价战略指企业在推广产品时，将其价格定得略高于成本或接近于成本水平，以实现其在短期内扩大市场，获得最大的市场占有率和强有力的市场地位的一种定价战略。

低价战略的优点是：

① 能迅速打开市场，提高企业产品的市场占有率；

② 低价薄利不会招致竞争者的进入，且赢得产品经济价廉的形象。

其缺点是：

① 价低利微，投资回收期较长；

② 有可能招致反倾销报复。

6.2.3 定价战略的选择

1. 撇脂定价

撇脂定价是指在产品或服务初上市场时，定以高价，从而再从市场上撇取厚利润这层“奶油”。

一般在如下情况下采用此战略。

（1）短期内几乎没有竞争的危险（因为专利权保护、高市场进入障碍或新技术不易模仿等）。

（2）由于产品具有独特性，所以价格需求缺乏弹性。

（3）不同的顾客有不同的价格弹性，企业有足够的时间尽量先让弹性小的顾客充分购买，然后再向弹性大的顾客推销。

（4）在大规模生产之前，对产品需求的满足极为有限。

（5）较小产量的单位成本不致高到抵消从交易中得到的利润。

（6）企业政策要求尽快收回投入成本。

（7）高价能给人这样的印象：这种产品是高级产品，质量很高。

当企业采用撇脂定价战略时，一定要考虑企业的最终用户是否接受此产品或服务，是否愿意支付高昂的费用。

2. 渐降定价

在采用撇脂定价战略之后的一段时间，将价格下调，即为渐降定价战略。

3. 渗透定价

渗透定价是在产品或服务初进市场时定以低价，从而比较容易地进入市场或提高市场占有率。

在下述情况下企业可考虑此种战略。

（1）想要确立自己市场的基本地位。

（2）阻止新的竞争者进入市场。

（3）确认竞争者不会以牙还牙展开价格大战，可借此坐收低价扩大市场的好处。

（4）以扩大市场占有率与投资收益率为目的。

（5）市场需求对价格极为敏感，低价会刺激市场需求的迅速增加。

（6）企业的生产和分销单位成本会随着生产经验的增加而下降。

4. 需求弹性定价

需求弹性定价是利用已知的或已感受到的顾客或细分市场对价格的敏感度，来确定价格的高低，在以下两种情况下可使用此战略。

（1）市场产品销售量较大，市场可能将表现为较低的价格。

（2）市场产品销售量较小或销量削减，市场可能表现为较高的价格。

如果对产品或服务做大量的促销工作，顾客可能会乐意对这种产品或服务支付高价。

5. 跟随定价

跟随定价就是跟随行业的价格领导者来定价，此时企业必须注意竞争价格的变化。在以下情况下考虑此战略。

（1）本企业较小，而本行业又由少数享有较高市场占有率的竞争者控制。

（2）行业价格领导者要对不正常的高价或低价采取严厉的报复行动。

（3）本企业的产品或服务与其他企业没有多大区别。

6. 细分市场定价

细分市场定价是指在不同的细分市场上，对同一产品定以不同的价格。以下情况可使用此战略。

（1）产品在不同细分市场上肯定有不同程度的价值。

（2）产品或服务可略做改变，以适应细分市场的不同需要。

（3）不同的细分市场之间不存在竞争。

7. 成本加成定价

成本加成定价是指成本加目标利润形成价格。此战略对以市场为导向的经营者来说不太灵活，但适用以下情况。

（1）产品或服务在政府市场上销售。

（2）总成本无法明确分摊。

（3）新产品首次进行试销。

8. 心理定价

（1）声望定价。在消费者心理上具有一定声望的商店或名牌产品，制定商品价格时可稍高于一般的商店或产品，这有助于进一步提高商店或名牌产品的声望。

（2）虚拟定价策略（参照物定价、对比定价、反衬定价）。

（3）吉利价——吉利数字。

（4）招徕价——少数弹性大的商品大幅度降价，以吸引顾客光顾。

（5）透明价——公布成本和差价。

9. 先发制人定价

先发制人定价是指为了阻止竞争者进入而采取的一种高定位、高定价或高定位、低定价（待市场稳固后，通过产品的更新换代、改型变异再调高价）的定价方法。它作为企业的一种早期防线，目的在于保护本企业产品的优势地位，在以下情况下可使用此战略。

（1）想要确立本企业强大的市场地位并阻止竞争者的进入。

（2）通过价格、产品或服务和促销来满足市场需要，从而赢得品牌信誉。

例如，金利来：高定位、高定价。P & G：高定位、大赠送、铺渠道。

10. 淘汰定价

淘汰定价是指当产品或服务已不时兴，将要被淘汰的时候，对它们定以高价。此时，继续保持产品的可用性，通过高价保持销售利润，以榨出此产品或服务的最后一滴“油水”。在以下情况下使用此战略。

（1）产品或服务目前还在使用，但从长期来看，需求将下降。

（2）顾客能比较容易地得到类似产品或服务。

（3）必须对产品或服务的产量进行削减，以便于加强管理。

6.2.4 促销价格的策划

为了促进销售，有时将其销售价格修订得低于目录价格，甚至低于成本费用，这就是促销价格。主要有以下几种。

1. 削价促销

商店暂时大大削减几种产品价格，当作为招徕顾客而亏本出售的商品，以吸引顾客购买，并带动其他正常定价产品的销售。

采用这种做法一般要注意以下方面。

（1）所用产品要质量好、知名度高。若是质量低劣的处理品，就没有吸引力。

（2）削价的产品种类太少，对多数顾客没有吸引力；范围太广，对企业又不一定合算。一般以顾客多少能有一些满足为宜。

（3）削价幅度要足以引起顾客的注意和兴趣，刺激购买动机，才有促销作用。

（4）数量要有一个合理的限度。美国有一家商店名叫“九十九仙”，所有商品都以 0.99 美元的价格出售，价值较高的商品也不例外，但它每天只供应少量高价值商品。

2. 季节性削价

企业在某一段时间内，比如季节更替之际或节假日，采取特殊事件定价，降低某些商品价格，以广泛招徕、吸引那些“厌倦购买的顾客”。

3. 心理折扣

企业对某种产品定价很高，然后大肆宣传大减价。比如原价 359 元，现价 299 元。

4. 回扣

企业从其销售收入中，提取部分返还买主，多用于滞销产品及新产品。例如，在产品包装上说明，从何时到何时，凡购买该产品的消费者，把购货发票及包装上的某种特殊标记寄回厂家，将可收到多少数额的回扣。

6.2.5 差别定价的策划

通过制定两种或两种以上不反映成本比例差异的价格来推销一种产品或者提供一项服务，这就是差别定价。它有以下几种形式。

1. 顾客差别定价

对同样的产品或服务，不同顾客支付不同的数额。如公交公司对成年人和 1.20 米以下的儿童收取不同的费用。

2. 产品差别定价

产品的品种、规格、牌誉和样式不同，制定的价格也不同。自行车、服装款式新颖的话，价格会比同类产品高。

3. 地点差别定价

不同地点、区域、场所、位置、方位等可制定不同价格。如戏院的包厢收取的费用就高；剧场中间和前面座位票价高，边座和后座价低；飞机前舱票价高于后舱票价。

4. 时间差别定价

不同日期，不同钟点，都可以季节性地变动价格。如长途电话在晚间及节假日比平常便宜一半，旅游区在淡季和旺季也收费不同。

6.2.6 定价战术策划

（1）按成本中预期利润形成价格，并以此与竞争者的价格做比较，以确定出最具竞争力的价格。

（2）进货成本（不考虑折扣）加毛利形成价格。

（3）比某一竞争者价格低一定百分比形成价格。

（4）不同产品大类采取差异化的定价方式。

在战术性定价时，要着重考虑两方面因素：一是选择适当的时机；二是价格变动的幅度。价格变动的次数，一年最好不超过一次。

策划者应记住，在经济衰退时期，当企业正在犹豫是否提价的时候，竞争者也许正对提价求之不得。如果竞争者没能跟着提价，那么当企业在价格变动不太敏感的地区试图增加利润时，对关键顾客提供的折扣往往抵消了价格的上涨，如此还要承担涨价的名义就不太值得了。

6.2.7 定价策划的正确做法与应注意的问题

1. 正确的做法

（1）在制订定价计划之前，回顾定价的问题与机会及整体营销策略。

（2）密切注意竞争者的动向，与竞争者的价格保持动态一致。

（3）定价务必要有弹性，视竞争压力及营销环境的变化，适当调整定价，并把价格当作完成营销策略的一种工具。

（4）利用定价完成产品的定位。

（5）决定产品售价时，必须深入了解成本。

（6）确保定价政策符合法律规定。

2. 应注意的问题

（1）定价不能一成不变，因为经营成本与市场竞争活动都不是固定不变的，所以定价也不能一成不变。

（2）在尚未确定定价对销售、利润的影响及公司补偿变动及固定成本的能力之前，不宜制定价格。

（3）别害怕使用“价格”工具达成其他营销目标，如用低价政策吸引消费者试用产品等。

（4）采取弹性定价时，确保潜在购买者不因价格经常改变，而感到无所适从。

（5）面对竞争，不宜有过度反应。在改变长期定价策略前，要弄清楚竞争者的价格变动是暂时的还是长期的、目的是什么、对本公司销售有多大影响等，再确定相应的对策。

（6）已有竞争力的价格不宜再降低，应将重点放在提高产品质量上或提供附加值上。

6.3 价格调整策划

企业给产品定价以后，由于情况变化，经常还要变动价格。变动价格主要有两种情况：一种是市场供求环境发生了变化，企业认为有必要调整自己的价格；另一种是竞争者价格有所变动，企业也不得不做出相应反应。

6.3.1 主动调整价格的策划

1. 主动调整价格的原因

主动调整产品价格的策划不外乎从两方面着手：或是降价，或是涨价。

（1）降价常见的原因：

① 企业生产能力过剩，市场供大于求，需要扩大销售，但又无法通过改进产品和增加销售努力来达到目的，只好考虑降价。

② 下降中的市场份额。如当日本小汽车以明显优势大量进入美国市场后，美国通用汽车公司在美国市场份额明显减少，最后不得不将其超小型汽车在美国西海岸地区降价 10%。

③ 为争取在市场上居于支配地位。公司用较低的价格，增加产品的竞争能力，扩大市场份额，而销售的增加也降低了成本。

（2）涨价常见的原因。涨价虽然给公司带来了利润，但是也会引起消费者、经销商和推销人员的不满，甚至会丧失竞争优势。在下列两种情况下，企业会考虑涨价。

① 成本膨胀。这是一个全球性的问题。材料、燃料、人工费、运费、科研开发费、广告费等不断上涨，导致企业压低了利润的幅度，因而也引起了公司要定期地提价，提高的价格往往比成本增加的要多。

② 供不应求。当公司的产品在市场上处于不能满足所有消费者的需要时，可能会涨价，减少或限制需求量。公司在涨价时，应通过一定的渠道让消费者知道涨价的原因，并听取他们的反映，公司的推销人员应帮助顾客找到经济实用的方法。

③ 竞争者提价等。

2. 主动注意对价格变动的反应

（1）购买者对变价的反应。企业变价之后，要注意分析各方面的情况，特别是购买者对价格变动的反应。由于购买者对变价不理解，可能会产生一些对企业不利的后果。降价本应吸引更多的消费者，但有时对某些消费者却适得其反，这些消费者可能会认为降价是为了处理积压存货，降价的产品一般无好货，或是企业财务困难，该产品今后要停产，零配件将无处购买，价格可能还会进一步下跌，故造成持币观望的局面。因此，不适当的降价反而会使销售量减少。

产品提价应该是抑制购买，但购买者可能认为提高价是因为这种产品是畅销货，不及时购买将来可能买不到，或者以为该产品有特殊价值，值得购买，或认为该产品可能还要涨价，赶快去买。结果是涨风越大，抢购风就越大。

因此，企业在产品涨价、降价之前和之后，都尽可能向消费者介绍清楚，让消费者了解情况，以便对变价做出正确的购买反应。

（2）竞争者对变价的反应。企业在营销中还往往受到竞争变价的攻击，这就需要企业分析竞争变价的目的、持久程度和对本企业的影响并及时做出反应。选择方法如下：保持价格不变；在价格不变的同时，改进质量、样式、包装等，用非价格手段来进行反攻；降价以扩大销售量；提价，同时研制新品牌以攻击对方等。

3. 价格竞争策划的考虑因素

企业主动采用“价格竞争”时，必须考虑下列因素，以避免陷入“只问销售，不问利润”的“恶性价格竞争”。

（1）期望利润大小；

（2）市场潜能与特性；

（3）客户与竞争者的预期反应；

（4）市场需要性的高低；

（5）竞争压力大小；

（6）成本高低；

（7）产品总定价策略；

（8）市场细分化问题；

（9）促销计划的配合。

4. 主动调价的方法

（1）调低价格对企业来说具有相当的风险。出于“一分价一分货”的心理，消费者认为降低产品的质量低于竞争产品质量。同时，降价也有可能引发价格战，造成不必要的过度竞争。所以调低价格策略应该与开发更有效、成本较低的产品相结合，同时掌握好降价的时机、方式与幅度。

① 降价的时机。不同的商品的降价时机不同，日用品选择节日前后，季节性商品选择节令相交之时。

② 降价的方式。降价的方式有明降和暗降。暗降的方式有增加商品的附加服务、给予折扣和津贴、实行优待券制度、予以实物馈赠和退还部分货款等。

③ 降价的幅度。幅度一般不宜过大，尽量一次降到位，切不可出现价格不断下降的情况，以免引起消费者产生持币待购的心理错觉。

（2）消费者一般都不欢迎产品提价。因此策划人员应当合理掌握提价的时机、方式与幅度。

① 涨价的时机。为避免顾客和中间商的不满，可以限时提价，在供货合同中写明调价的条款。

② 涨价的方式。涨价有明调与暗调两种方式。明调是直线提高价格，而其他条件不发生任何变化。暗调的方式有减少产品包装数量、更换商品型号种类、取消优惠条件等手段。一般的做法是避免明调，采用暗调。

③ 涨价的幅度。涨价的幅度不宜过大，国外一般是 5%，也可参照竞争者的价格变化。

6.3.2 被动调整价格的策划

1. 一般市场者的对策

被动调价是指企业对率先进行价格调整的竞争者的价格行为所做出的调价反应。在市场经济的条件下，价格竞争随时都可能爆发，企业必须随时做好准备，建立自己的价格反应机制，始终关注市场价格动向和竞争者的价格策略。

（1）应对措施。面对竞争者率先调整价格、被动跟随竞争者调整的情况，对于不同的产品市场，其应对措施可以如下：

① 对于同质产品，如果竞争者降价，企业也要随之降价；否则，顾客就会购买竞争者的产品。如果竞争者提价，企业可以灵活面对或者提价，或者不变。

② 对异质产品，企业有较大的余地对竞争者调整价格做出反应，如不改变原有价格水平，采取提高产品质量和服务水平、增加产品服务项目、扩大产品差异等来争夺市场竞争的主动权。

（2）探析问题。在采取行动之前，企业应当先比较不同反应的可能结果。一般要分析研究以下问题：

① 竞争者为什么要变动价格?是想扩大市场，以充分发挥它的生产能力，还是为了适应成本的变化?或者是希望引起全行业的一致行动，以获得有利的需求？

② 竞争者的价格变动是暂时的，还是长期的?

③ 对竞争者的价格变动置之不理，企业的市场占有率和利润等会受到什么影响?其他企业又会怎么办?

④ 对企业每一个可能的反应，竞争者和其他企业又会有什么举动?

（3）主要对策。由于企业市场地位和营销成本、产品特性以及市场环境的实际情况不同，企业被动调价时的策略也应不同，可供企业选择的对策主要有：

① 随之调整价格，尤其对于市场主导者的降价行为，中小企业很少有选择的余地，被迫应战，随之降价；

② 反其道而行之，同时推出低价或高价新品牌、新型号产品，以围堵竞争者；

③ 维持原价不变，如果随之降价会使企业利润损失超过承受能力，而提价会使企业失去很大的市场份额，维持原价不失为明智的策略选择，同时也可以运用非价格手段进行回击。

2. 市场领导者的对策

市场领导者有如下对策可供选择。

（1）价格不变。市场领导者认为，削价会减少太多利润；保持价格不变，市场占有率也不会下降太多，必要时也很容易夺回来。借此机会，正好甩脱一些不希望的买主，自己也有把握掌握住较好的顾客。

（2）运用非价格手段。比如企业改进产品、服务和市场传播，使顾客能买到比竞争者那儿更多的东西。很多企业都发现，价格不变，但把钱花在增加给顾客提供的利益上，往往比削价和低利经营更合算。

（3）降价。市场领导者之所以这么做，是因为销价可以增加销量和产量，因而降低成本费用，同时市场对价格非常敏感，不削价会丢失太多的市场占有率，而市场占有率一旦下降，就很难恢复。

（4）涨价。有的市场领导者，不是维持原价或削价，而是提高原来产品的价格，并推出新的品牌，围攻竞争者品牌。

3. 应对价格竞争策划的步骤

（1）研究背景资料。

① 了解竞争者的营销策略特征、对利润的看法、财务状况、销售业绩、公司产品等。

② 分析竞争者价格竞争的用意与期间长短，研究竞争者每年的促销办法是否有固定的特征。

（2）评估竞争者。

① 根据销售情报、消费者反映评估对手的效果。

② 对消费者、品牌以及业界所造成的影响。

③ 只是单纯价格改变或是尚有配合其他的促销活动。

④ 决定不予理会或采用“价格竞争”“非价格竞争”，分项进行加以应战。

（3）迎接挑战。

针对竞争者研究降价时机与消费者获知程序采取一种或多种方式来改变产品价格。

① 以略高的价格提供更多的价值。

② 直接改变产品价格，而不改变所提供产品的品质与数量。

③ 在不改变产品价格的情况下，更改产品的数量或品质。

④ 以较低的价格提供品质较差的产品。

⑤ 改变产品所搭配的服务条件（时间、地点、方式、水准等）。

⑥ 降低经销商售给最终消费者的价格或提高经销商的销售奖励。

⑦ 采用弹性价格，视公司需要或市场竞争情形而差别取价。

⑧ 采用累积性与非累积性数量折扣方式，达到间接改变产品价格的目的。

⑨ 在不损害厂商利润的前提下，加强或改变提供相关性赠品的数量和品质。

⑩ 视产品性质，将采取分开标价。

⑪ 改变付款手续、条件或时间。

例如，休布雷公司是美国生产和经营伏特加酒的专业公司，其生产的史密诺夫酒在伏特加酒市场享有较高的声誉，市场占有率达 23%。20 世纪 60 年代，另一家公司推出一种新型伏特加酒，其质量不比休布雷公司的史密诺夫酒差，每瓶价格却比它低 1 美元。

面临对手的价格竞争，按照惯常的做法，休布雷公司有三种对策可以选择：

① 降价 1 美元，以保住市场占有率。

② 维持原价，通过增加广告费用和推销支出与竞争对手相对抗。

③ 维持原价，听任其市场占有率降低。

由此看出，不论休布雷公司采取其中哪种策略，它都似乎输定了。然而，该公司的市场营销人员经过深思熟虑之后，却策划了对方意想不到的第四种策略，即将史密诺夫酒的价格再提高 1 美元，同时推出一种与竞争对手新伏特加酒一样的瑞色加酒和另一种价格低一些的波波酒。其实这三种酒的品质和成本几乎相同。但实施这一策略却使该公司扭转了不利局面：一方面提高了史密诺夫酒的地位，使竞争对手的新产品沦为一种低档产品、普通品牌；另一方面不影响该公司的销售收入，而且由于销量大增，使得利润大增。

（4）心理备战。

① 估计本企业“迎接挑战”后，对方是否有特定反应模式或会再做何种反应。

② 在确定竞争价格之前，早已制定未来相互竞争的各项应变方案。

③ 加强“非价格竞争”的营销努力。

复习思考题

1. 企业的定价目标有哪些？
2. 主要的定价方法有哪些？
3. 简述定价战略的各种选择。
4. 定价策划的正确做法与应注意的问题有哪些？

案例讨论

阅读并分析下面两个定价策划

材料一：在比利时的一间画廊里，一位美国画商正和一位印度画家在讨价还价，争辩得很激烈。其实，印度画家的每幅画底价仅在10～100美元。但当印度画家看出美国画商购画心切时，对其所看中的三幅画单价非要250美元不可。美国画商对印度画家敲竹杠的宰客行为很不满意，吹胡子瞪眼睛要求降价成交。印度画家也毫不示弱，竟将其中的一幅画用火柴点燃，烧掉了。美国画商亲眼看着自己喜爱的画被焚烧，很是惋惜，随即又问剩下的两幅画卖多少钱。印度画家仍然坚持每幅画要卖250元。从对方的表情中，印度画家看出美国画商还是不愿意接受这个价格。这时，印度画家气愤地点燃火柴，竟然又烧了另一幅画。至此，酷爱收藏的画商再也沉不住气了，态度和蔼多了，乞求说“请不要再烧最后一幅画了，我愿意出高价买下”。最后，竟以800美元的价格成交。

材料二：休布雷公司在美国伏特加酒的市场上，属于营销出色的公司，其生产的史密诺夫酒，在伏特加酒的市场占有率达23%。20世纪60年代，美国另一家公司推出一种新型伏特加酒，其质量不比史密诺夫酒低，每瓶价格却比它低1美元。

按照惯例，休布雷公司有三条对策可选择：

（1）降低1美元，以保住市场占有率；

（2）维持原价，通过增加广告费用和销售支出来与对手竞争。

（3）维持原价，听任其市场占有率降低。

由此看出，不论该公司采取上述哪种策略，休布雷公司都处于市场的被动地位。

但是，该公司的市场营销策划人员经过深思熟虑后，却采取了对方意想不到的第四种策略。那就是将史密诺夫酒的价格再提高1美元，同时推出一种与竞争对手新伏特加酒价格一样的瑞色加酒和另一种价格更低的波波酒。

这一策略，一方面提高了史密诺夫酒的地位；另一方面使竞争对手新产品沦为一种普通的品牌。结果，休布雷公司不仅渡过了难关，而且利润大增。实际上，休布雷公司的上述三种产品的味道和成分几乎相同，只是该公司懂得以不同的价格来销售相同的产品策略而已。

讨论题：阅读以上材料，分析其定价原理。

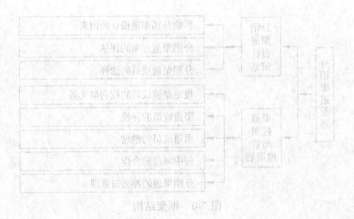

第 7 章

分销渠道策划

本章提要

在当今市场上，谁抓住了渠道，谁就抓住了营销的龙头。用什么渠道模式最有利于打开市场，如何选择、管理和控制分销商，如何有效解决“窜货”问题等是渠道策划的核心。本章主要介绍影响分销渠道设计的因素、分销渠道方案的评估、渠道成员的选择以及渠道控制与管理等。

学习目标（重点与难点）

通过本章的学习，主要掌握以下内容：

1. 影响分销渠道设计的因素。
2. 分销渠道方案的评估。
3. 渠道成员的选择。
4. 渠道控制与管理。

框架结构（图 7-0）

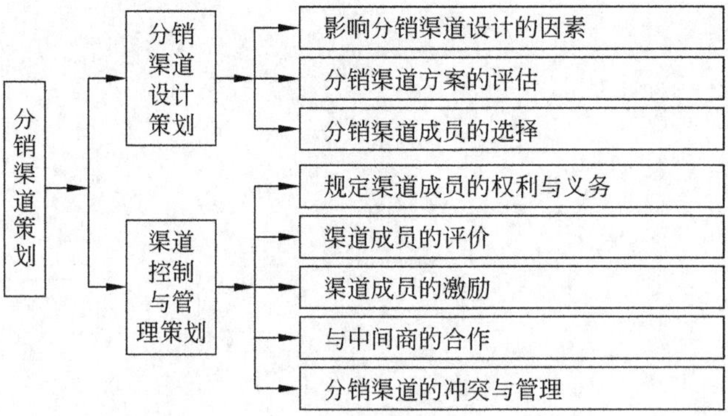

图 7-0 框架结构

开篇案例

格力空调靠渠道掌控终端市场

2010 年，是格力空调畅销的第 15 个年头。这一年，格力空调以销售收入 600 亿元的成绩，继续领航国内空调业。在家电领域，很多品牌都踌躇不前，而格力却能逆势而上，并且保持较高的利润率。总结格力电器取得的这些成就，总裁董明珠认为应该归功于其 20 多年来建立起来的分销网络，“我们创造出‘格力专卖店’这一独特的渠道模式，通过多年经营，逐渐形成了以城市为中心、以地县为基础、以乡镇为依托的三级营销网络，从而保证了在空调市场格力自建渠道提升了对供应链终端的掌控能力。在竞争激烈、家电渠道商挤压厂家利润的形势下，销售连年增长”。格力建立起的渠道优势成为其他竞争对手难以追赶的关键所在。

1. 通过区域性销售公司形成渠道利益共同体

格力掌控渠道终端，是被逼无奈的结果。1997 年，格力湖北的四大经销大户，在整个行业空调大战中，为了抢占地盘、追求利润，搞竞相降价游戏，结果导致格力在湖北的市场价格体系被冲得七零八落。格力和经销商两败俱伤。

情急之下，时任格力销售总经理的董明珠，提出一个大胆的想法：成立以利益为纽带，以格力品牌为旗帜，互利双赢的联合经营实体，由此，湖北格力空调销售公司诞生。区域销售公司由企业与渠道商共同出资组建，各占股份并实施年底共同分红。它的核心理念是渠道、网络、市场、服务全部实现统一，共同做市场，共同谋发展。在这其中，格力只输出品牌和管理，在销售分公司中占有少许股份。湖北格力空调销售公司在成立后的第二年就使销售上了一个新台阶，增长幅度达 45%，销售额突破 5 亿元。此后三年，格力空调的销售实现了飞跃式的增长，销售额从 1997 年的 42 亿元增长到 1999 年的 60 亿元，2004 年时已达 138.32 亿元。

凭借这些区域公司的支撑，格力对零售终端的掌控力度越来越大。2004 年 3 月，格力电器与国美在格力空调的销售上发生争执，格力电器认为成都国美擅自降价破坏了格力空调在市场中长期稳定统一的价格体系，决定停止向国美供货。国美则称由于格力电器在价格上不肯让步，与国美“薄利多销”的原则相违背，要求各地分公司将格力空调的库存清理完毕。争执最终导致格力电器脱离国美的销售渠道。不过，格力销售额并没有就此受到太大影响，那时它们的专卖店已近万家，遍布全国。

格力渠道体系自上而下分工明确，组织严密。格力空调省级合资经销商由省内最大的几个批发商同格力电器合资组成，负责对当地市场进行监控，规范价格体系和进货渠道，以统一的价格将产品批发给下一级经销商；各地市级批发商也组成相应的合资分公司，负责所在区域内的格力空调销售，但格力在其中没有股份。此外，格力公司负责实施全国范围内的广告和促销活动，而当地广告和促销活动以及店面装修之类的工作则由合资销售公司负责完成。格力专卖店体系是区域渠道联营体直接管理，由区域联营体或下级经销商自建而成。格力先后在 32 个省市成立了区域性销售公司，这些多分支机构开拓了近万家专卖店。

格力的“股份制区域销售公司”模式，通过相对清晰的股份制产权关系，很好地解决了利益的创造和分享的问题。同时培养了各经销商对格力品牌的忠诚度，统一价格体系，成为利益共同体。

2. 用资本的方式控制经销商

2000年之后，格力各地经销公司的实力壮大，控制权也随之增强，与格力的“摩擦”又多了起来。

为此，格力采取了强有力的措施。

2001年，格力先后在湖北和安徽清理了原有的经销商。2003年8月，格力开始主动对渠道动手术。第一步，格力首次向广州和深圳分公司注入资金，增持两个分公司的股份，达到控股目的。第二步，格力直接从总部派驻董事长和销售主管，总经理也由新股东担任。其三，重新划分销售区域，将从化、番禺、花都和清远等分公司直接划入广州分公司，惠州、东莞等分公司被划入深圳分公司。由此，广州和深圳销售公司势力范围得以加强。此后，在湖北、安徽、广西也采取类似方法。

格力渠道简单说来是“三级体制”规划，厂家→厂商联营体→渠道体。这里面，厂家是决策层，厂商联营体是执行层，渠道体是格力到达最终消费者的平台和桥梁。格力以专卖店作为主导的零售形态，是想让格力专卖店未来的服务走向专业化、标准化。这种专业化、标准化的要求按照董明珠的话来说就是：只要某一个消费者在格力专卖店买一台空调，格力全国营业网点都知道他在哪一家专卖店买了什么型号的空调、什么时候装的机，该消费者所购的空调无论什么时候在什么地方出现质量问题，只要打个电话，格力的服务就能即刻到位。

——摘自《世界经理人》杂志

分销渠道（distribution channel），在我国台湾地区被翻译为“分配管道”，是指一种产品或服务从生产者转移至消费者或用户的过程中所经过的通道。在这里，通道是指所有取得产品所有权或协助所有权转移的机构或个人。

当你徜徉在宽敞喧闹的超市里，面对琳琅满目的货架无所适从的时候；当你在气派典雅的专卖店中，面对心仪已久的大件观望徘徊、举棋不定的时候；当你出门看到两边一排排五光十色、令人目眩的广告牌，不由得怦然心动的时候；当你被突然登门造访、推介商品的不速之客的如簧巧舌所打动，正在犹豫再三的时候；……你是否想到，究竟是什么原因，带给我们如此丰富的选择，又使我们平添了这许多的苦恼呢？

其实很简单，套用一句时下流行的话，叫作“千错万错都没错，全是渠道惹的祸”。消费者之所以面临难以抉择的窘境，就是因为如今的营销渠道无处不在、无孔不入；而厂家所面临的苦恼，则是早已习以为常、见怪不怪的渠道冲突。渠道实在是有着非凡的魔力，它控制着商品的流通、实现着商品的价值。渠道是有形的，你可以从每天川流不息的火车和熙熙攘攘的客流中感受到它的存在；渠道又是无形的，市场上并未见到沟壑纵横，而产品却早已通四海、达三江。而渠道同样也是最难驾驭和掌控的，阴晴圆缺、变幻无常。

有人说，谁控制了分销渠道，谁就抓住了营销的龙头。

既然渠道如此神通广大，作为企业来说，当然不能掉以轻心。不过如果一味依赖渠道，恐怕也并非长策。通过渠道能力的提升，诚然可以锻造竞争优势，由此可以铸就企业的核心能力。另外，毕竟渠道只是价值链中的辅助环节，它必须有源源不断的源头活水，才不致干涸。生意场上无数的事例也都验证了“成也渠道，败也渠道”的道理。总之一句话，渠道不是万能的，但没有渠道却是万万不能的。虽然渠道难做，但却不能不做。渠道优势的来源，关键在于提升其速度，抢占市场先机。本章的初衷就是要给那些在渠道边缘苦苦徘徊、不得其门而入的渠道建设者，提供一条结构化的渠道建设思路。

7.1　分销渠道设计策划

7.1.1　影响分销渠道设计的因素

企业只有通过一定的分销渠道将产品送达目标市场才能实现商品的价值，因此分销渠道选择与设计的起点应是企业所要到达的目标市场，分销渠道选择与设计的中心环节则是确定企业到达目标市场的最佳途径。

企业在选择和设计分销渠道时，首先应对影响渠道选择与设计的因素进行综合分析，然后再做出决策。影响分销渠道选择与设计的因素主要有以下一些方面。

1. 市场因素

主要包括：①目标市场的大小。如果目标市场范围大，渠道则较长；反之，渠道则短些。②目标顾客的数量及集中程度。如果顾客分散，宜采用长而宽的渠道；反之，宜用短而窄的渠道。③顾客的购买习惯。④市场的竞争情况。

2. 产品因素

① 产品的易毁性或易腐性。如果产品易毁或易腐，则采用直接或较短的分销渠道。

② 产品单价。如果产品单价高，可采用短渠道或直接渠道；反之，则采用间接促销渠道。

③ 产品的体积与重量，体积大而重的产品应选择短渠道，体积小而轻的产品可采用间接销售。

④ 产品的技术性与服务要求。技术性复杂，需要安装及维修服务的产品，可采用直接销售；反之，则选择间接销售。

⑤ 产品的标准与专用性。

⑥ 产品的季节性等。

3. 生产企业本身的因素

① 企业实力强弱，主要包括人力、物力、财力，如果企业实力强可建立自己的分销网络，实行直接销售；反之，应选择中间商推销产品。

② 企业的管理能力强弱，如果企业管理能力强，又有丰富的营销经验，可选择直接销售渠道；反之，应采用中间商。

③ 企业控制渠道的能力。企业为了有效地控制分销渠道，多半选择短渠道；反之，如果企业不希望控制渠道，则可选择长渠道。

4. 政府有关立法及政策规定

如专卖制度、反垄断法、进出口规定、税法等。又如税收政策、价格政策等因素都影响企业对分销渠道的选择，诸如烟酒实行专卖制度时，这些企业就应当依法选择分销渠道。

5. 中间商特性

各类各家中间商实力、特点不同，诸如广告、运输、储存、信用、训练人员、送货频率方面具有不同的特点，从而影响生产企业对分销渠道的选择。

（1）中间商的不同对生产企业分销渠道的影响。例如，汽车收音机厂家考虑分销渠道，其选择方案有：

① 与汽车厂家签订独家合同，要求汽车厂家只安装该品牌的收音机；

② 借助通常使用的渠道，要求批发商将收音机转卖给零售商；

③ 寻找一些愿意经销其品牌的汽车经销商；

④ 在加油站设立汽车收音机装配站，直接销售给汽车使用者，并与当地电台协商，为其推销产品并付给相应的佣金。

（2）中间商的数目不同的影响。按中间商的数目多少的不同情况，可选择密集分销、选择性分销和独家分销。

① 密集分销指生产企业同时选择较多的经销代理商销售产品。一般来说，日用品多采用这种分销形式。工业品中的一般原材料、小工具、标准件等也可用此分销形式。

② 选择性分销，指在同一目标市场上，选择一个以上的中间商销售企业产品，而不是选择所有愿意经销本企业产品的所有中间商。这有利于提高企业经营效益。一般来说，消费品中的选购品和特殊品、工业品中的零配件宜采用此分销形式。

③ 独家分销，指企业在某一目标市场，在一定时间内，只选择一个中间商销售本企业的产品，双方签订合同，规定中间商不得经营竞争者的产品，制造商则只对选定的经销商供货，一般来说，此分销形式适用于消费品中的家用电器、工业品中的专用机械设备，这种形式有利于双方协作，以便更好地控制市场。独家分销、密集分销及选择性分销的比较如表7-1所示。

表7-1　独家分销、密集分销及选择性分销的比较

分销类型	含　义	优　点	不　足
独家分销	在既定市场区域内，每一渠道层次只有一家经销商运作	市场竞争程度低，厂家与经销商的关系较为密切，适用于专用产品的分销	因缺乏竞争，顾客的满意度可能会受到影响；经销商对厂家的反控制能力较强
密集分销	凡符合厂家要求的经销商均可参与分销	市场覆盖率高，比较适用于快速消费品的分销	经销商之间的竞争容易使市场陷入混乱（如“窜货”），甚至破坏了企业的营销意图；渠道管理成本相对较高
选择性分销	从入围者中选择一部分作为分销商	优、缺点通常介于独家分销和密集分销两者之间	

（3）消费者的购买数量。如果消费者购买数量小、次数多，可采用长渠道；反之，购买数量大，次数少，则可采用短渠道。

（4）竞争者状况。当市场竞争不激烈时，可采用同竞争者类似的分销渠道；反之，则采用与竞争者不同的分销渠道。

（5）所处的地理位置优越，能够接近所要达到的目标市场。

（6）能与企业的整体营销战略相一致，经营商品的范围与企业的产品范围一致。

（7）管理与协调能力较强，能提供良好的售后服务，信誉及形象良好。

（8）拥有仓储与运输设施，条件良好。

（9）是否经销竞争对手的产品。如经销，对本企业产品形成的威胁与制约的程度。

（10）财务状况良好。

7.1.2　分销渠道方案的评估

每一个分销渠道选择方案都是企业将产品送达目标顾客的可能路线，为了从已经拟定的方案中选择出能够满足企业长期目标的最好方案，企业就必须对各种可供选择的方案进行评估。

分销渠道方案的评估标准有以下三个方面。

1. 经济性标准

判别一个分销渠道方案好坏，不应单纯看其能否导致较高的销售额或较低的成本，而应看其能否取得最大利润。

经济分析的三个步骤如下。

（1）估计每个渠道方案的销售水平，因为有些成本会随着销售水平的变化而变化。

（2）估计各种方案实现某一销售额所需花费的成本。

（3）分析各种方案的投资收益率及其可能得到的利润额。

2. 控制性标准

产品的流通过程是企业营销过程的延续，从生产企业出发建立的分销渠道，如果生产企业不能对其运行有一定的主导性和控制性，分销渠道中的物流、物权流、货币流、促销流、信息流就不能顺畅有效地进行。

3. 适应性标准

生产者是否具有适应环境变化的能力，与其建立的分销渠道是否具有弹性密切相关。但是，每个渠道方案都会因生产企业某些固定期间的承诺而失去弹性。例如，当某一制造商决定利用销售代理商推销产品时可能要签五年的合同，这段时间内即使采用其他销售方式更有效，但制造商也不得任意取消销售代理商。因此，生产者在选择和设计分销渠道时必须考虑分销渠道的环境适应性和可调整性问题。

总之，一个分销渠道方案只有在经济性、控制性和适应性等方面都较为优越时才可予以考虑。

7.1.3　分销渠道成员的选择

中间商的选择是渠道管理的起点，也是影响产品市场营销效果的重要因素，因为好的中间商及零售商是企业成功的保证。通常情况下只要产品好、价格公道、能迎合消费者需要、能给经销商带来合理利润，就能找到经销商，但是要找到能配合公司政策、符合公司需要、真正具有推销能力、能成为和公司长期合作的战略伙伴并不容易，所以渠道成员的选择一定要慎重。

生产者在招募中间商时经常出现两种情况：一是毫不费力地找到愿意加入渠道系统的中间商；二是必须费尽心思才能找到期望数量的中间商。不论遇到哪一种情况，生产者都必须在明确有关中间商的优劣特性的基础上，根据分销渠道的设计要求对中间商做出选择。一般来讲，生产者在选择渠道成员的过程中，要了解中间商经营时间的长短、成长记录、人员的素质与数量、清偿能力、合作态度、经销的其他产品大类的数量与性质、商店的位置、经常光顾的顾客类型、市场形象与声望、未来发展潜力等情况。

1. 中间商选择的原则

一般情况下，选择渠道成员应坚持以下两个原则。

（1）目标市场原则。企业进行渠道建设，最基本的目标就是要把自己的产品打入目标市场，让那些需要企业产品的最终用户能就近、方便购买，所以在选择渠道成员时，不应以公司产品性质为考虑的唯一因素，而应以消费者（潜在顾客）为前提，分析产品的目标市场（潜在顾客）以及他们的购买习惯与购物场所，以方便他们的购买为目的，使产品能以最快的速度、在最方便的场合，满足消费者的需要。传统上，罐头食品都是由食品店与杂货店经销，但我国台湾牛津食品公司除了通过上述两种商店经销外，更在各地渔港通过五金店销售。因为企业通过调查发现，渔业的发达引起渔船数目激增，每船少则有五六人，多则达二三十人，出海作业期多为一至两星期，对生产肉类、果汁等罐头食品的本公司来说，这是一个巨大的潜在市场，但是渔船出海受天气情况影响较大，且往返无定时，虽需求量大，却不方便派推销员推销，当地的五金店所销的虽是五金材料，但销售对象是渔民，他们是渔船补给品的供应中心，而该公司的产品对渔民来说，也是必需的补给品，通过五金店经销不仅能将产品推销给渔民，又方便渔民在同时、同地一并解决渔船补给品的采购。他们分析了消费者的购买习惯与购物场所，方便了消费者的购买，所以能大获全胜。

（2）效率原则。营销渠道的运行效率是指通过营销渠道的商品数量与该渠道的流通费用之比。对快速消费品而言，竞争激烈，行业利润本来就不高，如果渠道运行效率低，成本上升，必然会降低终端价格竞争优势，或者使渠道成员的利益得不到满足而丧失推广激情，两种情况都会对产品的快速流通和销售产生极大阻力，所以在选择渠道成员时，一定要保证有利于提高渠道运行效率的原则。

营销渠道的运行效率在很大程度上取决于渠道成员的经营管理水平、对产品销售的努力程度及中间商的“商圈”。渠道成员的经营管理水平直接影响到它的资源利用效率和人员士气，进而影响每一项工作的效率；渠道成员能否全力以赴地配合制造商推广产品，对产品的销售起着决定性作用，它不能全力扩大销量，企业的任何努力都将付诸东流；“商圈”是指一家商店能够有效吸引顾客前来购买的顾客分布范围或数量，商圈大小与其地理位置、信誉、实力（人员素质、仓储、运输能力、资金状况）等有关。

2. 选择中间商的条件

（1）中间商的市场范围。市场是选择中间商最关键的原因。首先要考虑预选定的中间商的经营范围所包括的地区与产品的预计销售地区是否一致，比如，产品在东北地区，中间商的经营范围就必须包括这个地区。其次，中间商的销售对象是否是生产商所希望的潜在顾客，这是最根本的条件。因为生产商都希望中间商能打入自己已确定的目标市场，并最终说服消费者购买自己的产品。

（2）中间商的产品政策。中间商承销的产品种类及其组合情况是中间商产品政策的具体体现。选择时一要看中间商有多少"产品线"（即供应来源）；二要看各种经销产品的组合关系，是竞争产品还是促销产品。一般认为应该避免选用经销竞争产品的中间商，即中间商经销的产品与本企业的产品是同类产品，比如都为 21 英寸的彩色电视机。但是若产品的竞争优势明显，就可以选择出售竞争者产品的中间商。因为顾客会在对不同生产企业的产品做客观比较后，决定购买有竞争力的产品。

（3）中间商的地理区位优势。区位优势即位置优势。选择零售中间商最理想的区位应该是顾客流量较大的地点。批发中间商的选择则要考虑它所处的位置是否利于产品的批量储存与运输，通常以交通枢纽为宜。

（4）中间商的产品知识。许多中间商被规模巨大，而且有名牌产品的生产商选中，往往是因为它们对销售某种产品有专门的经验。选择对产品销售有专门经验的中间商就会很快地打开销路，因此生产企业应根据产品的特征选择有经验的中间商。

（5）预期合作程度。中间商与生产企业合作得好会积极主动地推销企业的产品，对双方都有益处。有些中间商希望生产企业也参与促销，扩大市场需求，并相信这样会获得更高的利润。生产企业应根据产品销售的需要确定与中间商合作的具体方式，然后再选择最理想的合作中间商。

（6）中间商的财务状况及管理水平。中间商能否按时结算，包括在必要时预付货款，取决于财力的大小。整个企业销售管理是否规范、高效，关系着中间商营销的成败，而这些都与生产企业的发展休戚相关，因此，这两方面的条件也必须考虑。

（7）中间商的促销政策和技术。采用何种方式推销商品及运用选定的促销手段的能力直接影响销售规模。有些产品广告促销比较合适，而有些产品则适合通过销售人员推销。有的产品需要有效的储存，有的则应快速运输。要考虑到中间商是否愿意承担一定的促销费用以及有没有必要物质、技术基础和相应的人才。选择中间商前，必须对其所能完成某种产品销售的市场促销政策和技术的现实可能程度做全面评价。

（8）中间商的综合服务能力。现代商业经营服务项目甚多，选择中间商要看其综合服务能力如何，有些产品需要中间商向顾客提供售后服务，有些在销售中要提供技术指导或财务帮助（如赊购或分期付款），有些产品还需要专门的运输储存设备。合适的中间商所能提供的综合服务项目与服务能力应与企业产品销售所需要的服务要求相一致。

3. 合格中间商的判别标准

合格的中间商具有以市场为主导的经营理念，具有维持合理的市场竞争秩序的内在动力机制，具有长远的经营战略。发挥中间商的作用，其首要任务必须明确合格中间商的资格条件。从某种意义上说，中间商的功能完善依赖于中国市场经济的健康有序发展。

在市场经济秩序还不够规范的情况下，加强对中间商的管理，强化与中间商的合作，同样是我国企业面临的一个亟待探索的重要课题。但由于中间商与企业分属不同的利益主体，追求自身利益最大化往往会导致相互之间的利益纷争，影响相互之间的合作。如何选择中间商成为企业营销渠道策略研究和营销渠道管理中的重要内容。但从企业营销渠道管理的实践中，正确评价中间商的资格是选择中间商的关键。

（1）稳定性。完善的营销网络是中间商的巨大的无形资产和竞争优势，也是其开拓市场、维护市场稳定的前提条件，但建立有效营销体系和稳定的客户群并非一朝一夕之事，它要求中间商必须具有发展战略、经营管理理念。同时，中间商的桥梁媒介功能决定了商业信誉是其生存和发展的品牌和无形资产，也是能否长期保持良好关系的基础，因此，中间商的发展战略、经营管理理念、商业信誉必须成为企业选择中间商的首要条件。

（2）专业性。中间商的核心能力是管理效率。中间商要对市场、产品、地域环境有充分的认识，要具有经济、法律、人力资源等知识与素养；在熟悉所经营产品的制造、储运、保管与使用的基础上，要有高水平的财务管理、营销管理、物流管理等专业管理知识与能力，要具有应用计算机进行经营管理的能力。以上综合素质应成为企业选择中间商要考虑的重要内容。

4. 选择分销商的方法

（1）强制评分选择法。采用强制打分法对各个“候选中间商”进行打分评价，如表7-2所示。通过打分计算，加权总分最高的候选者应当考虑选择它作为当地的分销商。

表7-2　强制打分法

评价因素	重要性系数（权数）	候选中间商1		候选中间商2		候选中间商3	
		打分	加权分	打分	加权分	打分	加权分
1. 地理位置	0.20						
2. 经营规模	0.15						
3. 顾客流量	0.15						
4. 市场声望	0.10						
5. 合作精神	0.15						
6. 信息沟通	0.05						
7. 货款结算	0.20						
总　分	1.00						

（2）销售量分析法。销售量分析法是通过实地考察有关分销商的顾客流量和销售情况，并分析其近年来销售额水平及变化趋势，在此基础上，对有关分销商实际能够承担的分销能力（尤其是可能达到的销售量水平）进行估计和评价，然后选择最佳“候选中间商”的方法。

（3）销售费用分析法。联合分销商进行商品分销是有成本的，主要包括分担市场开拓费用、给分销商让利促销、由于货款延迟支付而带来的收益损失、合同谈判和监督履约的费用。这些费用构成了销售费用（或流通费用），它实际上会减少生产厂商的净收益，降低利用有关分销渠道的价值。

7.2 渠道控制与管理策划

传统的销售渠道由制造商、批发商和零售商松散地结合在一起，每个渠道成员都试图达到自己的目的而很少考虑整个渠道的运行状况。所以，经常会发生各渠道成员因各自为政而带来利益的冲突，尤其是破坏制造商的经营战略，从而造成渠道混乱。实践证明，渠道控制与管理是维持渠道成功运转的必要因素。实施渠道控制与管理，使每个渠道成员都认识到大家是个利益共同体，利润都来自最终市场，会对每个渠道成员的获利产生积极的影响，从而减少和消除经销商没完没了向制造商“争”利益的现象。对制造商来说，渠道控制与管理可以及时发现渠道运营的效率低下并及时改正。

渠道控制与管理策划主要内容如下。

7.2.1 规定渠道成员的权利与义务

1. 中间商的权利

（1）供货保证及退换货保证。中间商有权要求厂家或供应方提供供货保证承诺书或签订长期供货协议。

（2）质量保证。厂家或供应方建立完善的质量管理制度，以确保提供给中间商稳定、合格的产品。这些制度应包括原材料、外协件、外购件进厂验收和管理制度、工序检验和控制管理制度、出厂检验和试验管理制度、质量岗位责任制度、质量奖惩制度等。中间商有权要求厂家或供应方签订质量保证协议和退换货保证协议。

（3）价格折扣。价格折扣直接决定中间商的利润水平，双方在协商基础上签订价格折扣协议。

（4）设备支持。厂家或供应方应提供或部分支持中间商销售中必需的技术设备。

（5）促销协助。包括提供资金、资料及促销人员等。

2. 中间商的义务

权利和义务是相辅相成的，中间商在享有上述权利的同时也必须尽到以下义务：

（1）应提供反馈信息的资料。包括顾客的意见、建议、抱怨以及市场竞争动态等。

（2）价格执行义务。中间商有义务执行厂家或供应方的价格战略，不能随意提价或恶意砸价。

（3）服务水平保证。中间商有义务制定完善的服务质量保证体系，以确保顾客应得到的服务承诺。

7.2.2 渠道成员的评价

为确保渠道的高效运转，制造商应定期对渠道成员进行绩效评价。如果某一渠道成员的绩效很好，制造商应给予物质或精神激励；若渠道成员的绩效低于既定标准，制造商应找出导致绩效低的原因，同时考虑可能的补救办法。如果是由于经销商缺乏应有的职业道德，或不愿主动适应新市场，不思进取，又或是不能紧跟企业步伐，缺乏长期合作意愿，制造商应对渠道成员进行必要的调整、更换，以保证整个系统的运转效率越来越高。需要注意的是，渠道成员的调整是一项“伤筋动骨”的大手术，制造商要慎重决策，以免挫伤其他渠道成员的积极性。主要评价中间商的以下几个方面。

（1）中间商的销售量的完成情况。

（2）中间商的平均库存水平。

（3）中间商向顾客交货的时间。

（4）中间商促销计划的执行情况。

（5）中间商价格政策的执行情况。

（6）中间商的服务措施执行情况。

（7）中间商的回款率。

7.2.3 渠道成员的激励

通常，渠道成员并不认为自己是制造商雇用的一条供应链中的一员，他们首先是客户的采购代理商，其次才是供应商的销售代理商，他们关心的是销售客户需要的产品。可见，渠道成员和制造商的关系不是上令下行的关系，维系相互之间关系的纽带是对利益的追求。因此，对制造商而言，为使整个系统高效运作，渠道管理中很重要的一部分就是不断增强维系双方关系的利益纽带，针对渠道成员的需求，持续提供激励，激发他们推广的热情，提高服务水平，保证不仅让消费者买得到而且乐得买。

对渠道成员的激励方式分为直接激励和间接激励。

（1）直接激励是指通过给予物质或金钱奖励来肯定渠道成员在销量和市场规范操作方面的成绩。实践中，公司多采用返利的形式奖励成员的业绩。主要有以下三种形式。

① 销售竞赛：对于在规定的区域和时段内销量是第一的成员给予丰厚的奖励。

② 等级进货奖励：对于进货达到不同等级批量的成员，给予一定的返利。

③ 定额返利：若成员达到一定数量的累计进货，给予一定的奖励。

（2）间接激励是指通过帮助渠道成员提高服务水平、提高销售效率和效果来扩大其利益，从而激发他们的积极性。通常采用以下几种方式。

① 对经销商日常工作的支持：保证供货及时，减少因订货环节出现失误而引起发货不畅；妥善处理销售过程中出现的产品损坏、变质、顾客投诉、顾客退货等问题，切实保障经销商利益不受无谓的损害；减少因制造商政策不合理而造成的渠道冲突等。

② 协助经销商开发下一级新客户，获取订单。中国流通行业从整体上落后于制造业的发展，从业人员素质不高，市场开发能力和推销能力不足，而且许多经销商是坐商，因此单纯依靠他们开发市场、提高产品铺货率是不可靠的，而对快速消费品来说，铺货率是一个关键的营销效果指标，高的市场占有率必须由高的铺货率作保证，如果消费者不能方便买到，即使品牌知名度再高，销量的提升也会很困难。所以制造企业必须派驻业务员，协助他们开发市场、扩大销量，使销量的上升成为经销商利润的源泉，从而激发他们的积极性。

③ 加强对经销商的培训，由让经销商赚钱变为让经销商掌握赚钱方法。我国现有经

销商大多是以个体户为基础发展起来的，整体素质不高，管理能力和自我提高能力不足，在他们发展到一定时期以后，很有必要接受管理、营销、人力资源等方面的指导，所以制造企业必须加强对他们的培训，提高他们的管理能力和营销能力，并针对发展中遇到的具体问题，给予相应的解决方案，这样不仅能解决经销商目前的赢利问题，也能解决他长远的盈利问题，使经销商与厂家共同进步，成为能和企业长期合作的战略伙伴，在合作中实现双赢。

④ 加强对经销商的广告和促销的支持，减少流通阻力，提高商品的销售力，促进销售，提高资金利用率，使之成为经销商的重要利润源。制造商必须在整个市场塑造自己产品的形象，提高品牌的知名度，分销商在自己区域内进行促销时，制造商应给予大力支持，为分销商提供各种补贴措施，达成利益统一体，既提高自己品牌知名度，又帮助分销商赚取利润，激发他们推广产品的热情。

⑤ 建立合理的级差价格体系，保证利益在各层次渠道成员间的有序分配。级差价格体系是指在将销售商网络内的经销商分为总经销商、二级批发商、三级零售商等的基础上，由制造商销售网络管理者制定的包括总经销价、出厂价、批发价、团体批发价和零售价等在内的综合价格体系。只有建立合理的级差价格体系，才能保证每一层次的经销商都能通过销售产品取得合理的利润，调动每一层次人员的积极性，渠道才能顺畅，效率才能提高。当然，在企业发展的不同时间、不同阶段，每一层次所起的作用不同，级差价格体系也应做相应的调整。

⑥ 加强终端零售商的管理，提高他们的服务水平，从终端拉动销售。在快速消费品领域，产品的功能差异性不大，消费者的购买往往是感性购买，高的铺货率不一定导致高的市场占有率，零售商的服务水平是影响消费者是否重复购买某企业产品的重要力量。而现有的经销商受自身水平的限制，对零售商提供的服务很难达到规范化、标准化。所以，厂家有必要派业务人员协助零售商的工作，并加强对店员的培训，增强他们对企业及产品的认同，全面了解产品的性能和指标，以增加销售技巧，提高他们的服务质量，树立企业品牌，把产品真正铺到消费者心中。

7.2.4 与中间商的合作

分销渠道的建立不可避免地要与各类分销商发生关系，而制造商如何在分销渠道系统培养良好的分销渠道合作关系，对分销渠道的所有层次来说，是非常重要的。

分销渠道成员的利益必须在分销渠道中加以确认，从共同利益的角度看，企业的分销计划不仅要建立在制造商能从分销商那里得到什么，而且要建立在分销商能从制造商那里得到什么的基础上。因此，企业的分销渠道设计应是给渠道成员带来最大利益，自己也从中获得最大利益。

制造商在促进与分销商的合作关系时，可以采用下列方法。

（1）使用特派销售人员。特派销售人员辅助渠道成员进行销售，他也为整个渠道系统内的经营水平和销售活动提供支持，制造商对分销商的销售人员和管理人员进行培训是实现合作的有效方法。当所有的分销商都掌握了相关的促销技能和产品的使用知识后，分销渠道就能更有效地运作。

（2）协助分销商编制分销计划。分销商的分销计划主要包括销售额计划。在制订计划时，为了体现合作精神，要引导分销商研究市场潜力、预测销售量、计划存货水平和保护措施。

（3）促销援助。制造商通过提供产品宣传来给予渠道成员促销援助是开展合作的又一形式，这些促销援助包括赠送礼物、商品展示、电视广告、产品说明书、邮寄宣传单、促销创意、销售服务、企业布置及提供起步资金等。

（4）制造商为分销商提供管理顾问和管理咨询。制造商要对分销商在经营中存在的问题提出意见和建议，这些咨询建议主要包括会计、人员、计划、控制、融资、流程及其他选择等问题。

（5）财务援助。制造商要在财务上给分销商特别是一些小的分销商一定的财务援助，以便创建长期稳定的分销关系。财务援助包括延长信用期限、发放贷款、扩大信用范围等。

7.2.5 分销渠道的冲突与管理

1. 冲突产生的原因

（1）制造商与中间商在目标上的不一致。例如，制造商往往希望通过低价格而达到提高市场占有率的长期目标，而分销商则是追求高回报的短期利益。

（2）不明确中间商的作用与权利。例如，制造商的分销网络既有自己的销售队伍又有分销商时，就存在市场区域、销售信用等方面的冲突。

（3）制造商与分销商在感觉上存在差异。例如，制造商对经济前景看好，因而希望分销商增加库存，而分销商则在对经济发展前景持悲观态度的前提下，尽可能少地存货，两者必然出现冲突。

（4）冲突可能出现于中间商对制造商的过分依赖上。渠道成员之间互相依赖的程度越大，发生的可能性就越大。

制造商与中间商冲突的问题举例：

（1）来自制造商的不满

① 分销商的人员未提供服务；

② 信息交流无效；

③ 中间商越权管理；

④ 中间商付款不及时；

⑤ 回扣和付款争议；

⑥ 产品运输损失和损坏；

⑦ 广告费用争议；

⑧ 中间商市场渗透不力；

⑨ 中间商不执行销售政策。

（2）来自中间商的不满

① 产品缺货；

② 新产品开发存在时滞；

③ 为解决问题进行的交流无效；

④ 产品存在质量问题和欠缺；

⑤ 错误的销售预测；

⑥ 包装问题造成产品损坏；

⑦ 淡季财务负担。

2. 分销渠道冲突的类型

（1）水平冲突是指处于同一渠道层次的各企业之间的冲突。发生水平冲突的原因往往是制造商的区域划分不清，或网络建设过于密集，影响分销商利益，以及同层次之间分销商缺乏沟通所致。解决的方式是建立完善的网络，严格规定边界，合理布局，定期召开分销商联谊会，沟通感情。

（2）垂直冲突是指不同分销层次之间发生矛盾的情形。产生的原因往往是职责上不明确，有时存在强压现象，这是利益分配不公平所致。例如，通用汽车公司在将其服务价格、促销方面的职责政策强加给分销商时就出现冲突。

（3）多渠道冲突发生于一个制造商建了两个或两个以上的相互竞争的渠道系统，面对的是同一市场。例如，固特易（Goodyear）公司原来一直采用的是经销商制，但后来它决定通过大众市场如西尔斯、沃玛特、折扣轮胎店销售时，就引起了独立经销商的不满。

3. 分销渠道冲突的管理

分销渠道冲突有些可以从根本上予以解决，但更多的则是尽量降低冲突的水平。分销渠道冲突的管理方式主要如下。

（1）寻求共同的目标。为了解决冲突，渠道成员坐下来对基本目标达成一致，包括生存、市场份额、高质量、顾客满意等一系列相关的问题。在遇到强烈的环境威胁时采用这一手法最为有效。在一起共同探讨发展的目标有助于渠道成员之间的冲突消除和化解威胁，同时也有助于认识合作对于达到共同目标的意义。

（2）在不同层次上互派人员解决冲突。即制造商派一些管理人员到分销商那里工作，分销商派人员到制造商机构中工作，这有助于相互的理解并达成共识。

（3）吸收对方成员担任委员会顾问、董事会董事等职，寻求对方的支持。只要能够在各种场合主动倾听这些顾问或董事的观点和建议，就能减少冲突。

（4）共同成为贸易协会的成员。参加贸易委员会之后，各成员有机会共同分析行业发展前景及谋划共同的远大目标，有助于消除个别渠道成员之间的利益冲突。

复习思考题

1. 影响分销渠道设计的因素有哪些？
2. 渠道成员的权利与义务有哪些？
3. 渠道成员的激励方法有哪些？
4. 分销渠道冲突产生的原因有哪些？

案例讨论

宝洁和沃尔玛：对手变盟友

一份战略联盟协议让沃尔玛和宝洁化干戈为玉帛，成为供应链中的合作伙伴，从而结束了两者长期敌对的局面。

宝洁是消费型产品的全球领导者，零售巨擘沃尔玛是它最大的客户之一。在20世纪80年代中期，这两家巨型企业之间的关系变得剑拔弩张。宝洁的促销力度很大，给零售商很大的折扣优惠。沃尔玛趁机以超出常规的购买量大量吃进并囤积宝洁的产品。

这就给宝洁造成了很多麻烦，它生产太多，伤害了现金流。为了提高现金流，宝洁于是提供更多的推广优惠，而沃尔玛的反应是买得更多，于是这两家公司之间的恶性循环就这样持续下去。

凯梅尼（Jennifer M. Kemeny）和亚诺威茨（Joel Yanowitz）在《反省》（*Reflections*）一书中对此的描述是："两家公司所采取的应对措施都在尽力破坏对方成功的可能性。"

于是，宝洁下决心要化敌为友，向沃尔玛抛出了成立战略联盟的橄榄枝。

"第一个难题是如何组建一支由双方的管理人员所组成的运作团队"，凯梅尼和亚诺威茨说："他们举行了数天的研讨会，通过运用系统思维工具，在共同的商业活动将会给双方带来的结果方面达成了共识。来自宝洁和沃尔玛的管理者们发现，彼此的举措原来可以是合理的，而不是自利的行为。"

充分理解对方的需要之后，这两家公司在双赢战略的基础上开始合作，而宝洁也无需再向沃尔玛提供折扣。"这个战略实施非常成功，于是被推而广之——宝洁甚至几乎停止了所有的降价推广活动，为此它几乎得罪了整个零售业。但是这样做的结果却是，宝洁的赢利大幅攀升。"

为了使合作可以运转，这两家公司把软件系统连接到一起，很多信息都实现了共享。据报道，现在当沃尔玛的分销中心里宝洁的产品存货量低时，它们的整合信息系统会自动提醒宝洁要补货了。

该系统还允许宝洁通过人造卫星和网络技术远程监控沃尔玛每个分店的宝洁产品专区的销售情况，而网络会把这些信息实时反映给宝洁的工厂。宝洁的产品无论何时在收银台扫描，这些工厂都可以知道。这些实时信息使宝洁能够更准确地安排生产、运输，以及为沃尔玛制订产品推广计划。节省下来的库存费用就使得宝洁可以向沃尔玛提供更加低价的产品，这样沃尔玛就能继续它的"每日低价"策略了。

讨论题：宝洁和沃尔玛是怎样从制造商和零售商的敌对关系转化为双赢的合作关系的？此案例对中国企业有何借鉴意义？

第 8 章

整合营销传播策划

本章提要

促销不是单独的一项工具，而是若干工具及其资源的整合。整合营销正是通过对各种促销组合工具的整合来与消费者进行沟通，从而告知消费者产品的优点并精心地将产品定位在其心中。本章重点介绍整合营销传播（IMC）理论及其运用、广告促销的具体策划和运用、销售促进（营业推广）的具体策划和运用、公共关系（宣传）的具体策划和运用等。

学习目标（重点与难点）

1. 整合营销传播（IMC）理论及其运用。
2. 广告促销的具体策划和运用。
3. 公共关系（宣传）的具体策划和运用。
4. 销售促进（营业推广）的具体策划和运用。

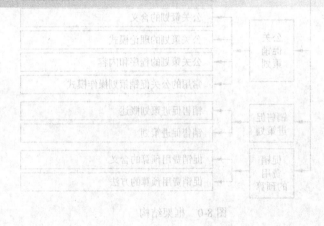

框架结构（图 8-0）

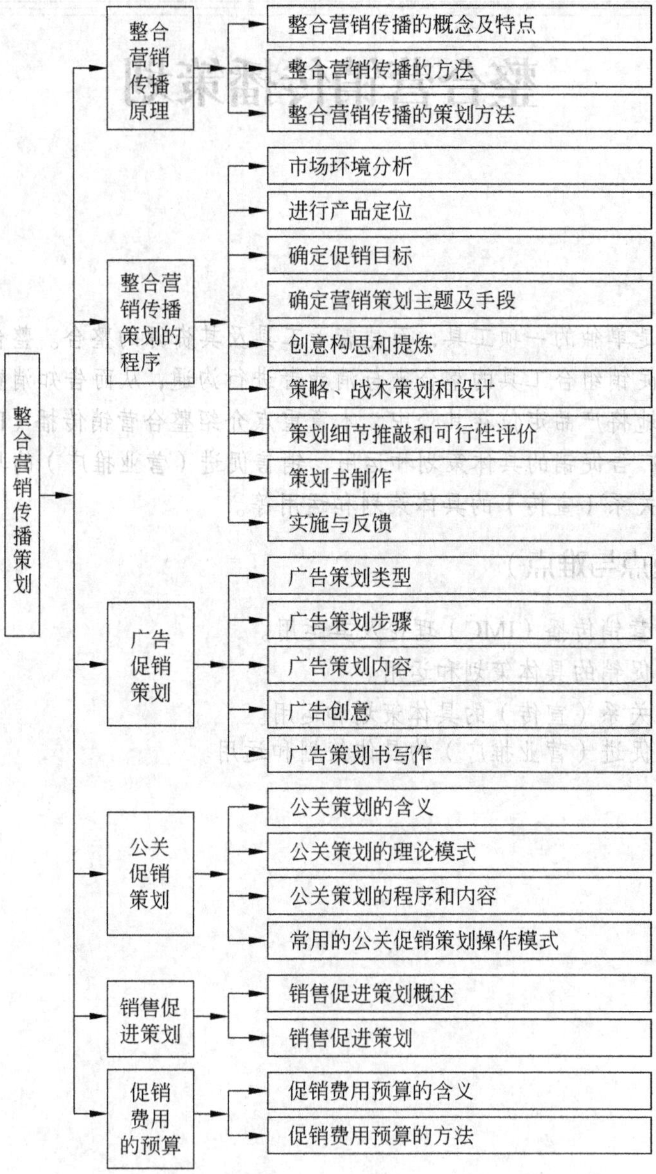

图 8-0　框架结构

开篇案例

蒙牛酸酸乳的整合营销传播奇迹

“超级女声”已成为过去，但它留给我们很多奇迹，特别是在媒介如何了解市场，了解受众需求，运用商业化的方式造势，把活动做成一项社会运动，把节目做成节目外的一场社会风尚、社会风潮，如何与企业合作，真正达到双赢，如何利用全方位整合营销战略的专业化操作确保活动的最终成功。这对其他媒体如何利用整合营销传播经营媒体，扩大自己的知名度，是很有借鉴意义的。

奇迹一：品牌冠名——双赢合作创奇迹

品牌冠名已成为广告商和媒体活动合作的一种常规手法，一般来说，活动的知名度越大，相应地，冠名品牌的知名度也会越大；品牌内涵与活动内涵的相关性越高，传播效果越好。

可以看到，在整个活动过程中，蒙牛乳业和“超级女声”紧密配合，你中有我，我中有你，真正实现了双赢合作。现在甚至很难说是“超级女声”成就了蒙牛还是蒙牛成就了“超级女声”了，这就是我们要的合作效果。这对其他媒体的冠名活动有着非常好的借鉴意义，冠名不仅要考虑品牌内涵和节目内涵之间的关联性，考虑节目的形式、到达率、投射度等各方面因素，还要考虑整个合作过程中双方如何合作，才能达到最好的宣传效果，真正实现双赢。

奇迹二：差异化——从同质化的泥潭中脱身

乳业的竞争，可能是近年来快速消费品中最为猛烈的。首先由“一地多品”走向“一地一品”，再由“一地一品”走向“多地多品”。而这几年领先品牌的再集中与市场格局再划分的趋势越来越明显。因此引发的乳品行业也迎来了多事之秋，伊利的郑俊怀事件、阜阳的毒奶粉事件、雀巢的碘超标事件、光明的回收奶事件等，正是越来越白热化的价格战、渠道战、促销战使得部分企业开始透支了自己的资源。摆脱同质化日益严重的泥潭，成为了更多乳品企业唯一的选择。

蒙牛酸酸乳就是这样一个“带情绪”的产品，它与超级女声活动进行系统整合，一方面针对了需要影响的目标消费人群；另一方面也将“超级女声”的品牌影响很好地注入了酸酸乳这种产品。酸酸乳针对的这类人群，他们不屑将价格作为购物的第一考虑因素，他们强调“我就喜欢”。同时突出产品的青春色彩，排除此类消费人群将喝奶与幼稚、乳臭未干的情绪结合起来。从这个角度而言，蒙牛酸酸乳从产品设计本身、目标市场人群的锁定、产品线中的角色与地位都考虑得比较清楚，这一点上做到了“谋先”。

奇迹三：传播“谋新”——从传统传播方式中进行创新

其一，将被动的传播计划转向主动传播。很多企业在长期科学、合理安排媒体投放计划的同时，犯了一个大忌，其实计划原本就是一种“术”，而如何抓住目标消费群体、促进消费，这才是“道”、目的。蒙牛酸酸乳能够有如此大的勇气，将一项主题活动不仅仅是作为传播计划的一个组成部分，而是将主题活动作为整个传播的主线，其他项目作为有机补充。

其二，增加参与性，扩大影响面。仔细看看蒙牛酸酸乳在整个传播过程中考虑的方方面面，不难发现让更为广泛的人群参与成为它传播与促销的主旨：在没有设立赛区的地方出资资助有潜质的选手去五大赛区参赛；设立各种抽奖环节，组织幸运消费者参加“超级女声”夏令营；各地展开各种路演活动，将对活动的关注转换为对产品的关注等。

其三，突破传统的合作思路。蒙牛酸酸乳选择张含韵作为产品代言人，但蒙牛并未就此支付一分钱的代言人费用。而是和张含韵的经济公司进行协商，蒙牛投入巨额广告提升张含韵未来广告市场上的价值，而此次代言纯属免费。张含韵本身的选择和产品特性又十分契合，加之代言又未支付成本，此等运作值得企业借鉴。

奇迹四：公关奇迹——系统公关，整合出彩

中国市场上传统的公关策略往往局限于单个事件的短暂炒作甚至是简短的宣传，“蒙牛酸酸乳超级女声”显然是一次完整的以公关为源点的整合传播，带给我们的启示是：有意栽花花灿烂，无心插柳柳色淡。公关活动不仅仅是借机“沾光一把”的投机行为，更要有系统规划、认真操作、全心投入才能真正出彩。

1. 从单纯借力到合力造势

过去很多企业找代言人或冠名赞助某个活动，总想着单纯地借哪个人或活动自身的影响力去推广自己的产品。而蒙牛在“超女”相关的推广上，除冠名本身的 1 400 万元外，还花了近 8 000 万元在带有超女形象的产品包装、卖场活动以及各种形式路演、户外平面电视广告上，以至于有人说是蒙牛提升了超女。但蒙牛的看法更客观：我们共同造就了神话。

2. 从 99℃到 100℃，从 100℃到持续沸腾

有时候，企业在签订赞助或代言人合同时，总会以成本的理由签个不完全合同（比如允许用平面形象不许用影视形象，允许活动现场出现不许产品包装上出现等），使企业在利用代言人或活动做自身产品或品牌推广时在时间、空间各方面受限。结果是烧 99℃的水。这一点，一些企业还未必发现得了。但蒙牛这一次显然是不把水烧到 100℃不罢休。超女形象、超女栏目、超女爱好者……它几乎都用足了，这还不算，蒙牛还连续不断地“添柴加油”，让开水沸腾不止。

3. 从单纯等待传播到主动“添柴加油”

单以新闻传播为例，一些企业认为超女如此高关注的事件，媒体会自己找着做宣传的，没必要操太多心，但他们忘了，娱记服务的是大众，他们提供的是大众需要的信息，所以，他们未必在稿件中提你蒙牛，所以蒙牛人自己不忘二次传播，即自己寻找北京普纳公关公司代理超女与蒙牛品牌相结合的新闻传播，效果极佳，有百万元投入捍卫千万元投入效果的作用。

公关传播属于互帮互助型合作，因此不能斤斤计较谁带高了谁，应该像夫妻一样，既然选择了对方，就荣辱与共，共同努力，才会更快地成就更幸福的生活。

4. 从单项合作到品牌联合运营

蒙牛善于搞公关是公认的，从当年“神五”事件就可以看出。但那也只是独立事件的公关，而这次却有不同。超女实际也是一个独立的品牌，蒙牛与它的合作更多是两个品牌的联合，而关于品牌联合的操作自然要比项目合作更系统、更全面，操作难度更大，考虑更长远。

5. 将公关力转换为销售力

无论做任何事情，企业的最终目标是赢利，因此，公关事件行销必然是为销售服务、为利润服务的。这就要求及时地将公关投入最大化转化为销售力。这个转化，蒙牛显然做得淋漓尽致，终端展示、包装设计、互动参与等，超级女声除了全面强化了酸酸乳的

个性特征外，更是成为了最大的促销员。

蒙牛运用关系营销，搞好与消费者、政府、社区、投资者、媒体等的关系，注重营销的各关系方利益，在营销活动中重视公共关系、政治权利，忠诚地履行自己对各关系方的诺言，使企业形成稳定的顾客群，培养顾客满意度，为企业提供稳定的收入，夯实企业发展的基础。同时有利于企业不断提高竞争力，使企业能够跟随市场变化，不断开发新产品，满足顾客需求。还能使企业树立良好的形象，培养顾客和关系各方的忠诚与信赖。

8.1　整合营销传播原理

在竞争激烈的今天，无论企业是开展新的业务还是推广既有产品、服务或产品线，在进行营销策划时单单着眼于某个方面已不能从业务中创造持久的价值。例如，降价促销也许能在短时间内提高产品的市场占有率，但随着成本的增加，边际利润的空间会越来越小，而且降价销售的时间如果持续过长，还会影响产品在消费者心目中的质量认知价值，从而给品牌带来无形的损害。并且，随着中国经济的稳定发展和市场机制的日趋完善，中国企业的营销策划行为也在不断走向成熟，营销策划的根本目的也就不再是短期赢利，而是实现长期可持续发展和打造企业的营销竞争力。这就必须要求企业营销策划的视角从局部放眼到整体，通过整合营销策划，系统地计划营销战略与策略，从机制和组织上保证营销战略与策略的完全实施，让企业有能力抓住更多的市场机会，使企业所有要素与战略相互协调，以实现资源优化配置和营销竞争力的提升。

8.1.1　整合营销传播的概念及特点

1. 整合营销传播的概念

1992 年，全球第一部 IMC（integrated marketing communications，IMC）专著《整合营销传播》在美国问世。作者是在广告界极负盛名的美国西北大学教授唐·舒尔茨及其合作者斯坦利·田纳本（Stanley I.Tannenbaum）、罗伯特·劳特朋（Robert F.Lauterborn）。

在经典的营销理论中，基于对各种营销传播沟通工具的长期与短期效应的不同，提出了一些传播定理。与整合营销传播概念产生有关的一些认识有以下方面。

（1）产品、品牌和公司形象与声誉需要采用不同的培育方法，因而其传播方法应该不同。

（2）当期或即期生产出来的产品，必须在当期完成其销售，这是短期要求，那么在传播时，追求的是不论方法如何，只要能达到目的就行。因为当期产品如果不能销售出去，则企业不仅会遭受极大损失，还因为没有现金流的维持，甚至有可能导致整个企业陷入经营危机；树立品牌形象、树立良好的公司形象则是长期任务，不可能一蹴而就，公司品牌形象要长期传播后才能树立起来，因此，对其的传播有别于产品促销。

（3）传播不能连续，一次或一期广告就是一次和一期，下次或下期是可以变化的。顾客则是受当期广告影响的。所以，需要每次进行当期传播的研究与组织，与上次几乎无关。况且，有些公司还仅仅依靠少数传播工具进行营销传播，它们认为只要有这些工具就能够解决所有的营销传播问题。

但是，在实际的营销活动中，曾经千百次出现过的事实被忽略了，那就是顾客对产品、品牌和公司形象的感觉是一致的。没有任何人见过市场存在这样的顾客：他认为某个公司的品牌很差、公司形象一般，但它的产品是最好的。——这样就引起了营销学家对于上述那些营销传播理论和观点的反思。反思这个问题，可以得到这样的结论：无论原来的营销理论如何定义不同的传播和促销工具的特点，如何划分长期形象塑造培养和短期效应关系，但到了顾客那里，产品、品牌和公司形象一定是统一的。这样，整合营销传播的观念、思想与方法，就像一个必然降生的婴儿，被催生出来了。

对于整合营销传播，美国广告协会（American Association of Advemising Agencies，4As）给出的定义是："营销传播计划的概念是确认评估各种传播方法战略作用的一个综合计划的增加价值。例如一般的广告、直接反应、促销和公关，并且组合这些方法，通过对分散信息的无缝结合，以提供明确的、连续一致的和最大的传播影响。"

实际上，整合营销传播的概念主要讲的是，将公司的营销传播作为整体性和连续性的活动。整合营销传播的核心思想是将与企业进行市场营销有关的一切传播活动一元化。也就是说，整合营销传播表达了这样一些营销传播观念与思想：

（1）传播目标要统一。过去，企业在营销中，随着使用的促销工具不同和每次传播的要求不同，往往是在不同的促销活动中，仅仅强调本次的目的和要求，没有考虑通过一系列传播，最终会在顾客那里形成的总体印象是什么。整合营销传播要求企业首先确定传播要达到的最终目标，目标指向的是让顾客形成对企业、品牌和产品的某个印象。在传播过程中，无论采用什么促销沟通工具，都要能够为实现最终目标做出过程贡献。或者说，不同营销传播工具的使用，在最终目标指向上必须一致。

（2）将公司形象、产品形象和品牌形象统一传播。既然顾客是统一形成或看待公司的产品、品牌和形象的，三者在顾客那里根本不会是营销者想让顾客分开来看待就分开来看待的，所以进行营销传播时，必须将三者统一起来进行，最终让顾客形成一致印象，这才符合顾客认知过程。也只有通过这样的"无缝结合"，才能达到更大的营销传播的影响力。

（3）传播过程要统一。传播过程的统一指将最后要求达到的传播目标的实现看成一个连续传播过程。这就需要根据营销传播时具体进行的不同阶段，采用不同的传播与促销工具。工具可以不同，目标却一定要相同，要做到"多种声音、一个主题"，"多种声音、一个印象"，而不是像原来那样随心所欲，今天使用一个主题，明天又改为另外一个主题。

整合营销传播一方面把广告、促销、公关、直销、CI、包装、新闻媒体等一切传播活动都涵盖到营销活动的范围之内；另一方面则使企业能够将统一的传播资讯传达给消费者。所以，整合营销传播也被称为Speak With One Voice（用一个声音说话），即营销传播的一元化策略。

所以，整合营销传播的观念和思想的提出，使营销传播计划性被大大加强了。因为没有一个统一计划，整合营销传播是整合不起来的：没有一个严格执行的统一的营销传播计划，则在营销传播活动中就会出现“各吹各的号，各唱各的调”的混乱状况。这样，原来那种认为在促销和传播过程中只靠一个“点子”就能解决问题的想法就根本不行了。

基于整合营销传播要求制订的营销传播整体计划，使得营销传播策划用来解决营销传播计划制订的作用也就提高了，“‘点子’营销”除非使用在需要有创造性思维的特定方面，否则它连生存之地都难以找到了。

整合营销传播并非像有些人认为的是 Internet 这类新的电子传播工具出现后才产生的。整合营销传播的基本思想实际上与 Internet 这类新颖的传播工具的出现没有必然联系，只不过是像 Internet 这类信息传播沟通工具的出现，为整合营销传播提供了更好的传播平台和工具罢了。在 Internet 这类信息传播工具没有出现以前，一两家媒体就可以将全国的信息渠道“垄断”完，昂贵的媒体使用费决定了受众只能采用单一和少量媒体作为其信息来源。但 Internet 的出现，打破了这种人为媒体垄断的局面，使受众进入了信息来源多样化、廉价化和方便化的时代。因此，整合营销传播本身不是 Internet 的产物，但 Internet 促使它被广泛地使用。

2. 整合营销传播的特点

概括地说，整合营销传播的主要特点如下。

（1）整体性。即将企业形象、品牌形象和产品形象的传播作为一个整体来考虑，而不会将三者割裂开来，从而发挥更大的传播作用。

（2）一致性。即将 AP（advertisement promotion）、PS（personal selling）、PR（public relations）、SP（sales promotion）的传播目标协调一致，而非各自为政，从而实现整体传播效果最优化。

（3）连续性。即企业的营销传播实施在时间上（年、季、月、周）都有一定的连续性，而非虎头蛇尾、彼此毫无联系。

传统的营销策划是运用营销工具，通过一系列的营销策划以达到预定的营销结果，其策划着眼于某一个或某几个环节。而整合营销策划则通过对全局的考虑，合理安排各种营销活动和各种营销工具的使用，使整个营销活动处于有组织、有秩序的状态，发挥整体营销的力量，达到最好的效果。事实上，整合营销策划就如同一件经过精确设计的机械产品，各个环节都得到严密的控制。

8.1.2 整合营销传播的方法

概括来说，基于消费者的整合营销传播方法有以下几点。

1. 建立消费者资料库

这个方法的起点是建立消费者和潜在消费者的资料库，资料库的内容至少应包括消费者态度的信息和以往购买记录等。整合营销传播和传播营销沟通的最大不同在于整合营销传播是将整个焦点置于消费者、潜在消费者身上，因为所有的厂商、营销组织，无论是在销售量还是利润上的成果，最终都依赖于消费者的购买行为。

2. 研究消费者

这是第二个重要的步骤，就是要尽可能使用消费者及潜在消费者的行为方面的资料作为市场划分的依据，相信消费者“行为”资讯比起其他资料如“态度与意想”测量结果更能够清楚地显现消费者在未来将会采取什么行动，因为用过去的行为推论未来的行为更为直接有效。在整合营销传播中，可以将消费者分为三类：对本品牌的忠诚消费者，对其他品牌的忠诚消费者和游离不定的消费者。很明显这三类消费者有着各自不同的"品牌网路"，而想要了解消费者的品牌网路就必须借助消费者行为资讯才行。

3. 接触管理

所谓接触管理就是企业可以在某一时间、某一地点或某一场合与消费者进行沟通，这是20世纪90年代市场营销中一个非常重要的课题，在以往消费者自己会主动找寻产品信息的年代里，决定"说什么"要比"什么时候与消费者接触"重要。然而，现在的市场由于资讯超载、媒体繁多，干扰的"噪声"大为增大。目前最重要的是决定如何、何时与消费者接触，以及采用什么样的方式与消费者接触。

4. 发展传播沟通策略

这意味着应明确什么样的接触管理之下，该传播什么样的信息，而后为整合营销传播计划制定明确的营销目标，对大多数企业来说，营销目标必须非常正确，同时在本质上也必须是数字化的目标。例如，对一个擅长竞争的品牌来说，营销目标就可能是以下三个方面：激发消费者试用本品牌产品，消费者试用过后积极鼓励继续使用并增加用量，促使他从其他品牌的忠诚者转换品牌并建立起本品牌的忠诚度。

5. 营销工具的创新

营销目标一旦确定之后，第五步就是决定要用什么营销工具来完成此目标，显而易见，如果我们将产品、价格、通路都视为和消费者沟通的要素，整合营销传播企划人将拥有更多样、广泛的营销工具来完成企划，其关键在于哪些工具、哪种结合最能够协助企业达成传播目标。

6. 传播手段的组合

最后一步就是选择有助于达成营销目标的传播手段，这里所用的传播手段可以无限宽广，除了广告、分销系统、直销、公关及事件营销以外，产品包装、商品展示、店面促销活动等，只要能协助达成营销及传播目标的方法，都是整合营销传播中的有力手段。

整合营销传播能够帮助企业最大限度地利用资源，收到事半功倍的成效。它可以帮助企业扬长避短，并在竞争中发挥差别优势；它还可以帮助企业精简不必要的开支，集中优势资源，从而走向成功。

8.1.3 整合营销传播的策划方法

整合营销传播策划的中心思想，是通过企业与消费者的沟通满足消费者需要的价值为取向，确定企业统一的促销策略，协调使用各种不同的传播手段，发挥不同传播工具的优势，从而使企业由促销宣传实现低成本化与高强冲击力的要求，形成促销高潮。

整合营销策划与运作类似于现代战争，它围绕基本促销目标，将一切促销与活动一体化，打一场总体战，如同现代战争中将空军（广告）、战略导弹（有冲击力的社会公关活动）、地面部队（现场促销与直销）、基本武器（产品与包装）等一切消费者能够感受到的武器整合为一体，使企业的价值形象与信息以最快的时间传达给消费者。

美国营销学家提出了一个比较完整的整合营销传播策划方法。

（1）在整个组织设立统一的营销传播计划，对需要完成的传播促销任务和预算进行具体细分，并按产品、促销工具、产品生命周期等因素重新评估信息费用支出，观察其带来的结果。同时把这些作为基础，以进一步改进这些应用手段。

（2）建立传播与促销业绩评估衡量方法，设计一个系统去评估传播促销活动。既然整合营销传播的目的是影响和改变消费者购买行为，那么，这种传播方法的效果是能够被估量出来的，以最终表明传播活动对公司利润贡献的影响。投资报酬率的衡量既可以通过追寻一个公司自己的信息来获得，也可以通过客户数据来获得。

（3）开发数据库信息和对问题管理，以在传播过程中不断了解包括顾客、员工、投资者、购买者和在整合营销传播计划中各阶段有关利益关系方的变化和反应情况，并能以此不断调整传播的具体方法。

（4）为公司和产品找出所有的连接点，通过这种方式去确定公司在何处需加强信息的使用。在每一个连接点都以这种方式评估信息传播的影响效果，无论是产品、包装、零售陈列、股东大会，还是发言代理人等，传播始终是通过努力工作来确保顾客无论在何时都能得到传播信息和始终被影响到。

（5）分析会影响本公司赢利的内部和外部各种因素及其变化趋势，寻找那些最需要信息传播帮助的地方，确定每个传播部门的长处和不足。再开发一个基于这些长处和不足的“一揽子”促销策略，综合运用这些手段去达到市场目标。

（6）为本地每个市场开发一个商业和信息传播计划。综合这些计划，以形成全球传播战略，并使这些分计划在各自符合当地市场特点的情况下，同时传达公司营销传播计划统一目标中的信息。

（7）应有一个专门的负责经理，其职责就是确保公司传播令人信服。这将会加强集中计划和开发共享业绩测评的有效性。如果没有合适的能够负责的经理人员，就采用外包方法，将公司的传播任务交给有整合营销传播经验的咨询或传播公司负责组织实施。

（8）开发出适合不同传播媒体的主题、语气的信息格式。这样设计出来的信息格式通过持续性传播，就会产生很大影响，并能减少一些部门之间不必要的重复劳动。创造出信息传播物时，要研讨如何被一定层次的受众所接纳，并确保每个传播物都能载有本公司独特的信息和销售主张。

（9）要有一支具有团队协作精神的员工，再用整合营销方式来训练员工掌握实施整合营销传播需要的传播技术。公司其他部门应与传播团队之间保持良好的配合关系。

（10）把整合营销传播同管理过程联系起来。如参与式管理，这将导致一个全面整合的管理措施，以达到公司既定的传播目标。一个整合营销传播战略应该允许每个传播部门在为公司使命而奋斗时保持高效率。

8.2 整合营销传播策划的程序

8.2.1 市场环境分析

（1）Strengths：优势分析。

（2）Weaknesses：劣势分析。

（3）Opportunities：机会分析。

（4）Threats：威胁分析。

在调研基础上，重点分析以下内容。

（1）市场总容量预测：目标顾客总量、人均购买量、总容量。

（2）企业资源评估（人力资源、财力资源、物力资源、技术资源）。

（3）分析竞争对手（目标市场、营销策略特点、产品优缺点、市场占有率等）。

（4）市场机会判断：市场需求（空白），对手弱点。

8.2.2 进行产品定位

1. 进行市场细分

确定细分变量：地理、人文、心理、社会因素。分析细分有效性：可衡量性、足量性、可接近性、差异性、行动可能性。

2. 选择目标市场

确定目标市场模式：密集单一市场、有选择的专门化、产品专门化、市场专门化、完全覆盖市场等。

3. 进行产品定位

（1）选择定位依据：产品特性或种类、产品用途及使用场合、使用者类型、竞争状况。

（2）明确定位战略：迎头战略、避强战略、重新定位等。

（3）选择定位依据：功能定位、心理定位、价格定位、价值定位等。

8.2.3 确定促销目标

企业的促销目标应与企业整体营销目标以及该阶段促销目标相配合。促销目标可以是对于市场或财务等经济效益性质目标的描述，如扩大市场份额、提高产品接受程度、增加销售额，也可以是对于企业形象等目标的描述。进一步区分具体的促销目标，可以细化为以下分类。

1. 企业在不同时期的促销目标

企业在经营的不同时期开展促销的具体目标是不同的，我们可以从两个不同的角度来分析企业在不同时期的促销目标。

（1）产品生命周期各阶段的促销目标。

① 导入期：缩短产品与顾客之间的距离，引导目标顾客试用、认知新产品。

② 成长期：鼓励重复购买，刺激潜在购买者，增强中间商的接受程度。

③ 成熟期：刺激大量购买，吸引竞争品牌的顾客，保持原有的市场占有率。

④ 衰退期：处理库存。

（2）销售淡旺季的促销目标。

① 销售淡季：维持顾客对产品的兴趣，刺激需求，减轻淡季的库存压力。

② 销售旺季前：影响消费者的购买决策，争取竞争品牌的顾客。

③ 销售旺季：鼓励重复购买和大量购买，鼓励消费者接受品牌延伸的新产品。

④ 销售旺季后：出售旺季剩余产品以回笼资金，减少积压风险。

2. 企业针对不同对象的促销目标

（1）针对消费者的促销目标。

① 鼓励现有消费者继续购买本品牌产品，把延时性购买变为即时性购买，鼓励大批量购买，接受由本品牌延伸的新产品。

② 争取潜在客户，培养新的客户群。

③ 争取未使用者的试用，从品牌竞争者手中夺走品牌转换者。

（2）针对中间商的促销目标。

① 改善销售渠道，维持和巩固现有的销售渠道及货架陈列；争取让中间商存放额外的开架样品和不定期的促销样品；鼓励中间商销售完整的产品系列。

② 维持较高的存货水平，诱导中间商储存更多的本品牌产品，鼓励储存由本品牌延伸的新产品和相关产品。

③ 建立品牌忠诚度，排除竞争者促销措施的影响，吸引新的中间商。

④ 激励中间商推销本品牌产品的积极性，如进行特别的展示和陈列，布置有吸引力的卖场广告，对本品牌的产品进行不定期的降价销售等。

（3）针对销售人员的促销目标。

① 鼓励销售新产品或新品种。

② 鼓励寻找更多的潜在顾客。

③ 刺激淡季销售。

8.2.4　确定营销策划主题及手段

1. 策划主题的内涵

策划主题是体现策划哲学的主题口号，是营销策划的核心、中心思想，是成功策划的灵魂，是贯穿整个营销策划的一根红线。它统率着整个策划的创意、构想、方案、形象等各要素，使策划的各个要素有机地组合成一个完整的策划作品。任何一项策划总有一个主题，主题明确，营销策划才会有清晰而明确的定位，使组成策划的各种因素能有机地组合在一个完整的营销策划方案中。

如何策划促销活动，最难的不是促销活动的内容，而是如何策划出一个吸引顾客的活动主题（或者叫活动的由头），让顾客能兴奋，能眼前一亮，能被打动。

2. 优秀策划主题的要求

一个好的促销主题必须做到以下几点。

（1）有冲击力。要求能紧紧抓住顾客心理，让顾客能兴奋，能眼前一亮，并能被打动。

（2）有高境界。能从国家、民族、社会、集体的角度考虑问题，体现着企业的较强社会责任感，而非赚钱的机器。

（3）富有哲理。一个好的策划主题必须富有哲理，启发思考、耐人回味，而且语言精练。如“资助贫困大学生”的公关促销活动的主题是“教育·人才·明天”。

3. 策划主题设计的思路

促销策划主题的设计，主要有两种思路：借势和造势。

（1）借势。借势即借力，就是借外部的力量、外部的势头，为我所用。

一是节假日。这个勿用多说，企业都很清楚，主要是每年大的、国家法定节假日。如五一、十一、元旦、春节等。这些节假日是策划促销活动的最佳时机，也是企业必须搞的，因为你不搞，你的竞争对手、你的同行都会搞。

二是周年日。店面开业日（零岁周年）、店面周年庆（几周年）、厂家品牌周年日，都是策划促销主题的好选材。消费者对周年日相对也比较感冒，知道商家会拿出优惠措施来庆祝，顾客一般会被这个主题吸引进店。

三是热点日（这个日一般不仅限于一天，有可能是一段时间）。如世界上、全国范围内大型活动、赛事和社会上流行的潮流、热点等。如奥运会、亚运会、世界杯、世博会等，这些也是策划促销活动可以选择的借势选材。

四是事件日。这个特指一些突发事件，如战争等突发事件，还有由于自然不可抗力导致的自然灾害事件等，如地震。发过“战争财”的品牌的经典案例就是统一润滑油了，当美国和伊拉克刚进入战争状态，统一润滑油就快速推出了“多一点润滑，少一点摩擦。统一润滑油”的央视广告片，从而一炮走红，家喻户晓。发“地震财”的就是王老吉了。王老吉在汶川地震后，大手笔大投入地慷慨解囊捐出了天价的一亿元捐款，震惊寰宇。随后，又跟进了网上的貌似反面，实则是推进王老吉零售销量的“全面封杀王老吉”的帖子，在网上风传，王老吉通过地震捐款，再战成名，销量猛增，成为营销策划经典案例。

（2）造势。若不能借东风，就只能自己“造东风”了。能借势是上策，在不能借势的情况下，再考虑自己造势。

一是造事件。造能成为媒体和消费者关注、能成为热点和亮点，能有行业影响力、社会影响力的大事件。造事件上最成功的案例就是家居建材行业里一战成名的富雅漆了。这个品牌的漆为了表示油漆里不含对人体有害的挥发物质（VOC），企业老板现场把一杯油漆喝掉，当时造成了很大的轰动，媒体竞相传播，这种健康漆的好处不胫而走，品牌一炮打响，后来这种漆还进了“鸟巢工程”。

二是造概念（造卖点）。这点是中国企业的强项，中国的家电企业，竞争最激烈，也是玩概念、造卖点最激烈、最白热化的地方。任何家电的品类都有一大把让消费者头晕目眩的概念、卖点，如什么氧吧空调、正弦波变频空调、网锐电视、酷开电视等，让消费者目不暇接。造概念、造卖点也是一种非常适合中国国情的促销方式。

三是造节日。没有节日，就要造节日。如文化节、艺术节、鉴赏节、啤酒节、牡丹节、风筝节、杂技节等。总之是文化搭台，品牌唱戏，终端收钱。

四是造联盟。俗话说，一个篱笆三个桩，一个好汉三个帮。五个指头攥紧了，才能形成合力，才能在终端产生爆发力和吸引力。异业联盟可以以厂家的形式统一来做，比如欧派发起的冠军联盟；也可以是当地的经销商根据自己当地的情况，自发组织起相关行业的异业联盟，联盟的名称可以叫领袖联盟、五星联盟等。目的是不管是厂家还是经销商，大家抱团取暖，联合让利，联合优惠，联合获取更多的目标顾客，联合制造更大的声势，联合占有更大的市场份额。

要做好一场促销活动，活动的主题策划是开始，也是最难点。良好的开始就是成功的一半，学会了借势和造势，促销活动策划的难题在很大的程度上就可以迎刃而解了。

8.2.5　创意构思和提炼

围绕促销目标和促销主题，用发散思维的方法列出所有能达到促销目的的手段，然后，从科学性、合法性、操作性、经济性、影响力等几方面进行比较，最后筛选、提炼出最好的 1～2 个构思进一步设计。

8.2.6　策略、战术策划和设计

这一阶段是策划书的细节设计阶段，要把前面筛选出的促销创意变成具体的实施手段、进度安排、注意事项等。同时要考虑清楚活动执行的难点和重点，并做出促销费用的预算。

8.2.7　策划细节推敲和可行性评价

这一环节一定要请有关专家对策划方案的每一个细节和可行性进行论证，让人挑毛病，直至方案完善。

8.2.8　策划书制作

待所有细节敲定后，撰写并完成策划书。策划书要制作两种格式：一是 Word 格式，要求结构合理，内容细致，并打印装订；二是 PPT 格式，要求简明扼要，图表规范、清晰，以便于向企业领导汇报。

8.2.9　实施与反馈

策划方案一旦决定实施，必须制定具体的实施细则，责任落实到人。对实施中可能出现的风险要制定防范预案，实施中的相关信息要及时收集、反馈，对出现的问题要及时解决。

促销策划的步骤如表 8-1 所示。

表 8-1　促销策划的步骤

促销策划的步骤	阶段特征
①市场调研→②分析、预测→③机会判断	机会分析
→④USP 定位→⑤确定营销目标、主题	战略规划
→⑥创意、构思→⑦实施步骤及费用预算→⑧评估方案	战术设计
→⑨方案实施→⑩实施效果评价	方案实施

8.3 广告促销策划

广告促销策划是决定广告活动成败的关键，在广告活动中具有相当重要的地位和特殊的重要意义。没有经过精心策划的广告大都是盲目的，不会取得什么实际效果，更无法取得经济效益，只有经过精心策划的广告才能取得良好的效果。因此，广告策划是广告工作中一个必不可少和极为重要的步骤。

8.3.1 广告策划类型

广告策划一般有两种：一种是单独性的，对一个或几个广告的策划；另一种是系统性的，具有较大的规模，是为同一目标而做的一连串各种不同的广告运动的策划，也就是整体广告策划。

8.3.2 广告策划步骤

广告策划的程序，一般为：

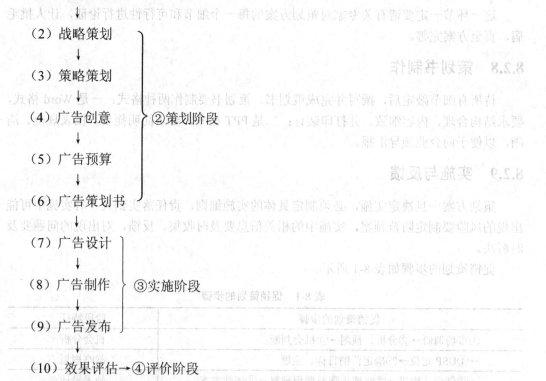

（1）广告调查→①调查阶段
↓
（2）战略策划
↓
（3）策略策划
↓
（4）广告创意
↓
（5）广告预算
↓
（6）广告策划书
（（2）～（6）：②策划阶段）
↓
（7）广告设计
↓
（8）广告制作
↓
（9）广告发布
（（7）～（9）：③实施阶段）
↓
（10）效果评估→④评价阶段

在市场调查阶段，主要了解企业、产品、市场和消费者的基本情况，并在此基础上开展广告研究和分析，剖析企业的优势、产品的特性和行销记录，分析市场营销资料、竞争状况和企业或产品的市场竞争能力，找出存在的问题，并提出改进意见。对消费者的需求状况、消费特征和消费动机等进行解剖，找出消费者的需求热点和潜在需求，从而为企业进行产品改造和新产品开发提出咨询意见。同时，还必须对产品市场环境进行详细的了解，研究市场的环境因素对产品市场的影响，分析在产品销售中充分利用环境因素的有利方面突破市场封闭的可能性，为企业对产品的外观、色泽、造型、包装装潢、商标、图案等能唤起消费者的感情联想的因素进行改进而提供意见和建议。

在完成市场调查、研究和分析之后，下一步的任务就是制定广告策略，确定广告目标，同时，决定产品的诉求重点和广告表现方式及广告表达手段，并制定出广告策划书。

广告策划书经广告主批准后，即可正式进入广告设计，创作、制作成广告作品，并依计划按期实施。最后进行广告效果调查，根据调查结果，拟写广告活动总结报告。

8.3.3　广告策划内容

整体广告策划的内容主要有广告市场调查、广告战略制定、广告策略制定、与公共关系和促销活动的配合等。

1. 广告市场调查

广告市场调查主要有五项内容：市场环境调查、广告主企业经营情况调查、广告产品情况调查、市场竞争性调查、消费者调查。

（1）市场环境调查。市场环境调查是以一定的地区为对象，有计划地收集有关人口、政治、经济、文化和风土人情等情况。一般而言，专业广告公司或媒介单位应以日常广告活动场所及区域为对象，定期收集与更新资料，为广告主制订广告计划提供基础资料。企业的广告或销售部门也应以其产品销售地区为对象，对自己的产品销售市场进行系统了解和调查，为企业制定广告策划或为委托广告代理部门提供基础资料。市场环境调查的主要内容有以下几点。

① 人口统计：包括目标市场的人口总数、性别、年龄构成、文化构成、职业分布、收入情况，以及家庭人口、户数和婚姻状况等。通过这些数据的统计分析，可以为细分市场提供依据，从而为确定诉求对象和诉求重点提供方便。

② 社会文化与风土人情：主要包括民族、文化特点、风俗习惯、民间禁忌、生活方式、流行风尚、民间节日和宗教信仰等内容。对这些内容进行分析，可以为确定广告的表现方式和广告日程提供事实依据。

③ 政治经济：主要包括有关国家政策、地方性政策法规、重大政治活动、政府机构情况、社会经济发展水平、工农业发展现状、商业布局等项内容。这是制定产品策略、市场销售策略和进行广告决策的依据。

（2）广告主企业经营情况调查。对于广告公司，对委托其代理广告业务的广告主的情况进行摸底调查是很有必要的。这有两方面的好处：

① 可以避免因广告主企业在信誉、经营等方面的问题而使自己蒙受损失；

② 可以为制定广告决策提供依据。

广告主企业经营情况调查的目的，还在于通过对广告主的历史和现状、规模及行业特点、行业竞争能力的调查，有的放矢地实施广告策略，强化广告诉求。广告主企业经营情况调查的主要内容为：企业历史、设施和技术水平、人员素质、经营状况和管理水平、经营管理措施等。

企业历史：主要要了解广告主的企业是老企业还是新企业，在历史上有过什么成绩，其社会地位和社会声誉又如何等情况。

企业设施和技术水平：企业的生产设备与同类企业比，是否先进，操作技术是否先进，发展水平如何。

企业人员素质：人员知识构成、技术构成、年龄构成、人员规模、科技成果与业务水平等基本情况。

企业经营状况和管理水平：企业的成绩如何，工作机构和工作制度是否健全，工作秩序是否良好有序，企业的市场分布区域，流通渠道是否畅通，以及公关业务开展情况等。

企业经营管理措施：企业有什么样的生产目标、销售目标、广告目标和有什么样的新的经营措施，采用什么样的经营方式等。

（3）广告产品情况调查。在进行某项产品的广告宣传活动时，除了要在日常注意收集有关产品的广告资料外，还要有计划和全面地对该产品做系统调查，以确定产品的销售重点和诉求重点。

产品调查的主要内容有：产品生产、产品外观、产品系统、产品类别、产品利益、产品生命周期、产品配套和产品服务等。

产品生产：主要包括广告产品的生产历史、生产过程、生产设备、制作技术和原材料使用，以便掌握产品工艺过程和质量。

产品外观：主要包括外形特色、规格、花色、款式和质感，以及装潢设计等。

产品系统：广告产品在相关产品中所处的地位如何，是主导产品还是从属产品或是配合产品，其产品替代功能如何等情况。这可为进行市场预测、制定广告决策提供帮助。

产品类别：广告产品是属于生产资料还是消费产品，又是其中的哪一类。生产资料的主要类型有：原料、辅料、设备、工具、动力。消费产品的主要类别有：日常用品、选购品和特购品。分清类别，广告设计和广告决策才有针对性，选用媒介方能准确。

产品利益：主要指产品的功能与同类产品相比的突出之处。使用该产品能给消费者带来什么好处，这是确定广告宣传重点和进行产品定位的关键依据。

产品生命周期：指产品在市场中的销售历史。产品的生命周期可分为五个阶段：引入期、成长期、成熟期、饱和期与衰退期。产品处于不同阶段时，其生产工艺水平不同，消费需求特点不同，市场竞争情况也不同，因而所要采取的广告策略也是不同的。

产品配套：产品在使用时，一般要求与特定的生产或生活环境相适应，要与其他产品配套使用。这对于广告题材的选择有重大影响。

产品服务：在现代商业市场中，产品服务是影响销售的重要内容，尤其是耐用消费品和重要生产设备。产品服务包括产品销售服务，如代办运输、送货上门、代为安装调试、培训操作人员。售后服务，如维修、定期保养等。这方面内容的宣传也是增强消费者对广告产品的信任感的重要方面。

（4）市场竞争性调查。广告产品的市场竞争性调查的重点，是广告产品的供求历史和现状，以及同类产品的销售情况，这些内容是制定广告策划的重要依据。

广告产品的市场竞争性调查的内容有：

① 广告产品的市场容量；

② 广告产品的市场占有率；

③ 其他品牌同类产品的市场占有率；

④ 广告产品的市场潜力；

⑤ 其他同类产品的竞争潜力；

⑥ 广告产品的销售渠道；

⑦ 竞争产品的销售渠道；

⑧ 广告产品的销售政策和促销手段；

⑨ 竞争产品的销售政策、促销手段和广告策略。

（5）消费者调查。市场调查中的消费者包括工商企业用户和社会个体消费者。通过对消费者的购买行为的调查，来研究消费者的物质需要、购买方式和购买决策，为确定广告目标和广告策略提供依据。

① 消费者物质需要调查。这里包括两项内容：工商企业的物质需要和个体消费者的物质需要。这两者的实质是有很大差别的，前者一般是中间消费；后者是最终消费。

企业的物质消费需要具有自己的特点，它们的购买动机和影响购买的因素是相对稳定的，其购买动机是维持企业生产的需要，既要节约费用，又要获得合理的利润，有利于提高企业的生产和经营效能。这是企业的购买心理要素。因此，企业的物质需求是理智型的。

社会个体消费者的物质消费需要在购买动机和影响因素上都同企业用户有很大差异。他们的购买动机是很复杂的，既有生理、安全的需要，也有社会、感情的需要。影响购买行为的因素也很多，主要有：

a. 经济因素。个人的收入和家庭收入是各不相同的，因此，个人或家庭的收支状况、商品价格和商品的使用价值，就成为影响购买的一个重要因素。

b. 社会因素。不同的文化程度、不同的社会阶层和社会地位、具有不同的社会关系的人，在审美价值和对商品的欲求上是各不相同的，其消费方式也有差别。

c. 心理因素。影响消费需要的心理因素主要有需求层次、生活经验、人生态度、信仰和自我形象等。一般而言，消费者的消费需求多是感情型的，理智需求处于次要地位。

② 购买方式调查。购买方式是指消费行为中购买商品的特点与表现。消费者的购买方式对广告的发布时机、发布频率、广告的主题和创意都有影响。

生活品消费者购买商品的行动具有分散和零星的特点。他们的购买特点有习惯型、理智型、价格型、冲动型、感情型、疑虑型和随意型等多种表现。购买方式则有经常性、选择性和考察性购买三种方式。

工业企业用户的购买行为特点是次数少、购买数量大、购买地集中、受价格波动影响小、需求稳定，但企业购买行为受经济环境、经济前景和技术发展水平影响较大，多属理智型和专业型购买。其购买方式主要有新任务型、常规型和更新型三种。

通过市场调查，掌握消费者的购买方式和特点，可以帮助在广告策划中确定广告对象和广告表现手法。

③ 购买决策调查。购买决策调查的内容，包括由谁决策商品的购买、何时购买、在

何处购买等。广告活动通过调查，了解了是谁对商品购买有决定性影响，可以将其确定为广告的主要对象。而了解了购买的时间，则可以把握广告的发布时机；了解了购买地和购买决定地，则可以为选择合适的媒介提供依据。

（6）市场调查程序。广告活动的市场调查，按其资料收集内容分，可分为基础调查和专项调查。前者是常规性的，后者是接受新的广告任务时进行的专项调查。两者都很重要。广告调查和一般的市场调查的步骤基本相同，程序如下：

① 确定调查目标；

② 拟订调查计划；

③ 设计调查表；

④ 实地调查；

⑤ 统计分析调查资料；

⑥ 提出调查报告。

市场调查的选择方法为普查法、抽查法和建立联络点法等三种。三种方法各有特点，也各有缺陷，必须根据实际需要来确定采用何种方法。具体调查方法请参见第 2 章的内容。

2. 广告战略制定

整体广告策划的广告战略，一般包括五个方面。

（1）确定广告目标。根据产品的销售战略，确定广告目标，决定做什么广告，达到什么目的。

常见的广告目标有：

① 使顾客认识、理解产品为目标；

② 提示购买、建立需求偏好为目标（竞争性目标）；

③ 保持较高的知名度和美誉度、树立品牌形象为目标；

④ 方便购买、增加销售为目标。

（2）确定广告对象。根据产品研究和市场调查结果，确定产品的推销对象，决定谁是产品的消费者。

（3）确定产品利益诉求重点。根据产品的主要特点，确定对消费者的有利之处，决定广告诉求重点。

（4）突出产品的主要特点和能使消费者得到好处的明显理由，从而决定诉求方式。

（5）根据产品的特性和与众不同的好处，决定广告表现。

制定广告战略时，应该注意以下几点：

（1）广告战略必须适合销售计划和意图，不能分道扬镳，两者要密切配合。

（2）应保持合理的目标，不要贪大求全，不要急功近利。

（3）战略要容易操作，善于运用，内容要明确简练，便于记忆、掌握和运用，而不应有引起误解的可能。

（4）要有单一的诉求重点，出色的意念往往很简单。如果产品的各个方面都是重要的，但对消费者来说，某些特点比其他特点更重要，则应集中在这些重要的特点上。一切应以消费者为中心。

（5）确定经营或销售目标。确定在广告之后对消费者做什么，是稳定老顾客，还是争取新顾客发生偏好转移，转而购买广告产品，希望有什么样的新顾客。

（6）判定市场来源。是发展新顾客，还是争取购买其他产品的顾客转而购买广告产品。也就是说，是开拓新市场，还是争夺旧市场的占有份额。

（7）了解销售对象。为了向最可能成为买主的消费者进行广告宣传，必须注意消费者的年龄、收入、阶层等，要了解并考虑各类消费者对产品的态度和使用情况。

（8）应向消费者做出有意义的承诺和保证。

（9）应树立产品独有的和别具一格的形象，而不要与竞争者雷同或类似。

（10）突出产品的实质性优点。

另外。还要注意以下几点：

（1）战略应该是他人没有用过的，要出奇制胜。

（2）没有充分的理由，不应随意改变战略。

（3）优质产品是好的广告策划的前提。广告的唯一目的就是为优质产品树立其应有的品牌形象，从而使消费者对产品产生信任，指牌购买。

3. 广告策略制定

广告策划的成功，一半在于战略，一半在于战术，也就是广告策略。广告策略是如何进行广告活动的具体方式方法。

广告策略有产品策略、市场策略、媒介策略和广告实施策略四项内容，但其主要部分是选择媒介、制订媒介计划。

在广告策划中，对产品和市场进行定位之后，广告媒介的选择就成为关键。制定媒介计划，就是如何选择最有效的媒介，并且充分地使用媒介达到广告的战略目标，把广告费用使用在准备开展业务或者扩大销售的目标市场上。这是使销售战略具体化的措施之一。

制订有效的媒介计划，必须首先明确目标。在确定媒介目标时，主要围绕着对象、时间、地点、次数和方式这五项广告要素考虑问题。

（1）确定广告对象。要根据市场调查资料和广告战略，确定具体的广告对象是什么人，说明对象的基本情况，如年龄、性别、阶层、职业、文化程度、家庭状况、购买习惯等，越具体越好，绝不能笼统、含糊。这样才能明确广告对象，选择有效的媒介。

（2）确定广告宣传时间。根据产品定位考虑所宣传的产品是日常消费品还是高档耐用消费品或其他产品，是季节性产品还是常年销售产品，销售旺季是什么时候。广告应该根据商品的特性，选择最佳销售时间。同时，还必须掌握这样的原则：广告时间必须安排在人们决定购买的时候。这样，广告才能取得最佳效果。

（3）确定广告地点。根据市场定位，确定广告的对象所在地，决定在哪里做广告。

（4）确定广告的次数。根据广告战略和广告预算要求，决定把产品信息传递给广告对象的次数和频率。

（5）决定广告的方式，确定用什么方法把信息传递给宣传对象。

这些都是广告策划的任务，计划怎么样来完成这些目标，并说明为什么要这么做，详细说明之所以做出这种选择的理由。

4. 与公共关系和促销活动的配合

在整体广告策划工作中，除了市场调查、广告战略和广告策略的制定之外，还必须谋求企业公共关系和促销活动的配合。因此，企业的公共关系计划和促销活动计划也是整体广告策划的重要内容。

公共关系在国外已经受到普遍重视，发展神速。许多大企业都设立了公共关系部门，通过各种方式及传播手段将本企业的形象传播给各界，树立并提高本企业的形象。广告公司在策划广告活动时，也多利用公共关系来配合广告活动，成为广告活动的一个组成部分。如新闻发布会、记者招待会、采访或专访、企业报导、宴会、发奖仪式、技术交流会、座谈会和赞助大型文体活动等，通过各种传播媒介扩大广告的影响，达到对广告的支援作用。

促销活动，就是利用有利时机，配合广告活动，进一步强化广告活动的进行，起到扩大宣传、直接促进销售的作用。主要形式有：展览会、展销会、订货会、产品专柜、品尝会、赠饮、表演、海报、立牌、有奖销售、赠送纪念品等。这些活动对于广告主来说，是直接的促销手段，也是广告活动中必不可少的重要组成部分，同样需要予以精心策划。

8.3.4 广告创意

创意，在英语中以“Creative、Creativity、Ideas”表示，是创作、创制的意思，有时也可以用“Production”表示。20世纪60年代，在西方国家开始出现了“大创意”（the big creativeidea）的概念，并且迅速在西方国家流行开来。大卫·奥格威指出：“要吸引消费者的注意力，同时让他们来买你的产品，非要有很好的特点不可，除非你的广告有很好的点子，不然它就像很快被黑夜吞噬的船只。”奥格威所说的“点子”，就是创意的意思。

詹姆斯·韦伯·扬在《产生创意的方法》一书中对于创意（ideas）的解释在广告界得到了比较普遍的认同，即“创意完全是各种要素的重新组合。广告中的创意，常是有着生活与事件‘一般知识’的人士，对来自产品的‘特定知识’加以新组合的结果”。

我国目前在“创意”一词的使用上非常灵活，这大概是由于广告创意理论在引进过程中，几乎同时将“Creative”、“Creativity”和“Ideas”引进来，而这三个观念在产生和运用中都曾经存在不同方面的指向或特定的含义，译成中文后都笼统地解释为创意的原因；也可能是“创意”的思想，在国内流行开来之后，许多人盲目赶时尚，导致概念混乱所致。

本书认为：所谓广告创意就是广告策划者对广告创作对象所进行的创造性的思维活动，是通过想象、组合和创造，对广告主题、内容和表现形式所进行的观念性的新颖性文化构思，创造新的意念或系统，使广告对象的潜在现实属性升华为社会公众所能感受到的具象。

因此，概括地说广告创意主要包括三部分内容：确定广告主题、构思表现手段和创作广告文稿。

1. 确定广告主题（广告主题＝广告目标＋广告信息个性＋促销对象心理）

一般来说，确定广告主题的思路有两个：

（1）按消费者的心理线索设计。（消费者对产品的期望是什么？追求的利益是什么？）

（2）按产品的特征设计。（外观、质量、性能、安全、服务、技术附加等）

用大卫·奥格威的话来说，广告“说”什么比广告“怎么说”更重要。广告的“说”是广告的核心，说的东西是否恰到好处，说的东西是否使消费者如干霖逢雨露，对广告制作来说是最关键的。

从一方面讲，广告说什么是解决广告的表现对象问题，从实际的广告活动来看，广告表现的对象不外乎三种。

（1）产品。产品是广告表现对象中的主体，广告往往表现产品最重要、最能产生良好效果的信息，它们包括以下几点。

产品的质量：这是常常突出、强调的，与现代社会人们注重内在质量有关，尤其是在我国。

产品的外形、价格等可见的实体性质。

产品给消费者的利益：这是广告表现中越来越强调的，比如产品给消费者带来的心理满足等。

（2）服务。服务业在整个社会中占的比重越来越大，广告也越来越将服务作为自己的表现对象。

一般比较侧重表现的是：服务的特点、类型、作用、方式、费用及如何得到这种服务等。

广告表现服务类的信息随着社会进步、经济发展而日益增多，而且表现水平也不断提高。

（3）企业（组织）。广告还要用来表现企业、组织、党派等。它们的目的在于通过广告提高自身的知名度、树立良好的形象。

广告可以从许多方面表现企业：企业的名称、风格、传统、业绩、技术、公益活动、理念等。

现代企业形象至关重要，它同企业的有形资产一样是企业存在和发展的基石。

随着社会开放化程度提高，社会组织做广告的也在增多。这种广告更确切地说是公共关系广告。

从另一方面讲，广告说什么就是要解决广告表现的主题，即整个广告的核心思想，所有表现手段都是围绕它而运用的，它就如同一根红线贯穿广告始终。

广告到底说什么、选用何种主题要根据具体产品和广告策略的不同而有所差异，没有绝对的框框。一般而言，常用的有以下一些广告主题。

（1）愉快。表现产品经消费者使用后的愉快心情和场面，适合于食品及其他日用消费品的广告表现。

（2）亲情与友情。表现由产品和服务联系起来的家庭、亲友、邻里、朋友、社会交往、逢年过节、娶媳嫁女等场面中的浓浓的情谊。适合于礼品、节日商品、服饰、化妆品、饮料等产品的广告表现。

（3）舒适。表现产品给消费者带来的惬意、满足，适用于家具、日用品、环境装饰品、耐用消费品等的广告。

（4）健康。表现产品给人的身体产生的结果。适用于营养品、食品、药品、卫生用具、体育器材、旅游等广告。

（5）儿童。可以说，儿童是广告表现的永恒主题，它与宠物、美人并称为西方广为表现的三大主题，适用于儿童用品等。

（6）进取。广告鼓励人们追求、进取、奋斗向上，这个主题要与产品相适应。杭州出产的“登峰”生命营养液，就运用这一主题表现，人们在不断攀登高峰的过程中需要这种营养液，比较贴切、合理。

（7）传统。这越来越成为广告表现的常用主题，表现传统经验、技艺、风格、建筑、风土人情、民族特色等。“南方黑芝麻糊”那过去年代的小街巷及古老的沿街叫卖的小贩，“中国国际航空公司”的秦始皇兵马俑列阵于沙漠上等都是这种表现主题的体现。

传统与现代结合，或用传统反衬现代已成为现代广告表现的一种时尚，这种对比与反差可以给消费者产生较强的心理震撼，从而取得良好的效果。

以上所列举的七种常用主题是使用频率较高的，除此之外，还有许多。至于每个具体的广告活动中使用什么主题，必须完全依据广告策略提出的广告创意，视具体的消费者、市场、产品情况而定。凭空想象或拾人牙慧都是劣质广告作品的共有特点。

在此需要着重强调的是，我国广告主和广告公司在确定广告主题时常犯的错误。

一是复杂：我们能够看到许多看完之后让人们得不到丝毫信息的电视广告。这是因为我国有的广告主觉得30秒中不多说一些就显得吃亏了，在这种心态的支配下，我国有不少广告不堪重负，里面塞满了各种各样的信息，多得让人难以接受。

有一个非常简单的道理：广告表现主题越单一就越容易让人记忆。因而国外广告创作者们早就提出了“单纯就是伟大”的创作口号。

二是模糊：由于我们广告中主题过多，每一样都不明确、不突出，因而让人看完之后有种莫名其妙的感觉，不知所云。

例如，四个人看广告，然后打赌：

屏幕上出现一个身穿华丽衣裙的少女——甲：这是服装广告。

少女上了一辆豪华的小轿车——乙：这是汽车广告。

少女边开车边喝饮料——丙：这是饮料广告。

突然，前方出现一个小孩，少女猛地踩住刹车——丁：你们全错了，这是宣传交通安全的公益广告。

最后，少女说：“我穿的是鹿牌皮鞋。”

四个人全猜错了，原来是皮鞋广告。

再如×牌电冰箱广告，女士进电话亭打电话，有一辆冷藏车驶过，上有“×牌电冰箱”字样，该女士立即放下电话，走出亭子，忘情而又莫名其妙地转了一圈。整则广告不知道要表现什么，它要告诉消费者的到底是什么呢？看样子只有让消费者自己去猜谜吧。

受这种通过一则广告说完所有话的观念的影响，我国广告中有不少都令消费者看完之后不知所云。

主题选择的失败是致命的失败，是不能用金钱挽回的失败，所以认真构想、选择广告主题就成了广告表现“万里长征的第一步”。

2. 设计广告主题的表现形式（手段）

（1）故事型。这种类型的广告创意是借助生活、传说、神话等故事内容的展开，在其中贯穿有关品牌产品的特征或信息，借以加深受众的印象。由于故事本身就具有自我说明的特性，易于让受众了解，使受众与广告内容发生连带关系。在采用这种类型的广告创意时，对于人物择定、事件起始、情节跌宕都要做全面的统筹，以使在短暂的时间里和特定的故事中，宣传出有效的广告主题。在我国国内这几年的电视广告中，不少是故事型的广告创意，如“南方黑芝麻糊”的广告、“孔府家酒”的广告、“沱牌酒”的广告等。

（2）证言型。这种广告创意一般援引有关专家、学者或名人、权威人士的证言来证明广告商品的特点、功能以及其他事实，以此来产生权威效应。苏联心理学家肖·阿·纳奇拉什维里在其《宣传心理学》中说过：“人们一般信以为真地、毫无批判地接受来自权威的信息。”它揭示了这样一个事实：在其他条件相同的状况下，权威效应更具影响力，往往起到第一位的作用。

在许多国家对于证言型广告都有严格限制，以防止虚假证言对消费者的误导。其一，权威人的证言必须真实，必须建立在严格的科学研究基础之上；其二，社会大众的证言，必须基于自己的客观实践和经验，不能想当然和妄加评价。

（3）戏剧式。这种广告创意类型既可以是通过戏剧表演形式来推出广告品牌产品，也可以在广告表现上戏剧化和情节化。在采用戏剧型广告创意时，一定要注意把握戏剧化程度，否则容易使人记住广告创意中的戏剧情节而忽略广告主题。

（4）商品情报式。这是最常用的广告主题表现形式。它以尊重广告商品的客观情况为核心，表现商品的现实性和真实性本质，以达到突出商品优势的目的。

（5）比较式。这种类型的广告是以直接的方式，将自己的品牌产品与同类产品进行优劣的比较，从而引起消费者注意和认牌选购。在进行比较时，所比较的内容最好是消费者所关心的，而且要是在相同的基础或条件下的比较，这样才能更容易地刺激起他的注意和认同。

比较型广告创意的具体应用就是比较广告。在进行比较型广告创意时，可以是针对某一品牌进行比较，也可以是对普遍存在的各种同类产品进行比较。广告创意要遵从有关法律法规以及行业规章，要有一定的社会责任感和社会道德意识，避免给人以不正当竞争之嫌。在我国，对于比较广告有严格的要求，所以在进行比较型广告创意时一定要慎之又慎，不要招惹不必要的麻烦或纠纷。

（6）拟人型。这种广告创意以一种形象表现广告商品，使其带有某些人格化特征，即以人物的某些特征来形象地说明商品。这种类型的广告创意，可以使商品生动、具体，给受众以鲜明的深刻的印象，同时可以用浅显常见的事物对深奥的道理加以说明，帮助受众深入理解。

（7）夸张型。夸张是“为了表达上的需要，故意言过其实，对客观的人、事物尽力做扩大或缩小的描述”。夸张型广告创意是基于客观真实的基础，对商品或劳务的特征加以合情合理的渲染，以达到突出商品或劳务本质与特征的目的。采用夸张型的手法，不仅可以吸引受众的注意，还可以取得较好的艺术效果。

（8）比喻型。比喻型广告创意是指采用比喻的手法，对广告产品或劳务的特征进行描绘或渲染，或用浅显常见的道理对深奥的事理加以说明，以达到帮助受众深入理解，使事物生动具体、给人以鲜明深刻的印象。比喻型的广告创意又分明喻、暗喻和借喻三种形式。

例如，皇家牌威士忌广告采用借喻，在广告中宣传："纯净、柔顺，好似天鹅绒一般。"塞尼伯里特化妆公司粉饼广告采用暗喻，宣传自己的粉饼为："轻轻打开盒盖，里面飞出的是美貌。"国外一家家电公司采用借喻，广告自己微波炉的简易操作性，其广告语为："我家的猫用××微波炉烤了条鱼吃。"

（9）类推型。这种类型的广告创意是以一种事物来类推另一事物，以显示出广告产品的特点。采用这种创意，必须使所诉求的信息具有相应的类推性。如一个汽车辅助产品的广告，用类推的方法宣传为："正如维生素营养你的身体，我们的产品可营养你的汽车引擎。"

（10）幽默型。幽默"是借助多种修辞手法，运用机智、风趣、精练的语言所进行的一种艺术表达"。采用幽默型广告创意，要注意：语言应该是健康的、愉悦的、机智的和含蓄的，切忌使用粗俗的、生厌的、油滑的和尖酸的。要以高雅风趣表现广告主题，而不是一般的俏皮话和耍贫嘴。

（11）悬念式。悬念式广告是以悬疑的手法或猜谜的方式调动和刺激受众的心理活动，使其产生疑惑、紧张、渴望、揣测、担忧、期待、欢乐等一系列心理，并持续和延伸，以达到释疑团而寻根究底的效果。

（12）抽象型。抽象是与具象相对应的范畴。它是隐含于具体形象内部的质的规定性。在广告创意中采用抽象型的表现方法，是现代广告创意活动中的主要倾向之一。也就是说，在现代广告主题的创意表现上，越来越多的广告主和广告公司并不以广告的具体形象的表现为主调。而在某些时候更多地采用抽象式的内涵来表现。这种创意一旦展示在社会公众面前，从直观上难以使人理解，但一旦加以思维整合之后，就会发现，广告创意的确不凡。广告创意并不局限于以上所列示的类型。还有如解说型、宣言型、警示型、质问型、断定型、感情型、理智型、新闻型、写实型等，在进行广告创意活动中，均可加以采用。

（13）联想型。联想是指客观事物的不同联系反映在人的大脑里而形成了心理现象的联系，它是由一事物的经验引起回忆另一看似不相关联的事物的经验的过程。联想出现的途径多种多样，可以是在时间或空间上接近的事物之间产生联想，在性质上或特点上相反的事物之间产生联想，因形状或内容上相似的事物之间产生联想，在逻辑上有某种因果关系的事物之间产生联想。例如，中国台湾爱达广告公司为Adidas球鞋进行的广告创意。

广告标题："捉老鼠与投篮——两色底皮面超级篮球鞋。"

广告图画：一只球鞋，一只小猫。

广告正文："猫在捉老鼠的时候，奔跑、急行、回转、跃扑，直到捉到老鼠的整个过程，竟是如此灵活敏捷，这与它的内垫脚掌有密切的关系。”

同样地，一位杰出的篮球运动员，能够美妙地演出冲刺、切入、急停、转身、跳投到进球的连续动作，这除了个人的体力和训练外，一双理想的篮球鞋是功不可没的。

新推出的 Adidas 两色底皮面超级篮球鞋，即刻就获得喜爱篮球运动的人士的赞美。

因为，它有独创交叉缝式鞋底沟纹，冲刺、急停不会滑倒。

因为，它有七层不同材料砌成的鞋底，弹性好，能缓解与地面的撞击。

因为，它有特殊功能的圆形吸盘，可密切配合急停、转身、跳投。

因为，它有弯曲自如的鞋头和穿孔透气的鞋面，能避免脚趾间挤压，维护鞋内脚的温度，穿久不会疲劳。

在上述广告创意中，“捉老鼠与投篮”的标题和“一只球鞋，一只小猫”的图看似都是“风马牛不相及”的，但是，广告主创人员则巧妙地利用联想把它们联系起来，给人以新颖、奇妙之感。反过来分析，如果去掉“猫捉老鼠”的内容，在整个广告创意中剩下的只有打篮球得有一双好的篮球鞋，这鞋子怎么怎么好，广告效果肯定不如原来的广告创意所产生的社会效果好。

（14）意象型。意象即意中之象，它是有一些主观、理智、带有一定意向的精神状态的凝结物和客观、真实、可见、可感知的感性征象的融合，它是一种渗透了主观情绪、意向和心意的感性形象，意象型广告创意是把人的心境与客观事物有机融合的产物。

在采用意象型广告创意时，有时花很多的笔墨去反映精神表现，即“象”，而在最后主题的申明上都仿佛弱化，其实对受众来说，自己可以理解其内涵，即“意”。在意与象的关系上，两者具有内在的逻辑关系，但是在广告中并不详叙，让受众自己去品味“象”而明晓内在的“意”。可见，意象型实际采用的是超现实的手法去表现主题。

3. 广告创意过程

一般来说，广告创意过程主要有五个阶段。

（1）资料准备阶段——创意不是闭门造车，空想也无法等到灵感降临，我们必须去为每一个创意收集它所需要的依据和内容。大量收集与策划产品和服务相关的资料以及相关主题的表现手段，根据旧经验，启发新创意，资料分为一般资料和特殊资料，所谓特殊资料，系指专为某一广告活动而搜集的有关资料。

2008 年北京奥运会“会徽”出炉之前，主创人员几乎访遍了所有曾主办过奥运会的城市，搜集大量奥运会“会徽”创意的背景资料。这为他们的设计提供了充分的借鉴。

（2）资料的加工和消化阶段——把所收集的资料加以咀嚼消化，使意识自由发展，并使其结合。因为一切创意的产生，都是在偶然的机会中突然发现的。

（3）创意产生阶段——大多数心理学家认为：印象是产生启示的源泉，将过去积累和资料加工消化所积累的印象与所创意的主题相碰撞，所产生的火花就是新的创意。所以本阶段是在意识发展与结合中，产生各种创意。

（4）创意的完善阶段——把所产生的创意予以讨论、补充修正，使之更臻完美。

（5）创意的完成阶段——将敲定的创意以文字或图形表现出来，使之具体化。

4. 广告创意的方法

（1）詹姆斯·韦伯·扬的创意方法。美国广告学教授，詹姆斯·韦伯·扬说：“创意不仅是靠灵感而发生的，纵使有了灵感，也是由于思考而获得的结果。”创意是从“现有的要素重新组合”而衍生出来的，创意并非天才者的独占品。

他认为广告创意思考方法主要包括以下三种。

① 垂直思考法。即按照一定的思考路线进行的，向上或向下的垂直式思考，是头脑的自我扩大方法。其一向被评价为最理想的思考法。优点是比较稳妥，有一个较为明确的思考方向。其缺陷是偏重于以往的经验、模式、只是对旧意识进行重版或改良。

② 水平思考法。又称横向思考法，在思考问题时向着多方位方向发展。此方法有益于产生新的创意，却无法取代垂直思考法，只能弥补后者不足。任何构想的思考，仍旧选用垂直法，同时水平思考法又可提醒创意者在思考时不故步自封，两方法相互配合，加以灵活运用，可收到事半功倍的效果。

③ 集脑会商法。即一组人员运用开会的方式将所有与会人员对特殊问题的主意聚积起来以解决问题，是一种极有价值的创意思考方法。

其创意过程如下。

第一，尽可能地收集资料。

必须收集的资料可分为特定资料和一般资料两部分。特定资料是指那些与产品或劳务直接有关的信息，也包括特定销售对象的资料和广大消费者的不同消费状况。创意者必须对特定资料有深入的了解，最好加入直接获得这些资料的过程中。只有这样才有可能发现产品或劳务与某些消费者之间存在着的特殊的关联性，这往往就能导致创意的产生。韦伯·扬先生举了一个肥皂创意的例子：“起初，找不出一种许多肥皂所没说过的特性来。但做了一项肥皂与皮肤以及头发的相关研究后，结果得到对这个题目相当厚的一本书。而在此书中，得到广告文案创意连续达五年之久；在这五年中，这些创意使肥皂销售增长十倍之多。”这就是收集特定资料的意义。

一般资料则无法确定其范围，它应该是生活中一切令你感兴趣的事情。詹姆斯·韦伯·扬曾论述过优秀广告创作人士所应具有的两种独特性格，“第一，普天之下，没有什么题目是他不感兴趣的。例如，从埃及人的葬礼习俗到现代艺术，生活的每一层面都使他向往。第二，他广泛浏览各学科中所有的信息。对此而论，广告人与乳牛一样，不吃嫩叶就不能产乳！”的确，收集特定资料是目前的工作，而对一般资料的收集则是一个广告人终身的工作。对一般资料的收集工作，韦伯·扬先生还建议要学习使用“卡片索引法”和储存资料的剪贴簿或文件夹。他举例说：“我曾在资料簿上简单记录‘为什么每个人都希望第一个孩子是男孩？’这个问题。五年之后，它成为我们所做的最成功的广告之一的标题及创意。”

第二，信息的咀嚼。

这部分工作是在头脑中完成的，创意人员要用自己“心智的触角到处加以触试”，要用不同的方式方法来研究分析所收集到的信息，探索其意义和内在联系。当我们不断地拼凑事物使其综合汇聚成一种新的事物的时候，往往会有新的事物或因素进入，“你会记得，带翅的使者，其翅膀只有在斜看时才能看到。”韦伯·扬先生形容这一时期的创作人员给人的印象是“神不守舍、心不在焉”。在这一阶段中，我们还无法清醒地看出组合中的事实，但对信息的了解已经使其成为我们头脑中的一种概念，已经获得了它们的“真义”。

第三，信息的消化。

当粮食收集到并咀嚼好之后，现在到了消化阶段，“听其自然——但让胃液刺激其流动”。在这一阶段，创意人员要完全顺乎自然，不做任何努力，把题目全部放开，尽量不要去想这个问题。换言之，把问题置于下意识的心智中让它去发生作用。在此时，新的组合、新的过程以及新的意义才真正地出现。

第四，创意的出现。

韦伯·扬先生这样描述这一阶段所发生的事情。“突然间会出现创意。它会在你最没期望它出现的时机出现，当你刮胡子的时候，或沐浴时，或者最常出现于清晨半醒半睡的状态中。也许它会在夜半时刻，把你唤醒。”

这一阶段诞生了创意，但新的组合怎样从旧组合中产生的确是件神秘费解的事，总给人“蓦然回首”的感觉，其实可以肯定的是它是经过前三个阶段之后所必然产生的结果。这个阶段也是最使人兴奋的一段，但也不要忘记及时将创意的“火花”捕捉到纸上，形成文字，以免一闪而过，失之交臂。

第五，创意的发展。

让人挑毛病，补充并完善。

这一阶段是把刚刚诞生的创意拿到现实世界中来接受检验。创意产生后一般都不会完美无缺，还要经过耐心的加工处理使其成为适合实际情况的完整创意。可以把创意交给有深谋远虑的批评者审阅，也可以拿给同事们共同讨论。你可能会发现，这样做不仅改正了可能存在的毛病，而且好的创意还具有自我扩大的能力，它会刺激那些看过它的人们对其加以增补，也许就会发掘出更有价值的东西。

（2）科斯勒的“创意的行动”。新构想常出自两个想法相抵触的再组合，这种组合是以前从未考虑过、从未想到的。即是说，两个原来相当普遍的概念或两种想法、两种情况，甚至两种事物，把它们放在一起，结果会神奇般地获得某种突破性的新组合。有时，即使是完全对立、互相抵触的两个事件，也可以经由“创意的行动”和谐地融为一体，成为引人注目的新构想。

“二旧化一新”也就是人们常说的“旧元素，新组合”。旧元素的多少，往往直接决定着新组合产生的可能性。丰富的知识和经验积累是运用“二旧化一新”创意方法的条件与基础。

如统一食品——“家乡时刻柠檬水”，将“家乡”和“柠檬水”两个旧事物放在一起，产生了新的事物——“家乡时刻柠檬水（家乡+柠檬水）”。

5. 经典广告创意的共性及评价

（1）精彩广告创意的共有特点。

第一，精彩广告创意是出人意料的、有趣的，甚至是以惊人的方式表现产品的优点及与消费者生活的关系。

例如，美国一家旅游公司在做广告时宣称，在本地旅游有“十大危险”，警告游客当心，广告内容是：

① 当心吞下舌头或胀破肚子，因为这里的食物味道太美了；

② 当心晒黑皮肤或脱几层皮，因为这里的海滩过于迷人；

③ 当心潜在海底太久而忘了上来换气，因为这里的海底生物太令人惊讶着迷；

④ 当心胶卷太少不够用，因为这里的生动镜头取不胜取；

⑤ 当心登山临渊累坏了您的身体，因为这里的山青水碧，常使人流连忘返；

⑥ 当心坠入爱河而不能自拔，因为这里是谈情说爱、欢度蜜月的世外桃源；

⑦ 当心买的东西太多而不易带走，因为这里物价太便宜了；

⑧ 当心被这里的豪华酒店、旅馆宠坏，因为这里的服务太体贴入微了；

⑨ 当心与本地的所有人都交上朋友，因为他们太友善、好客了；

⑩ 当心乐不思蜀，不愿归家。

当印有这样文字说明的广告册子广为散发后，竟引来了众多的游客。游客们都希望在这个“危险”的地方享受“恐怖”的折磨。显然这则广告达到了极好的宣传效果。

第二，精彩广告创意一定具有单纯的品质——鲜明而突出的主题。整个创意清晰明了，是完全绕着主题进行构思的，它不允许其他概念的加入，以免冲淡效果或给人散乱的印象。

例如，1992 年度中国台湾第二届 4A 创意奖平面作品中有一则 GUOJI 电冰箱的系列广告就是一个主题单纯的典范。这个系列广告围绕 GUOJI 电冰箱的大容量这个最常用的主题，用三则广告打出了独特的创意：第一张是河马的大嘴里含着一个硕大的西瓜；第二张是鸬鹚的嘴里有一条大鱼活蹦乱跳；第三张则是袋鼠的育儿袋中装着两瓶大雪碧。用这三种动物的天赋来分别说明 GUOJI 冰箱大冷藏室、大冷冻室、大瓶棚的优点，真是简单通俗而又恰到好处，再配上一句“天生我材‘大’有用”的广告标语，更给人印象深刻。三则广告各立其说，但又充分地把读者的注意力集中到“大”这个主题上，可见主题单纯的重要。同时在表现技法上要力求简洁清楚，不拖泥带水。

第三，精彩广告创意要确立一种广告形象，它为产品或劳务创造了一种特有的传播方式和内容，消费者一见便能识别，却令竞争者无法模仿。

例如，“七喜”汽水创造的“小玩儿闹”形象就给人以清纯活泼的印象，而在这方面最为成功的例子还要数美国万宝路香烟广告所创立的牛仔形象。

当李奥·贝纳广告公司接到 Marboro 这个客户的时候，他们得到的是一个用旧名称的全新的香烟。最初的万宝路香烟是用高价的土耳其混合烟丝，主要顾客是在美国新英格兰地区的妇女及一些纨绔子弟。当它进入普通价格有滤嘴香烟市场竞争的时候，“温斯顿”（Winston）、“肯特”（Kent）、“总督牌”（Victory）以及“老金碑”（Gold Filter）已经在这个市场中占有了相当大的份额。“万宝路”这个名称只有极少的人知道，又都把它联想成是一种不合常规的、高价的、多少缺乏丈夫气的品牌。

创意的思路很难打开，但广告创意人员最终在一份调查报告中找到了答案，其中有一句话说：“人们认为滤嘴香烟女性成分比男性多的倾向。”

创意的突破口找到：“为什么我们不使万宝路香烟成为男人的香烟”简单的问题却涉及改变商品性格的问题。创意的主题也就是要建立一种“真正雄伟丈夫型男人的滤嘴香烟”形象。在这个方针的指导下，广告工作者着手把包装上的红条纹换为全红，把整个“万宝路”全用大写字母写出来，并使用更具有男性气概的字体，使整个包装最后给人以很有力度的感觉。广告文案中也决定强调烟草的味道并使用单纯的男性语言。接下来的工作就是寻找一个具有美国意识、能被普遍接受和公认的男子汉形象，挑来选去，最终确定选用具有西部特色的牛仔形象。万宝路的广告是这样的：一个或几个美国西部的牛仔骑着骏马潇洒地奔驰于绿地河流之间。

整个广告给消费者的形象便是奔放、粗矿、刚强、奋斗的牛仔形象。这种牛仔是自我奋斗、开拓事业、勇往直前精神的男子汉化身，是美国精神的代表。

这个广告一经发布便引起了消费者的极大兴趣，给消费者带来了极大的视觉和心理冲击，令消费者过目不忘。品牌形象最后完成了，广告为这个商品所创造的性格也就使本身与其他竞争者并没有区别的产品产生了决胜的特性。

现在，万宝路的牛仔形象已经传遍了全世界，报纸上、电视上、路牌上，伟岸英武的牛仔形象无时不在散发着万宝路香烟的魅力与品质。

第四，精彩广告创意必须最为亲切自然。

无论创意中采用怎样奇妙的形式和内容，作品总应是观众所喜闻乐见的。如果创意本身就拒消费者于千里之外，那么广告的效果就可想而知了。其实，许多创意都在接近消费者这一点上大下苦功，尽量使创意扎根于人们的潜意识之中去触及他们的灵魂，而不用硬性或牵强的推销表现。

例如，“献给母亲的爱”（威力洗衣机的广告语），“让自己的血球，在他人的心脏脉管内，去感动太阳的生命”（台湾地区捐血广告），都是在亲切感人之余含蓄地表现自己的产品意愿，给观众的印象很深。

（2）传统而温馨的“南方黑芝麻糊”——广告创意的民族风格。在通常情况下，最具民族特色、民族文化精神内涵最丰富的作品就是最受群众欢迎的广告——被本民族认可，产生强烈的感染力，在国际上也独树一帜。

“南方黑芝麻糊”勾起了受众无限的回想，把母性爱怜、邻里乡情、仁义宽厚、不屑蝇利等中华民族的传统美德和真挚感情表现得淋漓尽致。“一股浓香，一缕温暖”体现的是浓浓的人情味。

背景：昏黄的灯光、民族味十足的音乐、古朴的服装、街巷等体现了浓重的民族真情。

6. 广告文案的写作方法

广告文案是以语辞进行广告信息内容表现的形式。广告文案有广义和狭义之分，广义的广告文案就是指通过广告语言、形象和其他因素，对既定的广告主题、广告创意所进行的具体表现。狭义的广告文案则指表现广告信息的言语与文字构成。广义的广告文案包括标题、正文、口号的撰写和对广告形象的选择搭配；狭义的广告文案包括标题、正文、口号的撰写。广告文案是由广告标题、广告正文、广告口号以及广告图像和广告音响所构成的。

（1）写作广告文案的要求。

① 准确规范、点明主题。准确规范是广告文案中最基本的要求。要实现对广告主题和广告创意的有效表现和对广告信息的有效传播，首先，要求广告文案中语言表达规范完整，避免语法错误或表达残缺。其次，广告文案中所使用的语言要准确无误，避免产

生歧义或误解。再次，广告文案中的语言要符合语言表达习惯，不可生搬硬套，自己创造众所不知的词汇。最后，广告文案中的语言要尽量通俗化、大众化，避免使用冷僻以及过于专业化的词语。

② 简明精练、言简意赅。广告文案在文字语言的使用上，要简明扼要、精练概括。首先，要以尽可能少的语言和文字表达出广告产品的精髓，实现有效的广告信息传播。其次，简明精练的广告文案有助于吸引广告受众的注意力和迅速记下广告内容。最后，要尽量使用简短的句子，以防止受众因繁长语句所带来的反感。

③ 生动形象、表明创意。广告文案中的生动形象能够吸引受众的注意，激发他们的兴趣。国外研究资料表明：文字、图像能引起人们注意的百分比分别是 22%和 78%；能够唤起记忆的文字是 65%，图像是 35%。这就要求在进行文案创作时采用生动活泼、新颖独特的语言的同时，辅助以一定的图像来配合。

④ 动听流畅、上口易记。广告文案是广告的整体构思，对于由其中诉之于听觉的广告语言，要注意优美、流畅和动听，使其易识别、易记忆和易传播，从而突出广告定位，很好地表现广告主题和广告创意，产生良好的广告效果。同时，也要避免过分追求语言和音韵美，而忽视广告主题，生搬硬套，牵强附会，因文害意。

（2）广告标题。常见的广告标题主要有以下几种形式。

① 新闻性标题。这种广告标题类似于新闻稿件，以告知公众时效性信息为主要内容。例如，被大卫·奥格威称为他一生中所写的最有效果的广告——波多黎各政府广告的标题："现在'波多黎各'对新工业提供百分之百的免税"就属于新闻性标题。

② 诉求性标题。这种标题直截了当地指出商品的特点和能给消费者带来的利益。如大卫·奥格威最引以为豪的汽车广告，标题是"当这辆新型的'劳斯莱斯'汽车以时速 60 英里行驶时，最大的噪声发自车上的电子钟"（At 60miles an hour the loudest noise in this new Rolls-Royce comes from the electric dock）。

③ 悬念式标题。在标题中设置悬念，容易引起人们的注意，并产生兴趣。如一则反斗星广告，其标题是"几天后将出现一颗什么星"。

④ 设问式标题。这是一种提问式的标题。如罗瑟·瑞夫斯为总督（Viceroys）牌香烟所做的广告文案，其标题为："总督牌能够给你而别的滤嘴不能够给你的是什么？"（What do Viceroy do for you that no other filter tip can do？）

⑤ 幽默式标题。通过幽默式的语言与受众的幽默感产生共鸣，激发受众的兴趣。如某止痒丸的广告标题："忍无可忍"，某打字机的广告标题："不打不相识。"

⑥ 抒情式标题。在广告标题选用上，突出感情交流沟通，以对受众产生较大的影响。德国宝马（BMW）汽车的一则广告标题为"这头猛兽的低吼响在多少成年男人的睡梦里"。法国雷诺（RENAULT）汽车的广告标题，更加具有抒情之意："身在雷诺，日行千里仍不失法国人独有的浪漫胸怀。"

具体的广告文案标题种类还很多，如建议式标题、炫耀式标题、标语式标题、号召鼓动式标题以及第一人称式标题等，不管采用哪种标题，只要是能够巧妙引起正文或对广告正文的高度概括，帮助受众理解广告内容，就属于成功的广告标题。

以下列出可口可乐公司自 1886—2012 年的广告标题，这些标题在不同时期对于可口可乐产品促销和形象塑造都起到过显著的作用。

1886 年刚上市时的广告标题——“提神味美的新饮料”。

1889 年的广告标题——“味美爽口，醒脑提神”。

1890 年的广告标题——“可口可乐——令你精神爽朗，回味无穷！”

1907 年的广告标题——“可口可乐，南方的圣水”。

1923 年的广告标题——“令人精神爽朗的时刻”。

1925 年的广告标题——“一天喝 6 000 000 瓶”。

1929 年的广告标题——“要想提神请留步”。

1936 年的广告标题——“喝新鲜饮料、干新鲜事儿”。

1944 年的广告标题——“可口可乐，全球性的符号”。

1953 年的广告标题——“真正清凉的饮品”。

20 世纪 60 年代的广告标题——“享受可口可乐”。

20 世纪 70 年代的广告标题——“心旷神怡，万事如意，请喝可口可乐！”

20 世纪 80 年代的广告标题——“微笑的可口可乐”。

20 世纪 90 年代的广告标题——“挡不住的感觉”。

2000 年的广告标题——“心在跳!我们努力活出真精彩!”

2003 年的广告标题——“激情在此燃烧”。

2009 年的广告标题——“爽滑尽享”。

2010 年的广告标题——“你想和谁分享新年第一瓶可口可乐”。

2011 年的广告标题——“积极乐观 美好生活”。

2012 年的广告标题——“触及可口 触及快乐”。

（3）广告文案的正文

广告正文的常见形式如下。

① 直销型。这种类型又叫解释性正文或为什么型正文，是由克劳德·霍普金斯在20 世纪初首创并推广的。

大卫·奥格威在他的广告生涯中始终忠实地采用直销式，在广告正文中最大程度地告知受众广告主题和广告商品信息。如他为劳斯莱斯汽车所写的文案即为一典型直销式广告正文。

标题：“当这辆新型的‘劳斯莱斯’以时速60 英里行驶时，最大噪声发自车内的电子钟。”

次标题：“什么原因使得‘劳斯莱斯’成为世界上最好的车子？”

一位知名的“劳斯莱斯”工程师说：“说穿了，根本没有什么真正的戏法——这只不过是耐心地注意到细节。”

- 行车技术主编报告：“在时速 60 英里时，最大噪声是来自电子钟，引擎是出奇的寂静。三个消音装置把声音的频率在听觉上拔掉。”
- 每个“劳斯莱斯”的引擎在安装前都先以最大气门开足七小时，而每辆车子都在各种不同的路面试车数百英里。
- “劳斯莱斯”是为车主自己驾驶而设计的，它比国内制最大型车小 18 英寸。

- 本车有机动方向盘、机动刹车及自动排挡，极易驾驶与停车，不需司机。
- 除驾驶速度计之外，在车身与车盘之间，互相无金属衔接。整个车身都加以封闭绝缘。
- 完成的车子要在最后测验室经过一个星期的精密调整，在这里分别受到 98 种严酷的考验。例如，工程师们使用听诊器来注意听轮轴所发的低弱声音。
- “劳斯莱斯”保用三年。已有了从东岸到西岸的经销网及零件站，在服务上不再有任何麻烦了。
- 著名的“劳斯莱斯”引擎冷却器，除了亨利·莱斯在 1933 年去世时把红色的姓名第一个字母 R 改为黑色外，从来没更改过。
- 汽车车身的设计制造，在全部 14 层油漆完成之前，先涂 5 层底漆，然后每次都用人工磨光。
- 移动在方向盘柱上的开关，你就能够调整减震器以适应道路状况。（驾驶不觉疲劳，是本车显著的特点）
- 另外有后车窗除霜开关，控制着 1 360 条看不见的在玻璃中的热线网。备有两套通风系统，因而你坐在车内也可随意关闭全部车窗而调节空气以求舒适。
- 座位垫面是由 8 头英国牛皮所制——足够制作 128 双牛皮鞋。
- 镶贴胡桃木的野餐桌可从仪器板下拉出，另外有两个在前座后面旋转出来。
- 你也能有下列额外随意的选择：做浓咖啡（espresso coffee）的机械、电话自动记录器（dictating machine）、床、盥洗用冷热水、一支电刮胡刀等。
- 你只要压一下驾驶者座下的橡板，就能使整个车盘加上润滑油。在仪器板上的计量器，指示出曲轴箱中机油的存量。
- 汽油消耗量极低，因而不需要买特价汽油，是一种使人喜悦的经济车。
- 具有两种不同传统的机动刹车，水力制动器与机械制动器。“劳斯莱斯”是非常安全的汽车，也是非常灵活的车子。可在时速 85 英里时宁静地行驶，最高时速超过 100 英里。
- “劳斯莱斯”的工程师们定期访问以检修车主的汽车，并在服务时提出忠告。
- “班特利”是“劳斯莱斯”所制造。除了引擎冷却器之外，两车完全一样，是同一工厂中同一群工程师所制造。“班特利”因为其引擎冷却器制造较为简单，所以便宜 300 美元。对驾驶“劳斯莱斯”感觉没有信心的人士可买一辆“班特利”。

价格：本广告画面的车子——在主要港口岸边交货——13 550 美元。

假如你想得到驾驶“劳斯莱斯”或“班特利”的愉快经验，请与我们的经销商接洽。他的名号写于本页的底端。

劳斯莱斯公司　纽约　洛克菲勒广场十号

方格内小标题：喷射引擎与未来

方格内文案：

- 某些航空公司已为它们的“波音 707”及“道格拉斯 DC8”，选用了“劳斯莱斯”的涡轮喷射引擎。“劳斯莱斯”的喷射螺旋桨引擎则用于“韦克子爵”机（Vickers Visccount）、“爱童 F-27”（Fairchild）式机及“墨西哥湾·圭亚那”（Guiana

Gulfstream）式机上。

- 在全世界航空公司的涡轮喷射引擎及喷射螺旋桨引擎，有一半以上是向“劳斯莱斯”订货或由其供应。
- “劳斯莱斯”现有员工 42 000 人，而本公司的工程经验不局限于汽车及喷射引擎。另有“劳斯莱斯”柴油发动引擎及汽涡发动引擎能做许多其他用途。
- 公司的庞大研究发展资源正尝试对未来做许多计划工作，包括火箭推进等。

在这则广告文案中，大卫·奥格威用尽可能详细而实在的语言对广告产品的各类信息进行了揭示，给受众以更多的信息。因为在当时劳斯莱斯汽车是属于上层社会中的人方能购买得起，标价为 13 550 美元的高档商品，不能是几句广告语就能打发得了的。大卫·奥格威对劳斯莱斯汽车的广告文案最引以为豪，时至今天来评估，仍为杰出的广告文案之一。

② 故事型。在广告正文中通过故事情节的发展来吸引消费者。有的采用对话的形式讲述一个故事，有的采用连环画的形式描述一个故事。在广告文案构思中，以故事型来完成广告正文，能够以故事情节来揭示广告主题，传播广告产品的属性、功能和价值等，能够创造出一种轻松的信息传播与接受氛围。此类广告的吸引力和记忆度较强。

③ 抒情式。广告正文采用散文、诗歌等形式来完成。这种形式凝练精美，能够表现出真情挚感，给人耳目一新的感受。1935 年，李奥·贝纳为明尼苏达流域罐头公司的“绿色巨人”牌豌豆做文案时，为了表现豌豆的新鲜和饱满，制作了一幅连夜收割、包装豌豆的画面，并且在画上设计了一个捧着一只大豆的巨人形象。本来标题可以简单地拟做“即时的包装”或“新鲜罐装豌豆”等，但是贝纳却别出心裁地选用了一种浪漫的、诗情画意的表达方式和语言，以“月光下的收成”为标题，将人们带进一种优美的意境和氛围中。具体如下。

标题：月光下的收成

文案：无论日间或夜晚，绿色巨人豌豆都在转瞬间选妥，风味绝佳……从产地至装罐不超过三小时。

④ 功效型。这种类型实际上是直销型的分支，它所强调的是广告产品所能够给消费者带来的功效。如北京亚都生物技术公司的新产品 DHA 的广告文案。

广告标题：蕴藏深海寒带的奥秘

来自北京亚都的神奇

广告副题：科学奉献亚都 DHA 缓释胶囊

广告文案：最新一代智力保健品——亚都 DHA，是采用现代生物高技术研制开发的新型保健品，系缓释胶囊型。旨在补充人们大脑发育、智力增长所必需的重要物质；DHA 即二十二碳六烯酸，主要来源于深海鱼类的鱼油，是人类脑细胞生长发育必需的结构物质。

“亚都 DHA”不仅是增进胎儿脑细胞发育、提高智力的营养物质，并且具有增强幼童、青少年和中老年人的思维判断能力、记忆力、反应速度和感觉功能的神奇作用。

广告口号：亚都 DHA——给您聪明的大脑健康的心

⑤ 断言型。在广告正文中，直接阐述自己的观念和希望，以此来影响受众的心理。

这种类型的广告正文一般都采用断定式的语句来框架整个广告文案。威廉·伯恩巴克的广告文案杰作之一——“慷慨的旧货换新”即为典型的断言型。

标题：慷慨的旧货换新

副标题：带来你的太太

只要几元钱

……我们将给你一位新的女人

文案正文：为什么你硬是欺骗自己，认为你买不起最新的与最好的东西？在奥尔巴克百货公司，你不必为买美丽的东西而付高价。有无数种衣物供你选择——一切全新，一切使你兴奋。现在就把你的太太带给我们，我们会把她换成可爱的新女人——仅只花几元钱而已。这将是你有生以来最轻松愉快的付款。

广告口号：做千百万的生意·赚几分钱的利润

⑥ 幽默型。在广告正文中，借用幽默的笔法和俏皮的语言完整地表达广告主题，使受众在轻松活泼中接受广告信息，如某眼镜广告——“眼睛是心灵的窗子，为了保护好您的心灵，请在您的窗子上安上玻璃吧!”在马来西亚柔佛州的交通要道上有不少幽默式交通广告，有一则广告文案如下。

阁下：

驾驶汽车时速不超过30英里，您可饱览本地的美丽景色；超过80英里，欢迎光顾本地设备最新的急救医院；上了100英里，那么请放心，柔佛州公墓已为你预备了一块挺好的墓地。

此广告幽默的警告，别出心裁，匠心独具。其中并无星点警告性语辞，也没有片言惩罚的字样，但大凡读过此广告的人都会禁不住拍案叫绝，相信这则交通广告要比我们常见到的“超速行驶，罚款××元”的广告更具说服力。

⑦ 证言型。在广告正文中提供权威人士或者著名人士对商品的鉴定、赞扬、使用和见证等；以达到对消费者的告知、诱导和说服。证言型正文中所常用的手法有：专家学者、权威人士和社会名流的证明、权威性的专业机构与专业报刊的评价、各种试验和消费者的调查与推荐。

（4）广告口号

广告口号的类型

按照广告口号诉求的内容和心理效应可以区分为以下几种典型。

① 标题式广告口号。广告标题与广告口号融为一体，既起广告标题的作用，也起广告口号的作用。如美国云丝顿（Winston）牌香烟的广告口号：“抽美国云丝顿，领略美国精神。”

② 号召式广告口号。这种广告口号以富有感召力的鼓动性词句，直接动员消费者产生购买行为。如可口可乐的广告口号：“请喝可口可乐”；三菱汽车的“有朋自远方来，喜乘三菱牌”。

③ 颂扬式广告口号。这种广告口号强调商品的好处，突出其优点。如雀巢咖啡的广告口号：“味道好极了”；骆驼电扇的“骆驼进万家，万家欢乐多”；美国M&M’s公司巧克力的“只溶于口，不溶于手”；可口可乐的“如此感觉无与伦比”等都属于颂扬式。

④ 品牌式广告口号。这种广告口号是广告标语或广告警句与广告品牌相结合，即在广告口号中加入企业名称或产品品牌，从而树立企业形象或品牌形象。这种广告口号形式目前比较普遍，尤其是在一些大中型企业，尤为重视。如科龙公司许多产品的广告口号最后大都要加上“科龙、容声，质量取胜”；长岭电器的“大树底下好乘凉——长岭电器”、“洁尔阴”的“难言之隐，一洗了之——成都恩威”、维维豆奶的“维维豆奶，欢乐开怀——维维集团”等都在广告口号中突出对自己品牌的宣传，通过广告，既完成了促销活动，又进行了品牌创造。

⑤ 幽默式广告口号。在广告口号中借用幽默的手法，表现广告主题。如弗芬里克牌香水的广告口号：“一滴是为了美，两滴是为了情人，三滴便足以招致一次风流韵事”；某液体水泥的广告口号：“它能黏住一切，除了一颗破碎的心”；某口红的广告：“如果一不小心我诱惑了你，责任全在××牌口红”等。无不充满幽默风趣之意，使人在会意之中接受广告内容。

⑥ 感情式广告口号。广告口号以富于抒情韵味的言词构成，以便更好地激发人的联想，使人认同。如“南方黑芝麻糊”的广告口号：“一股浓香、一缕温馨”；威力洗衣机的“威力洗衣机——献给母亲的爱”；丽斯达化妆品的“‘丽丝达’，献给您神秘妩媚的东方美”。

当然，广告口号的类型并非仅仅上述几种，如果从不同角度来分析，还可以划分为许多其他的类型，如对联式、谐音式、抽象式等。

（5）感情型广告文稿

感情型广告文稿就是以人们的喜、怒、哀、乐等情绪和道德感、群体感、亲情、美感等感情为基础，诱发消费者的感情，使消费者受感情的影响和支配，产生购买欲望。

可以从以下角度入手。

① 异性的喜爱：“牡丹（电视机）虽好，还要爱人喜欢”“金帝巧克力，送给最爱的人”。

② 亲友的情谊：“献给母亲的爱。”

③ 人们的赞赏：“有了它，寒夜也变得温馨。”（火锅）

④ 田园美丽的景色：“春兰空调，春天将永远陪伴着您。”

台湾地区一则洗衣机广告使用了感情型诉求。

广告标题：父母的爱心，千百年来永不变。

广告正文：从前当女儿出嫁时，做父母的总是精选一副木盆与搓板，送女儿当嫁妆，以表达父母最大的爱心与期望，愿她幸福，愿她做个好帮手。千百年来，世代相传，父母的爱心永不变！台湾第一台洗衣机三洋妈妈乐，就是这样延续了香火，继承了我国千古流传的俗礼。十多年来，三洋洗衣机——妈妈乐早已成为幸福家庭的代名词，父母送给女儿出嫁的“好嫁妆”。

感情型广告文稿一般要求感情越真诚就越能感人，也就越能激发消费者的购买欲望。

（6）理智型广告文稿

理智型广告文稿就是要摆事实、讲道理，提出确凿的证据和事实，以理服人，让消费者用理智去自己判断。一般比较适用于新产品、竞争性产品和生产资料类产品。

1992 年打入市场的松下新画王产品就采用了这种理智的文稿。

广告标题：看新画王、听新画王、用新画王。

广告正文：Panasonic 以新画王在竞争中领先于同行业。

由于采用特殊反光抗静电涂层和超级平面方角黑色显像管，新画王以明显的优势胜于同行竞争者。不仅如此，AI 人工智能控制电路使图像具有近乎三维立体效果，图像生动逼真，而且伴音也悦耳动听。新式超薄“多梦”柱形喇叭伴音系统采用薄型扬声器，带有氧化锌结晶纤维，使伴音特别清晰而低沉有力。全空间环绕音效和新型重低音的音响效果使伴音即使音量小也能播放得很逼真。最值得一提的是，机体精巧、流畅顺滑、紧凑无比。新画王无论是外观或性能都能独占鳌头。

理智型广告文稿设计原则如下。

- 广告标题

① 标题好比商品价目标签。

② 每个标题应带出产品给潜在消费者自身利益的承诺。

③ 在标题中要加入新信息。

④ 标题要加入充满感情的字眼起到加强的作用。

⑤ 标题中要有产品品牌名称。

⑥ 引起人的好奇心。

⑦ 不要卖弄标题（双关、引经据典、晦涩难懂等）。

⑧ 标题中不要用否定词。

⑨ 避免空洞的标题，看后不知什么意思。

- 广告正文

① 要直截了当。

② 不要用高价形容词和陈词滥调。

③ 要有消费者的现身说法。

④ 向人们提供有用的咨询或服务。

⑤ 切忌华而不实或唱高调。

⑥ 不搞文字游戏。

（7）广告文稿创作中的几个误区

① 文字游戏式广告文稿。谐音、偷梁换柱、散文手法、高级形容词等。

② 一哄而上。“难言之隐，一洗了之”“不打不相识”“车到山前必有路，有路就有丰田车”等。

③ 不堪重负（30 秒念很多字，上气不接下气）。

④ 语言不规范。“某某粉蜜防治皮肤衰老及雀斑的消退均有效。”

8.3.5 广告策划书写作

完整的广告策划书一般包括八个方面的内容：前言、市场分析、广告战略、广告对象、广告地区、广告战术、广告预算及分配、广告效果预测。

1. 前言

在广告策划书的前言中，应详细说明广告策划的任务和目标，必要时还应说明广告主的营销战略。

2. 市场分析

市场分析主要包括四个方面的内容：企业经营情况分析、产品分析、市场分析和消费者研究。应该根据产品研究的结论，说明广告主的产品所具备的条件；再根据市场研究的结论与市场中同类商品的情况列表做一一比较，并指出消费者的爱好和偏向。如有可能，提出产品改进和产品开发建议。

3. 广告战略

根据产品定位和市场定位研究的结果和广告层次研究的结论，列明广告策略的重点。说明用什么方法使商品在消费者的心目中建立深刻而难以遗忘的印象；又用什么方法刺激消费者产生购买兴趣；用什么方法改变消费者的使用习惯，使消费者改变品牌偏好，改为使用广告主的商品；用什么方法扩大广告产品的销售对象范围；用什么方法使消费者形成购买习惯。

4. 广告对象

根据定位研究可计算出广告对象有多少人、多少户。根据人口研究结果列出有关人口的分析数字，如人口总数，人口地区分布，人口的年龄、性别、职业、文化程度、阶层、收入等的分布和构成，求出广告诉求对象的数字，说明他们的需求特征、心理特征、生活方式和消费方式等。

5. 广告地区

根据市场定位和产品定位研究结果，决定市场目标，并确定目标市场的选择，说明选择理由和地区分布。

6. 广告战术

根据广告战略中所列的重点，详细说明广告实施的具体细节：

（1）在报纸媒介方面，说明选择哪一家或哪几家、选择理由、刊登的日期、次数和版面，并说明每次刊登的面积大小。

（2）杂志媒介，同样说明选用的媒介单位、选用理由、刊登次数、每一次的面积和刊发日期。

（3）选择哪一家电视台、哪一个频道或哪几个频道，分别选择什么时间播放，说明选择的理由、计划播映次数、每次播映的时间长短、广告片的形式和播映日期。

（4）广播电台。说明选用的媒介单位、插播还是专题、播出时间和日期、选用的理由，以及计划播出次数和每次播出时间的长短。

（5）说明促销活动的举办日期、地点、方式、内容及赠品、奖品等，说明举办的理由和主持人。

（6）选择其他媒介，如海报、招贴、售点广告、邮寄广告、传单和说明书等，均应说明印制的数量和分发方式、分发日期等内容。

在选用多种媒介时，对各类媒介的刊播如何做交叉配合，也需加以说明。

7. 广告预算及分配

根据广告策略的内容，详细列出媒介选用情况、所需费用（按媒介单位的顺序，分家列出）、每次刊播的价格，最好能编成表格。

8. 广告效果预测

该部分主要说明在广告主同意按照广告策划实施广告活动的前提下预计可达到的目标，这一目标应以“前言”部分规定的任务为准则。

8.4 公关促销策划

8.4.1 公关策划的含义

公共关系活动策划或公关策划，是对公共关系活动的运筹规划，是在公共关系活动之前进行的创造性思维活动。

公关策划的含义有以下几个要点。

（1）公关策划的对象是企业与社会公众的关系。良好的公共关系不是企业与生俱来的，它需要企业不断调适与社会公众的关系来实现，而如何调适、调适的方向和力度，都需要严密充分的构思和谋划。公关策划正是对企业与社会关系的调适活动进行的构思和谋划。从这一点上说，公关策划与其他促销策划不同，无论广告策划抑或销售促进策划，策划的对象是人与物的关系，通过这些策划并付诸实施，要实现的是促进商品的销售，调适的是人与物的关系，而公关策划则关注人与人的关系，目的是调适企业与社会公众的关系，促进企业与社会的和谐发展。

（2）公关策划的目的是传播企业的良好形象。企业通过大众传播等方式，与社会公众亲切沟通，从而促成社会公众对企业的良好印象，改善社会公众对企业的评价，从而使社会公众与企业建立良好的关系，在社会公众中树立企业和产品的良好形象。

（3）公关策划的重点是间接诱导。公关策划与其他促销策划不同，广告策划和销售促进策划对顾客的影响虽然一个是长期的，另一个是短期的，但都是直接的诱导，即直接唤起消费者对产品的要求，激发购买动机，促成购买行为。但公关策划则不同，它不是采取这种直接的方式，而是采取间接的方式，通过良好的企业形象，潜移默化地促成社会公众对企业的好感，间接达到促进销售的目的。因此，公关策划的核心就在于策划过程中能否把握这个间接诱导的关键，精心策划，在具有创造性和新颖别致的公关策划中，实现对顾客的间接诱导。

8.4.2 公关策划的理论模式

国内外学者在大量案例研究的基础上，归纳总结了几种公关策划模式。

1. 四步工作法

美国公关学者卡特李普认为，公关策划应包括：调查研究、制订计划、实施传播、评价结果四个步骤。此后，公关专家马斯顿将这一程序概括为一个著名的公式：RACE模式。按照他的总结，公关策划要经过以下步骤：

（1）研究（research），即通过调查研究确定公共关系存在的问题。

（2）行动（action），即公关策划的方案和行动计划，每一个细节都必须经过仔细推敲和论证，以确保方案和行动计划的切实可行。

（3）传播（communication），即公关策划方案通过实施和传播，沟通企业与社会公众的关系，达到相互理解、认同和支持。

（4）评估（evaluation），即对每一项策划的总结评估。

2. 六点规划模式

英国公共关系专家杰弗金斯提出六种规划模式，他认为公关策划应做到以下几类：

（1）评价现状。

（2）确定目标。

（3）确定公众。

（4）选择传媒和方法。

（5）预算。

（6）评价结果。

六点规划模式与四步工作法较为类似，但在步骤上考虑较细，思路是一致的。

3. 最终目标模式

公关策划的最终目标是树立良好的企业形象。从公关策划以树立企业形象为目标的角度看，公关策划程序反映塑造良好企业形象的全过程：

（1）企业形象的调查和评估。

（2）企业形象的设计。

（3）企业形象的调查和评估。

（4）企业形象的检验。

最终目标模式也是对 RACE 模式的运用，只是更突出了公共关系策划的目的，紧扣企业形象塑造来展开策划过程。

8.4.3　公关策划的程序和内容

公关策划的程序和内容主要分为五个方面。

1. 现状研究

公关策划的首要工作，是对企业与社会公众关系的调查和分析，主要内容是：

（1）调查影响企业生存和发展的问题和障碍。

（2）分析这些问题和障碍，哪些是由企业与社会公众的关系造成的。

（3）研究企业与社会公众关系现状的主要症结和形成原因。

影响企业与社会公众关系的原因是多方面的，主要有：

（1）环境因素，包括社会政治状况、文化传统、经济发展水平等。

（2）公众因素，包括企业的消费者、政府机构、社会团体等。

（3）企业因素，包括企业自身行为以及公关方面的失误和不足等。

2. 定位策划

定位策划是对公关策划总体思路的确定，是公关策划的重要环节。定位策划主要包括以下内容：

（1）公关目标定位，即所实施的公关活动，要达到什么样的目的，将公共关系调整到什么样的状态。

（2）公众定位，即公关活动要针对哪些具体的公众，增加同哪些公众的关系，中断同哪些公众的关系，改变同哪些公众的关系状态。

（3）类型定位，即确定公关活动是建设型、维系型还是进攻型、防御型，抑或公众型、服务型、宣传型等。

3. 主题设计

关于活动的主题，是指特定的公关活动所要表现的中心内容，它是公关活动的灵魂，是公关活动的主旋律。

公关活动主题的表现形式是多种多样的，它可以是一个口号或一句陈述，有时为强化主题还配以相应的歌曲、图案、音响、画面等。公关策划在现状研究和定位策划的基础上，就要着手对公关主题的设计，为整个公关活动创造出优美的主旋律。公关主题的设计，主要考虑以下因素：

（1）公关目标，即公关主题要与公关目标相一致，通过一个口号、一句陈述直接点明公关活动的目的。

（2）组织特性，即公关活动的主题要有鲜明的个性，要突出组织自身的特色，要通过崭新的创意使主题鲜明生动。

（3）公众心理，即主题设计要适应社会公众的心理需要，主题要形象化，有人情味，让公众觉得可亲、可近、可信。

（4）审美情趣，即公关活动的主题要有美感，主题语言要有文采，对整个策划精心构思和巧妙设计，使人回味无穷，印象深刻。

4. 方案策划

方案策划是公关策划的具体操作，方案策划主要包括以下内容。

（1）确定公关目标。常见的公关目标有：提高知名度、提高美誉度、交流信息、沟通感情、改善态度、协调关系等。

（2）确定公关主题——主题标语或口号。公关主题要体现：高境界、责任感、形象性、社会性、人情味、文化性、导向性等。如成都某企业举办的《资助贫困大学生》的公关活动，其主题是“教育·人才·明天”。

（3）确定公关对象。常见的公关对象有顾客、政府、媒体、社会公众、名人等。

（4）确定公关手段或技术。公关手段策划要具体、实在，每个细节要精心设计，以便于操作。同时，还要确定公关实施的重点、难点。

（5）确定公关的时机、地点、进度及费用。时机选择恰当，公关活动可以收到事半功倍的效果。公关活动的时间往往可以选择下列时机：企业成立或新产品推出之时、企业纪念日或社会喜庆日、重大活动发生时、企业形象受损时、突发事件发生时等。

地点策划是对公关活动的空间地域进行限定。公关活动展开对地点的选择也是十分重要的，地点适当，公关效果十分显著。公关活动的地点通常选择在公共场合、客流量较大的地方、主要销售场所或有标志性的纪念地等。

（6）媒体策划。选择适当的媒体来传播企业形象。传播媒体有大众传播媒体、组织传播媒体和个体传播媒体。大众传播媒体有报纸、杂志、广播、电视等；组织传播媒体则是指组织利用自控媒介在内部成员之间以及组织之间进行互动过程的媒介，如视听资料、闭路电视、有线广播、报刊物、墙报、板报等；个体传播媒体是主要以具体的个人为传播者进行沟通的媒介，如口头交流、演讲、谈判、劝说等。大众传播、组织传播和个人传播各有其特点，大众传播受众广泛、影响大，组织传播权威性和可信度高，个体传播亲切可信，易于接受。因此，媒体策划时，要考虑各种传播的特点，使各种传播媒介之间形成良好的配合、互补、协调效应。

公关活动又称“事件营销”或“宣传”，能否发挥其宣传作用关键看能否策划出具有报道价值的“新闻点”。而没有媒体的配合和烘托，再好的新闻点也无法在社会公众和顾客中传播。有许多“事件营销”之所以失败，不是事前策划不成功，而是在实施过程中，工作人员只图省事，随便了事，根本没有与媒体沟通。在笔者曾策划过的“事件营销”中就有这样的情况。

（7）费用预算与效果评估。公关预算主要包括：主体活动费用及整体活动所用的设备和材料费，广告定传费，工作人员劳务费，其他工作费如电话费、差旅费、交通费、机动费用、策划费用。

对公关策划的效果进行评价和预计，同时在公关活动实施过程中，不断进行总结，寻求进一步完善的途径，在公关活动结束后，进行全面评估，总结成绩和不足，为下一次公关策划提供依据。

公关案例：“清咽滴丸”杯十佳交警颁奖活动

1997 年 9 月 17 日早晨，天津中药六厂满载上班职工的班车在红桥区洪湖里一路口，因司机实线变道违章被交警扣下，作为惩罚之一，警察要求司机在路口执勤 1 个小时。由于当日正值天津中药六厂接受国家医药总局的 GMP 认证，为避免因职工迟到给认证专家带来不好印象，中药六厂相关领导向交警说明了情况，希望多交点罚款，别影响职工到岗和认证工作。交警依然坚持原处罚方案，虽经反复交涉最终罚款放行，但班车比预定到厂时间晚了半个小时，认证专家有些不高兴。当天下午厂办公室给市政府信访办打电话反映此事，在承认错误的同时，希望有关部门执法要灵活一些，毕竟天津企业在接受国家认证考察也是未来天津的形象嘛！市有关部门把意见转给了市交管局，交管局有关领导也很重视，并与红桥区交通中队沟通了此事。第二天早晨，该厂班车在没有违章的情况下在同一路口又以相同的理由被扣下，而且还是昨天的那个交警，无论如何争辩也不放行。为避免给中药六厂的认证带来了麻烦，厂领导决定打 15 辆“面的”（出租车）把职工及时送到了厂里。当天上午，厂办公室直接给中央人民广播电台驻天津记者站打电话投诉，记者当天下午就到红桥区交通支队调查核实此事。交警对记者也很不客气，记者在核实后当天下午就把稿件发往北京。19 号早晨中央人民广播电台的《新闻与报纸摘要》节目播出了此消息，并在《早 7 点晚 7 点》新闻中详细报道。此事引起市领导的重视，并责成市公安局领导调查处理。天津市公安局、交管局等相关领导调查后带队到中药六厂沟通，中药六厂提出了包括开除当事警察在内的几条要求，公安局表示回去研究处理，但之后再没消息。

为缓解中药六厂与交管部门的关系，并使清咽滴丸能顺利进入公安医院销售，我们策划专家组提出此以德报怨公关活动的建议。几经与厂领导沟通，终于促成了该公关活动。

策划方案要点如下。

活动名称："清咽滴丸"杯十佳交警颁奖仪式。

公关目的：消除误解，改善关系，促进销售。

公关主题：爱心献交警，和谐保平安。

活动内容及步骤。

（1）天津中药六厂对当年当选的十佳交警给予奖励（1万元/人，清咽滴丸6盒）。

（2）中药六厂负责人、天津市公安局负责人、主要媒体参加的十佳交警颁奖仪式。

（3）今晚报等媒体配合报道，冠名"清咽滴丸"杯。

8.4.4 常用的公关促销策划操作模式

1. 文化促销策划

（1）文化促销的含义。随着消费行为由"温饱型"向"享受型"转变，人们不再单单是为了获得某种使用价值而去购买商品或服务，而是期望从购买前至购买中到购买后的全过程，从物质需求到精神需要全方位得到充分满足。买回一个商品，同时又捧回一个梦。谁能成功地为顾客圆了这个梦，谁就能赢得"上帝"。那么这个梦是靠什么来编织，怎样让顾客怀着激情、带着梦想来购买呢？是消费心理和消费观念，而观念是文化的结晶。因此，要圆这个梦，就必须赋予营销丰富的文化蕴涵，从而使商品和购买行为被赋予了某种特殊的感情内涵。

在人类社会漫长的历史过程中，逐渐形成了许多传统文化，如春节文化、饮食文化、婚姻文化、宗教文化等。在继承和改造传统文化的同时，一些崭新的现代文化也在产生，如电视文化、娱乐文化、体育文化、自然旅游文化等。文化促销并不神秘，人们在"中秋节"要买月饼，"春节"要买好吃、好穿、好玩的，这些便是"中秋节文化""春节文化"的促销结果。一般来说，只要某种文化对人们的观念、心理产生影响，形成一定的文化氛围，这种文化就会影响（导向）人们的消费心理与行为。我们把对消费者的观念、心理影响不大，尚未形成社会气氛的文化称为"潜在文化"，这种文化几乎没有促销作用。

（2）文化促销的模式。文化促销模式如图8-1所示。

当我们决定要用文化促销策略来策划某种商品（服务）的促销方案时，首先必须把与该商品（服务）有关的各种传统文化和现代文化尽量多地寻找出来，然后是调查分析哪种文化对消费者的影响更大、更容易导致消费行为，就选择这种文化作为影响消费者的手段，从而巧妙地利用这种文化诱导消费。

例如，北京某饭庄针对目前大都市消费者追求田园风光、崇尚回归大自然的消费时尚，完全按照西双版纳的风格，对整个庭院、餐厅、菜单、餐具、员工服饰、服务方式等进行精心设计，播放葫芦丝演奏的傣家音乐，使顾客犹如置身于风光旖旎的西双版纳。

进餐的同时，又充分领略了西双版纳的民族和旅游文化。它不仅吸引了众多身处紧张、烦躁环境中的都市人，更使客居北京的云南人产生思乡之情。自开业以来，一直顾客盈门。无独有偶，北京另一家饭店则充分利用了我国悠久、浓郁的乡土文化，把全国各地有代表性的农村饮食及风俗特点集中起来，使“客居他乡”的人们来此怀乡，更使“老外”们在此尽享中国的乡土文化。

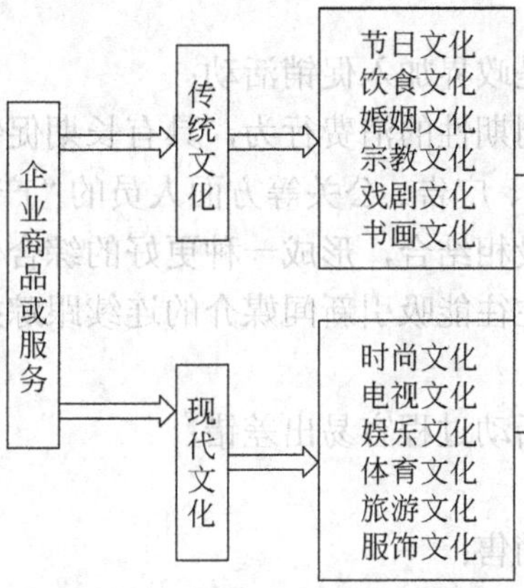

图 8-1　文化促销模式

再如，深圳的“竹园宾馆”，大办“竹文化”也取得了较好的促销效果。1986 年新任总经理李三带在对企业环境认真分析后认为：既然宾馆名为“竹园”，竹子又具有较高的观赏价值，并且古往今来一直是文人墨客的歌咏对象和丹青妙手的绘画对象，所以，竹园宾馆就应以竹子为特色，以竹子的形象为本企业的形象，大力开展以“竹子”为题材的文化公关。于是，竹园宾馆广植竹子，让人们在宾馆庭院中开眼见竹，竹竿修长、竹叶翠绿，煞是好看。竹园宾馆的馆旗、员工佩戴的馆徽、大堂正中的迎宾屏、插花的瓶等都是竹子的形象。

在广告宣传中引用古人名句“宁可食无肉，不可居无竹”，把自己的特色形象地传递给公众，吸引顾客来观赏竹子，陶冶情操。同时，还举办了“江南竹制工艺品展览”和以竹子为主题的书画活动，吸引了 40 多位著名书画家，以及广东省省长和深圳市市长，创作了一幅幅书画佳作。还开设了“竹园画廊”，搜集展出了近百幅写竹佳作。“竹文化”像磁石般引来了众多客人，宾馆的经济效益也大幅度提高。

（3）文化促销的特点分析。文化消费是现代市场消费的重要趋势。社会的进步，人们生活、知识水平的提高，使消费不仅仅是维持人的生理机能，同时还是一种“文化行为”（如“吃文化”“穿文化”“玩文化”等），这种高雅的文化行为是一种精神追求，是现代人的普遍消费方式。这就要求企业必须从传统的“商品经营”转变为“文化经营”“文化搭台、经济唱戏”，使经营的经济行为与文化行为有机结合，这是一种崭新的营销观念。

文化促销是一种“先推销文化，再推销商品”，用“文化味”代替“商业味”的高级促销模式。

其优点是：

① 能形成大范围的销售气氛；

② 容易影响和转变消费者的观念；

③ 把经济行为上升为文化行为，淡化了推销的商业味；

④ 使顾客消费商品成为一种更自觉的行为；

⑤ 顾客感到商品的价值增加了，不仅获得了具有使用价值的商品，也接受了一次文化教育；

⑥ 容易吸引非企业界，特别是政界加入促销活动；

⑦ 容易形成一种连续性的或周期性的消费行为，具有长期促销作用；

⑧ 促进企业技术、管理、推销、广告、公关等方面人员的“产品文化”素质的提高；

⑨ 容易与其他促销方式、手段相结合，形成一种更好的综合促销效应；

⑩ 文化活动产生的新闻价值往往能吸引新闻媒介的连续跟踪报道。

文化促销模式的主要缺点是：

① 涉及社会不可控因素多，活动过程容易出差错；

② 总体人力、财力投入大；

③ 容易带动竞争对手的产品销售；

④ 要求企业管理、营销、广告、公关人员具有较高的文化素质（必要时求助于社会上相关文化专家）；

⑤ 形成文化的社会气氛的难度较大。

（4）成功策划文化促销应注意的问题。针对文化促销的特点，在实施时必须特别注意以下问题。

① 这种文化要能把商品（服务）与顾客有机联系在一起，即要求这种文化与企业的商品（服务）有较紧密的关系，同时也能容易被顾客接受，有效地影响其心理和观念。

② 要使这种文化形成气氛，要考虑到这种文化必须符合当前的社会运行规范和现状，如政治体制、经济体制、消费习俗（禁忌）、生产力水平、生活水平、生活心态等，这样的文化才容易传播开来。

③ 整个促销过程必须用某种文化为“主线”来贯穿，形成文化主题，使之具有浓厚的文化色彩，使顾客陶冶在文化知识中，接受一种文化教育，改变自己的消费观念。

④ 必须强化文化气氛，淡化顾客的商业和金钱心理，让顾客感觉到在这次消费中，其文化消费是第一位的，而商品（服务）的消费仅是其次的。让其先接受文化和观念，再接受商品和服务。

⑤ 使用有权威影响作用的各种传播手段来宣传这种文化，请具有较高社会知名度、社会地位的政府官员、专家参加文化活动。寻找和选择典型顾客带头消费这种文化，树立消费榜样。这种典型顾客具有可信度、知名度、影响度和生活地位较高的特点。

⑥ 企业的商品（服务）要素及其市场营销过程必须进行“文化形象”统一设计，形成一种形象系统工程，要和企业的整体形象战略相配合。

⑦ 要重视挖掘“潜在文化”，学会利用身边的各种文化背景及因素制造一种现代流行文化。要使这种文化促销活动成为一种连续的或周期的文化消费行为，并不断更新，形成特色。如形成一种现代风俗、一种节日、一种景观等。

我们身边的文化背景及文化因素有许许多多，只要我们细心把握，合理运用，都可以把它变成影响顾客消费观念的钥匙。只要抓住一个，就能取得巨大的促销效应。

2. 教育促销策划

（1）教育促销的含义。在科技高速发展、市场信息瞬息万变的今天，新产品如雨后春笋般大量、快速涌现。使本来就是“非专家购买”的广大消费者，在众多新产品、新信息面前，更显得陌生和疑虑。特别是一些有使用风险和挑战传统观念的商品和服务，顾客在没有充分了解商品各种知识及操作技能以及接受其消费观念之前，是不可能轻易购买的，如保健品、医疗用品、化妆品、电器设备、商业贷款、人寿保险等。因而，适时、合理地对顾客进行教育是刺激其购买欲望，导致购买行为的关键。

（2）教育促销的基本模式。教育促销主要是针对顾客在购买前存在的主要障碍进行教育。一是能够通过教育使顾客彻底了解商品知识和操作技能；二是让顾客改变过去传统的、不合理的消费观念，树立新的消费观念，从而使其真正从内心深处愿意购买和使用该产品。

其基本模式如图 8-2 所示。

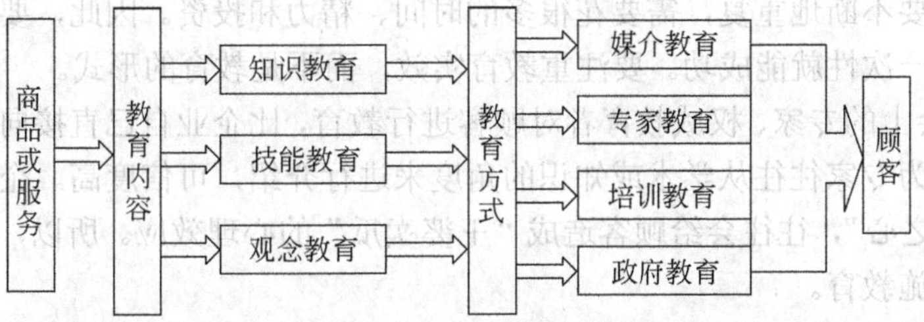

图 8-2　教育促销模式

在教育的方式上，主要有两个思路：

一是用商品被使用的事实说话，这种方式最具有说服力。如案例介绍、试用、演示、顾客现身说法、现场参观等。

二是用科学的原理进行教育，特别说明使用商品的可行性原理、有用性原理等。

具体地说，主要教育方式有以下几种。

① 媒介教育。即利用各种传播媒介宣传介绍商品知识与观念。如说明书、简介、影视专题片、新闻媒介、自办小报、广告等。其中以新闻媒介教育的效果最好。

② 专家教育。请权威的专家直接或间接向顾客宣传解释。如专家咨询台、专家咨询热线电话、专家电视（电台）专题讲座、专家专题文章、专家现场示范（答疑）、专家指导等。

③ 政府教育。由政府有关部门发起教育，倡导甚至指令性地要求顾客接受某种商品的观念与知识。如计算机逐步普及就是由政府倡导的。

④ 培训教育。这是一种老师教、学生（顾客）学的传统教育方式，主要有专题讲座、培训班等。

例如，天津著名的现代化仓储商场“家居”建材商场在开业初期，请专家每周六下午免费为顾客举办“现代家庭装饰与布局技巧”培训班。吸引了很多顾客，其装饰用品的销售量也随之增加。再如有些金饰品商店免费为顾客介绍金饰品佩戴搭配技巧、品质鉴别技巧、养护技巧等；乐器商店免费举办各种乐器的演奏技巧等。

（3）教育促销策划实施中应注意的问题。由于教育促销面对的是特殊的“学生”（顾客），因此能否达到预期的教育效果是能否实现促销目标的关键。所以，在策划时必须注意以下几个问题。

① 知识教育是基础，技能教育是重点，观念教育是关键。教育促销的本质是“推销观念”，即先推销观念，再推销商品（如人寿保险）。但能否成功地向目标顾客推销观念，一是取决于所推销的观念是否正确、合情合理；二是取决于是否用科学的知识和方法来推销。

② 由于产品（服务）的消费特点不同，三种教育的组合策略也是不同的。如住宅电话主要是观念教育，几乎不需要知识教育和技能教育；人寿保险的重点是观念教育，但也需保险知识的介绍；家庭电脑则是三种教育都需要，其中知识与技能教育是核心。也就是说，在策划中要针对影响顾客购买的主要障碍确定其教育组合策略。

③ 知识与观念教育要有耐心。知识的教育往往有时间性和连续性，而观念的教育则更难，有时需要不断地重复，需要花很多的时间、精力和投资。因此，要有耐心，持之以恒，而不是一次性就能成功。要注重教育实效，而不是教育的形式。

④ 请社会上的专家、权威教育者对顾客进行教育，比企业自己直接向顾客教育的效果会更好。因为专家往往从学术或知识的角度来进行介绍，可信度高。企业教育的动机则是“司马昭之心”，往往会给顾客造成“王婆卖瓜”的心理效应。所以，要尽量请企业以外的专家实施教育。

⑤ 有些教育活动要尽量争取政府部门和新闻媒介的支持，要设法制造新闻点，使教育活动产生新闻效应。从而会形成一种强大的社会舆论环境，会极大地增强促销效果。如家庭使用的卫生消毒用品涉及家庭卫生教育，可以形成全民卫生运动，提高消费公众的健康水平的社会教育环境。所以，要尽力争取政府、新闻媒介和医疗保健部门的大力主持。

3. 逆反促销策划

（1）逆反促销的含义。顾客都存在这样的心理：越是不让知道的事情越想知道，越是不让得到的东西越想得到。相反，越是想让知道的事情他却越不想知道，越想让他得到的东西他却越不想得到。这就是所谓的逆反心理，伴随着逆反心理的是好奇心理，逆反促销就是这两种心理作用的效应。

逆反促销往往对顾客产生一种特殊的刺激与吸引力。这不仅是满足了逆反、好奇之心，还使顾客获得了一种在一般情况下难以得到的收获——一种消费哲学，一种幽默，一种乐趣，一种惊奇，一种特殊的利益等。同时，由于逆反促销具有少见性、奇异性，很容易成为新闻事件，或被新闻媒介“爆炒”，或被顾客作为口头新闻，极易产生一定的轰动效应，取得理想的公关宣传效果。

（2）逆反促销的思维模式。逆反促销的思维是针对目前市场促销和顾客购物心理中广泛存在的正常思维、传统思维、流行思维、一般思维等，从相反的思维方向策划出引起顾客产生好奇，进而产生强烈购买欲望的促销方式。

主要有以下几种思维模式，见图 8-3。

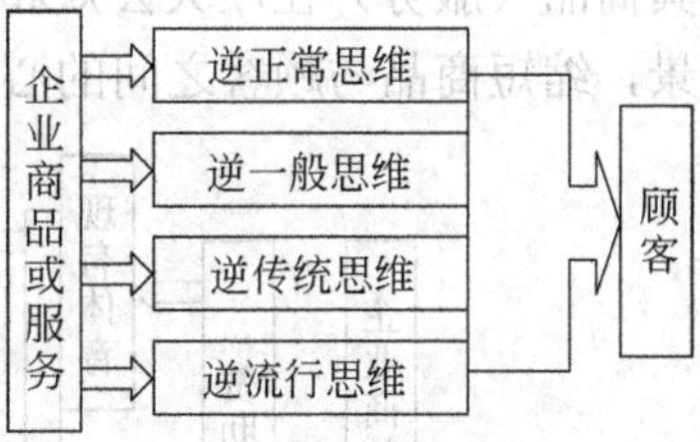

图 8-3 逆反促销模式

例如，1983 年中央电视台春节联欢晚会上，著名相声演员马季表演的单口相声“宇宙牌香烟”，幽默地讽刺了那些名不副实的产品。一时间，并非实有的“宇宙牌香烟”成了劣质商品的代名词。河北省一家卷烟厂借此机会生产了真的“宇宙牌香烟”，人们却争相购买，取得了很好的效果。

再如，天津食品街有一家名酒展销中心，专门经销国内各种名酒，他们特意长期举办了“假冒名酒展览会”，并与“真酒”对比，指出各种冒牌酒的破绽及鉴别方法。结果，该中心顾客盈门，销售额不断增加。

意大利著名商人菲尔·劳斧利用这一思维创造的“限客进店”的经营方式就取得了很大的成功。他规定：进店顾客必须是七岁儿童，成年人若要进店，必须由七岁儿童领入，该店专营七岁儿童专用品。之后，菲尔·劳斧又在全国各地增设了许多限制不同顾客的“限客进店”商店，如新婚夫妇商店，非新婚夫妇不准进店；老年人商店，中青年顾客不准进店；孕妇商店，非孕妇者不准进店；“左撇子”商店，用右手者不准进店等。

（3）逆反促销策略实施中应注意的问题。逆反本身意味着风险，因此，采用这种策略要精心调查与策划。特别要注意以下几个问题。

① 防止逆反方式的政治风险、社会风险、经济风险和舆论风险。具有较大风险的逆反促销方案，必要时在做试验后才能推广。

② 弄清顾客的逆反心理，研究逆反顾客的范围和逆反强度，这是策划逆反促销的根本依据。人们对不同事物的逆反心理反应的程度是不同的，因此，事前要经认真调研，对逆反促销的策略带来的正面效应要充分把握。否则，不要轻易出台，因为一旦其逆反的范围和程度较小，负面效应较大，就会弄巧成拙，其后果不堪设想。

③ 逆反容易被人非议，要正确看待这种议论，看准的方向要敢于坚持才会最终胜利。由于人们头脑中固有的传统观念和思维方式一时很难改变，因而，逆反传统的做法极易受到抵制和非议。但只要合理，就应力排“非议”，坚持到底，用结果来证明一切。半途而废不仅不能成功，而且遭到的“非议”会更大。

④ 在进行逆反宣传时，要充分与新闻媒介、政府有关部门沟通，说明情况，避免误会，防止逆反宣传对本企业形象的不利影响。

4. 体育促销策划

（1）体育促销模式策划思路。体育促销模式如图 8-4 所示。

（2）体育促销模式分析。

① 体育运动会一般都具有新闻价值，有些运动会能形成新闻轰动效应，而且极具记忆促进效果。企业及其产品（服务）借助体育运动的新闻传播，也实现了自己的传播。这种传播效果是一般广告宣传的六倍，也即投入体育一元的宣传效果相当于广告投入六元的宣传效果。

② 体育运动事业属于人民大众和人民政府的事业，它具有增强人民体质和展示民族雄威的功能。因此，赞助体育活动无商业味，会赢得广大公众的崇敬和赞扬，塑造企业

及其商品（服务）在广大公众和政府心目中的良好形象，并形成良好的政治与社会关系背景，缩短商品与顾客之间的心理距离。

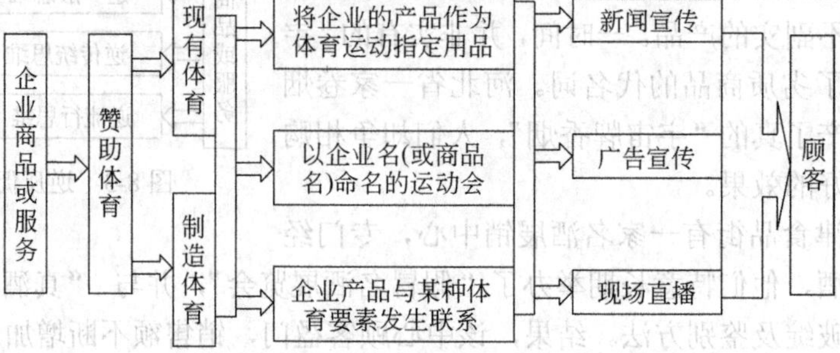

图 8-4 体育促销模式

③ 较大型的体育活动往往产生较大量的纪念消费和必需消费。体育纪念消费是指广大的体育运动员、与运动有关的工作人员和体育爱好者，热心购买运动纪念商品，其购买动机主要是对体育运动的纪念、感情、爱好、支持和追求等。体育必需消费包括运动前消费（如修建各种运动设施等）、运动时消费（如运动员、工作人员和观众的生活、工作、观看消费）和运动后消费（主要是运动设施的维护与扩建等）。体育纪念消费与运动时必需消费常常构成集中消费高潮，而且形成较好的体育促销余波效应，即运动会所宣传的名牌产品在平时也会受到消费者的喜爱。如北京 2008 年奥运会吉祥物“福娃”，刚一发布上市就受到消费者热捧。

④ 赞助体育活动（尤其是大型、高级别的体育活动），是企业向社会各界展示实力的一种极好形式，容易塑造有实力、有魄力、有竞争力、有威力的“企业之王”的形象，而且会增加企业及其产品的信誉度。

（3）体育促销模式策划与操作注意事项。赞助体育活动需要精心策划，关键在于把体育与宣传促销有机结合，否则很难有好的促销效果。具体来说，在策划与操作时需注意以下问题。

① 了解国内外、省内外各种体育运动的信息，选择合适的运动会类型和运动项目。选择的一般标准是：影响大、宣传范围广、与本企业及其产品有某种联系、运动辐射公众与企业的消费者公众重合度高或有某种联系、投入与产出（收获）的比值大。

② 选择适当的赞助方式（如命名、设“杯”、指定用品、标志产品等）和宣传方式（如新闻报道、特约体育新闻报道、运动场广告、电视和报纸广告等），切忌只赞助不宣传。

③ 选择合适的赞助对象，如赞助体育运动会、运动项目、运动队、运动组织者、运动设施、优秀运动员等。

④ 要把短期体育项目公关促销与中长期连续体育公关促销相结合，形成连续、堆积式的宣传效果，这种体育促销属于企业的中长期公关促销战略。

⑤ 赞助体育，要做认真的调查和较长时间、较仔细的准备（日本精工手表赞助东京第 18 届奥运会做了四年的准备工作），不能无计划即兴随便应付。

⑥ 要把赞助体育宣传计划与产品（服务）推广计划紧密结合。

8.5　销售促进策划

8.5.1　销售促进策划概述

1. 销售促进策划的概念

销售促进是企业在一定时期内，采用特殊方式对顾客进行强烈刺激，以激发顾客强烈的购买欲望，促成迅速购买的一种促销方式。在促销活动中，营销推广往往配合广告、公关等促销方式使用，使整个促销活动产生热烈的氛围和强烈的刺激作用。

销售促进策划是对销售促进活动的运筹规划，是在销售促进活动前所进行的创造性思维活动。其含义的要点有以下几个方面。

（1）销售促进策划的重心是迅速促进当前的商品销售。在既定的市场上，销售促进策划要考虑如何加速商品的销售，这就要求在策划中始终围绕迅速激发需求、强化顾客购买动机这一中心来进行。例如，对产品来说，策划的重心是如何迅速提升产品的知名度；对畅销产品来说，策划的重点是如何强化顾客的购买动机，并吸引潜在顾客；对滞销产品来说，策划的重点是如何迅速脱手，加速资金周转。

（2）销售促进策划的关键是发掘新颖独特的创新思维。要根据企业所处的客观环境和市场态势和企业自身的条件，创造性地进行分析决断、选择、组合和创造强烈而新颖的诱导刺激措施，使之能迅速吸引顾客的注意力，唤起并强化顾客购买该产品的利益动机。

（3）销售促进策划要与其他促销策划相配合。销售促进策划所要达成的目标是短期的和即时的，而其他促销策划如广告策划、公关策划所要达成的目标是长期的和缓慢的，从顾客接受信息到采取行动往往有一个较长时间的考虑、比较的心理活动过程。因此，从全面系统的角度看，销售促进策划要与其他促销策划有机组合，从而发挥更有效的作用。

2. 销售促进策划的特点

相对于公关促销策划、广告促销策划、人员促销策划，销售促进策划具有以下特点。

（1）对比决策。销售促进策划就是要根据企业的情况、市场的环境，在众多销售促进方式中选择出最有效的方式来促进产品的销售。可以这样说，没有选择就没有销售促进策划。常见的销售促进方式有以下几种。

- 间接销售促进方式。

① 红利；

② 竞赛；

③ 销售奖金；

④ 利润承包等。

- 直接销售促进方式。

① 样品（sampling）；

② 优惠券（coupon）；

③ 减价（discount）；

④ 奖品（premium）；

⑤ 竞赛（contest）；

⑥ 抽奖（sweep stakes）；

⑦ 示范、展示会（show、showroom）；

⑧ 附赠品广告（add-on sale ad.）；

⑨ 咨询（interview）等。

以上各种销售促进方式各自有其优缺点和适用条件，对销售促进策划者来说要通过调查、研究，判定销售促进对象的现状，从各种销售促进方式中找出一种相对最佳的方式，并将此方式用于某项销售促进之中。

在确定了某种销售促进方式之后，还需要进行一系列的对比决策。

① 规模的确定。以优惠券为例，优惠券的发放量、每券优惠的额度等是必须根据销售促进规模的要求以及过去开展近似促销工作等资料进行抉择的。

② 时机的确定。即销售促进开展的时机抉择。

③ 场地的确定。需要场地进行销售促进工作的要进行场地选择和布置策划。

④ 销售促进硬件设备确定。选择内容有：展览、展示附属品、美工服务、摄影美工、促销辅助品、照明设备、箱型宣传、可移动广告、柜橱设计及展示、产品解说展示架、影像展示物、印刷品展示物、印刷品展示架、店面展示、公司刊物、包装、特殊事件等。

⑤ 费用的确定。同其他促销活动相衔接来进行预算决策。

通过这些决策活动使销售促进方案确立下来，而这些决策活动就是策划内容的重要部分。

（2）协调组织。销售促进是企业的一项整体性工作，不是由一个人可以完成的。销售促进策划虽然个别人可能占有重要地位，起着关键的作用，但也是不可能由一个人完成的。所以，协调、组织是销售促进工作的组织保证。

销售促进策划的协调组织首先要确定策划班子。大型的企业应当有专门的策划组织，小型企业也应在销售部门或其他部门建立矩阵制的策划小组。通常策划班子的组成人选有：

① 企业负责人、营销负责人、销售人员、财务人员等。

② 企业外策划公司、企业营销负责人、销售人员等。

③ 企业负责人、营销负责人、联营商场（店）负责人等。

其次，销售促进策划协调组织是关于市场情报分析、竞争者对策分析、销售促进实施情况分析，并将这些分析同策划相协调，使策划能够符合实际，也使实施销售促进能够按策划要求进行。

此外，销售促进之中的间接销售促进是针对企业内部的各种人员，特别是销售人员，要使他们相互协调起来，才能保证销售促进的顺利进行。为此，相应的协调方法和策略也是需要策划的。

（3）竞争对抗。销售促进不少是由竞争引起的，在一个几乎垄断的市场上是找不到销售促进的。所以，销售促进策划更具竞争对抗性。一般来说，在进行销售促进策划时，必须首先掌握竞争者的动向，特别是竞争者的销售促进手法、规模和影响。因为竞争者的所有这些举动都是以本企业为竞争目标的。

有人认为，竞争企业之所以采取销售促进措施，是因为其产品销售困难、清仓压库等原因。其实，销售促进在市场上的本质反应却是推动竞争，因为销售促进加速了打破品牌忠诚消费者的进程。由于竞争者采取了这样的措施，本企业必须对此做出反应，进行相应策划，这是第一类销售促进策划的市场起因。

第二类起因是：销售促进往往有时节性，如换季、节日、周末等，不同企业不谋而合地都在同一时间开展销售促进活动，这样，必然产生竞争，销售促进策划的竞争对抗要求企业对此必须事先就有充分的准备。

第三类起因是：由于本企业销售上的问题，企业开展销售促进活动，而必然使竞争者产生对抗。为了对付本企业开展的销售促进工作便引发了竞争大战，对此，本企业也必须做出相应的决策。

所以，没有竞争就没有销售促进策划，而销售促进策划是在竞争中取胜的重要手段。

3. 销售促进策划的程序和内容

销售促进策划主要通过以下步骤完成，其内容也在各步骤中得到体现。

（1）确立推广目标。进行销售促进策划，首先要明确销售促进的目标何在，换言之，通过对销售促进的策划并付诸实施之后，企业应达到什么样的目的。推广目标制约着销售促进策划的各个方面，只有目标明确，才能根据目标的要求策划具体的推广方式。

一般来说，推广目标是促销组合目标的一部分，是受促销组合目标指导和制约的，但在促销组合目标系统内，销售促进也有自己的具体目标。

销售促进的目标从环节上分以下几种：

①以消费者为目标，刺激其反复购买，包括鼓励续购、促进新用户试用等。

② 以中间商为目标，刺激大批量购买，包括吸引中间商购买新品种和大批量重复购买、鼓励中间商销售过时过季的库存商品、强化中间商对本品牌的信任和偏好等。

③ 以推销人员为目标，鼓励其开拓新市场，包括鼓励推销人员推销某种新产品，促使他们扩大产品销量等。

销售促进的目标从内容上分为以下几种：

① 保持现有顾客，使老顾客产生惠顾动机，稳定产品销量；

② 促使现有顾客大量购买，在现有顾客基础上扩大产品销量；

③ 吸引潜在顾客，通过有效刺激使潜在顾客转变为现实顾客；

④ 强化产品使用的频率和功能，扩大产品销量；

⑤ 强化产品品牌，以优秀的品质扩大产品销量。

销售促进目标的确定，要考虑企业经营的总目标、市场竞争状况以及企业自身人、财、物的素质和状况。

（2）选择推广方式。销售促进方式是多种多样的，主要有：

① 服务促销，即通过热情周到的服务促使顾客产生购买动机，具体有售前服务、售

后服务、开架服务、订购服务、加工服务、维修服务、培训服务、代办托运服务、保险服务、咨询信息服务等。

② 租赁与互惠经销，包括设备、房屋等商品让渡给买方使用，将其价值分期收回的租赁和互通有无，既是买方又是卖方的互惠贸易促销方式。

③ 订货会与展销，以实物形式集中展现在顾客面前的促进销售。

④ 折扣促销，包括批量、现金等方面的折扣以促进销售。

⑤ 物质与精神奖励。

⑥ 竞赛与演示促销。

⑦ 赠品促销。

⑧ 优惠券促销。

以上销售促进的方式，每一种方式都有若干不同的具体促销方式，有其具体特点和适用范围，因此在策划时要反复分析，选择使用。

选择销售促进方式时须考虑以下几个方面的目标。

① 推广目标。不同的推广目标决定了推广方法的选择。例如，旨在增加产品使用的目标，可以采取赠送优惠券、折价券、有奖销售方式等。因此首先要研究推广需要达成的目标，使推广方法服务于推广目标。

② 竞争条件。企业面临竞争者的数量，实力以及采用的手段，是选择推广方法时必然要考虑的。在推广策划中，经过对竞争者的分析，可以选择与竞争者针锋相对的推广方法，也可以避开竞争者，选择更具特点的推广方法。

③ 经济环境。经济环境较好与经济环境不景气时对推广方法的选择也存在着很大差别。经济景气，市场需求旺盛，对推广方法的选择往往集中于增加购买、吸引潜在消费者上，推广效果往往较好；经济不景气，市场需求疲软，推广方法的选择往往集中于保持现有顾客、稳定市场份额上，推广策划更需要出奇制胜。

④ 推广预算。用于推广的预算费用往往决定了推广方法的选择。预算总数越大，越能策划规模宏大的推广，反之则只能策划较便捷的推广，因此要使推广方法的选择与推广预算达到最佳配合。

（3）制订推广策划方案

① 确定刺激强度。销售促进作为对消费者的刺激手段，刺激的强度越大，消费者购买的反应也越大，但这种刺激是递减的，因此，要根据具体的情况确定适当的刺激程度。

② 确定推广对象。确定销售促进的目标针对哪一消费群，换言之，要确定销售促进的目标市场在哪里。

③ 组合推广方法。根据推广目标的要求，组合运用各种销售促进的方法。

④ 把握推广时机。选择营业推广实施的时机，在营销策划中极为重要，时机选择合理，销售促进就能够达到事半功倍的效果。

⑤ 评估推广效果。在策划过程中，预先对策划方案实施的效果进行评估，在销售促进活动展开后，仍要跟踪研究，评估实施结果，为调整方案以及进一步展开推广活动提供依据。

8.5.2　销售促进策划

1. 对中间商的销售促进（营业推广）策划

（1）对中间商销售促进的基本目标

① 对批发商的促销目标：

- 使批发商积极主动地销售本公司产品；
- 加强和巩固地盘，提高销售业绩；
- 改善批发商对本公司的印象和态度。

② 对零售商销售促进的目标：

- 使其积极销售本公司产品；
- 使其扩大本公司产品的陈列及影响；
- 提高商店整体经营水平，以提高其对本公司产品的销售成果；
- 提高本公司的水平信誉，加强相互之间的合作。

（2）对中间商销售促进的具体方式

① 联合促销：

- 合作广告；
- 派遣促销员（共担工资）。

② 预贴标签：

- 在产品包装上贴上标有厂家、型号、颜色、识别号码、价格、日期，以帮助在商品出售后中间商再续订这种产品。
- 同中间商协商进行长期合作，在标签上标明中间商的名字（通常是稳定的独家代理商），以帮助批发商和零售销售。

③ 采购支持：这是厂家为了帮助中间商采购，节省采购费用和库存费用而采取的一种销售促进方式。

- 网上自动订购系统：厂家向中间商提供订购的各种单据、表格，并通过计算机联网。一旦需要订购，厂家马上给予提供。
- 库存支持采购：为了在库存和存货管理上支持中间商，厂家负责产品的库存，一旦接到中间商要货通知，立即送货上门。这种方式在仓储困难的今天是相当被中间商看重的。
- 报销采购费用。厂家对中间商人员到本单位订购提货的差旅费、住宿费等给予报销以吸引采购人员。厂家也可以直接向采购人员提供运输、食宿等费用来吸引采购人员。

④ 宣传扩展：厂家向中间商提供他们所需要的广告图片、宣传信息、宣传文稿等资料。

- 报刊宣传文章；
- 报刊记者报道；
- 广播、电视报道的录音、录像；
- 图片宣传；

- 店头 pop 广告；
- 产品宣传手册；
- 各种宣传礼品；
- 一般宣传单等。

⑤ 让利优惠：在规定的期限中给中间商以较平常购买折扣更大的特价折让，使中间商增加购买。

- 降价——减价（price-offs）、发票外（off-invoice）减价或价目表外（off-list）减价。
- 津贴（allowance）——对中间商销售努力的补偿：广告津贴（advertising allowance）、陈列津贴（display allowance）、削价出售折扣（lower-price discount）、免费赠货（free-goods offer）等。

⑥ 促进奖励：是指厂家为了促进产品的销售，对销售努力的中间商销售人员直接给予奖金的方法。国外称为销售推进费（push money）。采用这种方法应注意的是：给予销售人员的奖金，应以奖励的名义，而不要以引诱的形式出现，否则，会引起反感，尤其是中间商领导的反感。以奖励的方式出现，中间商负责人的认同可能性才大，销售人员也才会理直气壮地促销。

⑦ 销售会议：会议的时间、地点是非常讲究的，一般配合会议的内容来确定会议地点。如企业、公共会议场所、旅游地、产品使用现场、某中间商单位等。会议内容主要有宣传、新产品介绍、新政策发布、感情沟通等。

⑧ 竞赛奖励：优胜中间商由厂家发给事先约定的奖金、奖品和证书。

⑨ 经营指导：厂家派遣经营、销售顾问到中间商企业进行经营诊断、调查，找出问题，提出改进意见，供中间商决策参考。

⑩ 退换保证：产品出现质量问题的退换货保证，使中间商减轻了销售责任的压力。

2. 对消费者的销售促进（营业推广）策划

对消费者经常使用的销售促进工具有以下几种。

（1）免费样品赠送。向消费者免费赠送样品或试用品，是介绍新产品最有效也是最为昂贵的方式。这些赠品可以上户赠送，也可以在商店里散发，或在其他商品中附送，也可公开广告赠送。

（2）折价券。就是指给购买者一个凭证，在购买某种商品时可凭此证免付一定金额的货款。这是一种刺激成熟品牌商品销路的有效工具，也可以鼓励买主早期试用新品牌。专家们认为折价券至少要提供15%～20%折价才会有效。

（3）特价包。就是向消费者标明低于常规价格的差额销售商品的一种方法。其做法是在商品包装上或标签上加以附带标明。可以将商品单独包装减价销售，也可以采用组合包装的形式，即将相关商品合并包装。特价包对于刺激短期销路方面甚至比折价券更有效。

（4）有奖销售。即在商品或发票上打上号码、定期开奖，凡中奖者可得到一定价值的商品。

（5）商店陈列和现场表演。即在商店里陈列某种商品或用示范表演的方法介绍产品的用途及使用方法，增加顾客对产品的了解，并刺激购买。如某商场销售蒸汽电熨斗，其方法是把各种不同质地的布料揉皱，再用熨斗演示，从而打开了销路。

（6）交易贴花。在营业过程的同时向顾客赠送印花，当购买者手中的印花积累到一定数量时，可兑换一定数量的商品或优惠购物。（积点、积分两种）这种方式可吸引顾客长期购买本企业的产品。

（7）赠奖。就是以相当低的费用出售或免费赠送商品作为购买一特定产品的刺激。它有以下三种形式。

① 随附赠品。在顾客所购买商品包装内附送，可以给顾客一个惊喜。

② 免费邮寄赠品。消费者凭购买凭证就可得到商店免费寄去的奖品。

③ 付费赠送。就是以低于通常零售的价格出售给需要此种商品的消费者。现在许多厂家和经销商给予消费者名目繁多的赠品，赠品上有些还印有公司的名字，既是赠奖又宣传了企业。

3. 针对推销人员的销售促进（营业推广）策划

（1）营业额提成。鼓励推销人员多推销商品就可多得奖金。

（2）提供业务培训。以免费的方式传授推销技巧，以提高他们的工作业绩。

（3）销售竞赛。为了促使推销人员超额完成销售任务而进行的一种激励方法，优胜者将获得奖励。

4. 设计销售促进策划方案的注意事项

制订一个完整的营销推广方案，应注意以下几点。

（1）推广规模。销售促进的实质就是企业拿出一定的推广费用对消费者、中间商和推销员予以鼓励，推广费用大小与促销效果有直接联系，所以在制订销售促进方案时应首先决定奖励规模。如果规模太大，会增加推销费用，减少推销收入。如果规模太小，会使一部分受益者没有享受到应有的利益。

（2）推广对象的确定。一般来讲，应奖励那些现实的或可能的长期顾客。

（3）推广期限。推广是一种高刺激性的促销活动，如果期限过长会降低刺激。如果期限过短，可能遗漏许多顾客。

（4）发奖途径。选择发奖途径时既要考虑各种途径的传播效果和范围，又要考虑成本。

（5）推广预算。确定推广预算的方法有两种：一种是先确定销售促进的方式，据此来预计总成本；另一种是在一定时期的促销总预算中拨出一定比例用于销售促进。

5. 销售促进（营业推广）策划方案的格式

销售促进（营业推广）方案的一般格式如下。

第一章　市场分析

（一）总则

（二）市场调查报告

（三）市场预测及建议

第二章　销售促进目标

（一）总体目标

（二）目标分解

第三章　销售促进方案

（一）方案细则

1. 时间

2. 人员

3. 地点（区域）

4. 载体

5. 策略

6. 产品

7. 手段

（二）方案说明

第四章　销售促进预算

（一）预算计划

（二）资金费用来源

第五章　附录

对以上格式须说明几点：

第一，销售促进目标有时只确定总体目标就可明确责任，有时则须将整体目标进行分解才能明确责任。

第二，时间的确定是一个难题，这包括销售促进展开的时机，同时也是指销售促进持续的时间。国外的一些研究人员认为，理想的促销持续时间为每季度使用三周时间，其时间长度为平均购买周期的长度。

第三，人员安排要有责任要求，根据我们的经验，最好以副总经理作为销售促进项目的负责人，由他（或她）负责实施和检查，并及时上报情况和处理。小型企业的小型销售促进活动则由总经理直接负责。

第四，载体是指常见的一些销售促进方式扩散的途径，如分发诸如优惠券等资料的途径等。

第五，预算包括管理费用、销售费用（印刷费、邮寄费、对中间商的费用）、诱因费用（赠品、减价费、兑奖等费用）。

8.6 促销费用的预算

8.6.1 促销费用预算的含义

促销预算也就是计划，即为了某一特殊的目的，把特定的一段时期内促销活动所需开支的费用详细列明，用钱数体现出来。

8.6.2 促销费用预算的方法

1. 量力支出法

量力支出法，是根据企业财务的承受能力确定促销预算的方法，也就是促销策划者在编制促销预算时，将所有其他不可避免的投资和支出除去之后再来确定促销预算的具体规模。

量力支出法在操作上比较简单易行，但在做促销预算时，要充分考虑企业需要花多少促销费才能完成销售指标。忽略了促销与销售之间的因果关系，忽略了促销对销售的影响。所以严格来说，量力支出法在某种程度上存在着片面性。

2. 销售额百分比法

它是策划者以一定时期内销售额的一定比率计算出促销费总额的方法。这种方法是运用范围最广的促销预算编制方法。

根据计算内容、形式的不同，销售额百分比法可分为以下两种。

（1）上年销售额百分比法。上年销售额百分比法，即根据上年本企业的商品销售额的一定比例来确定今年的促销开支。

（2）下年销售额百分比法。下年销售额百分比法，即根据下一年预定要达到的商品销售额的一定比例来确定今年的促销预算。这种方法实际与企业销售计划密切相关。

销售额百分比法也是一种简便易行的方法，只要了解去年的销售额或今年的预期销售额就可确定今年的促销预算。但它颠倒了促销与销售之间的因果关系，因此，也有明显的缺陷。

3. 竞争均势法

竞争均势法，是指企业比照竞争者的广告开支来决定本企业促销开支的多少，以保持竞争上的优势。在市场营销管理实践中，不少企业都喜欢根据竞争者的促销预算来确定自己的促销预算，造成与竞争者旗鼓相当、势均力敌的对等局势。

运用竞争均势法，前提是要调查主要竞争企业的促销费数额及其市场占有率，计算竞争企业单位市场占有率支出的促销费数额。在此基础上，如果要维持本企业现有的市场占有率，则可确定出与竞争企业保持在同一水平的促销预算；如果要扩大市场占有率，则要在竞争企业促销费占其市场占有率百分比的基础上，再结合本企业的预期市场占有率，就可以定出强烈冲击主要竞争企业市场占有率的促销预算，计算公式为

$$\text{促销预算}=\frac{\text{竞争企业促销费用}}{\text{竞争对手的市场占有率}}\times\text{本企业现有市场占有率}$$

$$=\frac{\text{竞争企业促销费用}}{\text{竞争对手的市场占有率}}\times\text{本企业预期市场占有率}$$

竞争均势法的好处是使自己的预算与竞争对手的预算大致相当。但竞争对手的促销预算并不一定合理、有效；因为企业与其竞争对手之间在商誉、资源、机会和目标等方面都存在着不同程度的差异。

4. 目标任务法

目标任务法，是企业的策划者通过确立其特定的广告促销目标，决定取得这些目标要完成的任务和估计完成这些任务的成本来确定其促销预算，这些成本的总额就是预计的促销预算。

根据目标任务法来确定一种新开业企业的促销预算，其步骤如下。

（1）确定市场占有率目标。企业策划者要求该企业的市场占有率达到 8%。目标市

场上顾客总数为 5 000 人，因此，企业策划者必须设法使 400（5 000×8%）人到该企业购物。

（2）确定该企业所能及的市场百分比。企业策划者希望 80%的目标顾客能接触该品牌的促销。

（3）确定被说服到该企业购物的顾客在知晓这一品牌的顾客中的百分比。如果 25%的人知道或 1 000 名顾客到该企业购物，企业的策划者就非常满意了。因为他们估计所有试用者中的 40%，即 400 人会成为该企业忠实的顾客，这就是市场目标。

（4）确定每 1%的试用率中对促销有印象的人数。企业策划者估计每 1%的人口中有 40 人对促销有一定的印象，这些人可带来 25%的进店率。

（5）确定必须购买的总评分点数。一个总评分点就是 1%的目标人口接触广告的人数。由于企业策划者想使 80%的顾客对广告有一定的印象，因此必须购买 3 200 个（80×40）总评分点。

（6） 确定必要的促销预算。在购买一个总评分点的平均成本的基础上，确定必要的促销预算。根据调查，要使 1%的目标顾客中有一人对广告有一定印象，平均要花费 3 277 元。因此，在推出新品牌的第一年里，3 200 个总评分的成本为 1 048.64（3 277×3 200）万元。

目标任务法可促使管理人员将促销费用与促销目标直接联系起来，便于进行成本-效益分析。其侧重点在于对市场和商品进行彻底的调查、分析。只有在此基础上确定的促销预算才是准确可靠的。目标任务法的缺点，是没有从成本的观点出发来考虑某一促销目标是否值得追求这个问题。如果企业能够先按照成本来估计各目标的贡献额（即进行成本效益分析），然后再选择最有利的目标付诸实现，则效果更佳。实际上，这种方法也就被修正为根据边际成本与边际收益的估计来确定促销预算。

如果促销目标不合适，那么据此所做出的促销预算也就必然失误。

5. 全面分析法

全面分析法就是企业经营者对各促销方式进行选择，然后计算出它们所需的费用。计算公式为

$$S=M+N$$

式中：S——促销费用；

M——管理费用（包括印刷费、邮寄费、对中间商的促销费）；

N——诱因费用（包括赠品或小额减价费用、兑奖费用）。

例如，某零售店铺经营的某品牌的洗面奶在限定的时间内每瓶降价 9 分钱出售，该洗面奶的正常售价为每瓶 1.09 元，经营人员希望通过这次降价能使商品售出 100 万瓶，如果估计的管理费用为 1 万元，则总的促销费用应为 10 万元，计算如下：

$$N=0.09\times100=9\text{（万元）}$$

$$S=1+9=10\text{（万元）}$$

6. 总促销预算百分比法

总促销预算百分比法，就是根据该产品的销售额在总销售额中的比例来确定促销预算的一种方法。

例如，A 品牌食品的销售额在企业总销售额中占 30%，本年度的销售促销预算为 50 万元，则 A 品牌食品的销售促销预算应为 15 万元（50 万元×30%）。

在运用总促销预算百分比法时，还应考虑商品在生命周期中所处的阶段以及市场上的竞争状况等因素。

复习思考题

1. 什么是整合营销传播？它有哪些特点？
2. 整合传播（促销）策划的基本程序是什么？
3. 确定广告主题的思路有哪些？
4. 詹姆斯·韦伯·扬的广告创意方法是什么？
5. 精彩的广告创意有哪些共同特点？
6. 公关策划方案主要包括哪些内容？
7. 文化促销的模式的内容是什么？
8. 销售促进策划的程序和内容是什么？

案例讨论

卖点突出的“绿鸟鸡”为何销量上不去

“来自天然草原的珍禽美味——草原绿鸟鸡”，在国内市场独树一帜，成为草原兴发品牌形象的代表。草原绿鸟鸡体态优美紧凑，习性体型方面都与其他改良的黄羽鸡种有着根本性的区别，是草原兴发育种中心凭借多年饲养肉鸡的经验，组织技术人员进行研发，利用国内地方土种鸡基因库的优良种鸡与内蒙古当地的优良土种鸡，进行配套选育而成的优质肉用仔鸡新品种。欢乐牧场，原生态放养；饿了吃青草，味道鲜；馋了食蚂蚱，身体棒；草原牧草含有几十种中草药，是绿鸟鸡的天然补品。这些卖点足以使绿鸟鸡有广阔的市场和较高的销量。

但事实却相反，摆在超市冷柜里的绿鸟鸡很少有顾客光顾，特别是与其他牌子的冷冻鸡相比价格高出不少。当笔者询问顾客为何不买绿鸟鸡时，许多顾客反映没听说过，更不知道为何卖那么高的价格。对前面我们提到的绿鸟鸡的卖点很少有顾客知道，甚至个别（厂家派驻超市的）促销人员也说不清其核心卖点。于是，在对绿鸟鸡产品的信心上形成“厂家热→经销商温→顾客冷”的局面。

讨论题：针对以上情况，请分析造成绿鸟鸡滞销的原因。

第 9 章

营销策划的执行与控制

本章提要

市场营销策划是一项复杂的系统工程，不仅环节众多，而且易受多种不确定因素的影响。因此，要想使策划活动顺利进行，使策划目标顺利实现，有效的执行与控制是必不可少的。只有做好营销策划的组织、执行与控制，策划活动的效果才能有所保障。

本章是营销策划的执行与控制环节，重点介绍了如何确定营销策划组织机构及人员，营销策划方案完成的过程、营销策划的执行以及营销策划的控制等内容。

学习目标（重点与难点）

1. 如何确定营销策划组织机构及人员。
2. 营销策划方案完成的过程。
3. 营销策划的执行。
4. 怎样进行营销策划的控制。

框架结构（图 9-0）

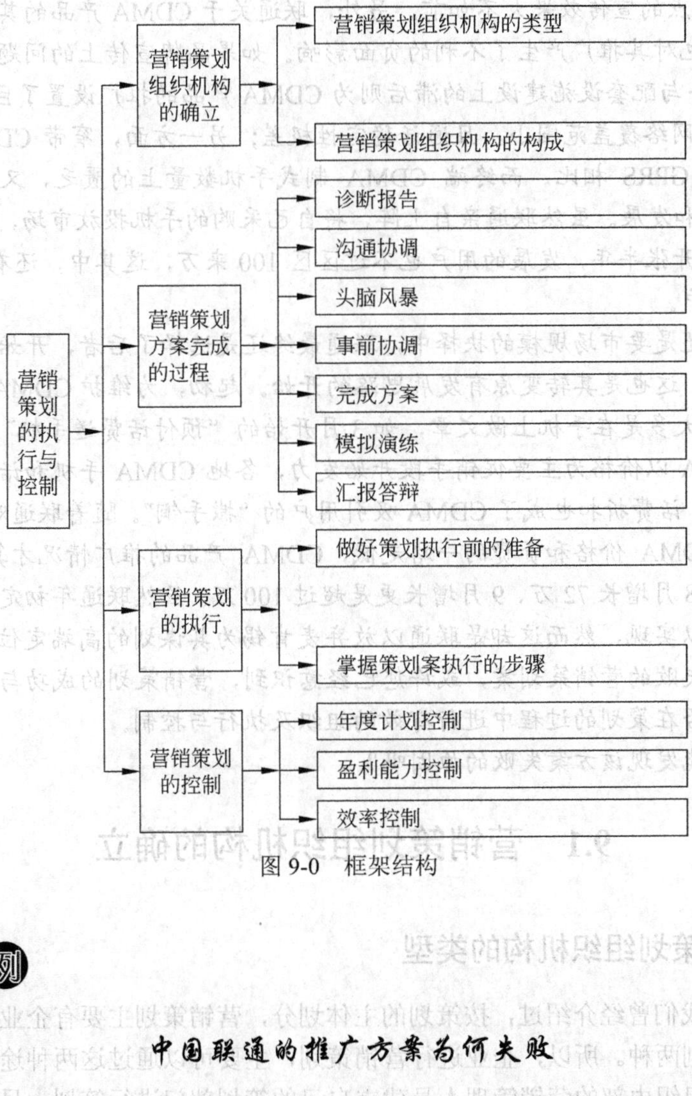

图 9-0　框架结构

开篇案例

中国联通的推广方案为何失败

2001 年，中国联通公司以 200 万美元的费用邀请世界著名的麦肯锡管理咨询公司为其 CDMA 产品进行了一场市场推广策划。在这场市场推广策划过程中，麦肯锡公司将 CDMA 的技术优势作为主要的竞争卖点，提出所谓的“三高”战略，即“高技术含量、高价格、高端用户”，并计划一年内发展用户 700 万人。然而，推广方案实施数月之后，结果却让人大跌眼镜——CDMA 网发展的用户只有将近 100 万人，与联通公司最初 400 万～500 万的预定目标相差甚远，而联通要实现年底 700 万用户的目标更是希望渺茫。

尽管不少评论纷纷指责是麦肯锡的“高端路线”与“高端定位”误导了联通，但分析 CDMA 的推广过程，我们会发现，联通公司在组织、筹划与管理上的失误也是导致 CDMA 产品推广受挫的重要原因。在 CDMA 产品推广伊始，各种塑造、宣传 CDMA“绿色环保”形象的广告便广泛彰显于国内各类主要媒体。然而，在5~6月，一场由媒体质疑CDMA辐射问题所引发的关于GSM和CDMA辐射高低的争论，却使得联通CDMA“绿色环保”卖点的宣传效果大不如前。另外，联通关于CDMA产品的其他一些不太合实际的宣传，也对其推广产生了不利的负面影响。如果品牌宣传上的问题还只是小失误的话，那么服务与配套设施建设上的滞后则为CDMA产品的推广设置了巨大的障碍。一方面，CDMA网络覆盖范围小，且通话稳定性极差；另一方面，窄带CDMA在数据业务上也无法与GPRS相比。而终端CDMA制式手机数量上的匮乏，又极大地束缚了CDMA的推广和发展。虽然联通亲自上阵，将自己采购的手机投放市场，但成效并不如预期。CDMA开张半年，发展的用户也不过区区100来万，这其中，还有50万是原长城网的转网用户。

在要利润还是要市场规模的抉择中，联通最终还是选择了后者，开始了大范围的降价促销等活动，这也是其转变原有发展思路的开始。起初，为维护CDMA的高端形象，CDMA的降价大多是在手机上做文章，如3月开始的“预付话费送手机”活动。但从7月开始，CDMA以价格为主要促销手段开始发力，各地CDMA手机和话费纷纷跳水，除手机降价外，话费折扣也成了CDMA吸引用户的“撒手锏”。随着联通对CDMA定位的调整以及CDMA价格和资费的一路走低，CDMA产品的推广情况才算稍有起色，7月增长46万、8月增长72万、9月增长更是超过100万。虽然联通年初定下的700万用户目标最终得以实现，然而这却是联通以放弃麦肯锡为其谋划的高端定位为代价的。

透过这场失败的营销策划案，或许您已经意识到，营销策划的成功与否，很大程度上也取决于能否在策划的过程中进行有效的组织及执行与控制。

思考：你能发现该方案失败的原因吗？

9.1 营销策划组织机构的确立

9.1.1 营销策划组织机构的类型

在第1章我们曾经介绍过，按策划的主体划分，营销策划主要有企业自主型策划和外部参与型策划两种。所以，企业进行营销策划，主要可以通过这两种途径来实现：一种是企业自行组织内部的营销管理人员建立自己的策划部门进行策划；另一种则是借助于“外脑”，即通过外聘专门的策划专家或专业的策划公司来进行策划。需要强调的是，即使“借助外脑”的方式，企业内部的策划人员也要尽量参与配合。一方面是企业内部的策划人员比较了解情况，可缩短内部调研的时间；另一方面也使企业内部的策划人员在与策划专家的合作中得到锻炼和提高。

在一般情况下，大型企业都有自己的策划部门，由专人负责企业的策划工作。自己组建策划部门，一方面能为企业节约大量的咨询费用；另一方面也能适应大企业发展对策划工作的客观需求。营销策划部门就像企业的大脑，通过它就能调动整个企业的中枢神经。作为企业自身的一个职能部门，自我组建的策划部门对企业的各种情况是较为熟悉的，也较易获得来自企业内部的各种相关信息和数据，由“自己人”制订出的策划方案也更能针对自己的情况，迎合自己的需要。

但大多数中小企业由于自身的各种缺陷，不具备独自完成策划方案的能力。所以，借助外脑进行策划则较为切实可行。当然，借助外脑也要有一定的度。外脑的作用应当是参谋性或辅助性的，而不是代替企业进行决策。过度迷信或依赖外脑，反而很容易使企业走入营销策划的误区。

正如前面所述，营销策划虽然可以通过不同途径来实现，但无论选择哪种，都必须围绕策划的任务、目标和主题来确定组织机构，以保证策划工作的顺利进行。

9.1.2　营销策划组织机构的构成

营销策划的组织机构，通常也称作营销策划专家组或营销策划小组，它将为完成策划活动所需的各类人员整合在一起，是在充分发挥策划主创人智慧的基础上形成的团结合作的组织系统。一般情况下，一个营销策划组织应由以下几个层次的人员构成。

1. 主持人或主策划人

其主要职责是负责专家组成员选择，成员的分工，策划方案的进度控制与协调，与委托方的谈判、沟通，方案的结案汇报，答辩等工作。主策划人不仅应具备较强的业务素质和各方面能力，同时也应富有企业营销策划的成功经验和高度的责任感。

2. 专家顾问人员

一般由该行业的知名专家或相关政府部门的领导组成，目的是对策划方案的技术性、政策性、操作性等方面给予把关。由他们坐镇，也有利于方案的论证和答辩。

3. 市场调查人员

所有的营销决策都必须建立在真实的调研结果基础上，做好市场调研（包括外部和内部信息的收集、加工）工作，对于策划活动来说是十分关键的。所以，策划组织机构中必须设立专门的人员来负责策划活动所需的相关信息的调查、收集、整理和分析等工作。对调查人员来说，敏锐的观察力、准确的判断力和有效获取信息的能力都是其应具备的最基本的素质和能力。调查人员的数量多少可根据拟抽样本数量的多少和调研任务的大小来确定，也有的策划组织把调研任务外包给一些专职的调查机构来实施。

4. 文案撰写人

在一般情况下，策划文案的撰写应在主策划人的领导下由多个撰写人共同来完成。可设定一个主执笔人和若干个单个文案的执笔人。这样既能保证策划工作的效率，也有利于集思广益，提高策划工作的质量。单个文案撰写人虽然只负责文案的部分撰写，但他们必须熟悉和了解整个策划过程。深厚的文字表达功底、认识问题的深刻性和富于创新思维是衡量文案撰写人水平的主要标准。

5. 计算机操作人员

其职能主要是负责调研数据的录入、统计和分析，数据库的建立与整理，提案中特殊图形制作等任务的计算机处理，方案的 Word 版本和 PPT 版本的制作等。

一支高效的营销策划团队不仅是各有专长，每个成员也都应熟悉企业的营销决策和实施过程。只有这样，才能集思广益、博采众长，在头脑风暴时才能碰撞出更多的智慧火花。

9.2 营销策划方案完成的过程

营销策划方案的完成，不是一蹴而就的，往往要经过多个环节，反复推敲、沟通论证后才能完成。大致步骤如下，即诊断报告→沟通协调→头脑风暴→事前协调→完成方案→模拟演练→汇报答辩，如图9-1所示。

图9-1　营销策划方案完成的过程

9.2.1 诊断报告

如前所述，市场调研是营销策划工作的第一步。调研工作完成后，要出具诊断报告或调研报告。诊断报告要描述清楚以下内容。

（1）调研（诊断）的目的及调研背景。

（2）调研（诊断）的内容与方法、路径。

（3）调研（诊断）的数据及资料分析。

（4）调研（诊断）的SWOT分析。

（5）调研（诊断）的结论及建议。

严格地说，诊断报告的质量决定最终策划方案的水平。一方面，诊断结果，特别是结论和建议能否让委托方认同，决定后面的策划环节是否有必要继续进行；另一方面，策划方案中的相关创意和对策也必须基于诊断报告的结论及建议。所以，策划人员一定要高度重视市场调研环节，并完成高水平的诊断报告。

9.2.2 沟通协调

调研（诊断）报告完成后，制约企业营销目标实现的各种症状及病因均已浮出水面，而且诊断报告里也简要提出了改进对策的思路。这时，要及时与委托方进行沟通，看委托方是否认可该诊断报告。若委托方完全认可诊断的结论及建议，则可继续下面的策划环节。如果委托方对诊断报告的某些地方提出异议，则要认真分析研究。假如我们的调研结果有理有据、正确合理，而对方的看法有偏颇，则用有力的证据说服对方。假如对方的质疑有道理，则可能是我们调研中出现了失误或我们的判断有误，则应重新进行相关部分的调研，直至所有的调研结论都被委托方接受。

9.2.3 头脑风暴

头脑风暴是营销创意的必需过程，当策划团队的一群人围绕一个特定的主题各自提出新观点的时候，这种情境就叫作头脑风暴。由于头脑风暴法使用了没有拘束的规则，人们就能够更自由地思考，进入思想的新区域，从而产生很多的新观点和问题解决方法。

当参加者有了新观点和想法时，他们就大声说出来，然后在他人提出的观点之上建立新观点。所有的观点被记录下来但不进行批评。只有头脑风暴会议结束的时候，才对这些观点和想法进行评估。

头脑风暴过程中必须遵守以下基本原则。

（1）鼓励提出大胆、狂热甚至是夸张荒诞的观点。

（2）头脑风暴过程中不对别人提出的观点评判、指责。

（3）头脑风暴过程中追求意见的质量，但更看重数量。

（4）鼓励在他人提出的观点基础上升华或提出新观点。

（5）每个人和每个观点都有均等的价值。

营销创意一定要集中策划专家团队所有人的智慧和思想。头脑风暴会帮助你提出新的观点。你不但可以提出新观点，而且你将只需要少得令人惊讶的努力。头脑风暴使新观点的产生很容易，而且是个尝试—检测的过程。所以，我们一定要重视头脑风暴的运用，策划主持人必须能熟练驾驭这一过程。

9.2.4　事前协调

为保证最后完成的策划书既科学合理，又能得到委托方的认同，在正式评审之前，和对方相关人员就策划书的主要细节进行沟通。事前协调是一种提案的技巧，也是一种提案的策略。尽管经过模拟演练后提案通过的概率大大增加，但若缺少必要的事前协调，提案过程仍会遇到意想不到的阻力。

一般情况下，委托方都会指定专人——“协调人”与策划团队保持经常性的沟通。说到底，事前协调的关键是协调对方的思想或看问题的方法。不同的人认识问题的角度不同，即使同一个人对同一问题在不同情况下的看法也存在较大差异。消除误解与偏见，获取支持与同情，是事前协调所要努力实现的。不仅要协调好“协调人”，还要通过“协调人”做好对委托方主要人员的沟通工作。如果有可能，还要尽量了解委托方将来评审答辩时可能邀请的专家，提前征求他们的意见，虚心请教，请求指点。这些人在评审答辩过程中所起的作用是巨大的，认识到这一点非常重要。

9.2.5　完成方案

事前协调工作完成后，就要抓紧修改策划文本。并由计算机操作人员精心设计好策划书的 Word 文本和 PPT 文本，按所需份数打印装订，并准备好答辩所用的各种附件和证明材料。若有可能的话，提前将两者格式的打印文本送至评审专家手中。

9.2.6　模拟演练

为保证评审答辩过程的顺利，提高答辩通过的可能性，在正式答辩前有必要进行模拟演练。所谓的模拟演练，就是模拟提案在评审过程中可能会遇到的各种场景。其中，模拟演练较多的是进行“模拟问答”，即对策划案推出过程中，评审委员会或决策者可能会提出的各种问题或质疑，事先进行准备并拟定答案。

通过模拟演练，策划人员可以及时发现策划案中那些被忽视的或是尚未被察觉到的问题，从而在提案前采取措施使之得到解决；同时，对各种场景和问题的模拟，能使提案汇报人获得处理各种问题的经验和技巧，从而有效提高其现场应变能力；另外，多次的模拟演练，对提案人胆量及说服能力的提高也有很大帮助。

在模拟演练时，我们可以将策划团队成员分成两部分，一部分人扮演评委，另一部分人扮演提案者。而对于一些特殊情况，如策划案的保密程度较高，又无法找到可靠人员进行配合，则利用录音机进行自我演练也不失为一种好方法。其具体做法是，提案人先模拟评委提问并录音；然后，用录音机播放问题，根据问题作答并用另一台录音机录音；接下来，回放录音并找出回答过程中失误或不满意的地方，加以改进。如此反复多次，同样能达到分组模拟的效果。

为提高模拟评审答辩的真实度，演练者应该认真对待模拟。对于演练过程中出现的问题，策划者绝不能回避或视而不见。不及时解决，一旦问题在实战中再次出现，影响了提案的通过，则后悔晚矣。另外，演练者应把每一次模拟都当作实战来对待，尽自己最大努力去说服对方。如果在这种假想的评审会上都不能有效地说服对方，那么提案在真实评审过程中被搁置的可能性就很大。

9.2.7 汇报答辩

策划案能否被通过，能否得到认可，这一环节非常关键。汇报人和主答辩人一般由主策划人担任。当然也可以选择团队中既熟悉情况，口才又好的人员承担。答辩时可由主策划人主答，其他成员补充回答。要设法使出浑身解数，向评审委员会及决策者们推销和展示自己的策划案。

为使汇报答辩取得满意的结果，汇报人必须重视以下几个方面。

（1）巧妙使用汇报技巧。技巧的灵活使用，能使汇报人因势利导，增大胜算的把握。例如，当策划的内容相当多时，若能依据策划的过程或组成部分进行分段汇报，效果会更好；又如，当策划的过程较为复杂或比较难把握时，汇报人最好能利用开始的几分钟对汇报内容进行一下概述，这样不仅能方便与会者抓住报告主旨，也能引起评审委员对策划内容的进一步注意。

（2）灵活地使用辅助工具和设备。例如，在进行录像、幻灯片播放时，不要将全部灯关掉，只关掉 1/3 效果最佳；在使用投影仪或演示板进行演示时，演示者最好能站在演示屏旁边，而不要坐下；同时，还要注意演示屏的位置与摆放，以免后排的观众因看不清楚而导致注意力分散；一般情况下，汇报人会手握 PPT 遥控器控制画面。有时也需要配合的工具和设备，并另有人配合演示。演示者要与配合者做好衔接，如一个眼神或一个手势，配合者就能适时配合。

（3）注意控制语速。汇报答辩时语速要快慢适中，不能过快或过慢。过快会让评审专家难以听清楚，过慢会让评审专家感觉答辩人对这个问题不熟悉。

（4）汇报人要注意控制自己的举止和情绪反应。首先，汇报人要充满自信。在进行内容陈述和回答评委提问时，汇报人应尽量多使用肯定性的语气，以表现出对自己的策划有十足的把握和信心。当然，这种自信要以谦虚、礼貌等能使人产生好感的态度来表现，而不是骄傲或自大的态度。其次，对于评委们的提问，汇报人要按顺序一一作答，并且要保证答案简洁明了、逻辑性强且具有说服力。如果遇到较难回答或拿不准的问题，汇报人要尽量避免慌张，保持冷静。同时，要多动脑筋、灵活应对，含糊其词或胡乱作答是不可取的。最后，汇报人要切忌意气用事。汇报过程中，意见、批评的出现是在所难免的。面对这种情况，汇报人反唇相讥、与评委争吵，都是极其不明智的做法。

9.3 营销策划的执行

营销策划的目的能否达到受多方面因素的制约，特别是方案的实施和执行环节。我们经常听到这样的说法，由于方案实施最终未能实现预期目标，委托方便把责任都归咎于策划方。实际上大多数失败的真正原因是执行方面，比如在方案执行过程中，委托方出于实施费用的考虑对许多方案的细节进行擅自改动，甚至掐头去尾后再执行，其结果可想而知。

对整个营销策划活动来说，策划案的实施是最为关键的一环。这其中的道理其实很简单：策划得再好，谋划得再周全，如果不能使策划方案有效地实施和付诸实践，那么一切都将是空谈。对策划活动的领导者来说，能否让策划书中的各项措施落到实处，能否让策划者的意图得到真正的体现，将直接影响着策划活动的效果以及策划目标的实现。

事实上，策划的执行阶段也是对策划方案的最终检验阶段。策划过程中，策划者在制订策划方案时难免会出现考虑不周或过于理想的部分，即使经过提案前的反复改进，错误仍然不可避免。只有通过实施过程的检验，策划者才能进一步发现策划案中存在的不足，从而为今后更好地进行策划工作积累经验。

营销策划的执行对整个策划活动来说，既重要，又关键。策划者或具体的实施者都必须对策划的实施工作予以高度重视。

9.3.1 做好策划执行前的准备

策划方案的执行是一件相当复杂的工作，执行者不仅要面对动态环境的变化，还要接受各种不确定因素带来的挑战。要想使策划的执行工作进展顺利，首先就必须在策划执行前做好充分的准备，不打无准备之仗。

1. 确定方案执行的具体人员及分工

所有的策划方案最终都是由人来执行的。确定策划方案执行的人员和分工，是进行策划执行准备工作的首要任务。

执行的人员及其分工，要围绕策划方案和具体的行动计划来进行。首先，要根据行动计划明确承担执行策划方案的机构，并组编、调配各层级组织及设立相应的领导班子；然后，在此基础上划定每个职位的职责、权限以及与其他相邻组织间的关系。使每个执行部门和人员的分工和责任明确，从而使每个执行者能够各司其职，各负其责，使策划案的各项措施都能落到实处；同时，要制定相应的规章、制度，并交代注意事项等。组织落实的目的就是要以最合理的组织安排和人员调配来保证策划方案执行活动所需的各项资源得到有机整合，使各项资源的效用得到最大限度发挥，以保证策划活动的顺利实施。

2. 对相关人员进行培训

策划方案的执行，最终要依靠具体的操作人员来完成。操作人员的素质、能力及对方案的理解程度，都是决定实施工作顺利进行的重要条件和因素。因此，在正式实施方案之前，对相关人员进行培训就显得十分重要，也十分必要。

对于培训哪些内容、如何进行培训，策划活动的组织者可以根据策划活动的复杂程度以及实施人员已有的素质和水平进行灵活安排。

一般情况下，培训讲解的内容主要应包括策划的意图、策划的目标、实施内容、实施步骤以及实施的要领和注意事项等。而培训的目的也就在于使实施者能够了解或熟练掌握它们，从而为更好地实施方案创造条件。

另外，在进行具体培训的过程中，关于方案的目标、意义及要求部分的内容，既可以由策划者来讲解，也可以由企业或单位的领导人来讲解；而对于具体操作和实施部分的内容，则应由相关的技术人员来说明。

3. 做好前期的宣传工作

（1）正式发文。一次活动能否成功地执行还需要得到更多单位的支持和配合，这样就少不了一份正式的发文，这也是一种很好的宣传方式。发文要规范，如文号、主题词、抄送单位等。

（2）悬挂条幅、张贴海报、设置气拱门、电子屏。要完成以上这些宣传形式还是要有一定的程序的，首先这些宣传形式的文字内容都要由上级确认，并通过相关部门的审查，然后在目标市场内宣传。

（3）借用幕布、展板。活动现场一般都有背景幕布，我们需要事先量好尺寸大小再进行设计，最后悬挂。展板也是用于活动的宣传和张贴海报等。

（4）制作邀请函和节目单。一场活动，我们为了扩大宣传都会邀请领导和嘉宾莅临现场，这样我们要先制作好邀请函并进行派发。可设计成正面是邀请函背面是节目单，并卷成圆筒形绑细绸带红色A4或B5大小的纸张，这样做一来可融入创意，二来美观，三来节约。

（5）演示文稿（PPT）。现在越来越多的活动需要用到多媒体，PPT就是其中一项，例如座谈会、讲座等之类的这些活动都会经常用上，所以演示文稿我们要事先准备好，当然还有投影仪和电脑。要注意几点：一是要有组织的标志；二是要考虑到现场播放出来的效果，就是说背景颜色与文字的对比要比较明显；三是内容的规范。

（6）联系相关媒体。要做到三化。联系常规化：经过多次与一个记者联系，就会建立感情，以后报道就容易了。接待程序化：如要到宣传部审批入校手续，由专门的工作人员进行接待、准备相关材料。新闻通稿格式化：给媒体的新闻共三段，第一段写时间、地点、主题、参与人员，第二段写活动过程、形式，第三段写意义、顾客反应。这样写可以减轻我们的压力，也方便媒体朋友找出他们各自的兴趣点。

（7）领导及嘉宾发言稿。一般活动的开场或是总结，我们还会邀请主要的领导嘉宾发言，有些领导和嘉宾对我们的具体活动还不是十分了解，所以我们最好先准备一份领导及嘉宾的发言稿，以备不时之需。领导发言是一个活动的灵魂，因为对活动的肯定、活动的意义等都要由领导讲出来。

（8）热气球、彩旗。有些活动需要营造出热烈、喜庆的气氛，这样热气球与彩旗就是最好的选择，不但可以营造气氛，还可以扩大宣传。当然，这个要视活动的经费而定。

4. 前期物品的准备

（1）水、水果盘、水果。无论是活动前期的筹备还是活动的现场，我们都要准备好足够的水给工作人员及领导与嘉宾。另外，现在的社会越来越人性化，所以许多活动的桌上我们都会摆放水果，不一定要贵，但一定要对，如新鲜、易食用等。这个环节也要注意摆放抽式纸巾。

（2）地毯。无论是舞台上的还是活动现场道路门口上的，现在很多的活动我们都需要铺上地毯。

（3）灯光、音响等设备。现在的活动执行特别是室外的活动，我们都要用到灯光和音响，而这些设备通常我们都没有，所以要先去租借，一个原则，够用就可以，不需要增加一些花样，没有什么大作用。

（4）准备签到本、中性笔、毛笔。现在的许多活动都有签到这一环节，特别是会议类型的，所以事先要准备好签到表和签到笔，有些还需要准备好签到用的毛笔。

（5）花、礼花炮。许多活动的场景布置都需要用到鲜花。例如，会议桌上、致辞台上、茶几上。还有就是上台献的花环或是花束，这些花都要按照不同场合提前准备好。另外，很多晚会等类型的活动在开场或是结束的时候都会放礼花炮，所以在举办这些活动时我们要准备好，同时要安排好放礼花炮的人员。当然，这个也是能省则省。

（6）桌椅、来宾座位安排表及领导座位签（牌）。许多的活动都需要用到桌椅，特别是室外的一些活动，这些桌椅我们都要事先借好、摆放好。条件允许还要增加桌布，这样感觉更正式。座位安排事先就要划分好区域，在座位贴上座位表。正式会议的桌前，晚会的领导以及嘉宾席等都需要事先摆放好座位签（牌）。

（7）帐篷。一些在室外的活动，我们要考虑到天气变化的问题，提前准备好帐篷，主要用于音响、灯光和工作人员的避雨。

（8）预订工作餐。重大活动和长时间的活动要提供工作餐，因为实在是太辛苦了。当然，这只是组织的一种心意，不用吃得好，但要吃得饱。

（9）小礼品或奖品。如果是顾客参与的抽奖活动，一般会有礼品或奖品，我们自然还要准备些小礼品或奖品送给积极参与的观众。

5. 前期的其他准备工作

（1）确定到场的领导及嘉宾。活动之前要确定好会到场的领导及嘉宾，这样我们方能准确地做好座位签（牌），安排好座位。

（2）确定主持人。所有的活动在开始之前我们都要先与主持人沟通，商量好一些细节的东西。主持人的选择要很慎重，性质不同的活动就要选择风格不同的主持人。

（3）活动场地借用。无论是室内还是室外的活动，都需要活动场地，为了保证活动能够如期开展，我们一定要之前就审批好场地。

（4）管弦乐队、背景音乐。会议、座谈会、颁奖仪式、讲座之类的活动，我们一般要先准备好管弦乐队和背景音乐，以营造现场气氛。

（5）特殊用电。活动基本都需要用电，特别是室外的活动，我们都要事前提出申请，审批好电。如果需要电缆，则要提前联系好。

（6）确定活动及颁奖顺序。如果活动包含颁奖仪式，我们则需要提前确定礼仪的颁奖顺序，这样方能更好地保证会议的顺利进行。对于这一点，只有经过彩排才能保证质量，在许多时候，彩排了还是不能很好地完成，因为变数实在太多了，如领导、临时调整等因素。

（7）路标制作及摆放。如果我们活动的现场比较不容易找到或是有邀请以外的嘉宾，我们还需要事先做好路标，方便大家到场。如果是重大活动，就需要一些有明显服装标志的志愿者站在重要地点，如现场大门口、转弯处等举着指示牌来引导。

（8）突发情况的应急预案。前期准备时一定要考虑好可能出现的突发事件，并制定好应急处理预案。如下雨（雪）、顾客拥挤、火灾、地震、停电、有人蓄意破坏等。

9.3.2 掌握策划案执行的步骤

一般来说，策划案的具体执行大体可以由三个步骤构成：首先，进行方案模拟执行；其次，正式执行方案；最后，做好执行考核。

1. 模拟执行

进行模拟执行，首先，执行者要熟悉策划案实施的整个过程和程序；其次，要注意在执行过程中找出执行的关键环节；另外，进行执行模拟时，还要尽可能地去发现执行过程中可能会遇到的各种问题，从而及时准备、早做预防。

当然，进行执行模拟更多的是出于策略上的考虑，您也可以省去不做。不过，为了能使执行过程更加顺利、执行效果更好，建议您还是要认真去做。

2. 正式执行

所谓正式执行，其实就是全面落实策划方案各项措施的具体过程。这也是整个策划方案实施工作中最为核心的部分。它不仅直接关系着策划目标能否圆满实现，同时也是检验策划方案成效的一个重要过程。

要实现策划方案的顺利实施，首先，策划活动的组织者要明确方案执行过程中各执行人员的分工和责任，将策划方案的各项措施落实到人；其次，在实施过程中要以策划方案为依据，并严格执行；再次，要对实际支出和工作进度进行有效控制；最后，对策划实施过程中出现的偏差和遇到的问题要做好反馈，以便及时发现及时调整。

3. 执行考核

执行考核对策划案的执行来说也是必不可少的一步。通过执行考核，策划者和执行者可以及时掌握策划案的实施情况，从而实现对方案执行进度与执行效果的及时控制。做好中间考核，也是策划者真实意图得到贯彻与执行的一个有效保障。

一般来讲，执行考核的内容主要应包括以下几个方面，如执行费用与支出的情况、执行进度、执行效果以及执行者的态度等。而对于考核时间的安排，则比较灵活，既可以是定期评估，也可以是随机抽查。另外，就考核方法与方式的选择来说，则更是灵活多样，策划工作的负责人可以根据具体实际情况灵活掌握。

9.4　营销策划的控制

纵观营销策划方案执行失败的案例不难发现，要么是对策划方案掐头去尾，严重缩水变形后的操作；要么是不按策划方案的设计思路随意执行，从而造成执行费用超预算，营销效果不理想的现象。可见，策划工作不能没有控制，离开了有效的控制，策划目标将很难实现。要想使策划工作顺利进行，策划活动的组织者就必须采取有效的控制措施，重视和做好控制工作。

所谓市场策划营销控制，是指市场营销管理者及时检查营销策划方案的执行情况，看看计划与实绩是否一致，如果不一致或没有达到策划要求，就要找出原因所在，并采取适当措施和正确行动，以保证市场营销策划任务的完成。

营销策划本身就是一项系统而复杂的工程。从策划的立案、调研、创意、论证、执行等，不仅环节众多，涉及内容、范围广，而且需要有大量的配合与协作。环节众多与过程的复杂，不仅导致了策划工作中不确定因素的大大增加，而且也使策划活动变得相当“脆弱”，极易出现失误或偏差。尤其是策划的实施，更易遭受来自环境变化所引发的冲击而出现问题。当这些失误、偏差和问题积累到一定程度时，它们就会严重阻碍策划活动的进行。因此，及时发现、解决与纠正这些失误、偏差和问题，就显得非常重要。这也正是策划活动需要做好控制工作的原因所在。

做好营销策划控制，营销策划活动中的失误、偏差和问题才能被及时发现并有效地解决；也正是因为有了控制，策划活动才能更好地沿着正确的方向顺利进行。可以说，没有良好的控制，就不可能有策划活动的成功。控制是营销策划成功的有效保障。

营销策划控制主要是通过年度计划控制（annual plan control）、盈利能力控制（profitability control）和效率控制（efficiency control）来实现的。

9.4.1　年度计划控制

所谓年度计划控制，是指企业在本年度内采取控制步骤，检查实际绩效与营销计划之间是否有偏差，并采取改进措施，以确保市场营销计划的实现与完成。许多企业的策划方案都制订有相当周密的计划，但执行的结果却往往与之有一定的差距。事实上，计划的结果不仅取决于策划方案是否科学合理，还有赖于策划执行与控制的效率如何。可见，年度计划制订并付诸实施之后，搞好营销策划控制工作也是一项极其重要的任务。

1. 年度计划控制的主要目的

许多营销策划方案都是跨年度，甚至是几年的行动方案。做好年度计划控制，有利于保证策划方案的有效实施。概括地说，年度计划控制的主要目的如下。

（1）促使营销策划方案的实施，产生连续不断的推动力。

（2）年度计划控制的结果可以作为年终绩效评估的依据。

（3）便于发现企业营销运营中的潜在问题并及时予以妥善解决。

（4）高层管理人员可借此有效地监督各部门的工作。

2. 年度计划控制的四个主要步骤

（1）制定标准，即确定本年度各个季度（或月）的目标，如销售目标、利润目标等。在实际操作中，本年度各个季度（或月）的目标是企业营销目标的分解。

（2）绩效测量，即将实际成果与预期成果相比较。

（3）因果分析，即研究发生偏差的原因。

（4）改正行动，即采取最佳的改正措施，努力使成果与计划相一致。

3. 核对年度计划目标的实现程度

企业营销管理人员可运用五种绩效工具以核对年度计划目标的实现程度，即销售分析、市场占有率分析、市场营销费用对销售额比率分析、财务分析、顾客态度追踪等。

（1）销售分析。销售分析主要用于衡量和评估所制订的计划销售目标与实际销售之间的关系，这种关系的衡量和评估有两种主要方法。

① 销售差异分析。销售差异分析用于决定各个不同的因素对销售绩效的不同作用。例如，假设年度计划要求第一季度销售4 000件产品，每件1元，即销售额4 000元。在该季结束时，只销售了3 000件，每件0.8元，即实际销售额2 400元。那么，这个销售绩效差异为－1 600元或预期销售额的－40%。问题是，绩效的降低有多少归因于价格下降？有多少归因于销售数量的下降？我们可用如下计算来回答：

因价格下降的差异=（1－0.8）×3 000=600，占37.5%；

因数量下降的差异=1×（4 000－3 000）=1 000，占62.5%。

可见，约有2/3的销售差异归因于未能实现预期的销售数量。由于销售数量通常较价格容易控制，企业应该仔细检查为什么不能达到预期的销售量。

② 微观销售分析。微观销售分析可以决定未能实现预期销售额的特定产品、地区等。假设企业在三个地区销售，其预期销售额分别为1 500元、500元和2 000元，总额4 000元。实际销售额分别是1 400元、525元、1 075元。就预期销售额而言，第一个地区有7%的未完成额，第二个地区有5%的超出额，第三个地区有46%的未完成额。主要问题显然在第三个地区。造成第三个地区不良绩效的原因有如下可能：a.该地区的销售代表工作不努力或有个人问题；b.有主要竞争者进入该地区；c.该地区居民收入下降。

（2）市场占有率分析。企业的销售绩效并未反映出相对于其竞争者，企业的经营状况如何。如果企业销售额增加了，可能是由于企业所处的整个经济环境的发展，或可能是因为其市场营销工作较之其竞争者有相对改善。市场占有率正是剔除了一般的环境影响来考察企业本身的经营工作状况。如果企业的市场占有率升高，表明它较其竞争者的情况更好；如果下降，则说明相对于竞争者其绩效较差。衡量市场占有率的第一个步骤是清楚地定义使用何种度量方法。一般地说，有四种不同的度量方法。

① 全部市场占有率。以企业的销售额占全行业销售额的百分比来表示。使用这种测量方法必须做两项决策：a.要以单位销售量或以销售额来表示市场占有率；b.正确认定行业的范围，即明确本行业所应包括的产品、市场等。

② 可达市场占有率。以其销售额占企业所服务市场的百分比来表示。所谓可达市场，一是企业产品最适合的市场；二是企业市场营销努力所及的市场。企业可能有近100%的可达市场占有率，却只有相对较小百分比的全部市场占有率。

③ 相对市场占有率（相对于三个最大竞争者）。以企业销售额对最大的三个竞争者的销售额总和的百分比来表示。如某企业有 30%的市场占有率，其最大的三个竞争者的市场占有率分别为 20%、10%、10%，则该企业的相对市场占有率是 30/40＝75%。一般情况下，相对市场占有率高于 33%即被认为是强势力。

④ 相对市场占有率（相对于市场领导竞争者）。以企业销售额相对市场领导竞争者的销售额的百分比来表示。相对市场占有率超过 100%，表明该企业是市场领导者；相对市场占有率等于 100%，表明企业与市场领导竞争者同为市场领导者；相对市场占有率的增加表明企业正接近市场领导竞争者。

了解企业市场占有率之后，尚需正确解释市场占有率变动的原因。企业可从产品大类、顾客类型、地区以及其他方面来考察市场占有率的变动情况。一种有效的分析方法，是从顾客渗透率 C_p、顾客忠诚度 C_1、顾客选择性 C_s 以及价格选择性 P_s 四个因素分析。所谓顾客渗透率，是指从本企业购买某产品的顾客占该产品所有顾客的百分比。所谓顾客忠诚度，是指顾客选择性，是指本企业一般顾客的购买量相对其他企业一般顾客的购买量的百分比。所谓价格选择性，是指本企业平均价格同所有其他企业平均价格的百分比。这样，全部市场占有率 T_{ms} 就可表述为

$$T_{ms}=C_p \cdot C_1 \cdot C_s \cdot P_s$$

（3）市场营销费用对销售额比率分析。年度计划控制也需要检查与销售有关的市场营销费用，以确定企业在达到销售目标时的费用支出。市场营销费用对销售额比率是一种主要的检查方法。市场营销管理人员的工作，就是密切注意这些比率，以发现是否有任何比例失去控制。当一项费用对销售额比率失去控制时，必须认真查找问题的原因。

（4）财务分析。市场营销管理人员应就不同的费用对销售额的比率和其他的比率进行全面的财务分析，以决定企业如何以及在何处展开活动，获得盈利。尤其是利用财务分析来判别影响企业资本净值收益率的各种因素。

（5）顾客态度追踪。如上所述的年度计划控制所采用的衡量标准大多是以财务分析和数量分析为特征的，即它们基本上是定量分析。定量分析虽然重要但并不充分，因为它们没有对市场营销的发展变化进行定性分析和描述。为此，企业需要建立一套系统来追踪其顾客、经销商以及其他市场营销系统参与者的态度。如果发现顾客对本企业和产品的态度发生了变化，企业管理者就能较早地采取行动，争取主动。企业一般主要利用以下系统来追踪顾客的态度。

① 抱怨和建议系统。企业对顾客的书面或口头抱怨应该进行记录、分析，并做出适当的反应。对不同的抱怨应该分析归类做成卡片，较严重和经常发生的抱怨应及早予以注意。企业应该鼓励顾客提出批评和建议，使顾客经常有机会发表意见，才有可能收集到顾客对其产品和服务反映的完整资料。

② 固定顾客样本。有些企业建立由一定代表性的顾客组成的固定顾客样本，定期地由企业通过电话访问或邮寄问卷了解其态度。这种做法有时比抱怨和建议系统更能代表顾客态度的变化及其分布范围。

③ 顾客调查。企业定期让一组随机顾客回答一组标准化的调查问卷，其中问题包括职员态度、服务质量等。通过对这些问卷的分析，企业可及时发现问题，并及时予

以纠正。

通过上述分析，企业在发现实际绩效与营销策划中预期的年度计划发生较大偏差时，可考虑采取如下措施：削减产量，降低价格，对销售队伍施加更大的压力，削减杂项支出，裁减员工，调整企业簿记，削减投资，出售企业财产，出售整个企业。

9.4.2 盈利能力控制

除了年度计划控制之外，企业还需要运用盈利能力控制来测定不同产品、不同销售区域、不同顾客群体、不同渠道以及不同订货规模的盈利能力。由盈利能力控制所获取的信息，有助于营销管理人员决定各种产品或市场营销活动是扩展、减少还是取消。下面拟就市场营销成本以及盈利能力的考察指标等做一阐述。

1. 市场营销成本

市场营销成本直接影响企业利润，它由如下项目构成。

（1）直接推销费用，包括直销人员的工资、奖金、差旅费、培训费、交际费等。

（2）促销费用，包括广告媒体成本、产品说明书印刷费用、赠奖费用、展览会费用、促销人员工资等。

（3）仓储费用，包括租金、维护费、折旧、保险、包装费、存货成本等。

（4）运输费用（包括托运费用等），如果是自有运输工具，则要计算折旧、维护费、燃料费、牌照税、保险费、司机工资等。

（5）其他市场营销费用，包括市场营销管理人员工资、办公费用等。上述成本连同企业的生产成本构成了企业的总成本，直接影响企业经济效益。其中，有些与销售额直接相关，称为直接费用；有些与销售额并无直接关系，称为间接费用。有时两者也很难划分。

2. 盈利能力的考察指标

取得利润是任何企业的最重要的目标之一。企业盈利能力历来为市场营销管理人员所高度重视，因而盈利能力控制在市场营销管理中占有十分重要的地位。在对市场营销成本进行分析之后，我们特提出如下盈利能力考察指标。

（1）销售利润率。一般来说，企业将销售利润率作为评估企业获得能力的主要指标之一。销售利润率是指利润与销售额之间的比率，表示每销售一百元以使企业获得的利润，其公式是

$$\text{销售利润率} = \frac{\text{本期利润}}{\text{销售额}} \times 100\%$$

但是，在同一行业各个企业间的负债比率往往大小相同，而对销售利润率的评价又常需通过与同行业平均水平来进行对比。所以，在评估企业获得能力时最好能将利息支出加上税后利润，这样将能大体消除由于举债经营而支付的利息对利润水平产生的不同影响。因此，销售利润率的计算公式应该是

$$\text{销售利润率} = \frac{\text{税后息前利润}}{\text{产品销售收入净额}} \times 100\%$$

这样的计算方法，在同行业间衡量经营水平时才有可比性，才能比较正确地评价市

场营销效率。

（2）资产收益率。资产收益率指企业所创造的总利润与企业全部资产的比率。其公式是

$$资产收益率=\frac{本期利润}{资产平均总额}\times 100\%$$

与销售利润率的理由一样，为了在同行业间有可比性，资产收益率可以用如下公式计算：

$$资产收益率=\frac{税后息前利润}{资产平均总额}\times 100\%$$

其分母之所以用资产平均总额，是因为年初和年末余额相差很大，如果仅用年末余额作为总额显然不合理。

（3）净资产收益率。净资产收益率指税后利润与净资产所得的比率。净资产是指总资产减去负债总额后的净值，这是衡量企业偿债后的剩余资产的收益率。其计算公式是

$$净资产收益率=\frac{税后利润}{净资产平均余额}\times 100\%$$

其分子之所以不包含利息支出，是因为净资产已不包括负债在内。

（4）资产管理效率。可通过以下比率来分析。

① 资产周转率。该指标是指一个企业以资产平均总额去除产品销售收入净额而得出的全部资产周转率。其计算公式如下：

$$资产周转率=\frac{产品销售收入净额}{资产平均占用额}$$

该指标可以衡量企业全部投资的利用效率，资产周转率高说明投资的利用效率高。

② 存货周转率。该指标是指产品销售成本与存货（指产品）平均余额之比。其计算公式如下：

$$存货周转率=\frac{产品销售成本}{存货平均余额}$$

这项指标说明某一时期内存货周转的次数，从而考核存货的流动性。存货平均余额一般取年初和年末余额的平均数。一般来说，存货周转率次数越高，说明存货水准越低，周转快，资金使用效率高。

资产管理效率与获利能力密切相关。资产管理效率高，获利能力相应也较高。这可以从资产收益率与资产周转率及销售利润率的关系上表现出来。资产收益率实际上是资产周转率和销售利润率的乘积：

$$资产收益率=\frac{产品销售收入净额}{资产平均占用额}\times\frac{税后息前利润}{产品销售收入净额}=资产周转率\times 销售利润率$$

9.4.3　效率控制

假如盈利能力分析显示出企业关于某一产品、地区或市场所得的利润很差，那么紧接着下一个问题便是有没有高效率的方式来管理销售人员、广告、销售促进及分销。

1. 销售人员效率

企业的各地区的销售经理要记录本地区内销售人员效率的几项主要指标，这些指标包括：

（1）每个销售人员每天平均的销售访问次数；

（2）每次会晤的平均访问时间；

（3）每次销售访问的平均收益；

（4）每次销售访问的平均成本；

（5）每次销售访问的执行成本；

（6）每百次销售访问而订购的百分比；

（7）每期间的新顾客数；

（8）每期间丧失的顾客数；

（9）销售成本对总销售额的百分比。

企业可以从以上分析中发现一些非常重要的问题，例如，销售代表每天的访问次数是否太少，每次访问所花时间是否太多，是否在招待上花费太多，每百次访问中是否签订了足够的订单，是否增加了足够的新顾客并且保留住了原有的顾客。当企业开始正视销售人员效率的改善后，通常会取得很多实质性的改进。

2. 广告效率

企业应该至少做好如下统计：

（1）每一媒体类型、每一媒体工具接触每千名购买者所花费的广告成本；

（2）顾客对每一媒体工具注意、联想和阅读的百分比；

（3）顾客对广告内容和效果的意见；

（4）广告前后对产品态度的衡量；

（5）受广告刺激而引起的询问次数。

企业高层管理可以采取若干步骤来改进广告效率，包括进行更加有效的产品定位、确定广告目标、利用计算机来指导广告媒体的选择、寻找较佳的媒体，以及进行广告后效果测定等。

3. 促销效率

为了改善销售促进的效率，企业管理阶层应该对每一销售促进的成本和对销售的影响做记录，注意做好如下统计：

（1）由于优惠而销售的百分比；

（2）每一销售额的陈列成本；

（3）赠券收回的百分比；

（4）因示范而引起询问的次数。

企业还应观察不同销售促进手段的效果，并使用最有效果的促销手段。

4. 分销效率

分销效率主要是对仓库位置及运输方式进行分析和改进，以达到最佳配置并寻找最佳运输方式和途径。例如，面包批发商遭到了来自连锁面包店的激烈竞争，它们在面包的实体分配方面处境尤其不妙，面包批发商必须做多次停留，而每停留一次只送少量面包。不仅如此，开车司机一般还要将面包送到每家商店的货架上，而连锁面包商则将面包放在连锁店的卸货平台上，然后由商店工作人员将面包陈列到货架上，这种物流方式促使美国面包商协会提出：是否可以利用更有效的面包处理程序为题进行调查。该协会进行了一次系统工程研究，他们以一分钟为单位具体计算面包装上卡车到陈列在货架上所需要的时间；通过跟随司机送货和观察送货过程，这些管理人员提出了若干变革措施，使经济效益的获得来自更科学的程序。不久，他们在卡车上设置特制面包陈列架，只需司机按动电钮，面包陈列架就会在车子后部自动开卸，这种改进措施既受到进货商店的欢迎，又提高了工作效率。不过，人们通常要等到竞争压力增强到非改不可的时候才开始行动。

效率控制的目的在于提高人员推销、广告、销售促进和分销等市场营销活动的效率，市场营销经理必须注视若干关键比率，这些比率表明上述市场营销组合因素的功能执行的有效性以及应该如何引进某些资料以改进执行情况。

复习思考题

1. 如何确定策划团队的人员及其分工？
2. 策划方案执行前须做好哪些准备工作？
3. 策划方案执行的步骤是什么？
4. 怎样进行营销策划的控制？

案例讨论

KFC 营销策划为何失败

KFC 秒杀门事件，是一起极为典型的事件营销失败案例。但是，这起事件的典型性却在于该事件的非典型性结果。通常，我们可以看到的失败事件策划都是没有效果，无疾而终，而 KFC 秒杀门却是效果太猛无法收场。因此，对于 KFC 秒杀门事件的分析，有助于大家认识事件营销的决策与策划，有助于企业认识事件营销策划的风险。

1. KFC 秒杀全家桶优惠券事件营销的策划

KFC 秒杀门事件的策划，看起来是天衣无缝的。

（1）根据事件营销的风险规则，事件策划选择了“聚焦”这一风险与控制适中的切入点。

（2）官方发布渠道选择在淘宝网的肯德基超值星期二旗舰店。

（3）秒杀的标底仅仅为 100 张标价 0.01 元的全家桶对折券。

（4）事件的结果看起来是可控的：100 张折扣券，每张折扣券是 64 元全家桶对折为 32 元大优惠，区区 3 200 元而已。

（5）被淘宝网发明的“秒杀”这个游戏，几年来已经是令人熟悉到可以泛滥，几乎从未听说谁从中失手。

2. KFC 秒杀门事件的发生

事件的过程中，出现了两大蹊跷的漏洞，造成了最终的“悲剧”结局：

（1）网络上出现多家通过发送链接创业导航网式传播可打印优惠券的网站。

（2）星期二早晨有部分打印优惠券被肯德基允许使用。

鉴于疯传的所谓非法优惠券造成的极为严峻的事态，肯德基的反应是发表声明，拒绝使用优惠券，暂时关闭部分被围观的店面。

3. KFC 秒杀门事件细节分析

通过互联网传播的事件，是典型的群体事件，群体事件容易引发但是不容易控制。几乎所有的企业都在做着发财梦：事件营销，四两拨千斤，只花极少的钱就能办很大的事。KFC 秒杀门告诉我们，KFC 失败了，事件营销策划如果控制不力是会有风险的。

4. 失败原因分析

（1）肯德基没有预料到事件的猛烈程度，或者肯德基对于事件传播的期待太高，没有看到事物的两面性。这个事件告诉我们，淘宝太妖了，聚集了草根的互联网太伟大了，蝴蝶展翅是否会引起飓风，每个事件营销的策划人都必须留意。

（2）第一个细节的失败造成了第二个细节问题：肯德基对于这次秒杀太不重视了。可以想象，肯德基肯定没有将这么“小”的一次营销策划层层传达，以至于很多冒牌优惠券被非法允许使用。当然，如果这种非法使用是被授意的，那就足可令人鄙视了。

（3）前面两个细节问题造成了体制无法承受的风险：各门店无法应对危机，甚至各地的肯德基机构无法统一做出官方的信息发布。这种体制性的失控由以下原因造成：

① 加盟连锁模式造成的响应速度缓慢。加盟制终端的连锁店直面的顾客信息一级级反馈到总部公关机构时，公关机构一定已经被内部问询电话搞得头昏脑涨，无法处理任何请求。

② 企业信息化建设缺失。到达连锁店的 ERP 终端在平时看似毫无作用，但是对于这次百年一遇的危机事件就显得格外重要。离开了这样的信息传递模式，遇到灾难性事件，整个组织就会失去控制，无法发出同样的声音。

③ 公关部门缺乏危机处理能力，发言生硬，不会迎合公众。

营销的目的不仅仅是吸引眼球，更重要的是获得企业的美誉度。事件营销如同高空行走，走过去海阔天空，失足跌落则美誉度丧尽。互联网是双向创业导航网纵的媒体，是强大的社会化媒体，在利用事件营销传播企业品牌与获取巨大销量的时候，一定要认识到事件营销的风险性。

（4）营销策划执行的准备不足与控制不力，是该策划失败的关键因素。

案例来源：老板网，作者：杨帆，笔者稍有改动。

讨论题：该案例给了你哪些启示？

第 10 章

营销策划书通用模板及范文

本章提要

营销策划作为一门艺术，和其他艺术门类一样，都是在经验积累基础上的升华。没有基础和规范，就根本不可能有创新和升华。正如流派分明、风格各异的书法艺术家们，都是从临摹正楷字帖起步的。因此，本文认为有必要从结构上对各类营销策划书进行规范。这样有利于初学者的入门，对许多半路出家的企业专职策划人员更为重要。这有利于推动中国策划事业的健康发展，有利于理论和实践的更好结合。

本章为企业常用的几种营销策划提供了模板和范文，包括商业（创业）计划书通用模板及范文、市场调研计划书通用模板及范文、市场调研报告通用模板及范文、企业形象策划通用模板及范文、企业品牌策划通用模板及范文、新产品上市策划通用模板及范文、公关方案策划通用模板及范文、销售促进策划通用模板及范文、整合营销策划通用模板及范文。

学习目标（重点与难点）

1. 商业（创业）计划书通用模板。
2. 市场调研计划书模板。
3. 市场调研报告模板。
4. 企业形象策划模板。
5. 品牌策划模板。
6. 新产品上市策划模板。
7. 公关策划模板。
8. 销售促进策划模板。
9. 整合营销策划模板。

框架结构（图 10-0）

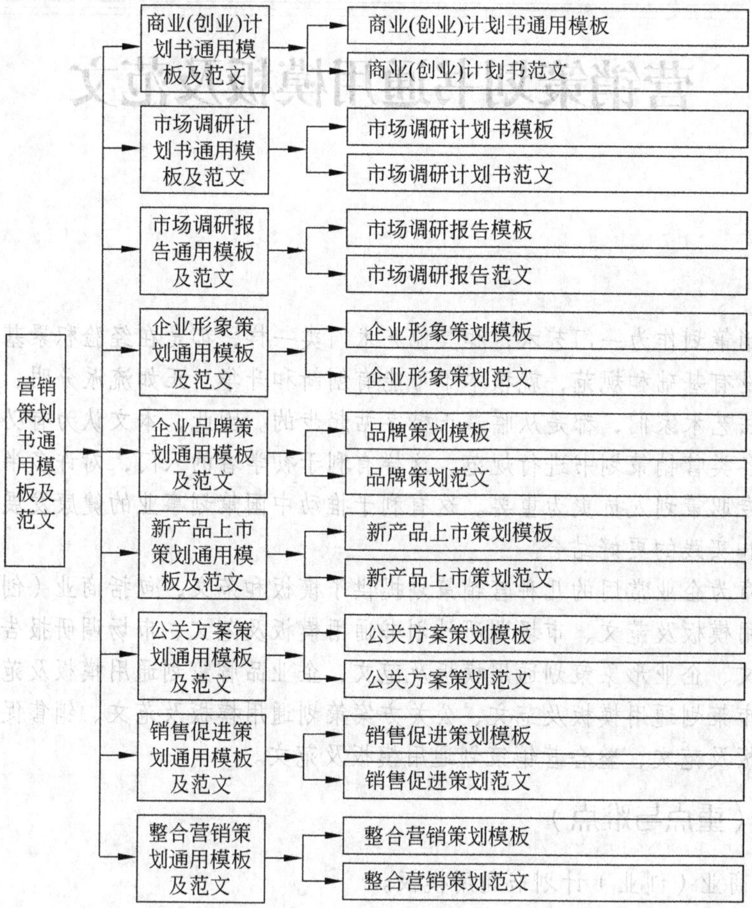

图 10-0　框架结构

营销策划是一门创造思维的艺术，本不应该有固定的格式和模板。但是，近年来我们发现，我国策划界风起云涌，大腕辈出，但策划水平参差不齐，企业实施的效果也差别较大。有些出自所谓大腕的甚至获得各级奖励的营销策划方案，竟犯低级的常识性错误。如在策划方案中，将“产品策略”“价格策略”“营销策略”并列撰写。显然他（她）把营销和促销甚至是推销等同了。再如，企业就同一个项目找策划人洽谈策划事宜，不同策划方给出的商业计划书大纲千差万别、内容和格式迥异。委托方也没有标准衡量到底哪个计划书合理？应该跟谁合作？我受邀参加了一些企业的方案论证会，也亲自为一些企业主持过营销策划，对此有很深的体会。在日常的教学过程中，我也经常听到学生反映说，他们研究了许多策划案例，同一种策划差别很大，不知应该学哪个？后来我发现，有的策划方案其实就是一个“点子”，称不上是真正的策划方案。

10.1 商业（创业）计划书通用模板及范文

10.1.1 商业（创业）计划书通用模板

一个规范的商业（创业）计划书一般应包括以下主要内容。

封面

目录

1 项目概要

1.1 项目介绍

1.2 公司基本情况

1.2.1 公司概述

1.2.2 公司环境

1.2.3 公司运作

1.2.4 公司宗旨

1.2.5 公司文化

2 市场分析

2.1 产业背景分析

2.2 市场需求分析

2.3 国内外产业发展水平

2.4 宏观政策分析

2.5 产业竞争分析

2.5.1 现有竞争对手分析

2.5.2 潜在竞争对手分析

2.5.3 市场前景分析及预测

2.5.4 现有市场消费量

2.5.5 市场前景及预测

2.6 SWOT 分析

2.6.1 优势分析

2.6.2 劣势分析

2.6.3 机会分析

2.6.4 威胁分析

2.6.5 应对策略

3 项目定位

3.1 目标客户群定位

3.2 功能定位（核心竞争力描述）

3.3 心理定位

4 发展战略

5 市场营销策略
  5.1 市场策略
  5.2 合作伙伴与融资
  5.3 定价策略
  5.4 营销渠道
  5.5 促销策略
    5.5.1 广告促销
    5.5.2 人员推销
    5.5.3 销售促进
    5.5.4 公共关系
6 公司管理
  6.1 公司性质
  6.2 公司组织
  6.3 主要管理人员
  6.4 主要管理机构
  6.5 人员配置
7 风险分析
  7.1 财务风险
  7.2 管理风险
  7.3 市场风险
  7.4 资源风险
  7.5 政策风险
8 财务分析
9 附录

10.1.2 商业（创业）计划书范文

孝贤老年城项目商业（创业）计划书

封面

目录

1 项目概要
  1.1 项目介绍
  1.2 公司基本情况
    1.2.1 公司概述
    1.2.2 公司环境
    1.2.3 公司运作
    1.2.4 公司宗旨
    1.2.5 公司文化

2　老年城产业及服务
　2.1　老年公寓住宅设计
　　2.1.1　设计理念
　　2.1.2　设计规划
　2.2　老年公寓服务体系
　　2.2.1　医疗护理园
　　2.2.2　健身保健园
　　2.2.3　文化教育园
　　2.2.4　休闲娱乐园
　　2.2.5　营养餐饮园
　　2.2.6　个性化服务
　　2.2.7　健康咨询服务
3　市场分析
　3.1　产业背景分析
　　3.1.1　老年人现状
　　3.1.2　老年市场需求分析
　　3.1.3　国内外老年产业发展水平
　　3.1.4　宏观政策分析
　3.2　产业竞争分析
　　3.2.1　现有竞争对手分析
　　3.2.2　潜在竞争对手分析
　3.3　市场前景分析及预测
　　3.3.1　现有市场消费量
　　3.3.2　市场前景及预测
　3.4　SWOT 分析
　　3.4.1　竞争优势
　　3.4.2　自身劣势
　　3.4.3　外部机会
　　3.4.4　外部威胁
　　3.4.5　应对策略
　3.5　市场定位
　　3.5.1　项目定位
　　3.5.2　目标客户群定位
　　3.5.3　心理定位
4　发展战略
5　市场营销策略
　5.1　市场策略
　5.2　合作伙伴与融资
　5.3　营销渠道

1 项目概要

1.1 项目介绍

项目位于优美环境之中，集舒适住宅与优质服务为一体的老年城是此次我组项目市场营销策划的主要对象。

基于市场上对于全方位周到的老年住宅服务的需求，我组开展了一系列的市场调研和资料搜集，提出了这一项目的基本策划。老年住宅的设计规划包括：独立型老年公寓、集合型老年公寓、护理型老年公寓、小户型为主的单元房公寓，满足不同老年人的各种需求；同时，全方位的服务体系包括：医疗护理、健身保健、文化教育、休闲娱乐、营养餐饮、个性化服务以及健康咨询服务，加之以幽雅秀丽的环境为依托，这些都是此次项目的特色与卖点。此项目的目标客户群体锁定在有一定消费能力的老年群体。并以营造良好的氛围、优质的管理服务为理念，结合老年城项目的特点，倡导具有市场前瞻性的营销观念，提出一系列创新型的营销策略。

以上这些特点与优势都成为孝贤老年城在市场上的有效竞争力。

1.2 公司基本情况

1.2.1 公司概述

公司名称：孝贤老年城股份有限责任公司

公司性质：股份有限责任公司

职工人数：306 人

公司法人代表：（暂时未定）

经营范围：为老年人提供住房、医疗、娱乐等一系列全方位的服务

合作方式：合作

投资总额：1.29 亿元

注册资本：1.29 亿元

公司地址：天津市蓟县官庄镇莲花岭村

1.2.2　公司环境

该公司拟建在天津市蓟县官庄镇莲花岭村，具体方位如图 10-1 中椭圆红色部分所示。

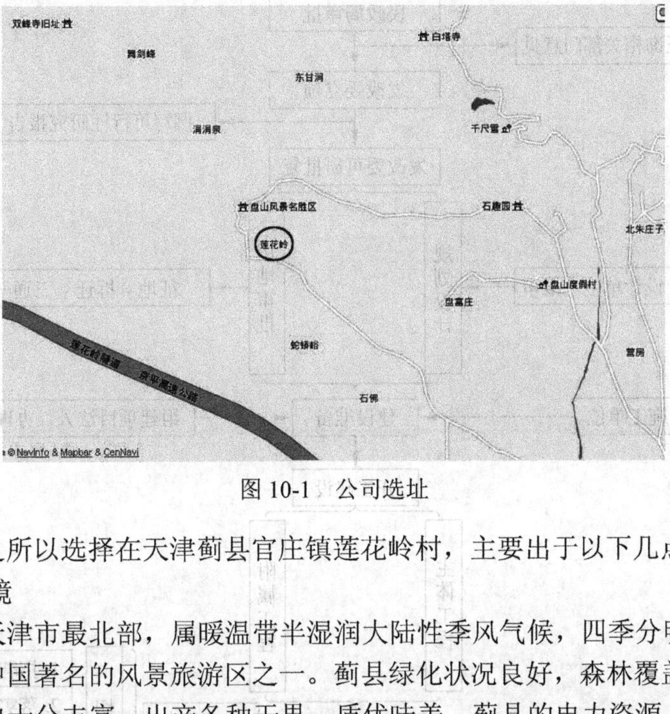

图 10-1　公司选址

公司地址之所以选择在天津蓟县官庄镇莲花岭村，主要出于以下几点原因考虑。

1. 地理环境

蓟县位于天津市最北部，属暖温带半湿润大陆性季风气候，四季分明，阳光充足，热量丰富，是中国著名的风景旅游区之一。蓟县绿化状况良好，森林覆盖率 37.1%。蓟县的自然资源也十分丰富，出产各种干果，质优味美。蓟县的电力资源、水资源也比较丰富。蓟县享有山清水秀、风光旖旎、物华天宝、人杰地灵之美誉。官庄镇莲花岭村，环境安静幽雅、风景秀美，与盘山、石趣园、独乐寺等景区毗邻。因此，这种环境非常优越，污染较少，很适合居住。

2. 交通环境

蓟县距北京 88 千米，距天津 115 千米，距承德 220 千米，距秦皇岛 236 千米。交通四通八达。京秦、大秦铁路横贯东西，津蓟铁路直抵县城。

3. 社会环境

蓟县属于经济开发区、绿色食品示范区、旅游度假区、商贸服务区、居民生活区，并且服务功能齐全、投资环境优越、基础设施完善、服务业发展迅速，完备的城市载体功能，优惠的投资政策，高效的文明服务，社会环境优越。

4. 经济环境

目前，蓟县内还没有成型的完善的老年公寓，所以在县内发展老年公寓类项目，是今后蓟县重要投资方向。蓟县内拥有蓟县商场、鼓楼商场、综合商场、粮贸大厦、能源商场等较大型国营商场五个，商业设施比较齐全。

1.2.3 公司运作

公司运作基本流程如图 10-2 所示。

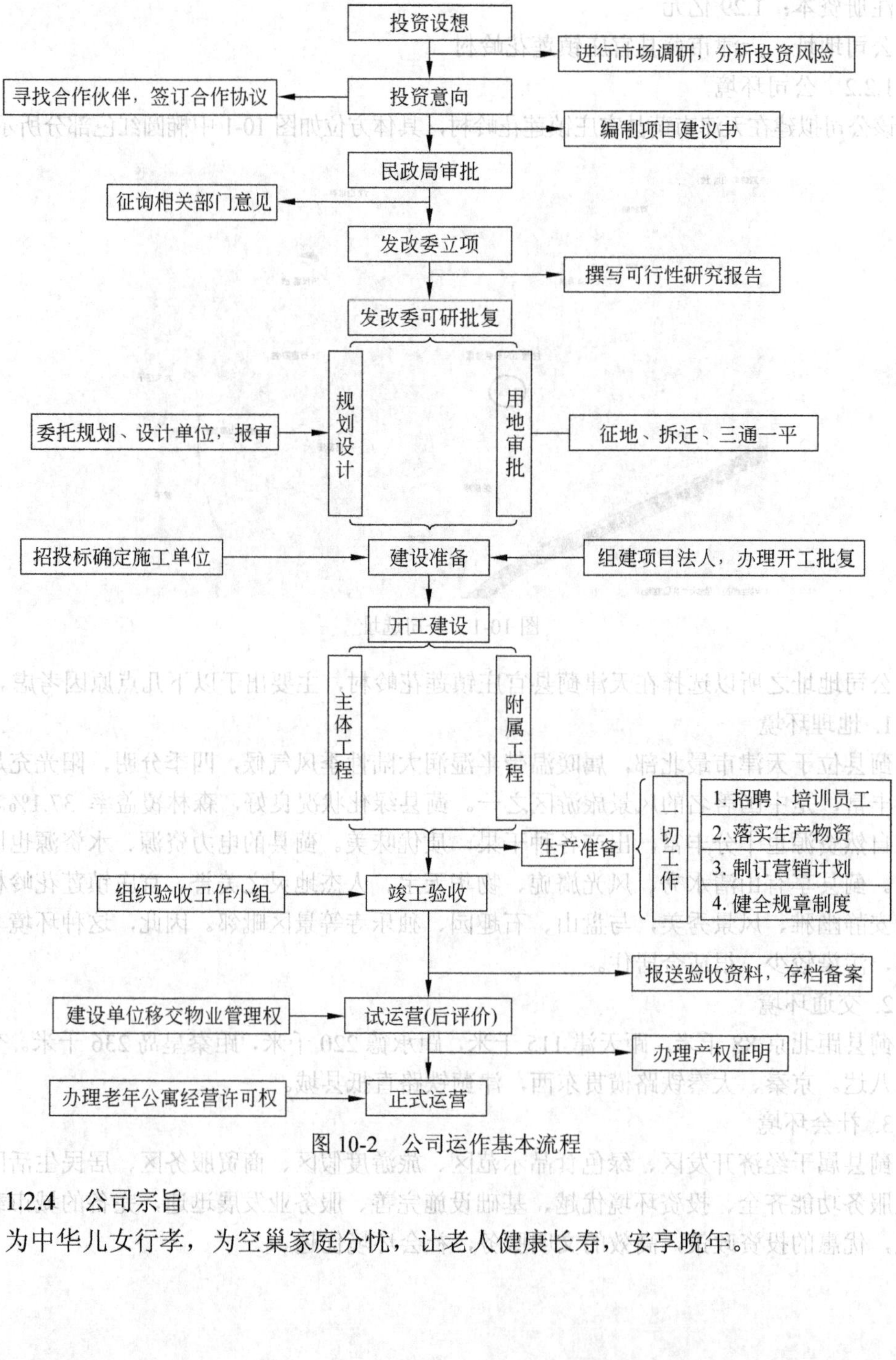

图 10-2 公司运作基本流程

1.2.4 公司宗旨

为中华儿女行孝，为空巢家庭分忧，让老人健康长寿，安享晚年。

为天下老人安度晚年尽心，助天下志士忠孝两全尽力，替天下子女至诚至爱尽孝。

1.2.5　公司文化

公司坚持“服务热心，观察细心，护理精心，听取意见虚心，改进工作诚心”的理念，“老人至上，一切为老人着想，全心全意为老人服务”是我们的战略，“爱心、细心、耐心、孝心、热心”是我们的政策方针，为天下父母创造幸福，替所有儿女排忧解难是我们的心愿，树立尊老、奉献、团结、求实是我们的行为作风，社区服务中心公寓的全体干部、职工以饱满热情的服务态度、精湛的服务技能服务于每一位入住的老人，让老人在公寓内住得安心、顺心、舒心、开心，让恪守孝道的儿女子孙们放心。

1. 公司企业文化建设的目的

（1）促进企业经营管理战略的调整，满足企业战略发展的客观需要。

（2）不断通过创新务实，提供满足客户和社会需要的优质环保产品，以赢得持久信赖，实现企业、员工、社会、经销商及用户永续、协调、统一发展。

（3）建立、健全企业经营管理实践理论，实施以人为本的管理创新和技术创新，不断改善企业资源配置方式，实现企业内外资源的有机优化与整合。

（4）建立开放的学习型组织。

2. 企业文化建设的指导思想与基本原则

（1）坚持以人为本的管理思想，不断为社会创造价值，满足客户的最大利益，不断开发员工技能与潜质，以满足其发展需要，提升并实现自身价值，最终促使企业经营效益的不断提高。

（2）继承与创新相结合原则。

（3）共性与个性相结合原则。

（4）理论与实践相结合原则。

（5）动态与系统性相结合原则。

（6）诚信性原则。

（7）专家咨询、领导带头、员工积极参与性原则。

（8）温馨服务原则。

3. 公司的总体理念

我公司以市场为导向，以客户的需求作为我们的目标，积极、创新，务求引领市场走向更高的服务水准。

2　老年城产业及服务

2.1　老年公寓住宅设计

2.1.1　设计理念

1. 注重环境

此处环境包括自然环境、人文环境和市场环境等方面。既要满足现实的市场需要，也要满足更高层次的规划要求，使功能与周边环境相契合，又能起到应有的先导性。它涉及在多个“维度”上嵌入环境当中的问题。小区环境如图 10-3、图 10-4 所示。

（1）自然环境：强调绿地和滨湖水景与老年生活的融合。将老年公寓与绿化融为一体，满足不同层次老年人活动的需求。

图 10-3　小区夜景

图 10-4　小区鸟瞰

（2）人文环境：空间形态上充分考虑与周边环境的关系，延续城市的机制，尊重周边建筑与空间环境；通过提供一个布局合理、功能齐全、有文化内涵的住区，提高整个地区的城市空间质量。单体建筑形式上服从全区的整体风貌定位，以园林式建筑风格为主调，并以现代的材料、结构加以表现。

（3）市场环境：随着生活水平的提高，对公寓的需求一方面在面积、档次上有上升的趋势；另一方面需求也趋向于多元化。鉴于此，为了适应市场上老年人多层次、多要求的选择，也为了创造多层次、富有人情味的建筑空间环境，设计了多种建筑面积、多种房间排布相结合的建筑形式与户型。

2. 注重特色

规划设计本着“和而不同”“源于自然，高于自然”的原则，达到“虽由人作，宛若天成”的效果。对于“特色”这一概念，可以从三个层面加以解释：①通过合理规划，使老年公寓的整体环境具有鲜明的形象和品位特征，水体、绿带、城市、社区融为一体；②通过精心设计使老年公寓与周边的社区相比，在建筑形式、户型设计上具有特色；③在公寓中引入符合信息时代特征的新技术、新设备，赋予整个公寓设计以时代特征。通过对建筑单体、空间形式的创意和新技术的运用，在整体格调统一与周边环境相协调的前提下，使老年公寓形体创造更具魅力。

2.1.2　设计规划

1. 住宅模式规划

以城市为依托，在城市郊区天津蓟县建立老年公寓。城郊空气新鲜，城乡结合，宽广舒适，建立条件舒适、设备完善、照顾周到、环境幽雅的老年公寓，分为不同户型供用户自由选择。孝贤老年城的住宅模式如下。

（1）独立型老年公寓。主要供有自理能力的老年居住，主要入住对象为高薪阶层和老干部，户型包括一室一卫、两室一卫等，但物业管理和日常医疗护理比普通居民公寓更为专业和规范。

（2）集合型老年公寓。可以两或三位老人合住一屋，设有套间，公共起居室、卫生间。这种住宅模式可以使老人减少孤独寂寞感，可供工薪阶层老人选择。从老年心理方面讲，集合式的设计可以减弱宿舍式群居的感觉，使老年人的居住环境更加宜人，更加贴近家庭，减少老年人心理上的落差；从管理及服务方面来讲，集合式的居住方式也更有利于管理及服务人员的配置。同时，在每层设置公共休息区，为老年人的适时休息提供了和谐的空间，同时增进了邻里间的交流，使得建筑内部空间充满了家庭般的温暖。

（3）护理型老年公寓。特为不能自理和行动不方便的老人设计。公寓提供全日制的护理和医疗服务，建筑按无障碍设计，卧室、卫生间独立，公共起居室。人均居住面积 10 平方米左右，大部分活动在公共、半公共场所里进行，几位老人可组成一个小集体互相照应。

（4）户型设计多样化。要考虑“同楼居”和“1+1”联体式亲情户型，面积多样化，但还是要以小户型为主，大户型的复合式住宅加以点缀，提供最大选择可能。

2. 老年住宅具体设计

在社区环境和居室环境设计两方面，考虑老年人生理特点，特别是在无障碍设计和使用安全性方面。

（1）社区环境设计。社区内各种设施齐全完备，既有利于老年人保持活力，又能在需要时及时获得各种必要的社会服务，如服务设施和道路设计等在安全方便的前提下，也可以安排一些具有激励作用的巧妙设计，起到振奋精神的作用；住宅区域要相对封闭，避免人声嘈杂和道路混乱的交通；交通设计力求简洁，人车分流，减少步行通道和车行道的交叉；小区内需设置公用卫生间，以方便老人在需要时就近如厕；应具有专门针对老人的智能化硬件设备设施，如紧急电子呼叫系统。在社区环境方面，要求建筑造型及户型设计应富有生活气息，空间尺度要给人以家的感受。

（2）居室环境设计。开窗大小和操作形式注重老年人力量极限和安全性，地面不应设置台阶、较陡的坡道等；在老人经常活动的区域设置墙边扶手，方便老人行走和适量的运动；卫生间设计应考虑卫浴设备的高度，地面防滑，坐便器旁边应设置 L 形扶手及紧急呼叫装置；屋内设置上门服务呼叫系统、电子门锁、摄像监控设施；高层住宅要设置担架上下的电梯；地面要采用防滑设计；厨房的设计应考虑老人活动的方便性，厨房的煤气器具应选用可自动断气的安全装置，安装漏气检测器和火灾报警器，水池下部应留出老人坐轮椅操作的空间等。

2.2　老年公寓服务体系

2.2.1　医疗护理园

打造专业化，全方位优质的医疗型老年公寓。专业的医护人员、专业的医疗设备、专业的服务体系，使老年人及家人安心放心。

1. 人员方面

与一些医院开展合作（对此我们初步打算和蓟县相关医院合作），拥有一支由副主任医师、主治医师、主管护师、医师和专业护理人员组成的专业技术队伍，并在老年城中建立自己的小型医院，以及时应对老人的突发情况。在人员正式上岗之前，我们会进行老年医疗方面的专业培训，只有符合标准的人员才具有上岗资格。

2. 设备方面

我们会采用国际最新设备，对此我们会与一些有着良好信用和优质产品的医疗器械公司开展合作，保证设备的质量。同时，每位老人床前会设有呼叫器，护理人员随叫随到，ICU 抢救系统完善。

3. 服务方面

我公司本着及老人之所需、想老人之所想的原则，建设全面的服务体系，并将其分为如下几个方面。

（1）医疗性护理服务。由专业护士 24 小时轮流排班，按医嘱给老人送药、协助服药、注射、病情观察、测量生命体征、抽血检查、输氧、预防压疮、导尿和鼻饲等疾病护理，还进行营养指导、心理疏导、健康教育服务等。

（2）生活照料服务。我们对老人实行 24 小时巡视监护，并将老人分为自理、介助、介护、特护四个护理等级，我们会针对不同等级老人提供相应的护理服务，并在保证服务质量的同时体现出服务的层次化。

对于自理型老人，由于其具有正常的生活自理能力，我们会根据老人的意愿为其提供基础的生活照料。督促老人自理日常生活，帮助老人整理好室内卫生、床上被褥及室内物品摆放整齐，服务三餐饮食、负责供应开水和换洗衣服、被褥，指导老人参加文体、娱乐活动和进行康复健身锻炼。

对于介助型老人，由于其日常活动需要他人部分的帮助或指导，我们会向其提供送水、送饭、送药到床前，协助吃饭，负责整理老人室内卫生、扶助老人搞好个人卫生。负责换洗衣服、被褥。为老人洗澡、洗头、洗脚、剪指甲。协助大便和行走、康复锻炼、聊天谈心。

对于介护型老人，我们会在介助的基础上增加夜间巡回监护、喂水、喂饭、喂药、排大小便、翻身、按摩等。

对于特护型老人，我们会根据其亲属要求派专人护理，在公寓能够抽出专人护理的前提下，并在介护基础上增加特级护理费，护理费双方协商。

此外，为防止医护人员的服务质量下降，我们会定期实行服务满意度考评，让老人为医护人员评分。评分高的，公司会颁发奖金，连续评分最后三名的我们会予以淘汰以保证我们的服务质量。

（3）善后服务。由于老年城位置到蓟县元宝山庄公墓交通较为便利，我们会为老人家属提供相关全套的善后服务，合理体面地为其办理丧葬等事宜，为老人家属分担忧愁。

2.2.2　健身保健园

老年人具有与其他年龄阶段人群不同的生理和心理特点，有特殊的健身需求，在健身的同时要有助于治疗和预防疾病，安全防护。因此我们提供了针对老年人的室内外健身设施、健身项目、保健之道等多方位的服务。

1. 健身设施

健身房设计布局，以方便老人为本，如图 10-5 所示。室内健身场馆设置安全扶手、无障碍通道、防滑地板等渗透着人文关怀，根据老年人的体能明显衰退，其肌力、平衡、柔韧、耐力等身体素质下降等因素，选择适合老年人的健身器材，如单人健骑机、腰背按摩器、太极揉推器、腰背腹肌组合器等。

2. 健身项目

选择最适合老年人保健、增强体质、增强心肺功能、活动筋骨的活动。日常活动的主要内容：游泳、乒乓球、羽毛球、台球、歌舞、健身球、打太极、门球等。

图 10-5 健身设施

教授老年人医疗保健体操：如练功十八法、降压舒心操、祛病延年二十式等，对增强体质、改善循环系统、呼吸系统等有极大的好处和功效。

提供中医保健服务：老年人亚健康症状较多、较重，如腰酸背痛及其他不舒适的感觉，公寓提供特色中医保健服务，如给老人按需要进行针灸、推拿、按摩、烫疗、艾灸等服务。

结合天津特有的自然资源进行温泉养生等疗法，逐步改善老年人的身体状况。

3. 保健之道

特意聘请一些在养生保健医疗饮食方面资深的专家，定期为老年人提供专业化、全面化、有针对性的保健养生讲座，涉及老年人日常饮食调理、用药安全、锻炼强身多方面内容，使老人在享受专业化医疗的同时，从自身角度逐步改善机体功能。

2.2.3 文化教育园

公司将在老年城开办一所中小型的老年学堂，并将有一定教学经验、热爱老年教育事业、乐于为老年人服务的优秀人才引进老年大学的教师队伍中来。课程分为固定学科、讲座学科、培训学科等，努力做到实用性、普及性、兴趣性、延续性和效应性相结合，基本实现学员社会化、教学层次化、课程广泛化、形式多样化。学校会根据老年人身心特点和课程特点，遵循老年教育特殊规律，采取切合实际、灵活多样的教学方法。

成立各种协会，如“诗词楹联协会”“老年摄影协会”“老年作家协会”“老年慈善协会”“中老年武术协会”“老年人体育协会”和“老年人书画协会”等老年文体协会组织，并积极组织老年大学学员开展各种文体活动。

此外，我们会与天津已有的老年大学加强联系，拓宽老年人的社交圈，使他们更容易找到志同道合的同龄人。

2.2.4 休闲娱乐园

我们将提供独具特色的休闲场所、丰富多彩的娱乐项目，不仅为老人们提供舒适的住宅环境，而且丰富他们的日常生活，打造真正属于老年人的养老乐园。

1. 怀旧体验馆

随着年龄增加，老年人更愿意怀念年轻时的岁月，回味人生正当年的经历，希望体验年轻的感觉。 因此，我们根据老年人的心理特点，提供了独具特色的老年人怀旧体验馆，内设怀旧书吧。室内装潢以及桌椅、书架、装饰品等都将体现 20 世纪四五十年代的风格，并设当时流行书籍专区，使老人感到温馨怀念。还设有怀旧图片展厅，真实重现当时的生活原貌，让老年人仿佛置身时光机内。设有怀旧茶话区，为老年人们提供聊天休息的专区。

2. 文化体验馆

建设具有文化特色的茶馆，将天津特色文化如杨柳青年画、天津快板、京剧等融合到特色茶馆中，使老人们一边聊天一边享受文化气息。建有其他娱乐设施如赏花园、老年书画室、中老年歌舞厅、棋牌室、戏迷阁。小型影院、宗教信仰活动场所，并成立社区内广播站、局域电视，最大化地丰富老人的生活，满足他们的娱乐休闲需求。

3. 生态庄园

依托老年城毗邻天津蓟县的优势，优美的环境，宁静而质朴的氛围，利用周边农田设立种植园及种植服务机构，建造生态庄园，包括垂钓水域、种植园、陶艺馆、风筝场、农家特色的餐饮以及农耕农具展厅等寓教于乐的项目。既可作为老年人平时娱乐活动的场所，也可对外开放。

4. 特色旅游服务

与多家旅行社机构积极合作，推出新型旅游方式，结合老年人的具体情况，为老年人特别设有“夫妻式”两人旅游团、家庭式隔代旅游团、普通5人小型旅游团等方式，并各配有一名导游，并且采用游客—导游双向选择制度，为老人提供优质旅游服务。

2.2.5　营养餐饮园

饮食问题常常是困扰老年人和其家人的问题之一，老年人的生理特征有其特殊性，消化吸收功能都有所减退，而目前又很少有专门为老年人提供的饮食服务，因此，我们将在老年城里提供营养餐饮服务，包括老年之家饭店和营养管理工程。

1. 老年之家饭店

老年之家饭店根据他们的生理特点和饮食习惯搭配营养餐。提供营养丰富、均衡搭配的“周菜单”“日菜单”，提供多样化选择。如我们会在配餐时考虑膳食结构，荤素杂食，以素为主。提倡食物粗细搭配，以豆制品取代部分动物蛋白质，限制油脂摄取量等。并配备专业营养师，以保证营养餐的科学性和合理性。

2. 营养管理工程

我国老年人因为营养不良，导致身体素质下降，医疗开支十分庞大。所以营养管理致力于纠正老年人不良的饮食习惯、生活习惯。

2.2.6　个性化服务

老年城建立老年人信息管理库，包括他们的基本信息、兴趣爱好、子女状况及信息、身体状况及求偶和交友需求，并且定期询问老人的精神状态以便于我们及时管理和调节，同时，我们会根据信息库向老人提供相关服务。

建立绿色通道：对那些久未来看望老人的子女，我们会定时提醒并与其交流，及时提醒他们有空过来看望一下或接回去小住两天，以表孝心，不要让老人们有真的被家人遗弃的感觉。此外，我们会及时将老人的体检结果反馈给其子女，让老人和子女都放心安心。

建立老年人的健康档案：根据老年人的基本状况，对其进行营养配餐，提供相关咨询和中医保健服务。

此外，我们将以孝贤老年城为基地，每年举办为期一周的老年人博览会，借此机会吸引天津市及周边省市的生产老年用品的厂商和老年公寓的负责人和老人们。博览会上涉及老年用品展示区、老年文化交流区、老年人成果展示区等，让老人购买到新兴的老年用品，为老人与厂家提供有效的交流平台，同时为天津市各类老年公寓提供了学习交流的机会。

2.2.7 健康咨询服务

除了面对面的咨询服务，我们还会以网上、电子邮件和电话形式提供健康咨询服务，我们将按预约登记的时间先后和咨询内容的分类，以及客户的具体要求来回答客户对服务提出的有关问题，我们将以方便客户的灵活的服务形式，来满足中国养老市场咨询服务快速发展的需求。我们提供的所有的咨询服务都是有偿付费的服务。对国内各类咨询项目和服务的分类定价，是依据咨询项目和服务要求及规模的大小、难易程度、服务成本和时间的耗费，以及国内各地的价格市场实情所制定的合理价格，以保障所有希望得到我们服务的客户都有其支付能力来购买我们的服务。因此，对每一项服务我们都会提供服务内容的评估和成本消费价格预算，以及服务的计划时间表供客户参考。

3 市场分析

孝贤老年城股份责任有限公司作为一家集公寓住宅与全方位服务为一体的老年产业机构，发展的第一阶段面临的主要问题是如何用自身的特色与优势，迅速地渗透市场，获得市场份额，树立良好品牌。因此，我们必须科学地分析市场现有的状况和公司发展的内外部环境，从而为制定有效的营销策略与战略提供依据。

3.1 产业背景分析

3.1.1 老年人现状

1. 老年人口现状

图 10-6 显示，自 1999 年开始，中国已进入了按国际通用标准的“老龄化社会”，并且老年人口正以每年 3.32%的速度递增。截至 2009 年，全国 60 岁及以上老年人口达到 1.671 4 亿，占总人口的 12.5% 。据天津市老龄委统计，天津市于 1998 年进入老龄社会，是全国率先进入老龄化的城市之一。目前全市 60 岁以上老年人为 142.42 万，占全市总人口的 15.16%，高于全国约 4 个百分点，列居全国第二位。

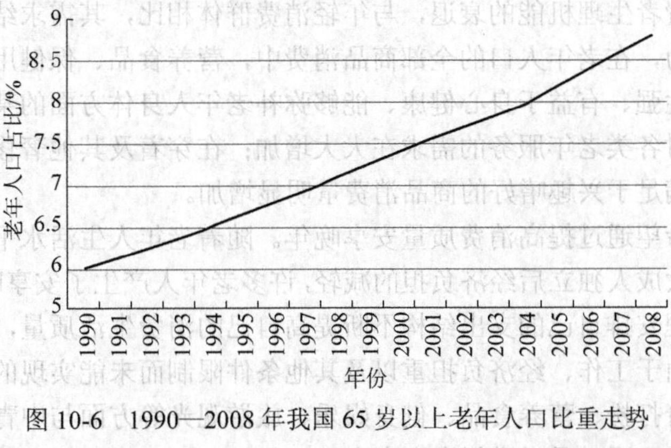

图 10-6 1990—2008 年我国 65 岁以上老年人口比重走势

2. 老年收入现状

据相关数据显示，城市老年人享有退休金（养老金）的比例由2000年的69.1%上升到2006年的78.0%，年平均收入从7 392元提高到11 963元，增长了61.8%；同期老年人年收入低于当地最低生活保障线的比例由4.9%下降到3.5%；党中央、国务院决定，从2009年1月1日起调整企业退休人员基本养老金，由2004年的583元，2006年的764元，2007年的844元，2008年的1 000元调整到2010年的超过1 200元。同时，年收入达到中层小康和中上层富裕的老年人所占比例为近70%。因此，从老年人收入分析，老年人已具备相当的物质能力，与此增加的必然是在物质和精神上相对更高层次的享受。

3.1.2 老年市场需求分析

1. 老年住宅需求分析

迅猛增长的老年人口扩大了对老年住宅的需求，就中国而言，现有42 000多所养老院，加上社会兴办的老年机构，现收养老人不足100万人，还不到目前中国1.3亿老年人的1%。且不论条件如何，单从数量上也远远不能满足老人们的实际需要。从总体上讲，除少量为新建的以外，大多数是利用旧房改建的，设施简陋，服务功能较差，无法适应老年人日常生活的特殊需要。另外，可供老年人室外活动的绿地较少。目前许多老年住宅未做好客户定位，其价格没有根据各经济层次的老年人做出合理定位，使老年公寓市场的供求之间存在一定的落差，使部分福利性及营利性老年公寓的经营较为困难。

国家统计局天津调查总队的调查报告显示，到2008年年底，本市各种养老机构共293所，养老床位22 703张，相对于全市164万多名老人，每千名老人拥有养老床位仅有大约14.5张，远远低于上海和北京的水平。全市164万左右的老人，即使按十分之一计算，也需要16万张左右的养老床位，全市养老床位的缺口很大。

2. 老年服务需求分析

据了解，目前设施完备、护理条件好的国办养老院全市仅有12所，养老床位一床难求。但是，与国办养老院形成反差的是，目前本市部分民办养老机构因存在硬件设施不完善、护理人员技术不过硬等问题，民办养老院平均仅有70%的入住率。本市养老院现状无法满足越来越多的老年人口的社会需求。随着老年人年龄增长、患病率上升、自理能力下降，将更多地需要日常护理、生活照料和社会服务。

由于老年消费者生理机能的衰退，与年轻消费群体相比，其需求结构也发生了很大变化。主要表现为，在老年人口的全部商品消费中，营养食品、保健用品的消费占有较大的比重；便利性强、有益于身心健康、能够弥补老年人身体方面的某些缺陷与不足的商品更受欢迎；对各类老年服务的需求在大大增加；在穿着及其他奢侈品方面的消费支出大为减少，而满足于兴趣嗜好的商品消费量明显增加。

许多老年人希望通过提高消费质量安享晚年。随着老年人生活水平的提高、消费观念的转变以及子女成人独立后经济负担的减轻，许多老年人产生了安享晚年的消费愿望。他们要求通过合理安排自己的支出结构不断提高自己的消费生活质量，希望在人生的后半阶段补偿过去由于工作、经济负担重以及其他条件限制而未能实现的消费愿望，他们在美容美发、穿着打扮、营养食品、健身娱乐、旅游观光等方面与中青年消费者有着同样强烈的消费兴趣，同时乐于进行大宗支出。

在我国大体上可将这种需求分为三类：一是高龄老人的需求，主要指 80 岁以上生活自理能力较差或不能自理的老年人对护理服务、生活用品服务方面的需求；二是健康老年人对自理生活辅助品，如电子呼救器、代步器、医疗康复、心理咨询等方面的需求；三是低龄老年人对适合其特点的消遣、休养、娱乐设施和场所的需求。这部分需求将会随着老年消费群体的日益扩大而与日俱增。许多老年人在消费问题上都体现了一个"精"字：一是花钱上精打细算；二是买东西时精益求精。老年消费品档次不需很高，但一定要实用、耐用、适用，老年人很在意用有限的钱买"更好的"商品。另外，中国的老年人一般具有稳定、成熟、理性、谨慎的消费心理特征，即使收入不菲的老人也都相当节俭，这是一种带有中国传统文化烙印的固有心理定式。抓住了这些特点，市场就自然会打开。

3.1.3　国内外老年产业发展水平

1. 国外老年住宅市场状况

早在 20 世纪，欧美的很多国家已经进入了老年型国家行列，老年公寓在这些国家率先发展起来，并逐渐步入成熟阶段，其许多成功的经验值得我国借鉴。

欧美老年公寓主要从人本化住宅设计、选取具有积极暗示意义的名称、优质服务及服务氛围的营造、规模化与品牌化发展、政府社会支持等方面获得了极大的成功，实现老年公寓的持续规模化发展。国外老年公寓特点如表 10-1 所示。

表 10-1　国外老年公寓特点

国家	产品特点	借鉴之处
美国	建筑规模大，有各种各样的俱乐部，开设的课程和组织的活动超过 80 种以上。代表楼盘：太阳城中心、凤凰城	完善的配套设施与功能区划分
日本	日本的老龄人的生活质量是在良好的社会保险保障体系的基础上实现的。提供无障碍设施的老龄人住宅产品、具有看护性质的老龄人住宅产品、能和家人共同生活（二代居）的住宅产品。代表楼盘：港北新城	老年人住宅产品与其他租售性质的住宅产品混合设计在一个生活社区内，突出自助自理
欧洲	国家政策倾向于让老年人居住在独立的公寓中。建筑将三种元素结合在一起：城市意味、社区功能和生态目标。代表楼盘：荷兰弗莱德利克斯堡老年人公寓	建筑元素的集合处理，让老年公寓不显孤独
新加坡	一般兴建在成熟的社区中。公寓户型一般分为 35 平方米和 45 平方米，为一位或两位老年人提供生活空间	住宅的户型设计及内部结构设计标准的特殊化考虑

2. 国内老年产业情况

就中国的市场现状而言，42 000 多所养老院加上社会兴办的老年机构，现收养老人不足 100 万人，还不到目前中国 1.3 亿老年人的 1%。且不论条件如何，单从数量上也远远不能满足老人们的实际需要。从总体上讲，除少量为新建的以外，大多数是利用旧房改建的，设施简陋，服务功能较差，无法适应老年人日常生活的特殊需要。另外，可供老年人室外活动的绿地较少。目前许多老年住宅未做好客户定位，其价格没有根据各经济层次的老年人做出合理定位，使老年公寓市场的供求之间存在一定的落差，致使部分福利性及营利性老年公寓的经营较为困难。

就天津而言，到2008年年底，本市的293所养老机构共约有22 703张养老床位，相对于全市164万多名老人，每千名老人拥有养老床位仅有大约14.5张，远远低于上海和北京的水平。全市164万左右老人，即使按十分之一计算也需要16万张左右的养老床位，全市养老床位的缺口很大。同时，在服务的到位程度和多样化方面也面临相对较大的需求。

3.1.4 宏观政策分析

全国老龄办、发改委、民政部等10个部门专门联合下发文件要求促进养老服务业发展，在我国建立公开、平等、规范的养老服务业准入制度，积极支持以多种方式兴办养老服务业，鼓励社会资金以独资、合资、合作、联营、参股等方式兴办养老服务业，并规定对于“社会力量投资兴办的福利性、非营利性的老年服务机构，暂免征收企业所得税，以及老年服务机构自用房产、土地、车船的房产税、城镇土地使用税、车船使用税”。国家和地方从多个方面对老年服务及住宅多方面扶持，《中华人民共和国中小企业促进法》、《中华人民共和国企业所得税法》、《天津市实施〈中华人民共和国中小企业促进法〉办法》、《天津市大学生创业优惠政策》等分别从资金支持、创业扶持、税收优惠、市场开拓、社会服务等多个方面对中小企业给予了多政策扶持，为公司发展提供了良好的政策环境。

3.2 产业竞争分析

3.2.1 现有竞争对手分析

由于老年市场潜力巨大，近年来京津地区涌现出一些办得较为成功的老年公寓，我们在学习它们成功之处的同时，也发现了它们的一些缺点和不足，我公司现结合整体情况做了如下竞争对手分析。

北京地区：（以北京东方太阳城与北京太阳城为例）

虽然北京地区的老年产业发展较早，并且作为我国的政治文化中心，经济实力雄厚，人们生活水平较高，潜在市场容量较大，各项服务设施和基础配套设施完善，整体规划和建筑设计合理，但是它们多以大户型为主，房价较高，主要面向收入较高的老人，客户群体相对较小；其次，北京的消费水平在全国范围内属于较高的水平，这将导致公司的运营成本增加；最后，由于北京的老年住宅市场较其他城市更加成熟，导致北京老年住宅市场的竞争较其他的城市更加激烈。

我公司结合天津当前的各大养老机构及其他有特色的养老机构，结合国内外整体情况做了如下竞争对手分析。

天津地区

1. 天津市南开区长庚老年公寓（产权式老年公寓）

◇天津市南开区长庚老年公寓优势：

（1）处于繁华市区，周围的配套设施便利，社区内部服务设施较为齐全，配备大型购物超市、文化教育中心、医疗保健中心、娱乐休闲中心、营养膳食中心、综合服务中心等专属公共设施。

（2）交通便利，处于南开区核心位置，出行方便。

（3）户型设计较为多样，可供不同需求的老人选择。

◇天津市南开区长庚老年公寓劣势：

（1）虽然位于市区为交通和一些配套设施提供了便利，但市区的环境条件相对不好，市区相对污染较严重，对老年人健康不利。

（2）公寓建筑形式为高层，这种形式对老年人之间的交流会产生一定影响，易让老人产生孤独感。

（3）房价较高，由于所处位置从而导致其房价每平方米过万元，这对绝大部分老人来说是难以承受的。

2. 天津蓟县各大养老机构

◇天津蓟县各大养老机构优势：

（1）风景优美，自然资源丰富，符合老年人养老需求。这是蓟县老年公寓最大的竞争优势，很多老人因此选择了蓟县的一些老年公寓来安度余生。

（2）交通便捷。到蓟县旅游，公路交通十分方便，既有京哈高速公路，同时还有津冀高速公路，十分便捷。同样，火车交通也十分便捷，北京到蓟县以及天津到蓟县的火车都在运行当中。

（3）收费较低。

◇天津蓟县各大养老机构劣势：

（1）其经营模式仍为传统的养老院，经营方式较为单一，以出租床位的方式运营，硬件设施不够完善，服务与建筑设计未充分考虑老年人的特点。

（2）把各种健康条件的老人混住在一起，容易让老人产生对死亡的恐惧感。

（3）距市区较远。虽然现在去蓟县的交通便利，但离市区的距离仍然很远，子女前来探望会花费大量时间，这会减少子女前来看望老人的次数。

（4）周边的一些服务基础设施不如市区内完善和便利。

3. 天津市区各大老年公寓

◇天津市区各大老年公寓优势：

（1）地处市区，周边基础设施较为齐全、便利。

（2）交通便利。市区内交通发达，方便子女看望。

（3）收费较低。满足中层及中下层收入的老年人的需求，而这一部分老人又是老年人口的绝大多数。

◇天津市区各大老年公寓劣势：

（1）市区内环境相对较差，对老年人健康不利。

（2）经营模式相对传统，较为单一。服务整体来说未充分体现出人性化特点，整体层次感不强。

（3）护理员短缺，员工职业化培养不足。

3.2.2 潜在竞争对手分析

老年市场容量巨大，而且市场尚处于发展期，新的技术和服务理念将不断流入这个获利丰厚的市场。老年产业是当今市场的朝阳产业，会有更多的潜在投资者将目光转向该市场。对于该市场的潜在竞争对手，我们抱有相互学习、相互借鉴、正当竞争的积极态度。相比而言，我们有不少独创的管理与服务理念，这将会在很大程度上增强我们的核心竞争力，让我们在该市场中树立自己的特色，从而占据领先地位。

3.3　市场前景分析及预测

3.3.1　现有市场消费量

1. 老年公寓入住率相对较低

据相关资料调查显示，截至2008年年底，我国60岁以上老年人口达到15 989万人，约占全国总人口的12%。老年人口基数增大，数量快速增加。选择去老年公寓养老的老年人占16.7%（六分之一）。依此推算，全市公寓养老的老人将达24.85万人，而目前全市养老床位只有18 000张左右，不足未来养老需求的10%。调查显示，一方面，设施条件优越的养老机构已出现老年人排队等床位的现象。另一方面，一些设施相对陈旧的老年公寓入住率和资源利用不充分。老年人口的快速增加将使我市养老面临前所未有的压力，依靠单一公寓养老或传统的居家养老模式都难以解决。

2. 老年人对高质量服务需求增大

近几年，我国老年社会保障制度建设取得重大进展，初步形成了以城镇（职工和居民）基本养老保险和医疗保险、新型农村合作医疗和养老保险以及城乡最低生活保障为重点的社会保障基本框架，但我国养老体系还不健全、不完善。我国城市中48.5%的老年人有各种各样现实的养老服务需求，但目前城市养老服务需求总的满足率只有15.9%，差距十分明显。老龄社会是中国正在面临的重大国情，老年服务产业市场潜力巨大。

3.3.2　市场前景及预测

随着家庭养老功能的弱化和社会化养老的发展，以及老年人收入的增加，未来十年内老年公寓总体需求呈现上升态势。以小户型为主的老年公寓在市场上相对较少，作为老年产业中以小户型为主的服务多样化产业机构，存在的市场容量很大。

市场三要素理论认为市场由三个要素组成：人口、购买力和购买意向。而且只有当这三个要素同时具备时，市场才是显性的、充满活力的。一是人口要素，目前我国60岁以上人口已达1.3亿，且以每年3.2%的速度递增。由以上数据可知，哪怕只有1%的老年人选择了这种养老方式，老年公寓的市场前景也是非常可观的。再来看第二个要素：购买力。就天津而言，人均GDP已达到9 136美元，并还保持着快速增长势头，就这个水准看，已经具备了老年住宅进入快速发展期的条件。同时，现在许多老人都是从工作岗位上退休下来的，手中有维持基本生存的养老金。二是我国的社会保障体系越来越完善，社会医疗保险解除了很多老年人的后顾之忧。三是随着经济高速发展，人民收入普遍增加，做儿女的也就有更多的钱去孝敬父母。如果老年人们愿意选择这种养老方式的话，是有购买能力的。最后是购买意向。虽然传统的观念导致了许多老年顾客没有购买意向，限制了该市场的发展。但这种情况正逐渐有所改善。一是媒体的广泛宣传使得这些老观念渐渐开始动摇；二是广大的独生子女的父母们，可能早就对自己的将来做好了打算——老了就去敬老院。这些父母们一般不会去指望什么"养儿防老"，他们的自立意识较强。

从以上分析可以预测老年产业会有很好的市场潜力，老年公寓是一个前景非常看好的朝阳产业。我们有理由相信，随着各方面的不断完善，在不久的将来，越来越多的老人们能在老年公寓里老有所养，老有所乐。

3.4　SWOT 分析

SWOT 分析是一种对企业的优势、劣势、机会和威胁的分析，在分析时，需要把所有的内部因素（包括公司的优势和劣势）都集中在一起，进而用外部的力量来对这些因素进行评估。这些外部力量包括机会和威胁，它们是由于竞争力量或企业环境中的趋势所造成的。这些因素的平衡决定了公司应该做什么以及何时去做。

3.4.1　竞争优势

公司作为一家提供专业化、全面化、规模化、“一条龙”的老年住宅及服务的企业，与已经发展成熟的国内外老年公寓相比还存在很大的差距，但是，我们也拥有自己的核心竞争优势，这些优势将成为我们发展的原动力。

1. 服务全面系统化

公司核心竞争力——不仅提供产权式和租赁式结合的多样化住宅模式，而且提供规模化的“一条龙”的服务体系。优美舒适的公寓环境，宽敞明亮的居住场所，周到细致的贴心服务，及时专业的医疗救助，丰富多彩的娱乐活动，独特的个性化服务，是公司的制胜法宝。

2. 人才优势

与天津蓟县人民医院合作，将对其闲置的约 200 名医护人员进行专业的培训，执证上岗。同时与相关老年组织、疾病组织合作，拓展服务内容，扩张公司规模。

3. 资源整合优势

公司将医疗系统、餐饮产业、休闲娱乐产业、旅游业以及将国家和地方的优惠扶持政策、团队的管理优势进行有效的整合，同时以聘请团队顾问、建立战略合作关系等方式，使公司能充分利用内外部资源实现发展与腾飞。

4. 环境优势

蓟县属于经济开发区、绿色食品示范区、旅游度假区、商贸服务区、居民生活区，并且服务功能齐全、投资环境优越，自然环境优美。

3.4.2　自身劣势

1. 企业的服务项目和种类比较繁杂，不易把握

由于本公司的服务是多种而非单一的，所以需要经验丰富的管理人员予以协调、控制。否则，极易出现效率低下和服务水平不高的现象。

2. 老年人受传统观念的束缚

中国的传统思想使得老年人更倾向于居家养老，所以在初期，老年城需要经历一个宣传和被人们认知的阶段。

3. 把握市场机会的能力有限

市场瞬息万变，只有能够适应市场的变化、准确把握市场机会，才会实现企业的长远发展。而由于企业规模的限制、市场能力和资金等资源缺乏，企业很难快速适应环境的发展变化，实现企业的长远发展战略。

4. 管理团队的管理经验不足

大学生创业团队从校园直接走上企业经营管理岗位，缺乏基层实践锻炼，经验不足，决策的失误将会给企业带来巨大的损失。

3.4.3 外部机会

1. 生活水平的提高

近年来我国经济增长进入稳定期，结构优化，效益提高。随着居民消费结构升级活动趋于稳定，中国新一轮经济增长的源头性拉动因素开始稳定；在这一背景下，中国新一轮经济增长开始由上升期转入稳定期。近些年来居民收入持续稳定增长，老年收入也大幅提高。随着经济发展和社保、医疗等方面改革的推进，居民的消费水平不断提高，加上养老保险体制的不断完善，老年人收入呈现可观态势。

2. 老龄化的社会

我国是世界上老年人口最多、增长最快的国家之一。预计到2040年，65岁及以上老年人口占总人口的比例将超过20%。我国老年人口规模之大、老龄化速度之快，都是世界人口发展史上前所未有的。因此，老年人口的迅猛增长扩大了对老年住宅的需求。

3. 国内市场对于高质量、规模化的老年公寓体系的需求

通过对调查汇总资料的分析，我们发现不同的组群选择入住老年公寓的比例明显不同，文化程度在大专以上、具有中级以上职务或职称、月固定收入在1 251元以上的组群，选择入住老年公寓的比例远比样本总体平均数高。生活能自理、配偶健在、经济较宽裕又希望与同层次的人为邻的老人，都认为“老年公寓是理想的颐养天年之所”。在离休老干部中，就有近10%的老人殷切期望老年公寓能早日上市，有人提出可用现有的成套独用住宅置换老年公寓，也有人表示只要政府给优惠政策，房地产开发商愿意经营，他们就愿集资参建。由此可见国内市场对于高质量、规模化的老年公寓体系的需求是比较大的。

4. 我国老年住宅及服务行业的现状

总的来说，我国老年设施的增长仍跟不上老年人口的增长，经济发达国家，入住养老院和老年公寓的老人约占老年人口数的 4%~5%，国内现有的设施与此还有很大的差距。

此外，经济发达国家的老年公寓出现于机构养老设施已充分发展之后，所以，老年公寓与养老院的功能定位和经营管理模式分得很清楚，而我国的大多数老年公寓与养老院是同步发展的，因此，两者交叉混淆。到目前为止，名实相符的老年公寓屈指可数，其中有的因定位偏高而入住率很低，适销对路的中档老年公寓却“踏破铁鞋无觅处”。

5. 政策支持

我国在对待老年住宅方面有着一些优惠政策，这为老年产业的进一步发展创造了空间。全国老龄办、发改委、民政部等10个部门专门联合下发文件要求促进养老服务业发展，在我国建立公开、平等、规范的养老服务业准入制度，积极支持以多种方式兴办养老服务业，鼓励社会资金以独资、合资、合作、联营、参股等方式兴办养老服务业，并规定免征老年服务机构自用房产、土地、车船的房产税、城镇土地使用税、车船使用税。

3.4.4 外部威胁

1. 现有老年公寓的威胁

目前市场上已有一些成型的老年公寓存在，它们在各项服务设施和基础配套设施上

都很完善，整体规划和建筑设计上也都很合理。这在一定程度上对我公司造成一定的威胁。

2. 越来越多的竞争者加入

老年产业是当今市场的朝阳产业，越来越多的投资者将目光转向这片产业。他们的加入，会使老年产业的竞争更加激烈。在某种程度上，不只是带给我们威胁，同时也会对我公司起到一定的促进作用。

3. 政策的变化

如今，国家的政策不断变化，在很大程度上，会对我公司造成一定的威胁。这就需要我们紧跟国家政策的步伐，以对策应政策，这也是考验我公司实力的时候，我们一定会做到更好。

4. 投资风险

由于老年市场这块需要投入的资金较多，也就造成了投资风险的增大。所以，这也是一种对我公司的威胁。

3.4.5 应对策略

根据 SWOT 分析模型（见表 10-2），我们制定了公司的应对策略，以保证公司能够充分发挥自身优势、规避劣势，利用外部机会、防范风险，实现公司的良好发展。

表 10-2 SWOT 分析模型

内部分析 外部分析	优势 S 1. 服务全面系统化。 2. 人才优势。 3. 资源整合优势。 4. 环境优势	劣势 W 1. 企业的服务项目和种类，比较繁杂，不易把握。 2. 老年人受传统观念的束缚。 3. 把握市场机会的能力有限。 4. 管理团队的管理经验不足
机会 O 1. 生活水平的提高。 2. 老龄化的社会。 3. 国内市场对于高质量、规模化的老年公寓体系的需求。 4. 我国老年住宅及服务行业的现状。 5. 政策支持	SO 战略 充分利用现有的竞争优势和市场机会，突出公司特色，加大技术研发投入，加强市场品牌建设，以强大的服务和价格优势为基础，迅速抢占市场，在老年住宅市场饱和之前获取足够的市场利润，为企业的战略转型和持续发展做好资源积累	WO 战略 抓住市场快速成长的机会，推进企业的迅速发展，一方面，始终致力于老年住宅成本的降低，做市场成本的领先者；另一方面，积极进行新服务和管理理念的研究。当公司发展到一定规模后，与其他老年公寓展开合作，扩大市场占有率
威胁 T 1. 现有老年公寓的威胁。 2. 越来越多的竞争者加入。 3. 政策的变化。 4. 投资风险	ST 战略 我公司坚持“质量至上，诚信第一”的理念，为客户提供高品质的产品，建立竞争优势。同时我们展开全方位的服务范围，具有相比其他竞争对手更高的利润空间	WT 战略 加强品牌推广和建设，借助公司自身的多种销售渠道，迅速扩大品牌知名度，增加产品的品牌价值。创业团队成员将精诚团结，默契合作，人尽其用，各司其职，在实践中不断丰富和提高管理经验和管理能力，为了企业的长远发展，积极吸引人才，建立科学的人才流入和流出机制。规避单一产品的市场风险，争做老年住宅产业的第一品牌

3.5 市场定位

孝贤老年城坐落于天津市蓟县官庄镇莲花岭村，地理位置优越，环境安静幽雅，气候宜人，风景秀美，与盘山、石趣园、独乐寺等景区毗邻。整个建筑充分融入自然的怀抱之中，开阔的视野、清新的空气、怡然的风光都让人陶醉其中。成熟、自然、原生的居住环境，体贴、温馨，专为老年人设计的住宅规划模式，为老年人提供一种“生活”而不仅是一处居所。孝贤老年城真正突出“城”的概念，使老年人享受家的温馨，毫无寂寞和孤单感，优质便捷的全方位服务体系，使老年人在物质与精神两方面得到最佳的享受，是其安度晚年的世外桃源。这些独有的、不可复制的环境优势和全方位完善的住宅服务体系正是支撑企业健康、持续发展的核心竞争力，是该项目最突出的竞争优势，也是构成该项目卖点的主要因素。

3.5.1 项目定位

项目定位：优质全面服务，安享晚年生活。

孝贤老年城集住宅与服务为一体，地处环境幽雅、风景秀丽的蓟县。老年城本着注重自然、人文、市场环境，重点发展特色产业与服务的原则，为消费者提供最优质的享受。

老年住宅采用公寓式设计规划，设有独立型老年公寓、集合型老年公寓、护理型老年公寓、小户型为主的单元房公寓，满足不同老年人的各种需求。同时，全方位的服务体系包括：医疗护理服务，从医护人员、医疗设备、护理方式方面为身体状况不同的老人提供专业化的服务；健身保健服务，选择最适合老年人的设施和项目，如中医保健、药浴、温泉浴等；文化教育服务，特色老年学堂和丰富多彩的协会社团，极大地丰富了老年人的精神世界；休闲娱乐服务，怀旧体验馆、茶馆、棋牌室、生态庄园、赏花园等应有尽有；营养餐饮服务，针对老年人饮食习惯生理特点科学合理配餐，一日三餐营养丰富；个性化服务，包括与亲人的“绿色通道”、临终关怀、求偶交友以及求职信息平台，以老年城为基地举办年度“老年人博览会”；健康咨询服务，通过网上、电子邮件和电话形式提供专业的有针对性的信息。完备的“一条龙”服务体系，保证了老人有求必应，“足不出城”就享受到优质全面的服务，和谐舒适的环境，温柔耐心的工作人员，这些都让老年人得到乐活人间的享受。

3.5.2 目标客户群定位

目标客户群定位：热爱生活的中上层老年群体。

根据孝贤老年城集适宜住宅与优质服务为一体的特点，将客户群锁定在热爱生活的中上层老年群体，具体包括工薪阶层老人、退役老年军官、企业及国家机关的离退休老人、年迈的商人及各界成功人士、海外华侨等，此类人群收入可观，具备一定的消费能力，对享受生活和安度晚年有强烈需求。

随着社会的急速发展，人民生活水平的提高，大众的养老观念逐渐地发生了很大的变化，在物质方面不仅仅涉及衣、食、住、行，同时在精神享受方面也存在极大的需求。对于有一定消费能力的老年人，老年城的设计规划与服务体系正好满足了他们的需求；其次，“四二一”的家庭模式以及“空巢”老年的增多，在儿女们忙碌之时，老人多会感到孤单寂寞，有一个恰到好处的同龄人交流氛围，结识一些志同道合的朋友，共同做感兴趣的事将会是众多老人的愿望，老年城正是基于这一方面考虑，为老年人营造一个温馨的氛围，让他们感受到家的温暖；最后，蓟县优美的环境与宜人的气候以及丰富的旅游资源，成为吸引大量游客的优势之一，老年城正是利用这样的优势，为观光的旅客提供短期的优质服务，不仅满足了广大顾客的需求，同时也为老年城扩大宣传。

3.5.3 心理定位

心理定位：孝贤老年城，老年人安度晚年的最佳选择，子女尽孝的最好体现。

老年人的购买动机与行为多属理智稳定型，追求方便实用与实惠。他们往往要求方便舒适、环境良好、提供周到服务，商品有好的功能、效用和质量。并且，许多老年人希望通过提高消费质量安享晚年，希望在人生的后半阶段补偿过去由于工作、经济负担重以及其他条件限制而未能实现的消费愿望，他们在健身娱乐、文化教育、营养食品、健身娱乐、旅游观光等方面与中青年消费者有着同样强烈的消费兴趣，同时乐于进行大宗支出。

孝贤老年城作为高品质的老年住宅及服务的象征，不仅为老年人提供了安度晚年的好去处，同时也是儿女孝顺关爱父母的最佳体现。选择孝贤老年城就是选择了回报父母的最佳方式。

4 发展战略

总体战略

公司在 4～5 年内成为天津及周边地区老年公寓和服务市场的主导者。

发展战略

初期（1～3 年）

主要任务是完成老年公寓景区建筑和设施的建设，包括主要餐饮场所、娱乐文化设施、景区绿化建设；初步挤占天津地区老年住宅市场，创立自身品牌，积累无形资产；收回部分初期投资，完成老年城剩余建设，准备扩大规模，吸引更多老年消费者入住，同时扩展与定点医院和医学院合作，完善医疗护理服务。

中期（4～5 年）

进一步完善公司的管理结构和营销网络；开发特色医疗、娱乐、文化、个性化服务和相关老年用品，实现多元化经营；占领天津及周边地区同类老年住宅及服务市场份额的 18%～23%，在同类产业中居主导地位，巩固、扩展老年公寓市场。

长期（6～10 年）

利用公司在医疗护理完善地老年住宅市场方面经营管理的先行优势，实现服务的多元化，拓展市场空间，扩大市场占有率，成为天津，甚至华北地区老年住宅及服务产业的领先者。

5 市场营销策略

5.1 市场策略

由于老年公寓的租售方式比一般住宅更为复杂，一般住宅都通过住宅销售实现房地产开发的最终目的，而老年公寓则需要根据老年人市场需求的多种形式，采取租、售结合的方式满足老年人入住，其中一定比例的住宅面积可以实现销售，另一部分需满足租用、度假等需求，并且公共服务设施更需要通过经营来实现收回投资，因此老年城的老年公寓的运营模式会采取灵活多样的销售方式保证其正常经营。

公司主要以信誉为前提确保提供一系列需求服务，并且广泛联系相关医疗服务机构、旅行社等，时刻根据老年人的需求，同时充分利用直辖市所处的地理位置、自身的特色和优越的区位条件，提供尽可能全面到位的服务，不断创新，扩大规模，力求在社会上树立良好的形象。

5.2 合作伙伴与融资

1. 风险投资

我们会尽力寻求真正有实力、与我们理念统一的投资者，并正确评价自己的创意。在股权问题上，我们将严持股份，不轻易转让股份。

对于投资回报问题，我们将按照投资的情况，合理地进行计算，公正地给予相应回报。

2. 银行融资

我们将利用固定资产向银行提出贷款，或者通过担保获得一定的贷款。老年行业的发展得到了国家的支持，公司若能较快地形成规模效益，将会获得国家在资金上的支持。我们更侧重向国家开发银行贷款，其利息估计为商业银行同期贷款利息的二分之一到三分之二。

3. 合作融资渠道

当公司发展到一定规模后，我们将会与一些老年公寓或养老院展开合作，拓宽经营渠道。对于一些外来资金，我们将进行合理的评估，然后再接受，但在股权问题上我们坚持自己的主动权。

4. 发行债券和股票

这个将是公司在京津地区得到稳定发展之后，转向外地市场、全国市场的时候，所采用的主要融资方案。

5. 政府投资

我们不仅乐于接受而且会尽力争取，并将其资金合理应用，为社会做出应有的贡献。在政府的支持下，公司的发展将会更加顺利。为了回报政府、回报社会，我们将会为社会提供更多的就业机会。

5.3 营销渠道

随着市场从“卖方市场”向“买方市场”的转变以及企业从“以产品为中心”到“以消费者为中心”的转变，我们拟定采用传统销售模式与新型销售模式相结合的销售渠道。具体分为如下几种。

1. 直销模式

由于采用直销模式，房地产产品从开发商直接转到消费顾客手中，而不经由中介，因此开发商直接面向顾客，企业可以更及时、准确地掌握顾客的购买动机和需求特点，把握市场脉搏；同时，由于采用了直销模式，销售过程中发生的费用也就完全由公司来控制。

2. 建立销售网络

公司建立以天津为中心的服务销售网络。在天津及各周边区域调查搜集老年人的活动聚集地、老年服务娱乐中心等，在这些地点建立专门的定点咨询服务进行宣传。

建立公司网站与客户资源管理库，积极推动公司网络营销的开展。网络营销实质是营造网上经营环境，包括网站本身、顾客、网络服务商、合作伙伴、供应商、销售商相关行业的网络环境。我们对开发项目进行网上宣传，对客户进行项目产品的网上调研，接受意见反馈或通过商品房网上竞拍给项目造势，提升项目人气。

其基本模式如下：

企业→信息→网络媒介→信息→用户。

通过互联网，我们顾客之间的信息传递更直接、互动，并且省去了传统销售模式下的代理环节，降低了销售费用。

5.4 促销方式

根据老年城自身特点并结合市场情况，为扩大老年城消费人群，使更多的人接受老年城的经营理念、服务理念，从而提高酒店的营业额以及知名度。以下将通过广告促销、人员推销、销售促进、公共关系四部分具体介绍该组合。

5.4.1 广告促销

1. 广告任务及目标

前期广告旨在扩大老年城的知名度，使有需求的老年消费群体知道并了解我们的老年城，从而逐步建立起这部分人群的消费偏好、开拓出更大的市场；当已经具备一批固定的客源和拥有一定程度的知名度后，广告则主要起到稳定客源和保持知名度、信誉度的作用。

2. 广告设计

广告力求向老年消费者传达“绿色、安全、温馨、宁静”的老年环境和“急老人之所需，想老人之所想”的“一条龙”式的服务理念。

受众群主要是收入为中、高层的老年人群。并通过报纸（杂志）、电台、电视等不同的媒体向受众传播，打造出一个全方位、辐射面广的立体广告网络。

3. 广告媒体

（1）电视广告。电视在我们每个人的娱乐生活中起到了不可或缺的作用，大部分的中、高阶层的老年人都会每天收看电视，所以电视广告是我们广告宣传中的重要部分。对此，我们在天津卫视和天津部分有线台的广告时间进行老年城的宣传，让老年人在优美的音乐、风景如画的环境概况和全方位周到的服务中对我们老年城有着直接的视听感受，在广告中我们会营造“绿色、安全、温馨、宁静”的老年环境和“急老人之所需，想老人之所想”的“一条龙”式的服务理念。

（2）电台广告。对绝大多数老年人来说，听广播已成为生活中必不可少的一件事。我们针对老年人的收听喜好和天津电台各个频道的收听情况，选取天津电台新闻广播和天津电台生活广播作为我们的主要对象，在其节目的广告时间里播放我们孝贤老年城的广告，让老年人在每天的收听中加深对我们老年城概况的了解。

（3）报纸/杂志广告。据我们调查发现，《今晚报》和《老年报》是天津老年人最喜爱看的两种报纸，我们可以以这两种报纸为主要对象，直接刊登老年城的广告及一些活动，从而直接地提高知名度；也可以在该刊物上发表一些体现老年城文化和服务理念的文章，向顾客展示我们老年城特有的文化底蕴和理念，并且能够有针对性地提高在老年消费群体中的知名度。

具体实施：由拓展部首先与《今晚报》和《老年报》广告部取得联系，协商广告版面、广告内容以及刊登广告的具体时段，在了解具体登广告的要求后协商最后定价，讨论细节。

（4）广告牌和霓虹灯。在机场、火车站等地点设置醒目广告牌，彰显老年城的地位；在官庄镇入口到老年城的路灯上做有指示性的霓虹灯广告牌。引导客人迅速、准确地找到酒店。

（5）网络广告。我们会在孝贤老年城的网站上对我们的公寓和服务体系进行详细的介绍，并会采用网上预订公寓的方案，建立起完善的宣传与销售的网络体系。

5.4.2 人员推销

为克服广告促销中无法与消费者直接沟通的缺陷，我们还将采用人员推销的方式，建立一支强有力的推销队伍，同顾客直接进行面与面、双向式的沟通，从而不但建立良好的商业关系，而且随时针对顾客的反应及需求对我们的服务做适当的调整。同时还能使公寓以老人为首要之重的理念深入人心；这种促销方式能够使公寓与老年顾客直接沟通、交流，增强服务人员的亲切感。

1. 电话、短信服务

公寓销售部的服务人员定期地与公寓的老顾客或有潜在消费需求的客户提供电话或短信咨询服务，并通过电话或短信为老年顾客介绍最新服务项目、优惠活动，使顾客与公寓保持良好而密切的关系。

2. 咨询活动

在一些定期或不定期举办的老年产品展销会或老年艺术节上设置展台或宣传点，并派遣公寓的一部分人员亲自到现场借助活动向与会者进行公寓项目和优惠活动的介绍和宣传；还可以与老年社区、老年人活动中心、老干部局等地方进行沟通协商后，向当地老年人大力宣传我们的项目和优惠活动。

5.4.3 销售促进

销售促进即老年城为了迎合顾客的消费心理，有条件地为其提供一部分优惠或举办一些让利活动。这种促销方式能够迅速并强烈地刺激起消费者的需求。

1. 套餐促销

目的：套餐促销方案的实施，目的是通过给予顾客消费的较低折扣，吸引顾客购买套餐，在获得套餐收入的同时，也能带动老年城公寓的销售。

套餐分类：

（1）夫妻情侣套餐。对于夫妻二人结伴购房者，我们会在对应房间价格标准的基础上给予 9 折的优惠，在重阳节、端午节、情人节、十一等节日我们会以 8.5 折的优惠回馈广大老年消费者。对购买我们夫妻情侣套餐的老年人，我们会免费赠送半年的健身会员卡。

（2）好朋友套餐。该套餐针对的是平日感情较好并有三人及三人以上集体购房的老人，对此，我们会根据人数的多少给予相应的优惠：

人数	3	4	5	（≥）6
优惠折扣	8.5	8	7.5	7

对于购买我们好朋友套餐的老年人，人数在 3～4 人的，我们会赠送半年的健身会员卡；人数在 5～6 人的，我们会赠送一年的健身会员卡；人数在 6 人以上的，除了赠送一年的健身会员卡外，还会根据其意愿赠送一次温泉疗养或一次老年观光旅游。

2. 老年文化节

我们每年会定期在老年城内举办大型老年文化节，包括书法展、绘画展、摄影展、文艺表演，对象主要是老年城内居住的老人，并与其他老年公寓合作，吸引其他老年公寓老人。在文化节举办期间，我们会联系相关媒体为老年城文化节做报道以扩大知名度和影响范围，借此推动老年城公寓的销售。

5.4.4 公共关系

运用公共关系手段，目的在于提升公寓的整体形象，增加公寓的知名度与美誉度。

1. 社会捐赠活动

主题："孝贤老年杯"慈善活动。

目的：扩大老年公寓影响力和知名度，树立良好口碑。

过程：组织"孝贤老年杯"名家慈善书画论坛，销售淡季时，在公寓内召集书画名家们或向全国各大书画协会发送邀请函，邀请全国著名的老年书画名家（共 10 人左右），免费入住老年公寓 3～5 天，给予享受最高级的老年服务。要求是请老年艺术家们以孝贤老年城或蓟县风景区为主题题字或作画，入住期间请每位艺术家提交至少三幅作品给公寓。公寓保留少数一部分作品，其余作品委托拍卖公司进行慈善拍卖，将所得善款捐给一些著名的慈善机构（如"希望工程基金会"、"壹基金"等慈善机构），并邀请各类媒体对相关活动进行报道。

2. 本地企业（单位）联谊活动

组织天津市及蓟县的著名企业或行政、事业单位的领导或负责人入住、体验公寓的服务质量，并适当地赠送他们一些礼品，促使他们提供给公寓一些优惠政策及资金支持，并帮助公寓宣传，提高公寓的知名度（如果需要的话，可以与一些企业进行合作）。

3. 赞助

赞助一些社会活动，特别是公益活动，也可以是冠名或赞助老年网站或老年论坛、电视或广播中的老年栏目等，或赞助一些比较有影响力的老年文化节、大型老年活动等。

6 公司管理

6.1 公司性质

孝贤老年城的性质为股份有限责任公司。

6.2 公司组织

公司将采取直线组织形式，结构如图 10-7 所示。

董事会通过选举产生一名董事长，董事长任命一名总经理。总经理负责公司的日常事务，并对董事会汇报工作。副总经理、各部门总监以及总经理助理对总经理汇报工作。

鉴于公寓规模较大，因此采取的并非是简单的直线型的组织形式。组织结构层次分明，关系明确，权责清晰，便于指挥。这种管理模式要求管理层有较高的管理素质，同时对公司的员工也提出了较高的要求。

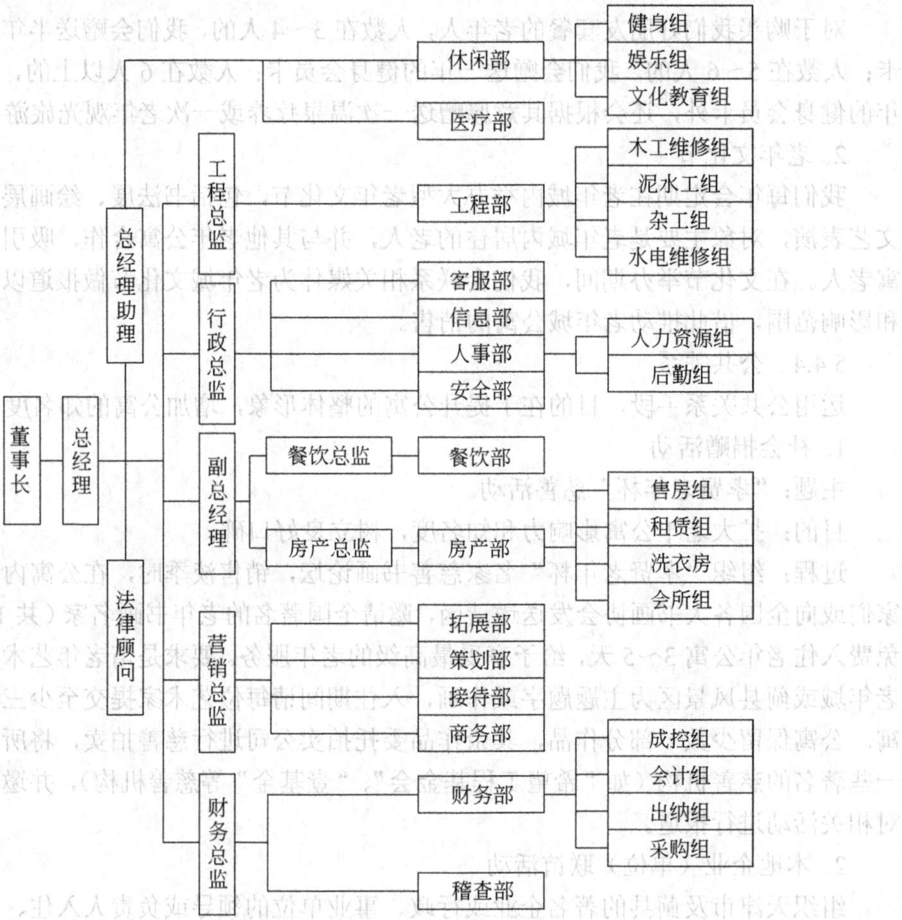

图 10-7 公司组织形式

6.3 主要管理人员

（1）董事长：董事长不管理公司的具体业务，一般也不进行个人决策，只在董事会开会或董事会专门委员会开会时才享有与其他董事同等的投票权。

（2）总经理：对公司各项事务和总体规划负责，制定战略，平衡协调各部门总监之间的关系，指定和解雇部门总监。

（3）副总经理：主要负责管理公司的餐饮以及房产两个部门。

（4）法律顾问：主要负责公司的法律方面的相关事务，直接对总经理负责。

（5）总经理助理：主要负责协助总经理管理公司的日常事务，同时管理公司的休闲部和医疗部。

（6）工程总监：主要负责公司的工程工作，管理公司的工程建设以及公司的日常维修等工作。

（7）行政总监：主要负责公司的行政工作，管理客服部、信息部、人事部以及安全部四个部门。

（8）营销总监：主要负责公司的市场营销相关工作，管理公司的拓展部、策划部、接待部以及商务部四个部门的工作。

（9）财务总监：主要负责公司的财务工作，管理财务部和稽查部两个部门。

6.4 主要管理机构

（1）休闲部：主要负责管理休闲娱乐、保养健身、文化教育方面的事务。下设娱乐组、健身组、文化教育组。

（2）医疗部：主要负责老年医疗方面的各种事务。

（3）工程部：主要管理公司建筑工程方面的事务，下设木工维修组、泥水工组、杂工组以及水电维修组。

（4）客服部：主要负责老年顾客的服务工作，处理顾客的投诉以及为顾客提供各种业务咨询。

（5）信息部：主要负责管理老年信息管理及与老人的子女建立提醒和交流平台。

（6）人事部：主要负责公司的人力资源管理以及公司的后勤工作，下设人力资源组以及后勤组。

（7）安全部：主要负责公司的安全保卫工作以及保障老年顾客的人身安全。

（8）餐饮部：主要负责公司的餐饮业务，该部门设餐饮总监一名，负责餐饮中心的日常事务。

（9）房产部：主要负责公司售房、租赁、商务会所方面的工作，该部下设售房组、租赁组、洗衣房以及会所组四个部门，该部设房产总监一名。

（10）拓展部：主要负责公司老年服务业务和老年市场的拓展。

（11）策划部：主要负责公司的策划以及公司对外广告宣传、营销等方面的策划。

（12）接待部：主要负责公司前台接待旅客、安排老人居住等工作。

（13）商务部：主要负责与公司新老客户进行业务联系。

（14）财务部：主要负责公司经营利润和成本的核算、资料的管理、公司财务的核算等工作。

（15）稽查部：主要负责检查并监督公司内部各个部门的运作是否有违法违规操作的行为。

6.5 人员配置

公司准备聘用正式员工 306 名，另外根据公司经营过程中遇到的具体情况决定是否聘用当地农民作为临时工，减少公司经营成本。公司人员配备情况具体如下。

（1）娱乐部：设休闲部部长 1 名，下设娱乐组组长 1 名，健身组组长 1 名，教育组组长 1 名。其他员工 20 名。

（2）医疗部：设医疗部部长 1 名，其他医护人员 60 名。

（3）工程部：设工程部部长 1 名，下设木工维修组 12 名员工、泥水工组 10 名员工、杂工组 9 名员工以及水电维修组 10 名员工，合计 42 名员工。

（4）客服部：设客服部部长 1 名，下设 5 名员工。

（5）信息部：设信息部部长 1 名，下设 5 名员工。

（6）人事部：设人事部部长1名，下设人力资源组组长1名，员工8名，负责公司的人力资源管理以及后勤组组长1名、10名公司的后勤工作，合计21名员工。

（7）安全部：设人事部部长1名，下设20名保安。

（8）餐饮部：设餐饮总监1名，2个分部经理，50名服务人员。

（9）房产部：设房产总监1名，下设售房组6名员工、租赁组18名员工、洗衣房4名员工以及会所组6名员工。

（10）拓展部：设拓展部部长1名，下设员工3名。

（11）策划部：设策划部部长1名，下设员工5名。

（12）接待部：设接待部部长1名，下设员工8名。

（13）商务部：设商务部部长1名，下设员工10名。

（14）财务部：设财务部部长1名，下设员工4名。

（15）稽查部：设稽查部部长1名，下设员工2名。

7 风险分析

尽管风险投资的高风险是公认的，但是风险投资者仍然想尽可能多地弄清风险企业可能面临的风险，以及风险的大小程度，我们将采取何种措施来降低或者防范风险、增加收益等。针对老年城自身特点，我们所面临的风险主要有财务风险、管理风险、市场风险、资源风险和政策风险几个方面。

7.1 财务风险

由于整个项目投资成本较大，物力和财力等资源投资相对庞杂繁多，作为老年住宅市场的新进入者，公司创业初期各项内部控制制度不够完善、流程设计不够合理或执行不力、管理销售人员挪用贪污公司资金或者应付账款无法收回产生呆账坏账，都会给公司的经营带来风险。对此我们有以下应对措施。

（1）如果在运营之初就出现严重危机，此项服务不被消费者认可、没有市场发展空间，则迅速实行清算，申请破产保护。

（2）如果在运行一段时间后顾客量有上升趋势，但由于服务规模小使得成本摊算过高，则扩大规模、加大宣传、吸引更多客户，使成本摊算减小。

（3）如果由于公司经营不善，致使公司亏损。可以采取转让、出售、破产清算的方式退出市场。转让可以通过自有渠道寻找接受方完成，也可以借助专业机构如投资银行促成。出售则是通过将产权整体出售给大企业或其他人，条件由双方协商。破产清算是风险投资最容易实现的退出方式。其操作方式是：投资者把那些值钱的资产卖掉，然后提取属于自己的部分现金以抵消在基础设施和场地的投资。

（4）直接出售。风险投资基金直接出售其在风险企业的股份，出售的对象既可以是一般的公司、法人，也可以是其他的风险投资基金。

7.2 管理风险

由于我们团队是初次创业，可能会缺少实际的管理知识而造成管理上的风险。对此，我们相信，作为年轻一代，我们有接受事物的强且快的优势，并且我们会在形成规模之后，聘请一些高级管理人才辅助管理，同时也注重开发自身员工的管理才能，注重员工的培养。这样既规避了管理上可能出现的风险，又能增强公司实力，一举两得。

7.3　市场风险

市场风云变幻，竞争也无处不在。由于老年市场高额的利润回报，将会有越来越多的潜在竞争者进入该行业参与竞争，这将导致激烈的市场竞争和价格的大幅度降低，使得公司面临严峻的市场形势。对于市场风险，我们管理层将及时地对市场进行了解，并制定相应的策略。

首先，我们会多多学习先进的技术与服务理念，不断完善。我们坚持的原则是：不搞恶性竞争，有效地利用信息管理平台，用自己的优质的产品与服务留住顾客，并不断谋求新的途径。但当逐渐失去市场时，我们将迅速开发其他市场，并且树立这种意识，将会出现多市场同步开发的场景。

我们将公司发展成多元化集团视为最终和最高目标，以在激烈的竞争中占据优势。

7.4　资源风险

针对供应商可能无法为公司提供令公司满意的产品和服务的风险，我们将和它们签订合同，由于其过失造成公司损失，将按照合同进行赔偿。为了避免这个情况发生，我们会寻找那些可靠的、信誉高的供应商。这种情况主要发生在创业初期，我们会在创业初期谨慎选择供应商，以保证我们的住宅及相关服务质量。

7.5　政策风险

对于利弊不同的政策，我们会尽力做好与政府的沟通，同时建立广阔的人脉关系网，在可能的情况下聘请一些政府工作者出任独立董事，对公司管理及运营及时提出建议。本公司立志建立符合老年人需求和市场趋势的中小型老年公寓娱乐学习场所，会响应国家政府的号召，主动联系政府相关人员以及生产商和风险投资商，积极为社会分担压力，努力获得政府支持，减少相关的政策风险。

老年住宅行业是一个非常有前景的行业，但有机会的地方必然会有风险，对于可能会遇到的风险，我们会保持客观冷静的态度和积极乐观的心态，并始终有战胜风险的信心。

8　财务分析

8.1　营业第一年资产负债表（见表 10-3）

表 10-3　营业第一年资产负债表

编制点位：　年　月　日　单位：万元

资　产	年初数	期末数	负债及所有者权益	年初数	期末数
流动资产：			流动负债：		
货币资金	1 552.35	2 413.35	短期借款	2 275.05	2 970.8
短期投资	829	1 032	应付票据和应付账款	351	386
应收账款	1 328	1 073.98	应交税金	287	235
减：坏账准备	218	375	应付工资	693.7	726
存货	132	264	应付福利费	129	153
待摊费用	75	125	代销商品款	37	21
流动资产合计	4 134.35	5 283.31	其他流动负债	264	327
长期投资：			流动负债合计	4 036.75	4 863.8

续表

资　产	年初数	期末数	负债及所有者权益	年初数	期末数
固定资产	4 561.4	4 561.4	长期负债：		
固定资产原价	4 561.4	4 561.4	应付债券	1 263	1 432
减：累计折旧	325.4	325.4	长期负债合计	1 263	1 432
固定资产净值	4 236	4 236	所有者权益：		
无形资产	100	150	实收资本	1 769	1 809
其他长期投资	200	284	资本公积	574	629
固定资产合计	4 536	4 670			
			盈余公积	361.62	382.79
			未分配利润	665.98	836.72
			股东权益合计	3 370.6	3 657.51
资产总计	8 670.35	9 953.31	负债及股东权益总计	8 670.35	9 953.31

8.2　投入运营后前四年利润表（见表 10-4）

表 10-4　投入运营后前四年利润表

编制点位：　年　月　日　单位：万元

年度 项目	第一年	第二年	第三年	第四年
一、主营业务收入	6 583.386	7 031.226	8 353.616	1 0470.801
减：主营业务成本	2 855.326	2 981.463	3 434.085	4 326.871
主营业务税金及附加	328.184	362.193	412.281	546.540
二、主营业务利润	3 399.876	3 687.57	4 507.25	5 597.39
加：其他业务利润				
营业费用	187.14	203.42	344.37	409.56
管理费用	28.62	25.32	23.83	27.57
财务费用	68.21	70.43	79.43	82.74
三、营业利润	3 115.906	3 388.4	4 059.62	5 077.52
加：投资收益				
补贴收入				
营业外收入	241.67	276.72	305.48	314.95
减：营业外支出	120.24	104.35	97.37	92.26
四、利润总额	3 237.336	3 560.77	4 267.73	5 300.21
减：应交所得税	809.334	890.193	1 066.93	1 325.05
五、净利润	2 428.002	2 670.58	3 200.80	3 975.18

8.3 经营第一年现金流量表

编制单位： 年 月 日 单位：万元

	金 额
一、经营活动产生的现金流量	98.5
销售商品提供劳务收到的现金	5 780.67
收到的税费返还	
收到其他与经营活动有关的现金	76.3
现金流入小计	5 955.47
购买商品接受劳务支付的现金	3 897.82
支付给职工以及为职工支付的现金	2 034.5
支付的各项税费	748.92
支付其他与经营活动有关的现金	340.96
现金流出小计	3 022.2
经营活动产生的现金流量净额	2 933.27
二、投资活动产生的现金流量	
收回投资所收到的现金	
取得投资收益所收到的现金	
处理固定资产、无形资产及其他长期资产所收回的现金净额	
收到的其他与投资活动有关的现金	
现金流入小计	
购建固定资产、无形资产及其他长期投资所付的现金	5 324.16
投资所付的现金	
支付的其他与投资活动有关的现金	
现金流出小计	5 324.16
投资活动产生的现金流量净额	–2 390.89
三、筹资活动产生的现金流量	
吸收投资所收到的资金	10 405
借款所收到的现金	2 495
收到的其他与筹资活动有关的现金	
现金流入小计	12 900
偿还债务所支付的现金	123
分配利润偿付利息支付的现金	305.3
支付其他与筹资活动有关的现金	158
现金流出小计	586.3
筹资活动产生的现金流量净额	12 313.7
四、汇率变动对现金的影响	
五、现金及现金等价物净增加额	406.15

9 附录（略）

案例来源：本案例源自作者指导的大学生创业计划大赛获奖作品。

10.2 市场调研计划书通用模板及范文

10.2.1 市场调研计划书模板

一个规范的市场调研计划书一般应包括以下主要内容：

封面

目录

一、前言

二、调查目的

三、调查内容

四、调查对象及抽样方法

五、调查方法

六、调查程序及安排（见表 10-5）

表 10-5 调查程序及安排

	九月	十月	目标要求	负责人
	26 27 28 29 30	1 2 3 4 5 6 7 8 9 10 11 12 13 14		
调研准备阶段	25～29 日			
资料收集阶段	9 月 30 日～10 月 7 日			
统计分析阶段		8～11 日		
总结解释阶段		12～14 日		

七、调查经费预算（见表 10-6）

表 10-6 调查经费预算 单位：元

	人力经费	物资经费	技术装备费	差旅费	合计
准备阶段					
调查阶段					
分析阶段					
总结阶段					
其他					
合计					

八、调查问卷（略）

10.2.2　市场调研计划书范文

"小肥羊"天津市场调研计划书

封面：题目——"小肥羊"天津市场调研计划书

策划人——××

完成时间——年　月　日

目录

一、前言

目前全国范围内餐饮业竞争激烈，作为中国知名品牌的"小肥羊"餐饮同样面临着当地其他餐饮业的冲击，为配合"小肥羊"在天津的深入发展，评估当地火锅市场的营销环境，制定广告策略及营销策略，在天津地区进行火锅市场的调查是十分必要的。

本次调查将围绕策划的四个立足点：消费者、市场、竞争者、企业自身来进行。

二、调查目的

为小肥羊的营销做策划，从而扩大"小肥羊"在天津地区的市场占有率。

具体为：

（1）了解天津地区火锅市场的状况。

（2）了解"小肥羊"在天津地区的认可度和消费状况。

（3）了解天津地区消费者对火锅的消费观点及习惯。

（4）了解天津地区已在"小肥羊"消费过的顾客情况。

（5）了解竞争对手的营销策略。

（6）了解自身状况。

三、市场调查内容

（一）消费者

（1）消费者统计资料（年龄、性别、收入等）。

（2）消费者对火锅的消费形态（消费观念、消费习惯）。

（3）消费者对"小肥羊"的认知度，即可接受性。

（4）消费者对"小肥羊"的评价。

（二）市场

（1）天津地区火锅市场状况。

（2）天津地区消费者需求及购买力状况。

（3）天津地区市场潜力测评。

（三）竞争对手

（1）天津地区知名火锅店的规模、消费档次、位置、价格。

（2）市场上火锅店的经营状况。

（3）竞争对手的营销策略。

（四）企业自身

（1）自身食品质量状况。

（2）自身管理及服务状况。

（3）自身店堂布置状况。

四、调查对象组成及抽样

目前天津市场火锅店繁多，消费层次多样化。“小肥羊”作为知名品牌在同类产品中档次较高，消费者多为中高层收入者，所以在确定调查对象时，适当针对目标消费者，同时也点面结合。

调查对象组成及其抽样如下。

消费者 200 位：其中家庭收入 2 500 元以上的占 50%，其他收入阶层占 50%。

各档次火锅店 20 家。

要求：

（1）被调查者家中没有人在火锅店工作。

（2）被调查者家中没有在市场调查公司工作。

（3）被调查者家中没有人在广告公司工作

（4）被调查者家中在最近半年未曾有过类似的市场调查测试。

五、市场调查方法

以访谈为主：户访、调查问卷调查、网上调查。

访员要求：

（1）仪表端庄，大方。

（2）举止谈吐得体，态度亲切、热情，具有把握谈话气氛的能力。

（3）受过专门的市场调查培训。

（4）具体认真负责，能吃苦耐劳。

（5）有自信。

六、市场调查程序及安排

第一阶段：初步市场调查		3 天
第二阶段：计划阶段		
	制订计划	2 天
	审定计划	1 天
	确认修正计划	半天
第三阶段：问卷阶段		
问卷设计		3 天
问卷调整确认		1 天
问卷印制		1 天
第四阶段：实施阶段		
访员培训		7 天
实施执行		3 天
第五阶段：研究分析		
数据输入处理		3 天
数据研究分析		7 天
第六阶段：报告阶段		
报告书写		3 天

报告打印　　　　　　　　1 天

调查实施自计划问卷确认后的第二天执行，访员培训自第一阶段开始时进行。

调研时间进度如表 10-7 所示。

表 10-7　调研时间进度

	九月	十月	目标要求	负责人
	26 27 28 29 30	1 2 3 4 5 6 7 8 9 10 11 12 13 14		
调研准备阶段	25～29 日 ←→			
资料收集阶段	9 月 30 日～10 月 7 日 ←→			
统计分析阶段		8～11 日 ←→		
总结解释阶段		12～14 日 ←→		

七、调研费用预算表（见表 10-8）

表 10-8　调研费用预算　　　　　单位：元

	人力经费	物资经费	技术装备费	差旅费	合计
准备阶段	300	100	500	0	900
调查阶段	1 000	2 000	0	500	3 500
分析阶段	500	100	0	0	600
总结阶段	500	200	0	0	700
其他	200	0	0	0	200
合计	2 500	2 400	500	500	5 900

八、调查问卷（略）

10.3　市场调研报告通用模板及范文

10.3.1　市场调研报告模板

调查报告一般是由题目、目录、概要、调研数据分析、结论和建议、附件等几部分组成。

1. 题目

题目必须准确揭示调查报告的主题。调查报告还可以采用正、副标题形式，一般正标题表达调查的主题，副标题则具体表明调查的单位和问题。标题的形式有以下三种。

（1）“直叙式”的标题，是反映调查意向的标题。

（2）“表明观点式”的标题，是直接阐明作者的观点、看法或对事物的判断、评价的标题。

（3）“提出问题式”的标题，是以设问、反问等形式，突出问题的焦点，以吸引读者阅读，并促使读者思考。

2. 目录

如果调查报告的内容比较多，为了便于阅读，应当使用目录和索引形式列出调查报告的主要章节和附录，并注明标题、有关章节号码及页码，一般来说，目录的篇幅不宜超过一页。

3. 概要

这部分主要阐述市场调查的基本情况，如市场调查的目的、市场调查的起止时间、有效回收率、调查对象、样本的个数、抽取样本单位的方法、搜集资料的方法。

4. 调研数据分析

这是市场调查报告最重要的部分。根据对调查资料的统计分析结果所进行的全面、准确的论证，在此基础上进行SWOT分析，为引出结论和建议奠定基础。

5. 结论和建议

结论和建议是撰写调查报告的主要目的。结论和建议与正文部分的论述要紧密对应，既不可以提出没有证据的结论，也不要没有结论性意见的论证。

6. 附件

附件是指调查报告正文包含不了或没有提及，但与正文有关必须附加说明的部分。它是对正文的补充或更详尽的说明。它包括数据汇总表、原始资料背景材料和必要的技术报告等。

10.3.2 市场调研报告范文

蒙牛真果粒酸奶天津市场调研报告

封面：题目——蒙牛真果粒酸奶天津市场调研报告

策划人——××

完成时间——年　月　日

目录

一、概要

二、调研数据分析

（一）调查问卷分析

（二）SWOT分析

三、结论及建议

四、附录

一、概要

（一）调查背景

1. 蒙牛概况

蒙牛企业由自然人出资，采取发起设立方式，成立于1999年7月。经过短短六年的时间，由全国乳制品企业中的排名1 116位上升到第2位，已成为国内奶制品行业的龙头企业，产品包括液态奶、冰激凌、奶粉、奶片等系列100多个产品。产品覆盖除中国台湾地区以外的所有省、市、自治区，并出口到中国港澳地区、东南亚、蒙古以及美国塞班地区。在全国15个省建立了20多座生产基地。

蒙牛企业的发展带动周边地区新增奶牛 80 多万头，产业链覆盖几百万农民。蒙牛 2006 年销售额增至 162.46 亿元人民币，比 2005 年大涨 50.1%；每股基本盈利及每股摊薄盈利均为 0.532 元人民币。同时，蒙牛发放收奶款数也在行业中位居前茅，2006 年蒙牛发放收奶款 62 亿元人民币，与 2005 年相比增长近 50%。

根据近日国家统计局中国行业企业信息发布中心和中国商业联合会分别公布的 2006 年中国乳品市场统计数据，蒙牛获得液态奶、冰激凌、酸奶三项市场销量冠军。

2. 果粒酸奶的市场状况

（1）蒙牛果粒酸奶的状况。随着大果粒酸奶整体市场规模的不断扩大，各大品牌皆不断丰富其现有大果粒产品，为进一步抢占市场，丰富现有产品口味，给消费者提供更多选择机会，增加大果粒酸奶的竞争力，蒙牛新推出蒙牛大果粒酸牛奶是一款全脂果粒酸牛奶。它选用高品质纯鲜牛奶精制而成，采用巴氏杀菌 300 秒保鲜技术，具有蒙牛酸奶的新鲜高品质。超大新鲜果粒的加入，使酸奶的风味更自然、营养更多、吃起来更过瘾。大果粒酸奶是最 HOT 的时尚点心，可以随心替代早餐、午餐；又因为特别添加植物成分，让女性轻松美容养颜，赢得了大部分女性的青睐。

（2）竞争者的基本状况。在当今市场上，大果粒酸奶并非蒙牛的独创，在蒙牛之前，光明、伊利等企业都推出了自己的果粒酸奶并且做得不错。这些企业的实力也都是比较强大的，在大果粒类饮品上蒙牛已经晚了一步。

（3）蒙牛的竞争力分析。

第一，蒙牛的品牌优势，众所周知，近两年蒙牛一系列的赞助活动使“蒙牛”迅速地填充了人们的大脑，所以，不管蒙牛推出何种产品，都将获得社会、媒体的重大关注，这些关注正是新产品所必需的。因此，也省掉了很大一部分的市场开发及宣传费用。

第二，蒙牛的研发技术、管理、资金等具有其他企业无可比拟的优势。

第三，蒙牛完善的销售渠道，其前期的发展所铺设的销售渠道便于新产品的迅速到达，物流的发展减轻了成本压力，获得价格上的竞争优势。

另外，市场因素对于发展新型大果粒酸奶非常有利，通过消费者的消费状况可以看出这个行业很有吸引力，再加上蒙牛本身的实力，虽然蒙牛进入比较晚，但还是具有非常强的竞争力。

中国乳制品的消费呈上升趋势，因此全国范围内乳制品的竞争十分激烈，作为中国乳业制品居龙头企业地位的“蒙牛”同样也面临着其他竞争者的冲击，为了了解蒙牛真果粒在天津的发展状况，并能够使其进一步地深入这个市场，评估当地乳业市场的营销环境，制定广告策略及营销策略，因此我们展开了在天津地区对蒙牛真果粒酸奶消费现状的调查。

（二）调查目的

为蒙牛真果粒酸奶的营销做策划，从而提高蒙牛真果粒酸奶在天津地区的市场占有率。

（三）主要调查内容

（1）了解“蒙牛真果粒”在天津地区的认可度和消费状况。

（2）了解天津地区消费者对果粒酸奶的消费观点及习惯。

（3）了解天津地区消费过果粒酸奶的情况。

（4）了解竞争对手的营销策略。

（5）了解自身状况。

（四）调查方法及结果处理

以问卷调查法和观察法来进行调研。共发放问卷100份，收回100份，有效问卷98份，有效率达到98%。

利用Excel软件对问卷结果进行处理，得出初步的分析结论。

二、调研数据分析

（一）调查问卷分析

1. 消费群体分析

从消费者的性别以及年龄分布可以看出，消费群体集中于年轻的女性（见图10-8）。

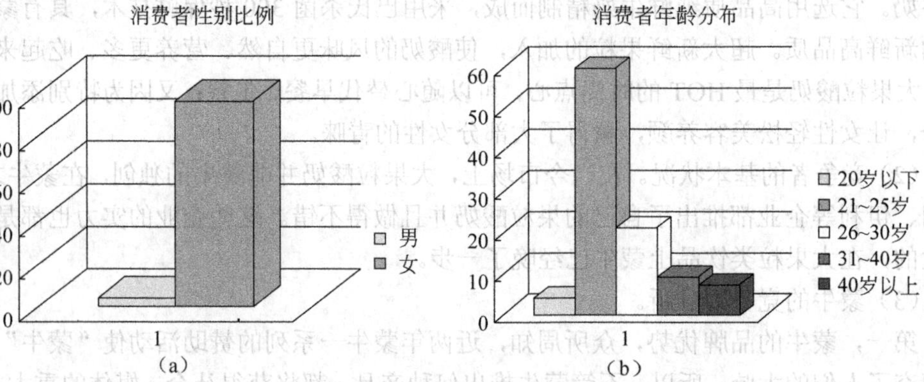

图10-8 消费群体分析

从问卷中所列职业分布情况可以看出（样本的采集有一定的倾向性）集中在学生群体，但从中发现购买群体多数是时间比较自由的消费者，工作忙碌的人群很少去消费（见图10-9）。

从消费者对其他品牌的喜好程度可以看出，消费者还是倾向于一些大的知名的品牌（见图10-10）。在调查中我发现年龄在40岁以上的天津人会毫不犹豫地选择海河品牌，因此，可以看出人们对本地区品牌的感情以及认可度。

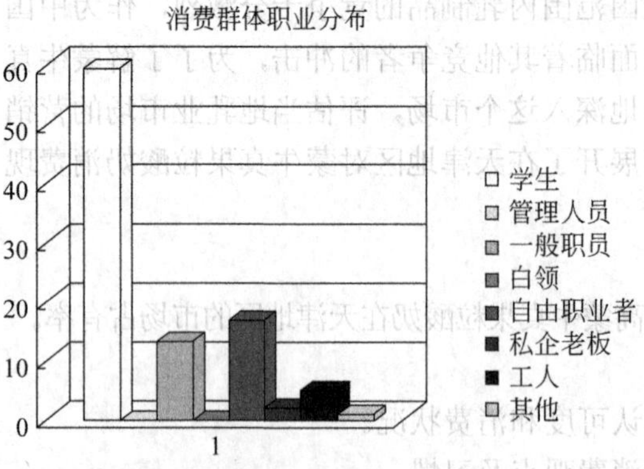

图10-9 消费群体职业分布

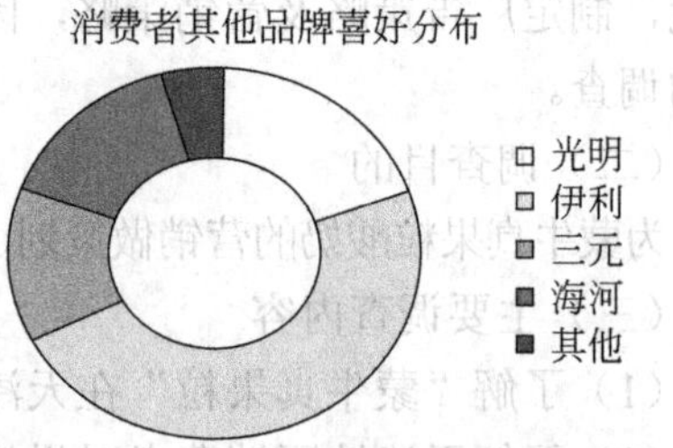

图10-10 消费者对品牌的喜好分布

2. 消费者对果粒酸奶的具体认知分析

从调查中发现，消费者普遍认为现行的价格偏高，在接受程度上打了折扣（见图 10-11）。另外，在超市的观察中也发现蒙牛果粒酸奶专柜前消费者很少，只有在促销的时候才会吸引更多的消费者。

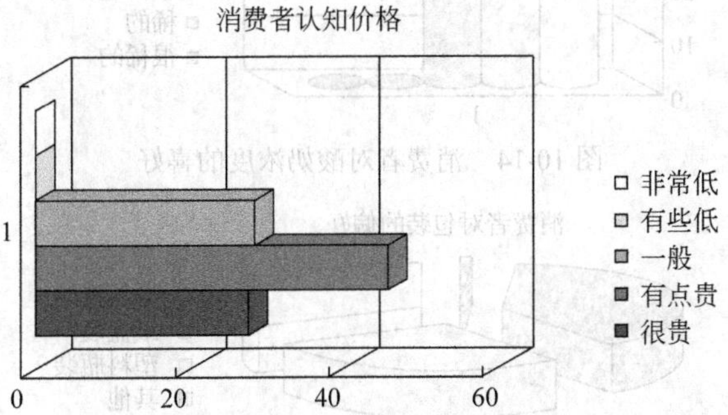

图 10-11　消费者对果粒酸奶的认知分析

从这项调查中发现大部分的消费者还是比较喜欢带有果粒或果肉的酸奶，人们还是非常愿意接受新鲜的口味，进行新的尝试的（见图 10-12）。

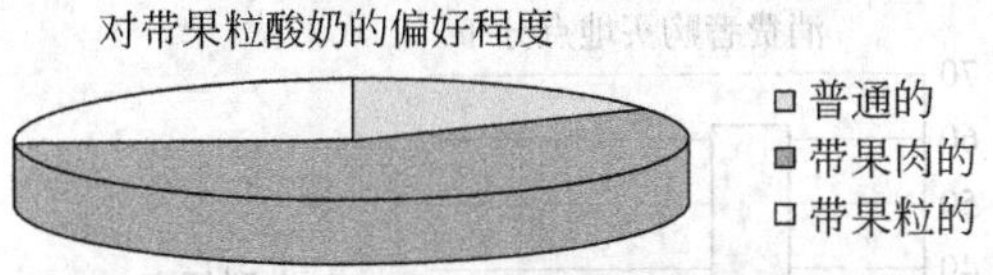

图 10-12　消费者对果粒酸奶的偏好程度

由于所列口味有限，消费者在这一栏中没有特别的倾向，人们还是希望口味越多越好，最大限度地适应更多消费者的口味，使得产品更能得到消费者的青睐（见图 10-13）。

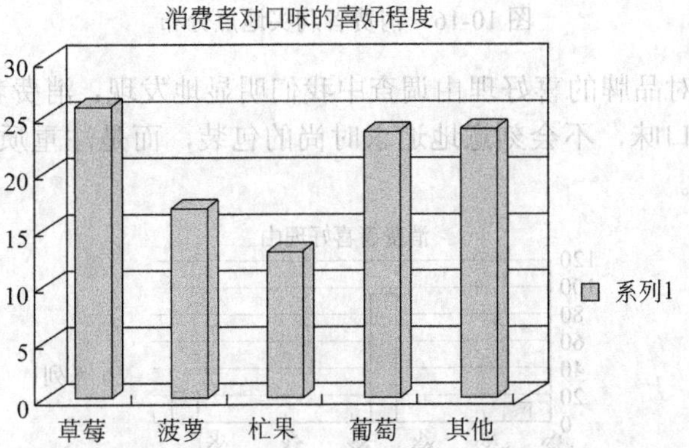

图 10-13　消费者对口味的喜好程度

从这一栏中我们明显地发现，消费者喜欢浓度比较高的酸奶，这为厂家对酸奶浓度的选择提供了依据（见图 10-14）。

还是采用了传统的包装形式，消费者对此也很接受和认可，只要在包装的美术设计方面可以创新，就能给消费者一种新鲜的感觉并能刺激他们的购买欲（见图 10-15）。

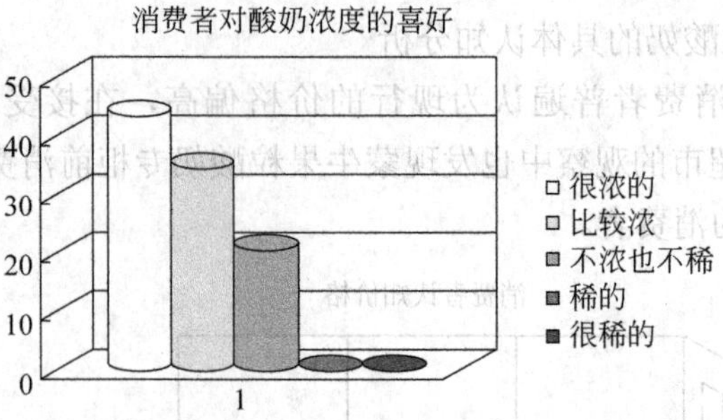

图 10-14　消费者对酸奶浓度的喜好

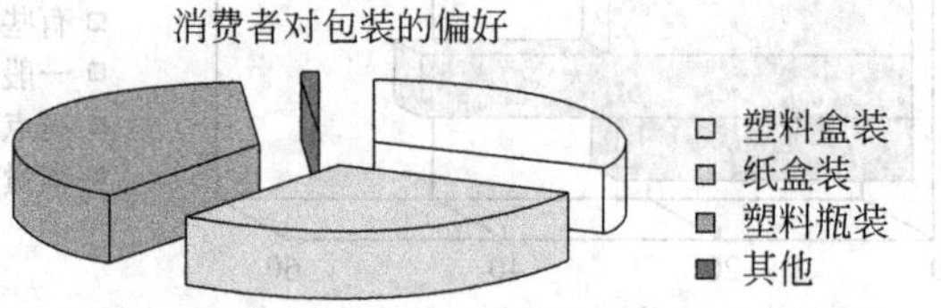

图 10-15　消费者对包装的偏好

从这一项可以了解到大型超市是人们理想的购买地（见图 10-16），这归于大超市的信誉度，在这里人们会得到质量的保证，买得比较放心。

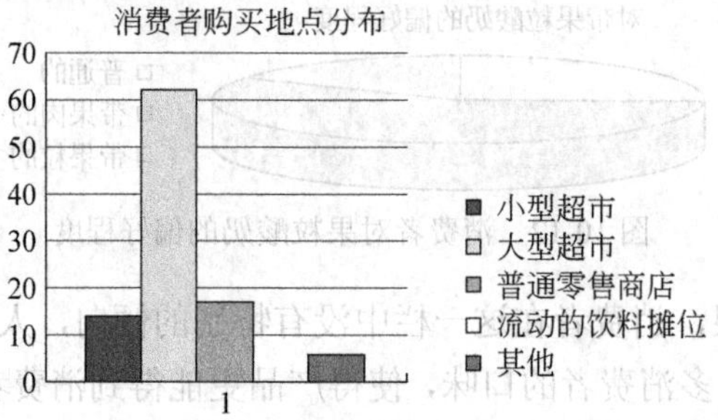

图 10-16　消费者购买地点分布

在了解消费者对品牌的喜好理由调查中我们明显地发现，消费者普遍还是理性的，他们更关注产品的口味，不会刻意地追求时尚的包装，而是注重质量，也相信品牌的力量（见图 10-17）。

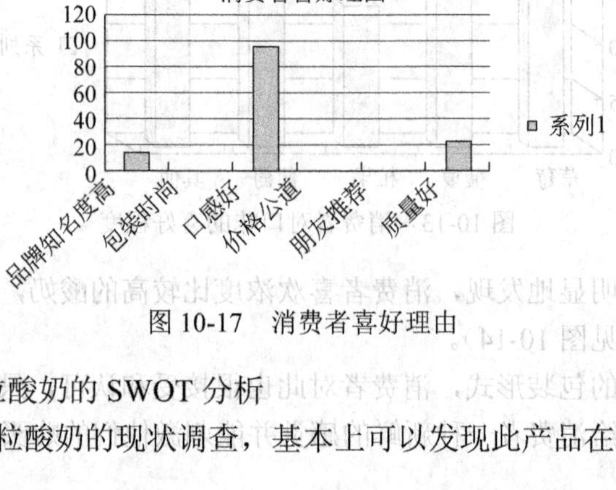

图 10-17　消费者喜好理由

（二）蒙牛真果粒酸奶的 SWOT 分析

通过对蒙牛真果粒酸奶的现状调查，基本上可以发现此产品在现阶段存在的问题以及本身所具有的优势。

内部分析

1. 优势（S）

（1）蒙牛自身的机制优势，蒙牛的凝聚力、战斗力、企业效率非常高。

（2）蒙牛的研发具有很强的优势，资金和管理具有其他企业无可比拟的优势。

（3）蒙牛在市场开发运作方面经验非常丰富，营销上有优势。

（4）蒙牛本身所具有的品牌优势，使果粒酸奶进入市场比较顺利，消费者的认可度也比较高。

（5）蒙牛强大的广告投入。赢得消费者的口碑宣传，以产品知名度来提升品牌知名度。

2. 劣势（W）

（1）进入果粒酸奶市场比较晚。

（2）消费者普遍认为价格高。

（3）服务体系的薄弱，在超市很难看到蒙牛果粒酸奶的促销员。

外部分析

1. 机遇（O）

（1）在第六项调查中发现，人们还是更加喜欢带有果粒的酸奶，因此，开拓这一市场还有很大的机会。

（2）在调查中发现消费者关注的还是品牌的知名度，因此，蒙牛凭借其强大的品牌优势能够得到消费者的青睐。

2. 威胁（T）

在对其他品牌的调查中发现，人们普遍比较认可伊利。在天津地区，年老一些的消费者对本地的海河有着很深的感情，所以乳业的竞争依然激烈，再加上国内乳业市场不规范，中小企业不正当经营行为对市场的破坏都对其造成很大的威胁。

三、结论及建议

在当今竞争激烈的酸奶市场中，蒙牛已经取得了一定的竞争优势和品牌优势，然而在伊利、三元、光明等竞争者的市场形势下，蒙牛应该及时调整战略，加大品牌强势，使果粒酸奶在天津市场上占有很大的份额。

通过调查认为：

（1）蒙牛的果粒酸奶在天津市场的潜力还是很大的，年轻的消费者普遍青睐这种新鲜的口味。

（2）加强这种酸奶的营养价值、制作工艺的宣传，使消费者认识到现行价格的合理性。

（3）充分了解竞争对手的策略以及时应对，加大市场占有份额。

（4）继续进行品牌建设，实行差异化的战略。进行市场细分以适合更多人的口味，有别于其他品牌的果粒酸奶，避免与伊利、光明等正面交锋，减少上市压力，获得较高的顾客忠诚度。

四、附录：调查问卷

蒙牛真果粒酸奶市场调查问卷

为了了解您对蒙牛真果粒的宝贵意见，我们正等待倾听您的心声。请在您的选项前的□内打“√”，非常感谢您的支持！

1. 请问您的性别是_______ □男 □女

2. 请问您的年龄是_______

□20 岁以下 □21～25 岁 □26～30 岁 □31～40 岁 □40 岁以上

3. 请问您的职业是_______

□学生 □管理人员 □一般职员 □白领 □自由职业者 □私企老板□工人 □其他

4. 目前市场上酸奶的品牌有很多，除了蒙牛您还喜欢哪一个_______

□光明 □伊利 □三元 □海河 □其他_______

5. 您认为蒙牛真果粒酸奶现行的价格_______

□很贵 □有点贵 □一般 □有些低 □非常低

6. 目前市场上有带果肉果粒的酸奶，相比较一下普通的酸奶和带果肉或果粒的酸奶您更喜欢哪一种_______

□普通的 □带果肉的 □带果粒的

7. 目前市场上有许多不同口味的果粒酸奶，您更喜欢以下哪几种口味_______

□草莓 □菠萝 □杧果 □葡萄 □其他_______

8. 你喜欢什么浓度的果粒酸奶_______

□很浓的 □比较浓 □不浓也不稀的 □稀的 □很稀的

9. 目前市场上也有不同的几种包装，您平时经常购买哪几种包装_______

□塑料盒装 □纸盒装 □塑料瓶装 □其他_______

10. 您一般在哪购买这些产品_______

□小型超市 □大型超市 □普通零售商店 □流动的饮料摊位 □其他

11. 喜欢喝果粒酸奶的理由_______

□品牌知名度高 □包装时尚 □口感好 □价格公道 □朋友亲友推荐□质量好

感谢您在百忙中支持我们，万分感谢！

10.4 企业形象策划通用模板及范文

10.4.1 企业形象策划模板

规范的企业形象策划书应包括以下内容：

封面：题目——

策划人——

完成时间——

目录

一、企业概况

二、企业形象设计背景

三、理念设计（MI）

1. 企业使命

2. 企业精神

3. 企业价值观

4. 理念口号

四、行为设计（BI）

1. 各项管理制度（招聘、培训、业绩考评、奖惩、晋升等）

2. 岗位操作规范（员工手册）

3. 礼仪规范（服务标准、仪容仪表、规范语言等）

4. 管理手册

五、视觉设计（VI）

1. 企业（或产品）名称

2. 企业（或产品）标志（文字标志、图形标志、组合标志）

3. 企业标准字

4. 企业标准颜色

5. 企业造型（吉祥物）、建筑物外貌及工作、营业环境

6. 职工服饰

7. 办公用品、礼品、交通工具

8. 出版物（自办媒体）等

六、企业形象传播途径

1. 对外传播途径

2. 对内传播途径

10.4.2 企业形象策划范文

常州国际商城企业形象策划案

封面：题目——常州国际商城企业形象策划案

策划人——××

完成时间——年 月 日

目录

一、企业概况

常州国际商城是由香港天安中国投资有限公司、常州市天宁区商业总公司、工行信托投资公司三方投资组建的大型商业基础设施项目。项目总投资 2 500 万美元，集商业旺铺、办公写字、餐饮娱乐、商务营房等于一体，建筑面积 5 万平方米，是一座多功能综合性的楼宇。1995 年 7 月商场部分试营业，1997 年 1 月 25 日商场投入正式营业。

二、导入CIS的背景

地处上海经济区辐射圈中的常州商业经济在得以长足发展的同时，也正面临着一场愈演愈烈的无情的竞争。就是在这样的背景条件下，常州国际商城商场部分准备于1995年7月投入试营业。

1. 导入CIS前市场状况

当时常州的市场情况存在着这样一对矛盾——有限的市场容量和无限的经营能力之间的矛盾。

（1）有限的市场容量，表现在这样几个方面。

① 常州不是一个中心城市，常州位于沪宁线中段，东有沪苏锡，西有宁镇扬，商圈就难以向两翼辐射。

② 就城市规模而言，它又不是一个现代化大城市，而是一个典型的小城市，市民购物的交通方式60%为自行车，居民聚集区距市中心仅为15分钟的自行车路程，甚为方便，因此它难以形成多极化的商业中心，而位于市中心的商业楼盘则很容易形成虎踞龙盘之势。

③ 从城市性质看，它更不是一个旅游城市，旅游资源十分匮乏，流动人口极为有限，有资料统计，1993年常州的境外旅游者（包括外商投资者）全年仅为2万人次，而同期苏州、无锡则高达30万人次。由此可见，常州的零售业缺乏旅游业这一坚实基础的支撑，零售市场呈典型的地区市场、区域市场特征。据以上分析，可以确立这样的论点：常州百货零售业的市场容量具有很大的局限性。

（2）无限的经营能力，表现在：近年来，由于市场经济、流通体制改革、经济过热、固定资产投资规模过大的作用，商业经营企业与日俱增，尤以大型零售商业为最，高楼大厦如雨后春笋般拔地而起，它使常州百货零售业的经营能力有了一个很大的提升。与之相反，市场的容量却未随之相应扩大，商家不断拓展的经营能力与有限增长的市场容量之间的矛盾进一步导致了现今商业竞争趋向白热化。常州百货零售业的竞争已由大鱼吃小鱼的竞争转为大鱼吃大鱼的竞争。

2. 企业所处地理位置

商城的地理位置也不太有利，商城所处火车站的地段一向被视为黄金地段，但是如果仅以流动人口为消费对象，那它远不能满足国际商城近2万平方米商销的经营能力，因此国际商城的市场定位应该是流动和固定人口市场并举。而要吸引本市固定居民，则环境条件远不如市中心商业繁华地段。

3. 企业导入CIS的有利条件

当然，常州国际商城导入CIS更有着起决定因素的内部客观因素。

（1）合资企业的运作机制的优势。国际商城为常州首家中外合资大型商业企业，由此产生了全新的用人和管理的体制。

（2）业已奠定的实践基础。讲求树立企业形象并不是自导入CIS之日起，早在1992年企业成立之时，就非常强调时时处处维护与体现企业的形象，要求员工把自己看作是企业的一部分，任何时候都要以企业的利益为重，最初倡导的员工精神就是“忠于公司利益，实现自我价值”，它体现了现代人良好的职业风范与追求。

（3）员工素质普遍较高及年龄的年轻化。商场营业员的文化程度都在高中以上，管理人员更是向社会公开招聘的，具有一定经验、资历与阅历的各方面的专业人才。整个公司现有 688 位员工，平均年龄 22.8 岁，这一点也利于 CIS 在企业内部的传播与推广，利于 CIS 在组织内部的渗透。

4. 行业内其他企业与 CIS 相关的行动

近年来，我国掀起的 CIS 风潮，除了工业企业纷纷导入 CIS 获得了巨大成功外，百货业导入 CIS 也风起云涌，上海一百、深圳新世界广场、广州新大新等都已意识到企业形象的无形资产对于服务业来讲更是直接需求，希望通过 CIS 战略将企业理念、行为识别与视觉三者有机统一，使之真正进入一种系统、科学、合理的形象状态，从而在激烈的商战中独树一帜，创造信誉良好的服务形象。

正是基于以上情况的考虑，常州国际商城选择了 CIS。在 1995 年试营业前夕，常州国际商城即全面导入 CIS，以期在机遇与挑战并存的商业竞争之中，树立企业整体形象，亲切地走向社会，开拓现代服务业的新天地。

三、CIS 策划方案

受托担任 CIS 整体设计的专业形象公司在企业的密切配合下，进行了企业前期实态和外部市场的调研作业。经过一系列紧张而有序的开发设计，至 1995 年年底完成了策划与设计工作。包括作为 CIS 体系核心的 MI，即理念部分，规范员工行为的 BI 部分，以及以标志、标准字为核心的 VI 等部分。

1. 企业理念识别系统策划

（1）企业理念

常州国际商城确定了“贡献富裕新生活”为企业的经营理念及企业使命，一是为日益繁荣、富裕的新生活做出贡献；二是把富裕、繁荣奉献给现代大众，让他们体会一种新生活。努力遵循受益社会又反哺社会、回报公众的这种高品位的商业准则，清楚地表达出企业存在于社会的意义，引起社会的反响并取得认同，形成一种良性的互动循环。商城进行的公关活动和促销活动，都要围绕这一主线，体现出国际商城的现代商业观：受益于社会，反哺社会。

（2）经营思想

确立起“以人为本，建立国际大视野，创造卓越企业”的经营思想。也就是要在明确了“做什么”的同时解决好“怎么做”的问题。

以人为本。人是企业最大的资本，是企业的出发点与归宿点。国际商城最重要的一点就是确立“人”为第一要素，它又包括以下三层含义。

① 人才是企业成功之母。一个企业集聚了人才不一定就会成功，但是没有人才却是绝对不会成功的。市场经济的核心是竞争，而竞争的核心是人的智力的竞争。企业的运转与更新、转换与发展，与每一个人的坚忍意志与勤奋劳作，及每一个人的充分想象力、务实的冒险胆略不可分离。

② 人是企业管理中最活跃的因素。人不是一成不变的，是动态的、变化的、发展的。

③ 人的工作是企业里最难做的工作。一个企业成亦在人，败亦在人。

（3）企业定位

处在这样一个世纪交替的时代，经济发展日益趋于全球经济、世界经济的态势，作为一家新兴的商业企业要用更高更远的眼光看待这一发展动态，经营立足高起点，服务追求国际化，努力与国际经济接轨。

2. 视觉识别系统策划

（1）企业形象定位

用卓越的管理、卓越的质量、卓越的形象，树立起国际商城的国际化形象。

（2）企业标志

这是企业理念的直接核心体现。标志的整体如植物状造型，透过绿色和标准色，给人以勃勃生机的感觉及强烈的视觉冲击力，三点立足，象征着“人和、严谨、高效”的现代企业行为基准，向外呈扇形舒展，象征着企业国际化发展的思路，向外拓展的战略。准确地体现了企业的经营思想与行为基准，向企业内外进行整体传达。

（3）员工的仪容仪表

员工穿戴统一的衣服、帽子，绿底白字的指示吊牌。

（4）企业象征物

采用一个活泼可爱的卡通形象RJP作为企业吉祥物，这个形象既显示了企业的亲和力，又表示出商城是一个充满了活力的企业。

3. 企业行为识别系统策划

（1）全面开展公关活动，致力于建立各方关系，树立良好亲和力的企业形象。

① 加强与社会各界联系，争取社会公众的理解与支持。积极依靠常州市委、市政府，争取其认同，将本企业纳入市内重点培植的大型企业集团，以获得优惠待遇。

② 密切关注市委宣传部以及各新闻媒体的宣传取向，结合企业发展战略造势，争取成为公关媒体宣传的重点。

③ 建立并保持与客户的良好关系，为客户提高超值服务，以良好的信誉提高企业的美誉度。

④ 真诚参与社会公益活动，提高企业知名度与美誉度。

⑤ 积极开展公共宣传活动，强化企业的形象力与向心力。

（2）精心选用和实施广告策略，宣传企业的服务宗旨

① 常州国际商城广告词：“开创美好未来，提高生活质量”，“托起城市辉煌，营造舒适购物环境”。

② 广告标的：以诱导性广告为主体。常州国际商城服务对象是广大市民，因此采用这种广告可以吸引消费者前来购物。

（3）企业内部管理行为策划

① 企业行为基准“人和、严谨、高效、卓越”。这是对企业内部员工行为的一种规范与约束。员工之间倡导人和，工作态度务必严谨，工作效率实现高效，共同创造卓越的企业。

② 企业口号：忠于公司利益，实现自我价值。

③ 员工共同价值观：公司为上，事业为先；集体为根，企业为本；清正廉洁，淡泊

名利；团结友爱，正直为人；以客为尊，我为人人。

④ 员工的工作格言"国际商城是我家，我爱商城我爱家"，"商品有价，服务无价"。

⑤ 员工礼仪：坚持礼貌待客，谈吐文雅，行为文明。

四、企业形象传播途径

从 1995 年 4 月正式开始 CIS 的策划、设计和推广至今，常州国际商城导入 CIS 的过程可以分成三个阶段：1995 年 4 月至 1995 年年底是全面导入和初步推广阶段，1996 年是调整阶段，1997 年以来是深化和固化阶段。下面就分阶段来进行介绍。

1. 初始阶段

1995 年 4 月常州国际商城正式开始导入 CIS 的第一阶段——开发设计阶段。

在前期的设计出台后，企业即不遗余力地予以全面推广。对内进行了广泛、深入的宣传和发动。首先，强化企业中高层管理人员的意识，然后自上而下，逐级强化，逐级灌输。其次，通过各种方式，如每天早晨的升旗仪式、员工宣誓、早晚训话等对员工进行企业理念的潜移默化式的传播，使之逐渐转化为一种自觉的意识。还举办各种活动，通过不同的渠道，不断地强化传播，强化员工的意识。就在导入 CIS 后不久的一次对顾客的调查结果显示，接受调查的 520 人中认为营业员服务态度极好的占了 58.68%，较好的占了 39.52%，得到了消费者的一致好评，导入 CIS 的成效初步得到了印证。

对外，配合开业整体宣传，有计划地不断地推出商城的新形象，通过更名、标志、吉祥物、员工誓言、服务承诺等一系列的报纸广告宣传商城导入 CIS。在开业前夕，国际商城搞了一次促销活动，产生了极大的反响，引发出来的强烈效应配合开业系列宣传，将开业的轰动效应推向了高潮的顶点，临时营业第一天即创 80 万元的销售业绩，此数字在当时的常州是破纪录的。

据数次调查问卷的数据表明，国际商城的顾客构成市区固定人口已超过了 50%，此前固定人口消费仅占 15%，CIS 战略功不可没。

2. 调整阶段

全面导入 CIS 战略并向社会初步推广以后，取得了良好的反响，对此企业保持着清醒的头脑，在短短的时间里导入 CIS，肯定有不完善的地方，于是 1996 年即着手进行社会调查，并进行效果评估。分别组织对内部员工和社会公众的调查，向他们了解企业理念、企业标志认知度，征询对视觉识别系统的设计的满意度等。结果显示对于认知度及满意度达到八成以上，作为一个新企业，这个数字说明国际商城的 CIS 工程已初步获得社会认同。公众意见比较多地集中在部分视觉识别系统中的应用物品的设计上。根据此结果，提出了 CIS 设计提案的调整意见，请来形象设计公司结合企业实际情况，进行具体调整，使企业的形象更加完善、完美。

3. 深化阶段

1997 年对于国际商城又是一个新的开端，1 月 25 日装修一新的近 2 万平方米的商场正式投入营业，国际商城继续推行以"贡献富裕新生活"为核心理念的 CIS 战略，在营销策略上，推出一个又一个高品位、可操作、效果好的促销活动。在开业伊始即以一场以情、以行为内容的"经商不言商"的亲情战略轰动了常州，树立了现代商业服务企业的新形象。开业后又接连不断地推出各种营销举措，有节用节，无节造节，在常州商界引发了一轮又一轮促销战，而国际商城作为引领者，始终站在潮流的浪尖上。

在企业内部，公司始终把塑造员工自身良好的形象当作塑造企业形象的一个相当重要的方面，坚持“以人为本”的经营思想，以建立企业文化，努力营造浓厚的文化氛围来提高员工的素质，培养员工共同的价值观。使员工和企业忧乐同之，感到自己是企业的一分子，从而产生归属感和自豪感，积极性被充分地调动起来。商城创办了《走向国际》企业报，加强各方联系，宣传企业形象，在企业内部营造浓厚的文化氛围。另外，企业还组织丰富的娱乐活动，活跃员工的业余生活，陶冶高尚情操。

这些举措充分体现了国际商城“以人为本”的经营思想，在全体员工建立充分的共识和责任感的基础上，保持企业强大的凝聚力和向心力。

功夫不负有心人，1997年在市场条件异常艰苦的情况下，国际商城开业第一年即一跃跻身于全市屈指可数的亿元商场之列。

本案例引自《中国广告业网》，原作者：张瑞，作者稍有改动。

10.5 企业品牌策划通用模板及范文

10.5.1 品牌策划模板

规范的品牌策划书应包括以下内容：

封面：题目——

策划人——

完成时间——

目录

一、品牌调研

（1）顾客群选择该类产品时的差异程度大小。

（2）不同顾客群的分布状况和数量（市场容量）。

（3）竞争对手的优劣势及品牌战略。

（4）本产品的功效特点（满足顾客需求的程度）。

（5）顾客使用该类产品时最关心的因素和心理认知规律。

（6）本产品目前的市场评价及占有率情况。

二、品牌诊断

（1）经营理念是否正确、贯彻是否坚决；

（2）产品质量（主、客观）。

（3）服务质量如何（措施、顾客评价）。

（4）管理机制（机构、队伍、制度、效果）。

（5）定位情况（有无定位、USP是否合理）。

（6）包装状况（材料、色彩、设计、功能）。

（7）营销手段（技巧、广告、铺货、调查）。

（8）顾客反馈（投诉点、建议、希望等）。

三、品牌定位

(1) 独特卖点定位。

(2) 档次定位。

(3) 使用者定位。

四、品牌规划

(1) 品牌战略规划：定在什么层次（消费观念、生活方式、社会形象），概念支持。如倡导绿色健康生活方式等。

(2) 品牌内涵规划：核心层次的内容、形式层次的内容、附加层次的内容。

(3) 品牌文化规划：企业文化如何体现、大众文化怎样体现、是否通过故事体现。

(4) 传播时间及步骤。

(5) 重点群体选择及突破点选择。

五、品牌创意（构思）

(1) 品牌诉求对象：向谁表达。

(2) 品牌诉求点：突出传递什么主题。

(3) 品牌记忆点：让受众记住什么。

(4) 品牌诉求方式：广告、公关、故事、自办媒体、歌曲、影视作品等。

(5) 将以上构思的思路用文字描述出来，形成具有可操作性的创意方案。

六、品牌设计

(1) 品牌命名。

(2) 品牌设计。

七、品牌推广策划

(1) 广告推广。

(2) 公关推广。

(3) 故事传播。

八、品牌评估

(1) 构思方案出台后，请有关专家进行鉴定、评估。通过后，方可进行设计制作。

(2) 设计制作完成后，再请有关专家进行鉴定、筛选，选中的方案方能实施推广。

(3) 品牌推广两个月左右，请有关专家进行评价，再抽样部分中间商和消费者征求评价。

九、品牌调整

(1) 重新定位。

(2) 重塑形象（含方案设计、制作）。

(3) 重新推广（含推广工具的调整）。

10.5.2 品牌策划范文

庆威米线的品牌策划过程

封面：题目——

策划人——

完成时间——

目录

庆威是一家方便米线生产企业，产品的品牌与公司名称相同，全称为庆威米线，产品投放市场后，销量平平，如何能让自己的产品从众多米线中脱颖而出呢？企业找到了营销专家，下面就是营销专家的品牌策划过程，《新浪潮》对此进行了全程跟踪。

第一步：定位

2004年5月8日，庆威公司与营销专家签订了合作协议，专家行动开始。5月9日，营销专家去了广州；12日，去了成都；15日去了宁波。其间专家不仅与当地的调查公司“密谋”关于市场调查的合作，还亲自到各超市实地考察了一番，记录顾客对米线的购买情况。

5月20日，专家资料收集完毕，开始进行分析。5月22日，专家有了结论。

（1）粤、闽、浙的市调表明：方便米线由于符合南方地区的消费习惯，同时又有非油炸、不上火的特点，正以越来越强的趋势受到消费者的青睐。

（2）越来越多的企业受较大利益的驱动而进入这一市场，推动了需求的发展。

（3）方便米线的经营，基本上沿用方便面的模式。了解了市场，专家开始为米线的消费者定位。“定位对于产品来说是最重要的一环，许多企业都有一个经营上误区：试图为所有的人服务，想赚所有人的钱。但这肯定是不可能的，在市场细分化已经做到如此地步的今天，不可能有一种产品适用于所有人群。所以，对于品牌定位来说，越纯粹越有震撼力，越简单越有穿透力。”专家道出自己的意见。

如何确定消费者是哪个群体呢？

专家在自己的调研结果中发现一个现象：在方便米线的消费中，女性消费者占到70%以上，其中80%以上为16～25岁的年轻群体，她们购买的主要原因是吃了不上火、有助于减肥。“既然70%以上是年轻的女性消费者，那么就应该将这一部分人当作目标消费者。对于这种成熟的市场，一个产品要想寻求突破点，抓住抓牢现有的消费者是最重要的。”专家解释。 之所以要先确定消费群，是因为这是最基础的工作，此后的营销策划活动都要围绕这一群体展开。

庆威作为一个后来者要切入已经成熟的市场，难度还是很大的。那么，要如何切入市场呢？这里面有两个关键要素：一是竞争环境，二是自身实力。先说竞争环境。先期进入市场的几个品牌已对消费者形成了较大影响力（尤其在广东市场），它们在对消费者基本需求的满足上已具备较强的技术和规模优势。

再说自身实力。庆威是以与主要竞争对手不相上下的技术、资金实力，以传统的方式进入市场，只能凭借价格冲击作为主要手段而分得一块蛋糕，因此难以形成核心优势。

从目前的情况来看，庆威没有什么优势可言。“机会永远是存在的，在这种情况下就需要寻找竞争对手的强中之弱，也就是常说的差异化。”对付这种情况，专家自有高招。那么差异化在哪呢？通过调查与分析，专家发现：

（1）竞争对手强势作用于消费者的是像方便面一样方便的米线。

（2）基本上都是把原来做方便面的品牌延伸于方便米线。

（3）品牌之间仅仅是符号的差异，缺乏思想、人文个性。

于是，专家找到了庆威的机会点：

（1）提高竞争临界点。

（2）做独立品牌。

（3）个性化营销。

（4）提高品牌人文含量。

综合上述原因，专家认为：米线领域目前尚未出现以女性为主要诉求点的品牌，女性米线市场的潜在需求远远没有挖掘出来，消费基本停留在低层面上，个性化、情调化、时尚化的市场空间是巨大的，而庆威长期积累的品牌优势、渠道优势、技术和加工优势很容易转化为米线的市场资源，有机会成为米线女性消费领域第一品牌。因此营销专家最终为产品定位：做米线女性消费市场第一品牌。定位确定了还只是第一步，消费者是否能接受才是关键：那么如何让女性消费者接受呢？专家从食品的作用中去寻找机会。

食品的作用基本可以分为四个层面：温饱、美味、营养、情调。在温饱和美味的层面上，竞争处于高度同质化状态，这两个元素已成为进入市场的基本起步点。但在营养和情调的层面上，是一个竞争比较弱的领域，虽然有很多产品也在这两个领域内努力，但多半是停留在空洞的口号阶段，所以这一领域大有文章可做。对于女性消费群体来说，想打动她们，首先要挖掘女性消费群体营养和情调平台背后的真正需求：

（1）营养的背后是健康，情调的背后是感觉。

（2）健康的目标是膳食平衡，感觉的目标是得到社会的积极评价。

（3）积极评价的核心是女性消费群体都希望成为有品位、有情调的美丽女性。所以，要打动这个群体，满足这些要求是必须的。完成以上内容，专家也就完成了此次品牌策划的第一步：定位。

第二步：命名

品牌策划中另一个重要决策是如何给品牌起名字，在顾客大脑中，名称是把品牌挂在产品上的第一把钩子。心理学研究成果表明：大脑靠耳朵运转，思维是处理声音的过程，而非图像（即使其中包含图画和照片）。因此，你愿意看你所听到的，声音使你愿意去看，而非眼睛（大脑能在 140 毫秒内理解一条有声语言，但理解一条印刷语言需要 180 毫秒。而且，听觉信息能持续 5 秒左右，视觉形象只能保持 1 秒左右）。

强生公司在自己的手册中写道：我们公司的名称和商标是我们迄今为止最有价值的资产。大规模的开发使好名称的资源越来越少，知识产权竞争高度激烈。与品牌定位、品牌文化、品牌表现一脉相承的品牌名称开发成为高度专业化的行为。所以，一个好名称可谓是字字千金。

给一个产品取名字有几个原则，比如与品牌定位相关联的名称，像体饮；来自目标消费群体内心深处的名称，像农夫山泉；意想不到，一想就到，简明扼要，朗朗上口的，比如蒙牛。

那么对于庆威米线来说，取什么样的名字合适呢？这就是前面定位的延续，产品的名字一定要符合消费者的心理，所以要寻找消费者的内心需求。

怎么取名字呢？专家教了我们一个最简单的办法：问答式。

对于吃，女人最希望的是什么？好吃又能养颜。

提到米线会联想起什么？过桥米线。

提到过桥米线会想到什么呢？一个美丽的传说。

消费者心中米线的正宗产地是哪呢？云南丽江。

过桥米线→丽江→美丽，最后专家综合得出结果：丽桥米线。庆威米线有了一个美丽的新名字。

而且，为了让人们更容易接受这个品牌，专家建议将品牌的出生地定在云南丽江。作为体现现代消费文化的大众化食品，品牌的出生地对品牌联想的形成、品牌信誉度美誉度的提升，起着强大的影响作用。好的品牌出生地等于好的家庭出身，选择丽江作为米线的品牌出生地，有以下理由：

（1）在中国消费者心目中，云南是米线的正宗产地；

（2）丽江是云南的代表城市；

（3）丽江是全世界都向往的生活方式；

（4）丽江是美丽情调的化身；

（5）丽江与现代化的闹市生活形成鲜明差异。

支持品牌出生地的办法是：

（1）建议在云南丽江注册一个公司，支持品牌背景。

（2）庆威公司作为丽桥商标的持有人和出品者。

最终，丽桥米线确定其内涵：

（1）丽桥米线——美丽膳食。

（2）品牌核心主张：精致情调，美丽生活。

（3）品牌核心口号：丽桥米线，越吃越美。

取完名，专家完成了第二步，然而仅有一个名字还是不够的，为了能让这个名字深入人心，专家开始了第三步：讲故事。

第三步：讲故事

营销中有一个屡试不爽的好办法，就是讲故事，尤其是对于品牌的塑造，这简直是制胜的法宝。天下所有的优秀品牌都有一个美丽的故事，当品质不再是竞争的比较优势，消费者的兴奋点就会集中于某种感觉。品牌故事就是对这种感觉的支持。当消费者在购物时，事实上更多的人是在商品内寻找故事、友情、关怀、生活方式和品性。

去过很多地方，我们发现，景色不会记得太多，但其有趣的故事，尤其是富有人性灵光的故事，会让人感动，永留记忆之中。给产品和品牌讲一个美丽的故事——因为消费者需要，每一个人都在故事中长大，每个人一生中永远有说不完的故事。自己实现不了的愿望，通过故事来憧憬；自己无法经历的传奇，通过故事来感受；生命中那些难忘的记忆，也可以通过故事来寄托。

米尔顿·科特勒也曾说过：用故事可以打开市场之门。2004年1月，米尔顿·科特勒在签约华润雪花啤酒时说："纵观世界各知名品牌，你会发现，其实每一个著名品牌背后都有一个动人的故事。在美国，许多消费者选择啤酒时，先是被它背后的故事所吸引，而不是它的味道。我现在要为华润做的就是，为'雪花'讲述一个动人的故事，并用这个故事打开市场之门。"

那么如何讲述品牌故事呢？

（1）从消费者心中的愿景中去挖掘。

（2）以品牌价值观为主题去挖掘。

（3）源于生活而高于生活（激发想象）。

（4）让消费者感到总体上熟悉，细节上新鲜。

（5）故事要融进品牌文化背景中。故事格调、故事情节、故事语言要与品牌文化相和谐。现在我们回过头来说米线，我们用什么样的故事来支持丽桥米线呢？

大家或许听过过桥米线的故事：相传过桥米线原产于滇南蒙自县，已有一百多年的历史。当年该县城外有个南湖，风景秀丽，有小桥通向湖心小岛。岛上优美恬静，是文人攻读的好地方。有位秀才到岛上读书，贤惠的妻子每天送饭给丈夫吃。可是秀才因贪读常常忘了吃饭，往往菜凉饭冷后才随便吃一点，身体日渐消瘦。妻子非常心疼丈夫，有一天她把家里的下蛋鸡杀了，炖熟后用罐子送到岛上后便回家干活去了。过一会儿，她去收拾碗筷，见丈夫未吃，用手摸罐时，感到还烫手，揭开一看，原来是上面浮着一层厚厚的鸡油，把热气保护住了，她喜出望外，让丈夫趁热吃了。从此，她便常常用油汤和当地人人喜欢吃的米线送给丈夫食用，丈夫身体便逐渐好了起来。这事传开，人们纷纷仿效，大家便把这种食品称为过桥米线。

1920 年，云南个旧人把过桥米线从蒙自带到昆明，再经过后人不断改进，过桥米线越做越好，声誉日增，广为流传。

米线故事对我们的价值：传统过桥米线的故事，源自蒙自县，但几乎不为消费者所知，消费者只知米线产自云南。这就给我们一个空间，主人公少妇无名，我们可以赋予其名字。米线迷人，小桥引人，在消费者心中，还应该有一个故事的空间。中国人喜欢圆圆美美，喜欢欢欢乐乐的故事结局，我们应该满足消费者这个心愿，进一步用故事塑造民俗、塑造传统、塑造消费新亮点。我们的米线新传，也就由此而生。

米线新传：

云南米线因少妇为夫君送餐传说而闻名遐迩，吃米线渐成风尚。送米线之小桥亦成为小城人文景观。少妇遂在桥头开一米线小栈，美味鸡汤配之以薏苡仁、金针菜、白芨、冰糖、粥油、野玫瑰等数十种美颜佐料，凉爽柔滑，清香怡人，在美丽少妇迷人的注视下，食者愈加食欲大增。久而久之，常食者竟人人容光焕发。食者愈美，美者愈食。美呼：“丽桥米线。”米线新传所传递出来的故事，不仅给产品赋予了人文的内涵，同时，也将产品的功效用唯美的语言表达了出来，一举两得，为这个策划画龙点睛。

本案例引自《中国管理传播网》，策划人：远非，作者稍有改动。

10.6 新产品上市策划通用模板及范文

10.6.1 新产品上市策划模板

一、封面

1. 策划书名称（如××公司××产品上市推广策划书）；

2. 市场营销策划书文号；
3. 委托方；
4. 策划者（部门或人名）；
5. 完成策划时间。
二、目录和前言
前言是对策划所做的一般说明和内容提示，应简明扼要。
三、新产品上市策划书正文
1. 环境分析报告（通常分析 SWOT）
包括：
（1）该产品的主要优劣势分析；
（2）环境市场机会分析；
（3）竞争对手的优劣分析；
（4）主要竞争进攻点和上市机会选择。
2. 产品定位
（1）功能定位；
（2）心理定位；
（3）价格定位；
（4）顾客群定位等。
3. 上市推广策划方案（上市时间、地点、方式等切入点选择要有可操作性）
（1）广告策略及媒体选择；
（2）新闻点塑造及事件行销；
（3）销售促进（营业推广）措施；
（4）渠道运作与网点铺货。
4. 费用预算及效果评估

10.6.2 新产品上市策划范文

禾农方便粥上市推广策划书

一、目标市场分析

（1）市场形势：在八宝粥市场上，液态八宝粥是主要产品，而用温开水一冲就得的固体方便粥，目前市面上还非常少见。

（2）产品形势：作为一个新产品，能满足人们的好奇心，更能吸引追求时尚的消费群体的关注。加之今冬明春的特殊需求，产品存在很大的潜在市场。

（3）分销形势：公司目前已经成功完成了天津市场的开发、运作，对天津地区周边的一些城市，如廊坊、唐山、沧州业已完成了招商工作，并进入了市场前期运作阶段。

二、竞争对手分析

（1）现有直接竞争对手状况：目前液态的八宝粥生产厂家较多，但生产固体方便粥的厂家只有三四十家，而具有和天津市禾农食品有限公司相竞争、相抗衡能力的只有三四家。

（2）新加入竞争对手分析：固体方便粥作为一个新产品，如果销路好，能为企业带来巨额利润的话，必然会吸引更多的企业加入到这一行业。作为天津市禾农食品有限公司，更应加快产品的提供升级，选择恰当的战略，形成企业的竞争优势，争当行业的领导者。

（3）用户分析：用户对产品最敏感的地方是价格，其次为服务、质量、功能等因素。禾农方便粥如果能适应消费者的需求欲望，满足追求健康、健美等人士的需求，降低产品的生产成本，提高服务水平；辅以市场人员对消费时尚变化的引导、准确的市场地位，即时销售价格高于同类产品，用户也可接受，不构成压力。

三、机会与问题的分析

产品面临的主要机会如下。

（1）消费时尚变化，消费层次提高，消费者追求健康、健美，享受的意识加强，极大地扩大了固体方便粥的市场需求。

（2）方便粥市场各种产品无序竞争，普遍技术含量低。

（3）方便粥无针对性年龄段的目标群体。

（4）禾农产品只要有广告支持，各商家愿意承担该产品的销售。

（5）天津市禾农食品有限公司作为行业的先行者和开拓者，禾农在不断地创新、实践当中，摸索出了科学、完美的经营、管理体系，形成了以调研、研发、实验、生产、销售、服务为一体的整体运行机制，在行业尚不成熟的情况下，率先实现了企业的提档升级，企业的综合力在一定时期能充当行业的领导者。

（6）方便粥的产品组合日臻完善，生产的禾农方便粥已基本能满足不同消费群体的需求。禾农产品的深度开发战略储备计划也正在高速进行，一系列针对女性美容、瘦身，糖尿病人滋补，青少年儿童成长及婴幼儿发育等相关细分产品也将不断面市。企业在产品组合上有其他企业难以比拼的优势。

四、产品面临的主要威胁

（1）来自同类产品的激烈的市场竞争。

（2）来自消费者的习惯，旧的思维模式。传统的观点人们认为大米、面粉是主食，而粥则是副食，是一种可吃可不吃的食品，有好多产品可以代替它，如蛋汤、牛奶、豆浆等。

（3）来自产品供应商（价格及质量）的威胁。

五、同竞争对手相比的优势

（1）禾农具有研发、技术领先、材料领先等优势，市场上基本没有相当档次的类似产品。

（2）地处天津，近靠京城，来自各方面的专家、学者的评审及有关权威机构的推荐，能极大地提高产品的知名度，也能带动全国其他城市的发展。

六、营销方案

1. 产品策略

由于禾农方便粥与传统的液态方便粥截然不同的特点，加之能满足追求时尚和健康人士的需求，增加了该产品的附加价值，使其与液态方便粥在食用上有了本质差别，此差别是企业采用差别化战略选择的重要依据。

2. 市场策略

液态方便粥是一块形成已久的固有市场，且竞争十分激烈，但是固体八宝粥则是一个新市场。而禾农方便粥产品的附加值（健康、时尚、美味）是共性之中的个性，以共性为基础，突出个性，并利用产品的个性差异填补共性市场的空白点，最终使该产品成为市场的领导者。

3. 营销策略

针对寒冷地域和潮湿地域的消费群体，以及旅游旺季，尤其今冬明春特殊时期，提供方便、高质量的方便粥，产品的价格可高于普通方便平均价格的 30%～50%；公司将开展一个新广告宣传攻势来增强消费者心目中本产品健康、时尚、安全可靠性的印象。项目组将设计一个有效的促销计划来吸引更多的消费者和经销商对本产品的注意。产品的分销渠道向百货零售商店及全国大型连锁超市扩展。

（1）市场机会：消费者对固体方便粥方便的需求，对健康的关心及对时尚的追求。

（2）市场定位：高质量、中价格。

（3）目标市场：北方寒冷区域及南方湿冷区域消费能力强的大中型城市，加大旅游旺季的产品投放度。

（4）个别地区为主要目标市场，集中资源重点突破。牢牢掌握华北市场，进而占领东北、西北市场，逐步向南方市场渗透，最终占领整个全国市场。

（5）目标消费群：青中年消费者为主。

（6）销售方式：主流商场销售、分销商经销。

（7）分销网点：大中型百货商场和连锁超市。

4. 定价策略

用产品差异化特点制定价格，选择和平发展策略，避开与同类产品打价格战。

（1）产品定位：方便、健康、时尚。

（2）产品价格：产品价格将高于普通方便粥平均价格的 30%～50%。

5. 广告宣传策略

（1）在目标市场采用“拉动”最终用户消费并带动中间商参与销售的宣传战术。

（2）利用产品的认证证书材料加入专家参与的背景，制订一个广告计划用于支持产品定位策略，在广告中着重宣传产品方便、健康、时尚的特点。

（3）广告投入的具体方式。

方式一：以报纸广告投入配合营业终端 POP 宣传（目标市场的基本宣传方式）。

方式二：试点城市以方式一为主，辅以电视、广播、互联网等媒介宣传。其他促销：可配合宣传曲线设计促销具体活动方案并及时切入。

6. 销售渠道策略

（1）以各目标市场的大中型营业终端、有知名度的一级批发市场为主，组建营销网络（营业终端采用专柜方式）。

（2）通过宣传组合拉动中间商加入（目标市场的周边地区）。

（3）试点城市设置分支机构及产品销售中心。

（4）采用直销方式推动集团购买。

7. 事件营销（略）

8. 风险分析

（1）市场机会、产品定位、市场定位的准确性是产品是否盈利的关键，最终将受到市场的检验。

（2）作为消费品，适量的宣传投入与市场风险是成反比的。

（3）消费者对产品的认同度、市场需求量、季节的差异性、产品的周转期都是造成产品库存增加的主要因素。

（4）任何市场行为的投资都是有风险的，但风险和机会是并存的，这取决于决策者如何规避风险、利用风险，把握机会取得收益。

七、费用预算及效果评估（略）

本案例来自安徽财经学院，策划人：王晓林，作者稍有改动。

10.7　公关方案策划通用模板及范文

10.7.1　公关方案策划模板

1. 现状研究

公关策划的首要工作，是对企业与社会公众关系的调查和分析，主要内容是：

（1）调查影响企业生存和发展的问题和障碍。

（2）分析这些问题和障碍，哪些是由企业与社会公众的关系造成的。

（3）研究企业与社会公众关系现状的主要症结和形成原因。

2. 定位策划

定位策划是对公关策划总体思路的确定，是公关策划的重要环节。定位策划主要包括以下内容：

（1）公关目标定位，即所实施的公关活动，要达到什么样的目的，将公共关系调整到什么样的状态。

（2）公众定位，即公关活动要针对哪些具体的公众，增加同哪些公众的关系，中断同哪些公众的关系，改变同哪些公众的关系状态。

（3）类型定位，即确定公关活动是建设型、维系型还是进攻型、防御型，抑或公众型、服务型、宣传型等。

3. 主题设计

（1）公关目标。

（2）组织特性。

（3）公众心理。

（4）审美情趣。

4. 方案策划

方案策划是公关策划的具体操作。方案策划主要包括以下内容：

（1）确定公关目标。常见的公关目标有：提高知名度、提高美誉度、交流信息、沟通感情、改善态度、协调关系等。

（2）确定公关主题——主题标语或口号。

（3）确定公关对象。常见的公关对象有：顾客、政府、媒体、社会公众、名人等。

（4）确定公关手段或技术。公关手段策划要具体、实在，每个细节要精心设计，以便于操作。同时，还要确定公关实施的重点、难点。

（5）确定公关的时机、地点、进度及费用。

（6）媒体策划。选择适当的媒体来传播企业形象。

（7）费用预算与效果评估。公关预算主要包括：主体活动费用及整体活动所用的设备和材料费、广告费、工作人员劳务费，其他工作费如电话费、差旅费、交通费、机动费、策划费。

10.7.2 公关方案策划范文

“2003 红塔皇马中国行”公关营销策划

在“2003 红塔皇马中国行”公关营销策划中，红塔集团在国家法律、法规许可的范围内，制订出一套系列完整的公共关系执行计划，以社会及公众关注的话题，紧紧抓住新闻亮点，通过有组织、有目的的传播沟通手段，实现了与公众和消费者的良好沟通，达到“润物细无声”的境界。

一、策划皇马中国行的理由

红塔集团选择采用公关营销来策划“2003 红塔皇马中国行”活动，是因为它能够以最快的速度，在最短的时间内创造最大的影响力。这是长期以来被世界上许多知名企业所推崇、作为品牌推广传播的先锋手段。

公关营销的核心技巧，是做别人没有做过的，说别人没有说过的，这是打破人们固有思维，标新立异让公众及消费者认知和接受的一种方法。

红塔集团利用“皇马中国行”这一热点话题，在最短时间内迅速做出决策：赞助皇马，选择公关营销能有效协调红塔集团与公众和消费群之间的关系，制造新闻轰动，让媒体争相报道，借势为企业扬名，树立品牌形象，提升品牌知名度和美誉度，维护和协调公共关系，演绎红塔精彩。

二、媒体策划

1. 媒体的选择

利用媒体高度关注的机会，通过报纸媒体宣传为主、互联网媒体宣传为辅，对此事进行炒作，务求赢得红塔品牌在公众及消费者心目中的知名度和美誉度；同时为公关活动执行提供支持，使活动更具有影响力。

在新闻媒体的选择中，红塔尽量多地选择强大的新闻媒体网络，给予行业媒体独家报道，同时让其他媒体大量转载，以最小的投入争取获得最大的宣传面。

2. 导向保证

为确保新闻质量，利用现有资源组建临时“红塔皇马新闻中心”，在尊重新闻规律的同时，确保正确信息的传达；运作“重大事件新闻发言人”制度，统一对外宣传口径，确保正面效果；编辑记者发稿手册，确保报道的重要信息到位；完善发稿流程，确保报道发稿的高质量、高标准；样报回收、整理、归档、总结。

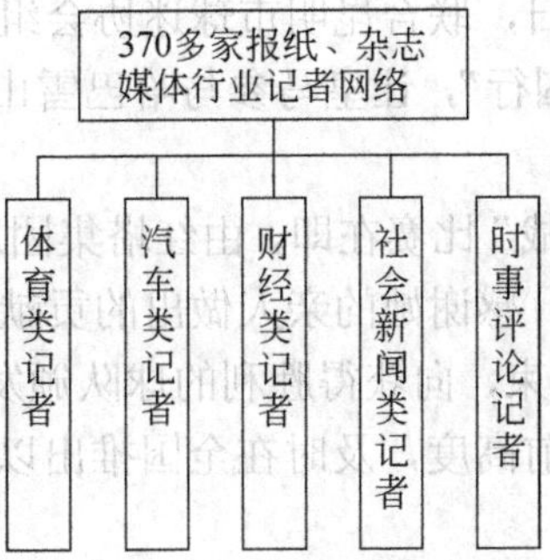

3. 执行保证

在云南本地的《春城晚报》《都市时报》等媒体开辟专栏“红塔皇马中国行”，刊登皇马“每日一星”简介，吸引公众和消费者的关注；同时就“与皇马面对面”“红塔集团对社会的贡献”等论题对球迷、有关部门领导、中奖消费者开展系列采访报道，更深程度与消费者形成互动。

在全国其他 14 个省市中，选择当地影响力较大的媒体开展宣传开辟专栏“红塔皇马中国行”，刊登皇马“每日一星”介绍，吸引公众和消费者关注。

以红塔俱乐部为皇马的到来做了哪些准备工作为题，引发记者关注体育硬件设施、球员生活起居用餐休闲设施、安全措施、媒体记者接待设施、舆论环境等话题。

三、公关活动执行策划

1. 借势“冠名权”的取得

2003 年 6 月 24 日，从西班牙首都马德里传回的消息称，皇马公布亚洲之行的第一站就是昆明红塔基地。红塔借势获得了皇马中国之行总冠名权，活动冠名定为“2003 红塔皇马中国行”，比赛冠名定为“红塔杯中西足球对抗赛”，奖杯冠名为“红塔优胜杯”和“红塔纪念杯”。

红塔集团作为总冠名权拥有者，在皇马中国行期间享有包括半年的皇马巨星肖像使用权、比赛冠名权、联合标识推广使用权、产品推广权等在内的一系列权利。而其最大的特权是在昆明接待这支拥有世界最豪华球星阵容的足球队。

2. 联合标志的设计

红塔与皇马的联合标志，它寓意红塔集团的理念“山高人为峰”，体现红塔集团是世界一流的烟草企业集团，皇马是世界一流的球队，两个一流之间有着“追求永无止境”的精神共性，这种精神共性通过足球完全表达出来，造就出一种超凡的激情与力量。

3. 跟踪造势七招

一招：7 月 10 日，“2003 皇家马德里中国之旅”组委会在北京饭店 E 座多功能厅举办新闻发布会，让红塔成为新闻关注的焦点。

二招：组织“红塔球迷协会”球迷探讨皇马精神与红塔精神的共性，引出“山高人为峰”理念，球迷如何组织欢迎仪式等活动。

三招：通过对红塔集团高层领导的采访，引发热切欢迎皇马来红塔集团参观等言论，把媒体目光引向红塔俱乐部身后的红塔集团。

四招：在皇马到达昆明当日，联合昆明市球迷协会组织球迷至机场迎接。

五招：借势“红塔皇马中国行”，让皇马参与哈巴雪山登山的记者招待会，为后续宣传做好铺垫。

六招：8月2日，“龙马大战”比赛在即，由红塔集团总裁姚庆艳向北京市抗“非典”献身的第一人王晶的女儿捐款，感谢她的亲人做出的贡献。

七招：“龙马大战”比赛结束，向获得胜利的球队颁发“红塔杯”奖杯，把公众和消费者对红塔的关注度提升到空前高度，及时在全国推出以“山高人为峰”为核心的形象宣传攻势。

4. 活动造势

在全国众多的球迷与红塔的消费者中形成交叉。利用红塔集团在全国拥有的网点，在消费者中以“红塔寻找皇马迷”为题，进行相关互动式活动。整个活动执行简单，方便全国性执行，主动通过抽奖等方式获得到昆明训练基地、北京现场观摩“中国龙之队VS皇家马德里队”比赛的机会，并穿着带有红塔企业理念和皇马标志的T恤步入场地，从而使消费者能从内心深处理解和信赖红塔，增强对企业理念的好感，提升红塔的美誉度。

5. 现场造势

云南省政府、红塔集团盛大欢迎现场布置：对记者招待会现场包括的新闻发布会背景板、皇马队员入口处、签到台、主席台、电梯入口、门厅入口、标识台卡、请柬、礼品袋使用物料进行布置。

红塔训练基地布置：在皇马驻地周边，尽可能多地设置醒目的“山高人为峰”标志，从基地到外围停车场、训练场、接待大巴等处，随时随地让公众和消费者感受到红塔的企业理念。

北京现场布置：“皇马”一行到达北京以后，无论是中央电视台的广告、演播厅的背景板和场地周围主要位置的红塔集团平面广告都做了充分的准备和布置，极大地宣传了红塔，推广了“山高人为峰”的理念。

红塔集团通过完整的、“密不透风”的执行策划，最终在公众和消费者中建立起企业的亲和力，使红塔理念得以与公众和消费者共同分享这享誉世界、鼓舞人心的激情，从而达到了培养忠诚消费的目的，体现出了红塔以“消费者为本”的经营宗旨，再塑了红塔品牌形象。

四、公关实施效果

由于运动本身具有的特定受众，足球比赛的技巧与竞技决定了参与者多为充满活力的年轻人，其中又以男性为主。当红塔集团传播受众与足球的参与者和观众相一致时，红塔的企业和品牌形象进一步年轻化，美誉度得到提升。红塔集团通过以体育运动为主的公关营销活动，在公众和消费者心目中留下了不可磨灭的印象。特别是媒体对此次公关营销活动的自发报道，对红塔集团宣传全新的企业理念更是起到了极大的促进作用。

1. 来自媒体的表现

（1）收视率的火爆

据风驰传媒提供的AC尼尔森的调查数据：8月2日皇马北京赛事直播期间，上海、北京、广州、武汉、沈阳、南京等地的收视数据比平时要高出 5～10 倍。

（2）互联网的报道

到 7 月底，包含“红塔”、“皇马”两个关键词的中文网页已超过 10 万个，外文网页也有数百个。

（3）国内媒体的报道

最具代表性的行业媒体报道——财经类：《中国经营时报》、《21 世纪经济报道》；综合日报类：《南方都市报》；周刊类：《新周刊》《体坛周报》《赢周刊》；体育类：《足球》；营销类：《成功营销》《销售与市场》；广告类：《广告导报》；网站类：新浪；香港《大公报》、香港《文汇报》、凤凰卫视……

新闻报道主题：《红塔-皇马攻略》《香烟＋足球》《红塔：无心插柳的美满姻缘》《红塔体育行销之路》《红塔：何必曰利》……

（4）国外媒体的高度关注

皇马在华期间，国外近 100 人的媒体大部队开始了激烈的媒体大战。

国外媒体的主力军来自西班牙和英国两个地方，西班牙 40 余人的庞大队伍足以显示他们的重视，仅皇马电视台就来了 7 个人，而英国媒体虽然在人数上只有西班牙的一半，不过同以往的出行习惯相比已经是超常规的出行了。

来华的英国记者中，《太阳报》来了两名记者和一名摄影师，《镜报》来了一名摄影师和一名记者，而其他一些著名媒体如《星期日镜报》《星期日邮报》《卫报》《每日邮报》、BBC 电视台等机构都派出了记者。

对“2003 红塔皇马中国行”的报道，内容、时间相当集中，报道形式也多种多样，大多数媒体以炒作的方式对中国进行了一次全方位的宣传，从信息数量与质量上看，他们对中国以及红塔的关注度都大大高于以前，这样的传播正是红塔集团一直追求的效果。

（5）来自现场的表现

片段一：云南省、昆明市及红塔球迷协会分别在机场、红塔训练基地、红塔路沿线进行了球迷欢迎仪式。

片段二：皇马队员乘坐贴有“山高人为峰”宣传标识的大巴，到达驻地。

片段三：记者招待会上，队员们热情洋溢地发表着自己的观点。

片段四：在“山高人为峰”的展示板围绕下，皇马队员在红塔基地进行着紧张的训练。

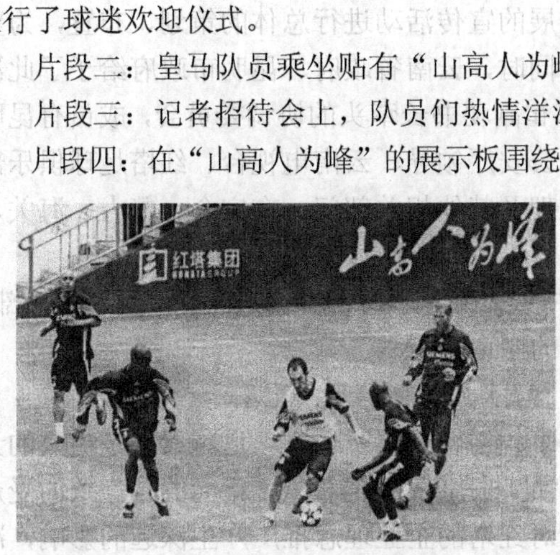

皇马秀：都认为自己是赢家

红塔：要的是高原基地的示范作用

高德：借皇马树立不可撼动的经纪公司地位

百事可乐、可口可乐：皇马中国之行的非营销商营销

七匹狼，400 万买一次露脸的机会

片段五：一队队来自四川、广东、深圳及辽宁大连等 13 个省市，身着前面印有“皇

马”标识后面印有红塔集团理念“山高人为峰”白色 T 恤的旅客走进红塔基地，他们是这次红塔集团“沸腾皇马激情，红塔与您同行”活动中中奖的幸运者，在球迷人群中，他们显得格外的突出。

片段六：在“哈巴雪山新闻发布会”上，皇马队员热情地拿着衣服进行拍照，成功诠释“山高人为峰”的精神。

片段七：红塔集团姚总接受特邀记者专访，在《红塔赞助皇马：“何必曰利”》中谈到“龙马抱塔”的新标识，表现的是红塔自强不息、腾飞进取的精神。

片段八：在 8 月 2 日晚，“山高人为峰”企业核心理念第一次出现在北京工人体育馆，比赛场地主要位置的平面广告被红塔集团占据，使红塔的品牌形象得到了充分渗透。

片段九：比赛开始，红塔集团姚庆艳总裁向北京市抗“非典”献身的第一人王晶的女儿捐赠了 10 万元人民币。

片段十：比赛结束，红塔集团姚庆艳总裁在全场球迷的欢呼声中，向“皇马”颁发奖杯，掀起了晚会高潮。

毫无疑问，全国乃至世界众多的公众和消费者都在关注皇马、关注红塔，各地大众媒体、互联网的现场采访、专访、转载、报道，甚至全程跟踪报道，大大提升了红塔集团的知名度和美誉度，在充分享受着足球快乐的同时，红塔回报社会的愿望得以实现，增强了红塔在公众心目中的亲和力，让红塔的企业理念得以更深地渗透到文化之中。

五、成功经验总结

随着 8 月 2 日北京工体“中国龙队”与“皇家马德里球队”比赛的结束，由红塔集团冠名赞助的“2003 皇马中国之行”活动也画上了圆满的句号。这次公关营销活动带来的影响力是巨大的！这次策划和实施的成功，概括说来有以下几个方面。

1. 高层的高度重视和支持

大型活动通常都会受诸多不确定性因素的影响，给组织实施工作带来难度。但为保证整个公关营销活动的顺利完成，在红塔集团高层领导高度重视下，筹备初期就成立了策划小组，对此次集团针对“皇马”之行开展的宣传活动进行总体的策划、布置，为整个活动的如期举行起到了积极的促进作用。同时，云南省政府、昆明市政府给予了此次“皇马”云南之行高度的重视，专门成立了以崔副秘书长牵头的协调委员会，成员有昆明市副市长、省新闻办主任、省外办主任、省公安厅领导、云南电视台、红塔足球俱乐部主席、民航、世博集团副总、国贸中心总经理及其他相关部门，在安全、警力、海关、礼仪等方面给予了大力支持。

“皇马”的体育官员布特拉格诺发表了讲话，高度赞扬了红塔集团、红塔足球俱乐部，对集团为“皇马”举办这样的宴会表示由衷的谢意。

2. 成功找到机会点

对红塔集团而言，将红塔品牌和足球赛事相结合是明智之举。足球素来是男人的天下，而红塔的产品目标受众也主要是男人。“足球＋产品”的模式，指向的是一致的受众群体，同样代表着对成功的渴望，这无疑会对红塔的企业理念推广产生深远的影响，准确地找到以下三个机会点，为“2003 红塔皇马中国行”的成功打下了坚实的基础。

机会点一：球迷的双重身份（既是球迷也是消费者）使红塔集团能借此机会通过产

品营销，提高销售。

机会点二：红塔集团巧妙借势媒体对事件自发的高关注度，有效地减少了推广成本。

机会点三：借助媒体关注，通过媒体的组合宣传，配合与消费者的互动式活动，进一步提高红塔品牌的知名度和美誉度。

3. 危机事件处理及时、完善

7 月中下旬，由于媒体的极高关注，空穴来风地在一些媒体上误传“红塔文体中心将规定每位记者必须缴纳 1000 元的采访费”的消息，紧接而至的是全国性的媒体大炒作，社会上出现了负面舆论。此时，红塔集团董事长强调红塔举办这次活动初衷：“我们举办这次活动，一开始就是本着回报社会、回报消费者的目的进行的。社会上一切媒体的传言是不符合我们这一出发点的。”红塔体育中心再次联络各大媒体，召开了新闻通气会，澄清了事实，及时地避免了一场公关危机。

4. 悬念贯穿引发更高关注

对涉及红塔集团与皇马签订的协议约定内容高度保密。红塔集团在“对于红塔以多少钱取得冠名权”、“红塔对所取得的权利如何使用”、“红塔集团究竟盈利多少”等话题上统一口径，以悬念方式贯穿始终，高度引发新闻亮点，使社会及公众将目光集中在企业及品牌上。

5. 网络媒体的运用经验

红塔集团围绕“皇马”之行开展了许多的对外宣传、推广工作，同时也运用了报纸、杂志、电视、电台等传统主流媒体，而指定新浪网为“2003 红塔皇马中国行”唯一网站是其中最成功的运作。新浪网的介入，使红塔集团感受到了报道的及时性和易于控制性，再加上新浪本身蕴含的巨大影响力，使此次红塔集团的宣传、推广能够及时、客观、顺利进行。

红塔集团借助公关营销手段将足球的精神融入品牌之中，通过一整套完整、精心、逐步深入的计划，让公众和消费者实实在在参与到红塔的企业理念传播活动中，使之深深为体育所具备的那种朝气蓬勃的精神所吸引，让他们真正认识到红塔那具有感染力的价值内涵。

本案例引自雷鸣雏. 顶尖策划[M]. 北京：企业管理出版社，2005：3-8. 作者稍有改动。

10.8 销售促进策划通用模板及范文

10.8.1 销售促进策划模板

一、活动目的

二、活动对象

三、活动主题

四、活动方式

这一部分主要阐述活动开展的具体方式。有两个问题要重点考虑：

1. 确定伙伴。

2. 确定刺激程度。

五、活动时间和地点

六、广告配合方式

1. 广告创意及表现手法。

2. 选择什么样的媒介炒作。

七、前期准备

前期准备分三块：①人员安排；②物资准备；③试验方案。

八、中期操作

中期操作主要是活动纪律和现场控制。

现场控制主要是把各个环节安排清楚，要做到忙而不乱，有条有理。同时，在实施方案过程中，应及时对促销范围、强度、额度和重点进行调整，保持对促销方案的控制。

九、后期延续

后期延续主要是媒体宣传的问题，对这次活动将采取何种方式在哪些媒体进行后续宣传？

十、费用预算

十一、意外防范

每次活动都有可能出现一些意外。比如政府部门的干预、消费者的投诉甚至天气突变导致户外的促销活动无法继续进行等。必须对各个可能出现的意外事件做必要的人力、物力、财力方面的准备。

十二、效果预估

预测这次活动会达到什么样的效果，以利于活动结束后与实际情况进行比较，从刺激程度、促销时机、促销媒介等各方面总结成功点和失败点。

10.8.2 销售促进策划范文

天时达手机五一销售促进策划书

背景介绍

天时达公司是一家以生产电信终端设备为主的大型高新技术企业，公司成立于 1982 年，为亚洲少数几个最早生产电话机等通信终端设备及全国首批获得国家计委正式批文，允许生产、销售移动电话的厂家之一。公司拥有厂房面积 50 000 多平方米，员工 2 000 多人，下属有移动电话、数码产品、电话机、SMT、塑胶、模具、喷油丝印七个生产厂及天时达移动、天时达数码、天时达塑胶电子、香港天时达集团等公司。天时达公司早在 1995 年就成立了“通信产品研发中心”，于 1998 年成立了“移动电话研发中心”，拥有一批 200 余人的高级工程技术人才，具有较强的软件、硬件、结构设计开发能力；天时达公司与世界著名的电信公司（如 MOTOROLA、TOSHIBA、LUCCENT 等）始终保持紧密的合作关系，使得公司的技术水平与世界电信业同步发展；为了研制出适合世界各地不同客户需求的产品，天时达公司设有“移动电话研究开发中心”和“产品研究开发中心”。

公司主要产品有移动电话、数码摄像机、数码录音笔、移动硬盘、PDA、对讲机、无绳电话、有绳电话等，其中 T18 IP 彩屏 GSM 移动电话和七彩灯、和弦音 T9++移动电话、TS-2008 数码复读、 MP3 移动硬盘录音笔及数码摄像机，已达到国际先进水平；天时达公司可年产移动电话 500 万台、电话机 400 多万台、数码产品 300 万台，产品销往世界 100 多个国家和地区，并在中国建立了四十多个销售分公司，销售网点辐射到全国每个县（市）。

天时达公司早在 1997 年就获得德国 TUV 的 ISO 9001 的质量体系认证证书，产品质量稳定可靠，多次被评为“消费者信得过产品”、“中国消费者委员会推荐产品”、“中国公认名牌”及“中国名优产品”。自 1998 年以来，天时达公司一直被深圳市人民政府评为“深圳市高新技术企业”，天时达移动公司的手机建设项目连续三年被深圳市人民政府评为“深圳市重点建设项目”。

天时达手机销售促进策划书结构。

一、销售促进目标

五一黄金周对天时达手机进行现场促销。

二、主题

三、 促销设置及安排（现场促销）

（一）促销时间

五月一日至五月七日

（二）促销地点

牡丹江市东一步行街。

（1）首先地点的选择政府相关部门不会干扰，因为没有机动车进入，不会造成交通不畅。

（2）东一步行街地理位置很优越。

南面：是文化广场，是牡丹江市的市中心。

西面：是太平路，有百货大楼等大型购物商场。

北面：有大福源和火车站。这些位置的组合，使东一步行街客流量很多。

（三）现场促销布置

1. 街道布置

在步行街每隔 80 米，高 3.5 米的地方悬挂条幅（每个条幅的标语都不相同)，一共三个条幅。

2. 舞台布置

（1）高 1 米，长为 4.5 米，宽为 2.5 米的台子，用红地毯铺上。

（2）背景长 4.5 米 ，宽 2 米。上行写：天时达手机五一真情回报牡市人民。(“天时达手机”五个字用别的颜色写）下行写：大奖等你拿。（“奖”字写得大些，并且用另一种字体）

（3）舞台左右各放三个音响。

（4）舞台前摆上电视机、电风扇电饭锅等盒子，摆 2 米高并用绳子拉好（以免风大，吹倒盒子砸到群众），在盒子上贴上“奖”字。

（5）舞台前再摆个气模。

3. 柜台设置

（1）柜台和舞台距离为8米，用12个玻璃柜台围成一个正方形。

（2）柜台里放个木制三脚架高2.5米，用来贴海报。

（3）真机放在柜台里，柜台上放模型，模型下放着相应的传单。

（4）柜台的手机应按价格摆放。

（5）每个柜台旁都安装一个太阳伞。（防止天气太热晒到机器和影响销售员和消费者）

（6）每个柜台有两位销售员。

（四）人员选择

1. 舞台人员选择

舞台的演员应选择乐队，注目率高，能更好地留住消费者，乐队应尽量“阳光”，能给人一种活力，乐队大多都有自己的主持人，要对其表达能力进行审核，要幽默，并且有很强的应对现场的能力，还要配一个电工（防止出现电力方面的问题，好即时修复，也可以帮助搬运奖品之类的）。

2. 柜台销售人员选择

首先这些人员要有过销售经验，不要找学生之类的人做柜台销售人员，因为她们没有过多地接触或根本就没接触过销售，表达能力上欠缺一些，也没有过销售经验，选择的人员外貌也要经过审核，对服务态度也要有一个大概的考核，经过培训让她们了解天时达每款手机的功能，并灵活运用手机，每个柜台站两人，她的销量和她的工资直接联系起来（从而可以提高柜台销售人员的服务态度和销售业绩）。

（五）服装的选择

（1）舞台人员可以随意，服装颜色的选择要尽量鲜艳，尽量显得有风格但还不令人反感。

（2）柜台人员的服装应统一，尽量黑色或蓝黑色，里面穿浅颜色的衣服，并佩戴柜台销售人员的标志。

（六）舞台表演

（1）首先进行歌曲选择，选择的歌曲要动感十足，有强劲的节拍性，欢快的并且也是大众熟知的歌曲。

（2）游戏可选择孩子参与（孩子富有一定的吸引力，能吸引消费者的注意），可根据舞台的大小选择参与者，例如，左手摸着右膝盖，右手摸着左耳垂，随着主持人说几就转几圈，看谁先倒，倒的就不用比了，可以先站到一边，最后剩一个孩子时停止，把几个孩子都弄到台前，然后根据掌声评价第一等、第二等（这样可以让观众参与，可以调动观众的感情）。

（3）主持人对天时达最近新研制的手机进行介绍，大多介绍的手机应是价格高的手机（介绍时间不要太长，介绍时要看人数的多少而定，要幽默，能使消费者听进去，从而在消费者购买时能起到一定的增加销量的效果）。

（4）买手机有赠品同时还可以抽奖一次，抽到奖的，主持人应借此奖进行发挥，刺激消费者购买。

（七）奖品

（1）消费者对什么赠品感兴趣，例如手机链等。

（2）奖品应是消费者在实际生活中能用到的，而且要有一定档次，例如手表、茶具、手机的耳机、彩电等。

四、促销评估

此次促销是刺激消费者的认知，以品牌认知为目标的表现策略，提高认知度、强化记忆度，达到最基本的认知和知晓的目的，运用乐队引起消费者的注意，通过介绍手机、做游戏、无偿领奖的方式引发消费者的兴趣、增强消费者的记忆，以良好的服务态度以及广告宣传来左右消费者的态度。

本案例引自《中国广告人网站》，策划人：王祥伟，作者稍有改动。

10.9 整合营销策划通用模板及范文

10.9.1 整合营销策划模板

标题：×××产品整合营销策划方案

目录

一、产品背景介绍

（一）产品开发、上市的时间、主要功能作用及销售现状

（二）策划的原因及目的

二、市场环境分析

（一）Strengths（优势分析）

（二）Weaknesses（劣势分析）

（三）Opportunities（机会分析）

（四）Threats（威胁分析）

三、战略规划

（一）战略构思

如：以某某地为突破点，率先突破，站稳脚跟，稳步前进，走向全国，逐点突破，以点带面，做活一片，直至占领全国市场。

（二）品牌形象定位

如“绿色健康，自然美味”等。

（三）产品定位

1. 功能定位（Usp）

2. 目标顾客群定位

3. 价格定位

4. 心理定位

四、整合营销传播策略

（一）广告策略（媒体策略）

（二）公关策略（事件行销）

（三）人员推广（建网点、铺货）

（四）销售促进（短期刺激措施）

五、费用预算（列出详细预算表）

六、效果预估

预计实现的销量、利润或占有率估计。

10.9.2 整合营销策划范文

ACA 面包机产品整合营销策划方案

一、公司背景介绍

ACA 北美电器（Appliance Co. of America）是美国知名的家电制造商，也是全球最大的家电制造商之一。其精湛的专业技术和独特的创新理念，不断引领着国际家电发展潮流、始终站在世界家电的巅峰。ACA 在全球范围内建有意大利、日本、巴西、瑞典、南非等分公司。在美国，它是美国知名中小家电品牌的营运商与渠道商，历史上拥有众多国际知名品牌，其中 Welbilt、Betty Crocker 是全球快餐连锁店麦当劳、肯德基的指定厨用电器采购品牌。1989 年，ACA 推出了全美第一台家用面包机，如今面包机在全球累计销售超过 1 500 万台，市场占有率超过 56%，并一直保持全美销量第一的业绩。到目前为止，ACA 旗下的 200 多种智能化家用电器产品其品质、性能和新颖的设计享誉全球，主要产品系列在美国的市场份额达到 50%。仅厨用家电一项每年的销售就超过 700 万件。ACA 产品一直是“全美厨师协会”竭力推荐的品牌，全世界超过 1 700 万家庭选用的都是 ACA 的产品。

如今，ACA 更是将目光放到了中国，并在珠海设立了全资控股的子公司——ACA 北美电器（珠海）有限公司，全力开拓极具潜力的中国市场。ACA 北美电器以消费者 100%满意为己任，以提供无缺陷产品和服务为目标，成立 70 多年来，不断推出更好的产品和服务来满足消费者的需求，同时，专业、创新、引领时尚的产品设计创造了无数次的市场奇迹和高潮，在世界家电业掀起了一次次的市场革命。秉承 ACA 北美电器“致力于改善生活品质”的企业理念，中国 ACA 将以世界一流品质，为中国消费者提供国际先进的中小型家用电器产品，让中国消费者与世界同步享受最新科技所创造的优异生活品质，让中国亿万个家庭拥有更优质的生活。

二、产品背景介绍

法式面包、全麦面包、甜味面包、玉米面包……您能坐在舒适的家里想吃就吃吗？这绝对不是只存在于梦想里，现在只需将家庭常备厨房原料放进机器，定好时间，美国 ACA 面包机就可以做出色香味俱全的面包。而今，面包机越来越走俏市场，特别是美国 ACA 推出的“心动”系列面包机更成为市场亮点。

自己做面包，可以充分满足面包食品的消费心理：营养、健康、卫生、方便，即使是糖尿病患者也可以动手制作符合自己口味的无糖面包，对于忙碌的都市一族，不需要再去超市挤长队，不用再考虑袋装面包加入了添加剂，抱怨工业化生产面包无法满足个性化的口味，因为，利用美国 ACA 心动面包机 1～13 小时预约定时烤制程序，按照自己的意愿轻按一键，即可享受定时烤制出的香甜可口、温软适中的面包，还无需考虑卫生问题。同时 ACA 心动面包机内设 12 种特色面包程序，还可选择浅、中、深三种烤色，在随心所欲间体现出了对人的细微关怀。

另外，ACA 面包机还可以解决另外一个很实际的问题，那就是早餐！对于匆匆行于城市丛林中的白领和商务人士来说，每天最大的嗜好就是要一个充分的睡眠了，因此吃早餐现在几乎成为一件奢侈的事情，如今，ACA 面包机几分钟内就可以满足您身体的健康愿望。

（一）产品开发和上市的时间、主要功能作用及销售现状

（1）1989 年，ACA 推出全美第一款家用面包机，如今面包机已在全球累计销售超过 1 500 万台，市场占有率达到 56%以上。

（2）2003 年 9 月 15 日，ACA 北美电器生产的面包机全线进驻中国市场。

（3）ACA 面包机主要功能：本品可以完成各种“面包”制作、“发面团”、“和面”、“果酱”制作和“烘烤”等多项功能。

（4）产品特点：

① 新颖。

透明：采用圆弧形、高强度、耐高温的透明窗门设计，炉内食品清晰可见，新颖别致。

② 高科技。

触摸键：轻触式按键，操作方便可靠，寿命长。

微电脑：内部晶片固化各种食物的加工程序，只需轻轻一按选择，自动完成全过程。

显示屏：液晶显示屏显示工作状态和操作程序的菜单，简单明了。

故障自检：使用中面包机发生故障时，自动声光报警并显示故障原因，方便检修。

记忆功能：使用中突然停电，15 分钟内再次通电时，面包机可恢复原设定工作状态。

③ 安全。

接地保护：采用双重接地防触电保护，机体和电热管双重接地，使用更安全。

超温保护：当恒温元件失效，导致面包机内异常升温时，限温装置能自动切断电源。

④ 方便。

程序控制：出厂前已编程对功能、温度、功率和加热时间进行设定，只需选择对应的档位即可。

自动恒温：内置高灵敏度的温控器，可保持面包机内腔的加热温度稳定、均匀。

定时功能：面包机做烤箱使用时，定时 60 分钟，以配合解冻、保温、烘烤和烧烤的需要。

提示功能：面包机工作完毕后或异常时，有蜂鸣声提示，方便使用。

清洗维护：特制的面包桶，内腔“特氟龙”喷涂处理。清洗方便。

延时功能：调整“时间”栏的“▼”、“▲”键，最长可延迟 13 个小时。

⑤ 耐用。

全塑外壳：外壳选用进口 PP 原料制造，防腐蚀，不生锈；易清洗，强度高。

喷涂面包桶：优质铝制的面包桶，采用“特氟龙”喷涂工艺表面处理，耐高温，不粘锅，防锈效果好。

特制内胆：优质电解铝板作内胆，表面钝化处理，隔热防锈，不磨损。

发热管：特殊工艺处理的发热管，远红外加热，高热效，耐油烟不生锈，寿命长。

电机：耐高温，低速。低噪声，大扭矩，耐油烟，寿命长达 5 000 小时。

⑥ 节能。

双层箱体：双层壳体，能有效减少内胆的热量散失，节约能源。

省电模式：“菜单化”设定功能档位，优化选择加热功率和加热时间，省时省电。

⑦ 多用性。

可完成“面包”、“和面”、“果酱”和“烘烤”等多种功能。

（5）销售现状：自上市以来，ACA 面包机的销售情况一般，铺货率不高，产品知名度有待进一步提升。

（二）策划的原因及目的

为了提升 ACA 面包机的知名度和美誉度，进一步拓宽销售渠道，提高市场占有率，促进销售，进而实现 ACA（中国）公司“致力于改善中国人生活品质”的企业理念，特进行此次 ACA 面包机整合营销策划方案，全面提升 ACA 面包机在中国消费者心目中的形象。

三、市场环境分析（SWOT 分析）

（一）优势（strengths）

（1）技术优势：1954 年，ACA 发明了全美的第一台 Cool Zone Deep Fryer。至今 ACA 公司 200 多个品种的智能化家用电器产品以其高品质、优异的性能和新颖的设计而享誉全球。在全世界，ACA 共有五个研发中心，为 ACA 的产品提供了精良的技术。ACA 拥有 300 多项专利技术，并以每年 20 多个新增专利技术的速度递增。此外，本土化研发是 ACA 的最大优势，ACA 在内地已建立了一家近 300 人的产品技术研究所，成为行业内最具创新能力的研发机构之一。

（2）公司背景良好，企业形象优。ACA70 多年的公司历史及其世界知名企业的背景给中国的消费者带来了全新的消费理念，增加了消费者对它的信赖程度。

（3）优质的服务。ACA 将对人性的尊重态度注入其独特而完备的服务体系中，让用户从人性的本身享受更完美的生活品质，享用人性化服务的快乐。ACA 遍布全球 5 000 多家的经销网点、2 000 多个服务网点，完善的本地化服务、高效的服务网络为每一个中国客户建立档案，定期回访，质量跟踪，免费上门维修，保证在 24 小时内解除产品故障。

（4）体系的建立。早在 1996 年，ACA 就已经在中国市场布局，通过跟 OEM 产品供应商多年的合作，中国 ACA 目前在珠海、中山已经拥有年产 1 000 万台各类中小型家用电器的供应能力，并已在中国初步形成了生产、研发、销售纵向一体化的运营体系。

（二）劣势（weaknesses）

（1）研发能力的强势并不等于本土化产品设计开发上的优势，这其中的很大一部分关乎研发人员对本土化需求的理解。因为西餐和中餐的要求有很大的不同，这需要开发人员将本土化进行到底，满足中国消费者对产品实用性的需求。

（2）ACA 中国公司成立时间不长，在各方面的经验还有待进一步的积累，以不断适应中国市场的特点。

（3）ACA 采取的是区域独家代理模式，企图以高额的渠道价差利润来吸引优质的经销商，但这种渠道模式有一个显著的弊端，那就是为了尽可能多地榨取厂家让渡的丰厚的渠道利润，渠道业务员和经销商极易相互勾结。而小家电特有的多重渠道分销特性以及 ACA 的品牌差异化策略、频繁的新品推出，更加剧了 ACA 渠道管控的复杂性。

（三）机会（opportunities）

（1）在 ACA 已开发的产品中，早餐机、肉排机、智能面包机、蒸汽清洁消毒机等 85%以上的产品在中国都是没有竞争对手的，填补了国内市场的空白。

（2）据中国轻工业信息中心的统计显示，在中国市场小家电具有良好的成长性。电风扇、电饭煲在经历了高峰期后，目前仍分别有 6 000 多万台、1 000 多万台的年需求量，吸尘器、微波炉、吸油烟机、电热水器销量逐年上升，目前年需求量都超过 500 万台，电吹风、电熨斗等年需求在 500 万～700 万台，新兴产品正迅速成长。ACA 面包机具有良好的市场前景。

（四）威胁（threats）

（1）一般来说，小家电产品由于价格弹性大、技术易扩散，因而具备规模化的潜质并且极易规模化，在规模化产品的竞争上，国内企业显然更具优势，经过这几年的发展，从产品的开发、生产、销售和服务等各个环节，国内企业在小家电已拥有了一套规模化的产业链，特别是在分销渠道环节上，它们有着丰富的经验积累和关系资源，这种先天优势足以令初来乍到的外资品牌 ACA 望洋兴叹。

（2）国内小家电市场发育还不成熟，竞争恶劣，价格战常常诉诸市场。

（3）同等规模外资家电企业进军小家电市场构成的竞争加剧，如：伊莱克斯推出的“情趣小家电”系列。

四、营销战略规划

（一）战略构思

以东部沿海等发达城市为突破点，以家电大卖场和大型超市为主攻点，率先突破，站稳脚跟，稳步前进，走向全国，逐点突破，以点带面，做活一片，直至占领全国市场。

（二）品牌形象定位

成为领导中国小家电市场的国际品牌。中国 ACA“致力于改善中国人的生活品质”，将以世界一流品质，为中国消费者提供国际先进的中小型家用电器产品，让中国消费者与世界同步享受最新科技所创造的优异生活品质，让中国亿万个家庭拥有更优质的生活！

（三）产品定位

1. 功能定位（USP）： DIY 面包机

使用 ACA 面包机就可以自己动手 DIY 制作自己喜欢的各式面包。

2. 目标顾客群定位：中高收入家庭

因为 ACA 面包机的产品定位是非必需性消费品，所以目标顾客群则定位在了追求更高生活品质的中高收入家庭为主。

3. 心理定位：超越生活梦想 自己创造时尚

ACA 面包机带来的是高品质的生活享受，同时也带来了来自北美的饮食文化和饮食时尚，并且自己动手创造时尚，实现梦想。

五、整合营销传播策略

（一）广告策略（媒体策略）

ACA面包机的广告总体规划设计是制作一套系列广告。

广告一：品牌广告

广告目的：提升ACA北美电器在中国的知名度。

广告主题：超越生活梦想 自己创造时尚。

广告内容：向消费者介绍ACA北美电器70年的历史、专业的电器生产背景和精湛的技术。

北美，创新、包容、个性、自由的土地，多年来用自我鲜明的风格诠释着独特的北美文化，激发着实用主义与时尚主义的工业创造灵感。

美国ACA（Appliance Co. of America）世袭着北美大地的傲人性格，辉煌、荣耀、智慧、创造， 已成为国际小家电行业内最具创造力的专业性顶级公司。

现在，搭乘北美自由新风，ACA北美电器来到中国……

广告时间：为期两个月。

媒体选择：中央二台《生活》栏目前后插播。

广告二：ACA面包机产品广告

广告目的：推广ACA面包机，提高目标顾客的认知度。

广告内容：中国的广大消费者都已习惯从面包房购买面包，对于自己制作面包普遍比较陌生，但同时又被这样一种全新的生活方式吸引着。消费者非常好奇地想要知道自己在家是如何制作各种各样美味的面包的、是怎样的一个过程、都需要什么原料、我们能否买得到等问题。因而，通过展示面包的制作过程，能够更直观地告诉消费者产品的性能并传达给受众全新的生活和消费理念。基于此，ACA面包机的广告策略的主基调是一种介绍式的，同时表达出一种来自北美的饮食文化和生活方式。

广告的前半部分是一位美国妈妈在介绍 ACA 面包机的使用方法，后半部分是全家围坐在一起吃早点（吃新鲜出锅的面包）的温馨、美好的画面。最后出现ACA广告语："创意完美生活。"

广告中的演员选自北美的演员，以强调ACA来自北美。

广告时间：为期三个月。

媒体选择：同广告一。

广告三：公关广告（以平面广告的形式）

广告目的：传播ACA北美电器企业文化、理念。

广告内容：宣传公司"致力于改善中国人生活品质"的企业理念。

媒体选择：报纸、网络弹出式广告、路边灯箱广告。

（二）公关策略（事件行销）

公关主题："情系儿童村，爱心筑希望。"

活动目的：ACA作为全球电器制造商，致力于改善中国人生活品质的企业理念和国际 SOS 儿童村组织的在中国开设儿童村关爱中国儿童的健康成长有一定的契合度，因此，利用这样一次爱心公关活动，一方面，提高 ACA 北美电器在中国消费者心目中的知名度和美誉度；另一方面，也树立了 ACA 在中国消费者心中跨国企业的优良形象。

活动内容：今年是天津 SOS 儿童村成立 20 周年的日子，ACA 公司向天津 SOS 儿童村的 17 个家庭捐赠面包机 17 台，设立 ACA 爱心基金 20 万元。

活动方案：

第一步，联系相关单位（国家民政部、天津市人民政府、天津市民政局、天津 SOS 儿童村等）及各大媒体（媒体进行事前报道）。

第二步，于 2005 年 6 月 22 日（天津 SOS 儿童村成立 20 周年的日子）向儿童村的 17 个家庭捐赠面包机 17 台，并设立 ACA 爱心基金 20 万元，在儿童村栽下一棵 ACA 爱心树（媒体进行追踪报道）。

第三步，由 ACA 健康食品专家对儿童村的妈妈和阿姨进行儿童饮食健康讲座（媒体进行追踪报道）。

（三）人员推广（建网点、铺货）

现在，ACA 面包机的销售主要在各大家电卖场，如：国美、苏宁、大中等，除此以外还应在大型超市设立专柜（大型超市也是人们购买小型家电的集中地之一）以及可以在高档小区的底商开设专卖店。

前面的战略构思中说到要“以点带面，做活一片”，所谓以点带面，就是要选择好具有一定规模、人流量大、销售势头良好的规模性店面，作为产品铺货、入市的重点依托，才能保证铺货后终端走货的良好势头，促进销售。

在铺货的过程中要注意以下几个方面：

第一，要保证店面仓库的充足存货，避免终端断货。

第二，与店员保持良好的沟通，维护终端店面铺货上柜的连续性和稳定性。

第三，要保证铺货的安全，防止窜货，避免流失。

总之，产品必须坚持线路有计划、时间有规划、店面有选择、安全有保障、人员有密度的四有原则，以保证终端有效的铺货态势，保证终端销售畅通无阻，不断提升企业产品的销量。

（四）销售促进（短期刺激措施）

目前 ACA 采取的促销方式有两种：一是推出了一款特价机 MB-600，售价 499 元；二是凡购买非特价机的顾客可随机获赠价值 150 元的电动刀。从目前的销售情况来看，效果并不明显。

现制订今后的促销计划。

第一，保持现有价格，增加赠品数量，增大促销力度。

赠品方案：

（1）随面包机赠送面包粉一袋（10 斤装）、酵母粉一袋（1 000 克装）。

（2）赠送隔热手套一副。

（3）赠送面包制作手册及 ACA 品牌其他电器介绍说明一本。

有奖销售：在二至五月的销售淡季组织“ACA 面包机带您畅游北美”抽奖活动，凡在此期间购买 ACA 面包机的顾客都有机会赢得北美双人游，还有其他大奖。（特等奖北

美双人游、一等奖 ACA 冰箱、二等奖 ACA 蒸汽清洁消毒器、三等奖 ACA 酸奶机）

第二，配合公关策略，进行“购买 ACA 面包机，为儿童村献爱心活动”——凡购买 ACA 面包机，您就为天津市 SOS 儿童村捐助了五元钱。将公关活动不限于一时，而是长久地作为提升企业形象的手段。

第三，为了提高 ACA 面包机的市场渗透力和消费者的产品认知度。因为面包机可以说是属于奢侈消费品，一般中国的普通消费者如果不了解它的特色，未必会去尝试，所以特进行一次国庆促销活动——10 月 1 日至 4 日的早晨 9 点至 10 点进行限时大抢购，每款 ACA 面包机都降价 100 元，10 点之后恢复原价。

六、费用预算

（一）广告费用预算（见表 10-9）

表 10-9 广告费用预算

项目名称		费用/万元
广告制作	广告策划	13
	广告拍摄	60
广告播放		200
总计		273

（二）公关活动费用预算（见表 10-10）

表 10-10 公关活动费用预算

项目名称	费用/元
赠送面包机 17 台	450×17=7 560
设立爱心基金	200 000
公关经费	50 000
总计	257 560

（三）促销费用预算（见表 10-11）

表 10-11 促销费用预算

项目		费用/元
赠品费用	电动刀	150×3 000=450 000
	面粉、酵母粉	15×3 000=45 000
	隔热手套	3×3 000=9 000
	面包制作手册	2×3 000=6 000
奖品	北美游	30 000×6=180 000
	ACA 冰箱	4 000×10=40 000
	ACA 蒸汽清洁器	300×20=6 000
	ACA 酸奶机	100×50=5 000
卖场场地租用		40 000

续表

项　　目	费用/元
横幅设计发布	1 000
宣传单	2 000
店头 KT 立牌喷绘	4 000
刮奖卡	4 000
公证处公证	800
总　　计	792 800

总计费用 378.036 万元。

七、效果评估

经过为期一年的宣传、促销、造势的活动之后，预计 ACA 品牌知名度和美誉度、ACA 面包机的认知度将得到大幅度的提高，面包机的销量、利润和市场占有率也将有所提高。预计面包机的月销售量达到每家卖场 2 800 台，市场占有率达到 30%。

附：给企业的两点建议

第一，在调研过程中一些消费者向我们反映，使用 ACA 面包机制作的面包有一个缺点，那就是面包凉了之后的外层表皮特别硬，口感不好。但这也是一个普遍的问题，一般餐厅会将面包的四周切去，可消费者认为这样比较浪费，望今后可以在技术上有所突破。

第二，我们在上网查询相关资料时，发现网上购物的一些网站如：淘宝网、易趣网等有私人卖家在销售 ACA 面包机，且价格比市价便宜。这里存在几个问题：①他们的货是真是假，普通消费者无从辨别，一旦买到假货，出现质量问题或者安全问题，将严重影响我公司的形象。②无论产品真假，这种低于市价的销售将严重影响到市场秩序。③若为假货，要积极打假，以维护我公司的合法权益；若为真货，要严查他们的进货渠道，积极规范渠道安全建设。

本案例源自作者指导的策划项目。

参 考 文 献

[1] 黄聚河. 营销策划操作实务[M]. 天津：天津科技出版社，2006.

[2] 胡其辉. 市场营销策划[M]. 大连：东北财经大学出版社，1999.

[3] 于建原,等. 营销策划[M]. 成都：西南财经大学出版社，2005.

[4] 黄聚河,等. 市场营销学[M]. 北京：中国铁道出版社，2010.

[5] 叶万春. 企业营销策划[M]. 北京：中国人民大学出版社，2007.

[6] 郑方华. 营销策划技能案例训练手册[M]. 北京：机械工业出版社，2006.

[7] 孟韬. 市场营销策划[M]. 大连：东北财经大学出版社，2009.

[8] 吴灿. 策划学：商业策划学原理、技巧、误区及案例[M]. 北京：中国人民大学出版社，2004.

[9] 陈放，谢弓. 营销策划学[M]. 北京：时事出版社，2000.

[10] 张利庠. 构建企业策划的新型理论体系[J]. 企业研究，2004(2).

[11] 千高原. 创新就这么几招[M]. 北京：中国纺织出版社，2003.

[12] 雷鸣雏. 顶尖策划——第三届中国企业策划案例暨策划人奖案例集[M]. 北京：企业管理出版社，2005.

[13] 张忠. 首届中国杰出营销奖——案例精选[M]. 北京：机械工业出版社，2003.

[14] 《销售与市场》杂志社. 推动中国营销进程的100篇经典文章[M]. 北京：企业管理出版社，2005.

[15] 魏国. 110个成功的品牌策划[M]. 北京：机械工业出版社，2003.

[16] 张秀贤，冯章. 创意为王[M]. 呼和浩特：内蒙古人民出版社，2003.

[17] 菲利普·科特勒. 营销管理[M]. 梅汝和，等，译. 第9版. 上海：上海人民出版社，1999：30.

[18] Thomas T Nagle, Reed K Holden. 定价策略与技巧[M]. 赵平，等，译. 北京：清华大学出版社，1999.

[19] Matthew P Gonring. Putting integrated marketing communication to work today[J]. Public Relations Quarterty, 1994.

[20] David Aakcr. Building Strong Brands[M]. New York：The Free Press，1996.

教师服务

感谢您选用清华大学出版社的教材！为了更好地服务教学，我们为授课教师提供本书的教学辅助资源，以及本学科重点教材信息。请您扫码获取。

教辅获取

本书教辅资源，授课教师扫码获取

样书赠送

市场营销类重点教材，教师扫码获取样书

清华大学出版社

E-mail: tupfuwu@163.com
电话：010-83470332 / 83470142
地址：北京市海淀区双清路学研大厦 B 座 509

网址：https://www.tup.com.cn/
传真：8610-83470107
邮编：100084